XUEQIAN ERTONG YUYAN JIAOYU

学前儿童语言教育

主编 王立智 陈彦华

重庆大学出版社

图书在版编目(CIP)数据

学前儿童语言教育 / 王立智,陈彦华主编.--重庆:
重庆大学出版社,2020.8

ISBN 978-7-5689-2440-5

Ⅰ.①学… Ⅱ.①王…②陈… Ⅲ.①学前儿童—语
言教学—高等职业教育—教材 Ⅳ.①G613.2

中国版本图书馆 CIP 数据核字(2020)第 173078 号

学前儿童语言教育

主编 王立智 陈彦华

策划编辑:鲁 黎

责任编辑:夏 宇 陈亚莉 版式设计:鲁 黎

责任校对:李定群 责任印制:张 策

*

重庆大学出版社出版发行

出版人:饶帮华

社址:重庆市沙坪坝区大学城西路 21 号

邮编:401331

电话:(023) 88617190 88617185(中小学)

传真:(023) 88617186 88617166

网址:http://www.cqup.com.cn

邮箱:fxk@cqup.com.cn(营销中心)

全国新华书店经销

重庆市正前方彩色印刷有限公司印刷

*

开本:787mm×1092mm 1/16 印张:17.75 字数:412 千

2020 年 8 月第 1 版 2020 年 8 月第 1 次印刷

ISBN 978-7-5689-2440-5 定价:42.00 元

前言

本书以《幼儿园教育指导纲要(试行)》(以下简称《纲要》)、《3~6岁儿童学习与发展指南》(以下简称《指南》)、《幼儿园工作规程》为指导,根据《教师教育课程标准(试行)》《幼儿园教师专业标准(试行)》的要求组织编写。同时,力求符合高职高专学生的身心特点、认知能力与水平,践行和适应职业教育"以服务为宗旨,以就业为导向"的办学理念和学前教育专业发展需求。

本书以项目模块的方式呈现,共六个项目,其中学习项目一为学前儿童语言教育概述,重点阐述学前儿童语言教育的研究对象与任务、特点及影响因素、目标与内容、方法与途径、活动设计的步骤及评价方式;学习项目二至学习项目六分别从谈话活动、讲述活动、早期阅读活动、文学教育活动、语言游戏活动五个方面来说明学前儿童集体语言教育活动的设计与组织实施要点。

本书有以下特点:①理论联系实践,符合逻辑。本书结构逻辑严谨,注重理论知识和实践的结合,既有扎实的基础理论,又有具体的案例,并且将理论融入实际案例中,符合学生认知逻辑和能力水平发展规律。②注重能力训练,凸显职业特点。每个项目采用"项目导向、任务驱动"的编排体例,内容循序渐进,遵循"理论—案例—实训"结构,体现"教中学、学中做、做中学"的特点。

此外,针对学前教育专业学生技能竞赛内容和幼教资格证考试内容,本书在理论自测、案例评析和项目实训中进行了渗透,符合当下高职高专学前教育的发展趋势,也是本书的亮点所在。本书在内容上力求实现与幼儿园岗位素质、与幼儿园教师资格考试及学前教育专业学生技能竞赛对接,达到"岗""证""赛"三者有机结合的目的。本书适用于高职学前教育专业,同时也可作为在职幼儿园教师继续教育的培训教材、幼儿教育工作者的参考用书。

本书由酒泉职业技术学院王立智、陈彦华担任主编,编写分工如下:学习项目一、学习项目二和学习项目六由王立智编写,学习项目三、学习项目四、学习项目五和附录由陈彦华编写。全书由陈彦华负责统稿。

本书在编写过程中引用了一些专家学者资料,参考了部分教材和有关著作,同时也借鉴了部分网络资料,除了文献和书中所列以外,未能详尽之处敬请谅解,在此对这些作者表示衷心的感谢。同时还要感谢酒泉职业技术学院教务处李文有处长在本书编写过程中给予的大力支持。

由于编写时间、编者知识水平及经验有限，书中难免存在疏漏或不妥之处，恳请读者在使用的过程中批评指正。

编　者
2020 年 1 月

目　录

学习项目一

学前儿童语言教育概述

●案例描述

小静是个自理能力较强的孩子，平时沉默寡言，只与固定的几个小伙伴交流。在教育活动中，很难见到她举手发言。有时被点到名字，她会显得很害羞，站着也不说话。平时管老师尽量引导她大胆回答，却多以失败告终。在今天的语言活动“看云去”开展之前，管老师把小静请到了身边，拉着她的小手，亲切地与其交谈。管老师问：“小静，喜欢上老师的课吗？”她微笑着点点头。“老师可喜欢小静上课时认真的样子呢！老师一直希望能看到你举手发言，好想听小静回答问题，你愿不愿意呀？”她说：“愿意。”“嗯，老师最喜欢在课上积极动脑，大胆举手发言的孩子了。你认真听清问题，想到了什么就可以举手说，大声地告诉大家，即使说错了也没关系。只要你愿意大胆地表达就是勇敢的好孩子，懂吗？”她点点头。

在活动中，当问及“你刚才看到的云是什么样的”“像什么”“如果请你把云朵画下来，你准备怎么画”时，小静积极举手，终于能大胆地表达出自己的想法，这是一个很大的突破。管老师及时用小静喜欢的图形宝宝奖励她，她的笑容更甜美了。

你觉得小静的老师做法恰当吗？你认为小静不积极发言的影响因素有哪些？你还有什么更好的策略帮助像小静一样的孩子？

●学习目标

1.了解学前儿童语言教育的研究对象和任务。
2.掌握学前儿童语言教育的特点。
3.理解学前儿童语言教育的影响因素。
4.掌握学前儿童语言教育的目标、任务、方法与途径。

5.了解学前儿童语言教育评价的意义、作用、内容。
6.理解学前儿童语言教育评价的原则。
7.掌握学前儿童语言教育活动设计的基本结构和学前儿童语言教育评价的方法。

●职业技能

1.掌握学前儿童语言教育的具体活动目标的拟定原则。
2.掌握学前儿童语言教育的途径与方法。
3.掌握学前儿童语言教育活动设计的基本结构。
4.掌握学前儿童语言教育评价的内容与方法。

任务一　学前儿童语言教育的研究对象与任务

学前儿童语言教育也称学前儿童语言发展与教育，是研究0~6岁儿童语言发生发展现象、规律及其训练和教育的一门科学，是学前教育专业学生必修的一门集应用性和实践性于一体的科目。学前儿童语言教育是学前教育的支柱学科之一，与其他学前教育学科相联系，从不同侧面研究学前教育的理论与实践，并对学前教育相关领域的发展起到了巨大的推动作用。

一、学前儿童语言教育的研究对象

关于学前儿童语言教育，苏联教育家苏霍姆林斯基有极其深刻的见解。他在《帕夫雷什中学》一书中提到："生活，是我们最重要的教育工具，任何东西都无法取代它。大自然以及它无限的丰富性和多样性，是思维的主要源泉，是发展智力才能的主要学校。"首先，他认为大自然是思维和语言活动的源头。在与大自然的互动中，儿童产生了智慧、思想，并在思维和表达的过程中发展了语言。其次，他认为语言和思维是统一的。语言教育应该在促进学前儿童语言发展的同时，提供思维的培养、情感的陶冶、文化的传递以及交际的机会。

学前儿童语言教育有广义和狭义之分，对学前儿童语言教育概念的界定，理论界经历了一个从狭义到广义逐步完善的认识过程。

(一)狭义的学前儿童语言教育

狭义的学前儿童语言教育是把3~6岁学前儿童掌握母语的听说训练和教育作为主要

研究对象，从而对 3~6 岁学前儿童加强口语听说训练。一般说来，母语是人们掌握的第一语言，儿童在学前期已经掌握了基本的词汇和隐性的语法规则，这是母语的“习得”，而不是“学得”。因此，狭义的学前儿童语言教育无论在研究对象上还是对学前儿童语言学习的看法上，都是失之偏颇的。这种狭义的限定既不利于儿童 0~6 岁阶段语言一体化研究与教育，也不利于学前儿童语言的健康发展，更不利于在实际教育工作中对学前儿童语言教育的具体指导。

（二）广义的学前儿童语言教育

广义的学前儿童语言教育是把 0~6 岁儿童的所有语言获得和学习现象、规律以及训练与教育作为主要研究对象，具体说来就是研究 0~6 岁学前儿童语言发生发展过程、特点与规律，并在此基础上探讨如何对 0~6 岁儿童进行听、说、读、写等能力的专项培养，从而有效促进儿童语言发展的一门学科。

二、学前儿童语言教育的研究任务

语言是人们进行思维和社会交往的工具，人们在劳动、工作、学习等活动中都离不开它。《幼儿园工作规程》指出：发展幼儿语言的主要任务是培养幼儿清楚、正确的发音能力，学习说普通话；丰富幼儿语汇，发展幼儿的思维能力和口头语言的表达能力；初步培养幼儿对文学作品的兴趣。对学前儿童进行语言教育作为学前教育的一个重要领域，其基本任务是提供普通话的语言环境，培养学前儿童正确地说普通话；创造一个自由、宽松的语言交往环境，培养学前儿童语言交往的习惯，提高学前儿童语言交往的能力；发展学前儿童的语言理解能力和表达能力；积极引导与提高学前儿童倾听和欣赏学前儿童文学作品的能力；引发学前儿童对阅读与书写的兴趣、习惯和能力，为学前儿童入小学后的继续学习做好准备。因此，学前儿童语言教育的研究任务主要包括以下四个方面。

（一）揭示学前儿童语言发展的过程及特点

学前儿童语言发展的过程换句话说就是学前儿童语言习得的过程。无论他们出生的地点、出生后所接触的语言如何，也无论他们开始掌握语言的时间快慢、智力发展水平的高低如何，学前儿童掌握母语的过程都惊人的相似。

3 岁前是人的一生中学习语言最为迅速和关键的时期。在短短的 3 年内，儿童从感知语言开始，慢慢能听懂成人语言、学说单词句，发展到能用基本完整的句子来表达自己的意思。3 岁前儿童的语言发展可划分为三个阶段：0~1 岁是儿童语言发生的准备阶段，也称前语言阶段；1~2 岁是儿童进入正式的学说话阶段，婴儿讲出第一批有真正意义的、具有概括性的词语时，标志着婴儿开始发出语言，也称语言发生阶段；2~3 岁是儿童初步掌握口语阶段。

1.0~1 岁学前儿童语言发展与教育

婴儿从呱呱坠地的那一天开始，就有学习语言的许多前提条件，他不但能自己发出声音，而且能接触到包括人类语言在内的各种声音。很久以来，人们一直认为新生儿的听觉感受性很差，是在具有学习和经验之后才能区分差别很小的语音，这无疑是正确的。但是，婴儿对一些重要语音的区分很早就已开始。心理语言学家用一种装有记录婴儿吮吸率的人工奶嘴对婴儿听辨语音的实验结果表明，1 个月的婴儿就能区别辅音的清浊；到了 4 个月，就能与成人一样地区分音节；到了 6 个月，婴儿会开始注意语言中的语调和节奏。

婴儿发出语音比语音知觉发展得要晚。从出生到 6 周，婴儿的发声基本上属于反射性的：哭叫、打喷嚏和咳嗽。6 周至 6 个月，婴儿开始把这些声音与咕咕声、喀喀声等类似语言的声音结合起来。这些声音与辅、元音有某种类似，且常常是对着看护者说的。约 4 个月时，婴儿的发音系统的形状和结构已经成熟，开始发出各种类似语言的声音。6 个月前后，婴儿进入咿呀学语阶段，发出一连串的声音（典型的是由一个辅音一个元音组成），而且是有节奏地、有语调地加以重复。吴天敏和许政援的观察发现，4~8 个月的婴儿开始发近似词的音，如“爸爸”（bàba）、“妈妈”（māma）、“哥哥”（gēge）等。

在人生的第一年，婴儿与成人之间的语言交往在各种非语言交往（游戏、喂食、穿衣、洗澡、睡觉等）背景下进行，婴儿和父母开始理解相互间的意图和行动。人际之间的这种理解是通向掌握词汇意义、学习真正语言的必要条件。

0~1 岁的儿童从第一声啼哭到咿呀学语做好说话的准备，经过了大量语音练习，大致可分为三个阶段：

1）**简单音节阶段**（0~3 **个月**）

该阶段婴儿语言发展的特点：婴儿首先学会对语音和其他声音的区别，出生不到 10 天的新生儿就能区别语音和其他声音，并作出不同反应；出生 12 天的新生儿能以目光、吮吸、蹬腿等身体行为，对说话声音和敲击物体声音的刺激作出不同反应。这是儿童人生语言感知的第一步，即将语音从其他各种声音中分化出来。之后，婴儿获得辨别不同话语声音的感知能力，出生 24 天后的婴儿能够对男人和女人的声音、父母和他人的声音作出明显不同的反应。1 个月以后，婴儿听觉比较敏锐，对语音较敏感，如在其身边摇铃等会有改变身体运动强度的反应。3 个月左右，对声音的反应出现目标性，当听到声音时，会转头寻找声源。当成人与他面对面“交谈”时能对说话者的声音（伴随目光、微笑以及动嘴唇等）作出反应；能发出一些简单的音节，多为单音节——婴儿在睡醒后或吃饱穿暖平躺时，会发出愉快的自言自语的声音。

2）**咿呀学语阶段**（4~9 **个月**）

随着发音连续性的增加，婴儿的发音产生了新的特点，出现了重复音节，如 la-la-la-la 等。该阶段婴儿的感受能力明显增长，能感知一些词，如婴儿因饥饿等原因而哭闹时，成人说“来了，来了”，婴儿的哭声会变小或停止。7~9 个月的婴儿能同时感知三种不同的语调，对微笑、平淡或恼怒的语调有了一定的反应。对陌生的声音,会表现出好奇心,懂得简单的手势、词语和命令。此时的婴儿并非真正听懂了词,而是能通过语调感知成人的意思:能对熟悉的人微笑并笑出声来;能对镜中自己的影像说话;在独自玩或对成人的逗弄作出反应时能发出一连串的语音;会用语言来吸引别人的注意;能够辨别家人的名字和一些熟悉物体的名称;会用舌头和嘴唇发一些非语言的声音并努力模仿别人发出的语音;开始用动作进行交流,如摇头表示不愿意、拍手表示欢迎等。

3)**学话萌芽阶段**(10~12 **个月**)

婴儿发出的音调开始多样化,四声均已出现,听起来像是在说话。发出的连续音节中明显地增加了不同音节的连续发音,而不仅仅是同一音节的重复。该阶段婴儿语言发展的特点:能理解一些简单的命令性语言,如“坐下”“过来”等;努力模仿成人发出新的声音;生气或发怒时能用哭或摇头表示不满;能模仿一些非语言的声音,如咳嗽或用舌头打出声响;能执行成人的简单指令,并建立相应的动作联系,如成人说“跟奶奶再见”,婴儿就会挥挥小手;个别婴儿会开口说出单词,如“妈妈”“爸爸”等。

2.1~2 岁学前儿童语言发展与教育

从 1 岁开始幼儿便进入了正式学习语言的阶段,他们从发出一些无意义的连续音节、少数的模仿音,到开始说出有意义的词。1~2 岁时期幼儿的口语发展还处于不完整句时期,根据幼儿语言发展的基本情况,这一时期幼儿语言发展可分为两个阶段:

1)**单词句阶段**(1~1 **岁半**)

幼儿 1 岁左右说出了最早的词,这是真正的语言的开始。一个句子只有一个词称为单词句,从 1 岁左右到 2 岁是单词句阶段,前后仅几个月时间。这一阶段的特点是幼儿一次只会说一个词,但常用一个词来表达整个句子的信息,从而起着一个句子的作用。这个词的词义是过分扩展了的。例如,幼儿把所有的四脚动物都叫作“狗狗”,把所有男人都叫作“爸爸”。不仅如此,在不同的情境伴随不同的情绪和动作,他们往往用同一个词表达不同的含义:如幼儿在叫“妈妈”时,可以表示“这是妈妈”,有可能是要妈妈抱,有可能是肚子饿了要吃东西,或者是妈妈帮我拿东西等。所以单词句阶段的词所表达的意思是不精确的,成人常常需要把其说话时所使用的手势、表情、体态等联系起来,确定幼儿所要表达的真正意思。这种单词句也被称为全息短语。

在单词句阶段初期,幼儿的词汇量只有几个词,随着年龄的增长,词汇量也迅速增加。有人研究过 18 个幼儿最初出现的 10 个词,结果表明都是动物、食物、玩具的名称。在他们最早习得的 50 个词中,范围已扩大到人体器官、衣服、人物等方面,但没有出现过像“尿布”“裤子”“汗衫”之类父母经常使用的词。一般而言,幼儿说出的词是他们直接摸到的、玩过的东西的名称,而对那些立在那里不动的东西,如家具、树木或商店,幼儿是叫不出它们的名称的。

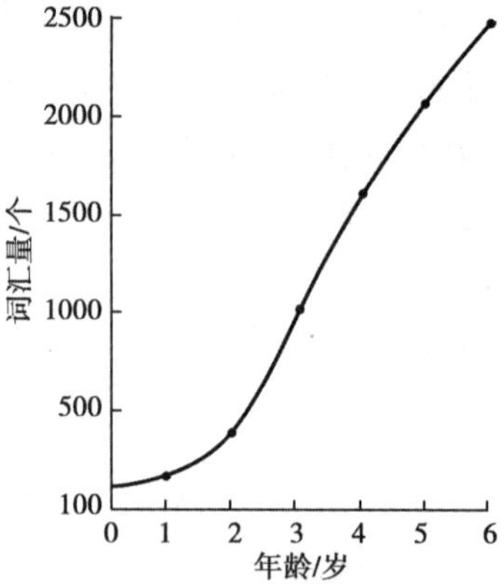

图 1-1 词汇量随年龄而增长

单词句阶段幼儿语言发展有以下特点:

(1)语音方面

学前幼儿自发地模仿所听到声音的积极性明显提高。在所能模仿的语音中,连续的音节增多,如 ma-ma-ma-ma-ma;无意义的音节逐渐减少;模仿的词音不完整,成人说“小汽车”,学前儿童只能说“车”或“车车”,成人说“牛奶”,幼儿只能说“奶”等。

(2)词汇方面

出现了“以音代物”“消极词汇”“积极词汇”等现象。

①“以音代物”是 1 岁半以前婴幼儿说词汇的一个明显特点,即常常以物体发出的形象声音来代替物体的名称,如称汽车为“滴滴”、称狗为“汪汪”等。

②1~1 岁半是幼儿“理解词”发展最迅速的时期,对词的理解包括既理解又会用的“积极词汇”和能理解但不会用的“消极词汇”。

对“消极词汇”的理解,大都体现在能根据成人的指示行动,如幼儿要去碰热度高的东西时,听到成人说“烫”会马上缩手,但还不会运用。

幼儿会使用的“积极词汇”有以下明显特点:

A.一词多义。由于这个年龄的幼儿对词的理解还不够精确,所说出的一个词往往代表着多种对象。如“毛毛”代表所有带毛的动物或者毛皮做的东西。

B.固定化理解。这一阶段,幼儿在对词的理解上往往与某种固定的物体相联系,甚至把该物体同某种背景固定起来。如“妈妈”就是指自己的妈妈。

C.以词代句,如前例“妈妈”一词。

(3)句型方面

幼儿所能理解的句子有以下几类:

①呼应句。所谓呼应句是指幼儿呼唤他人(呼唤句)或是对他人呼唤的应答(应答句),一般发生较早,在本阶段的初期是使用频率较高的功能句。

②述事句。所谓述事句是指幼儿对自己发现的事情的述说。例如,妈妈问:“你的球呢?”幼儿说“没”,是说他没看见球,不知道球在哪儿。这大约发生在 15 个月以后。

③述意句。所谓述意句是指幼儿述说自己意愿的句子,所表述的意愿大多是否定的。

如让幼儿赶快收拾玩具来吃饭，会说“不”，表示不愿意。这多发生在本阶段后期。这个阶段的幼儿对成人命令式的语言能理解并执行，对成人具有方向性的命令式语言，不用凭借动作或面部表情就可以完全理解。

2）**双词句阶段（1 岁半~2 岁）**

在单词句阶段的中后期，1 岁半左右，幼儿的全息短语逐渐被一种新的句子——双词句取代，进入了双词句阶段。开始时，幼儿把两个单词连接起来说，中间还有停顿，如“妈妈，饭饭”，再进一步发展为双词句，如“妈妈饭饭”。世界各地不同文化、不同语言的幼儿，在语言发展的这个阶段的表现都十分相似。他们用双词句指出一个对象（如“看狗狗”）；表达某件重要事情，如希望某种东西再次出现（如“喝牛奶”）；表现注意到一个对象（如“糖在这里”）或某种重要东西的消失（如“饼饼没了”）；以及指出情境的某些关系：动作者与动作的关系（如“爸爸开开”）、动作与对象的关系（如“亲亲妈妈”）、动作者与对象的关系（如“宝宝书”）、动作与接受者的关系（如“给哥哥”）。与单词句一样，幼儿的双词句有时也用来表达各种不同的意思，如“妈妈饭饭”这句话可能用来表达几种不同意思：“妈妈我要吃饭”“饭是妈妈的”“妈妈在吃饭”“妈妈在做饭”等。在双词句之后是否有三词句阶段，心理语言学家有不同的说法。弗罗金和罗德曼认为，不存在三词语阶段，因为幼儿一旦越过了双词语阶段，在他们的话语中就会很快地出现较长的短语。布朗则称这一时期的语言为电报式语言。早期电报式语言的特征是句子简短，基本上是由实词构成的简单句，通常是名词和动词。这种语言之所以称为电报式的，是因为这些句子中没有功能词，即没有动词时态词尾，没有名词复数词尾，没有前置词、连词、冠词等。随着电报式语言阶段的发展，功能词逐渐加入句子之中。

在幼儿掌握双词句后，他们就开始学习语言的句法。吴天敏和许政援的研究表明，2 岁半到 3 岁幼儿的语言中复合句（如“爸爸走，宝宝睡觉了”“阿姨不要唱歌，宝宝睡觉了”）占 30.5%~42.3%，这时衡量幼儿语言发展的一个指标是句子的平均长度（即句子中所用的词或词素的平均数）。随着认知和语言复杂性的增加，幼儿句子的平均长度也随之增长。这至少反映了幼儿两种能力的发展变化，即产生更长的词语序列的能力和学习更加复杂的语法形式的能力在发展。

1 岁半以后，幼儿说话的积极性明显提高了，他们能说出由两个单词组成的句子，称为双词句。他们会逐渐用简单句表达自己的想法，所表达的意思远比单词句阶段清楚。然而这种简单句在表现形式上仍是断续的、简略的或结构不完整的。双词句阶段幼儿语言发展的特点主要表现在以下几点：

①掌握新词的速度突飞猛进，出现“词语爆炸”现象。这个阶段幼儿的语言表达能力将发生质的飞跃，基本以每月平均说出 25 个新单词的速度递增，如 1 岁半的幼儿经常挂在嘴边的约有 20 个单词，到 21 个月就能说出约 100 个单词，到 2 岁时可以说出约 300 个单词，小儿语逐渐消失。

②能说出由两个单词组成的双词句且增长速度加快。例如，“妈妈抱抱”“苹果削”。大约从 20 个月起，幼儿每月双词句增长的速度是成倍的，如 21 个月的双词句为 50 个，22 个月是 100 个左右，23 个月时是 250~300 个，2 周岁时则猛增到近 1000 个。

③疑问句较多,不断地提出问题,理解并能正确地回答成人提出的一些问题。这个阶段的幼儿开始不断向成人提问,总是要求告知他各种事物的有关信息,如名称、特征、用途等,这实际上也是幼儿语言学习的一个途径。

④随着生活范围的扩大、认知能力的逐渐提高,幼儿能给看到的物体命名,命名时常会出现泛化、窄化等现象,如将"狗"叫作"汪汪",将所有带毛的东西统称为"毛毛"等。

3.2~3 岁学前儿童语言发展与教育

2 岁以后直到入学前,是幼儿基本掌握口语的阶段,他们开始学习使用合乎语法规则的完整句准确地表达思想,也基本能运用语言与人交往,语言成了这一阶段社会交往和思想的一种工具。该阶段被称为复合句阶段,可分为初步掌握口语阶段和目标口语初步发展阶段。

1)初步掌握口语阶段(2~2 岁半)

初步掌握口语阶段的幼儿基本能理解成人所用的句子;发不出的语音逐渐减少,语言逐渐稳定和规范,会用语言与成人进行简单交流;喜欢提问并且疑问句逐渐增多;能运用多种简单句句型,复合句初步发展,但"重叠音"和"接尾"现象较多;能够运用语言进行请求、拒绝、肯定、求助等,并学会倾听别人的讲话,表达自己的要求和愿望。

2)目标口语初步发展阶般(2 岁半~3 岁)

目标口语初步发展阶段的幼儿,在语言发展上的特点表现:词汇增长十分迅速,几乎每天都能掌握新词,且学习新词的积极性非常高;能抽象出句子规则,且能表现出系统整合的语言内在能力;能说出完整的句子,出现了多词句和复合句;说话不流畅,表达方面常出现"破句现象":语言功能则显现出越来越丰富和准确的趋势。

针对 0~3 岁幼儿语言发展的特点,该时期幼儿语言教育的内容和教学建议如下:

1.不同年龄段的幼儿语言教育的重点

①对 0~1 岁幼儿要将语言教育的重点放在语音训练方面。

0~1 岁是口语发生期,满 1 岁的幼儿虽然只能说出个别单词,但这一年的口语训练能对幼儿的语言发展打下良好基础。

在幼儿不满 1 岁时,尤其是前几个月,他们用哭声表达自己的需要、情绪的时候很多,这时的哭声可以说是一种自发的发声练习。幼儿在发声期,虽然还没有模仿成人说话的能力,但是却能够听见和看见成人说话,因此成人在对幼儿说话时,用丰富的面部表情、富有变化的语调,会加深孩子对语言视觉和听觉的感受。成人应抓住一切时机和幼儿说话,为幼儿创造好的语言环境,诱发幼儿发音,并且教幼儿说话与认识周围事物同步进行,让语音和物品建立固定的联系,为幼儿今后理解和说出对应的词打下基础。例如,成人在给幼儿物品时,告诉他是什么;和幼儿在一起时告诉他正在做什么、玩什么;当幼儿自己游戏时,给他提供适当的语言刺激,尽量提供各种不同的声音,帮助幼儿迅速发展听力,切忌发出噪声。具体地说,就是让幼儿喜欢听别人说话、唱歌、念儿歌,喜欢听乐曲、鸟叫等好听的声音。

②对1~2岁处于不完整句时期的幼儿，重点要帮助幼儿掌握新词，扩大词汇量。

从这个阶段开始，应该把幼儿学习语言的主要任务定位到扩大词汇量上，不论是消极词汇还是积极词汇都应该丰富。在帮助幼儿掌握新词上，要尽量使用简短话语，突出所教新词。例如，在教幼儿“灯”时，可以让他观看灯的图片，并告诉他：“这是路灯，这是交通灯……”在说“灯”这个单词时要加重语气，突出强调，以便幼儿较快掌握。

2.为幼儿提供良好的语言榜样和语言示范

幼儿身边的每一个成人都是他的老师，他们的一言一行、一举一动都会成为幼儿模仿和学习的内容。因此成人应该注意用丰富的面部表情、富有变化的语调、规范正确的发音、丰富准确的用词造句，为幼儿提供良好的语言榜样和语言示范。

不要模仿幼儿口齿不清的语言，要反复教幼儿准确的语言。幼儿学说话的过程中肯定会出现口齿不清、发音不准的情况，如把“吃饭”说成“七饭”、把“哥哥”说成“多多”、把“妈妈”叫“咩咩”、把“爸爸”叫“大大”等。有些家长觉得好玩，就学幼儿说“七饭”“多多”“咩咩”“大大”，这样做会传达给幼儿一个错误的信息——他这样说是正确的，而且是受欢迎的、可以逗乐的，反而强化了幼儿不清晰的发音。

不要给幼儿做正确与错误发音的对比，要直接教幼儿正确的发音。当幼儿发音不准时，有些家长喜欢给幼儿做对比发音，希望幼儿能够有所辨别，找准正确的发音，于是他们会对幼儿说：“宝宝，不是‘七饭’是‘吃饭’。”其实，这样的方法不符合幼儿的心理和语言学习模式。

不要和幼儿说儿语，而要用规范的语言。从幼儿一出生，跟孩子讲话就力求准确规范，包括量词、副词、动词、形容词等的运用。例如，“一枚硬币”不要说“一个钱钱”；“三辆公共汽车”不要说“三个车车”。

日常生活是幼儿学习语言最基本和最重要的环境，生活中的语言多是常用且反复出现的，易于加深幼儿的印象和理解。要多和幼儿交谈，提供言语模仿的榜样；随时随地帮助幼儿掌握新词，扩大词汇量；鼓励幼儿多开口，如在穿衣、吃饭、洗澡、散步等日常环境中，自然地教幼儿语言。

很多成人以为，幼儿小只有说儿语他才听得懂，于是对幼儿讲话时，便把“牛奶”叫“牛牛”、把“奶粉”叫“粉粉”或“奶奶”、把“猫”叫“咪咪”、把“小便”叫“嘘嘘”、把很多不同的车统统叫“车车”。久而久之，幼儿也就这么学起来了。其实，幼儿的学习能力是非常强的，教他规范准确的词，他就能学会规范准确的表达。不规范的儿语的危害体现在以下两个方面：

①教幼儿错误的表达会浪费孩子的学习时间。一位妈妈在逗1岁零3个月左右的孩子，她问“嘟嘟”在哪里，孩子指了指嘴巴，妈妈给予夸奖；又问“丫丫”在哪里，孩子不知道，妈妈指着孩子的脚说“这个就是丫丫哈”；然后又问“高高”在哪里，孩子一副茫然的表情，妈妈就摸着孩子的头说“高高在这儿的嘛”。这实际是一种错误的方法，孩子花时间学会的是错误的表达，以后还得再花时间重新学习“嘴巴”“脚”“头”这些正确的语言。

②不规范的语言会影响幼儿与他人的交流。家长如果使用不规范的语言教幼儿，只能形成幼儿与家人之间的语言默契，但是当幼儿与他人交流时，别人不易明白他的意思，就会影响幼儿与他人的交流。长此以往，将影响幼儿的性格、人际交往、语言表达等。

其实，大人长期教幼儿说儿语，今后还可能会发生连你都听不懂幼儿在说什么的情况，到那时就自食其果了。例如，家长教幼儿把“牛奶”叫“牛牛”，把“奶牛”也叫“牛牛”，那么当幼儿说“牛牛”时，你知道幼儿是说“牛奶”还是“奶牛”呢？你教他把“撒尿、小便”叫“嘘嘘”，“安静、小声点”也叫“嘘嘘”，那么当幼儿对你发出“嘘嘘”声的时候，是想撒尿还是要你安静呢？每样东西都有它确切的名称，每种行为、表情、动作等也有不同的词汇来表示，教幼儿说话时就要仔细分清，是什么就教他什么，切忌用另外的词来替代，切忌统统打包为一个词，造成概念模糊，影响幼儿的理解力和表达能力。

成人要善于使用拟人化、富有想象力的儿童语言。成人和幼儿讲话多使用拟人化的儿童语言，幼儿的语言表达就会显得生动有趣且富有想象力。

所谓拟人化的儿童语言不同于儿语、奶话，它是符合幼儿心理、易于幼儿理解的、充满童趣的语言。例如，幼儿不想睡觉，还想玩玩具，家长就可以对幼儿说：“哦，你看玩具已经陪宝宝玩了好长好长时间了，它们都已经很累、很困了，没有力气了。宝宝送玩具回家睡觉好不好？我们让玩具好好休息，明天再跟宝宝玩啦！哇，玩具好高兴，它们都说谢谢宝宝啦！来，妈妈陪你一起把玩具轻轻地放回去，跟玩具说晚安！啊，宝宝真乖！”谈到太阳、月亮的话题时，家长可以跟幼儿说：“太阳公公白天上班晚上睡觉，月亮婆婆晚上上班白天睡觉。”或者说：“太阳公公上白班，月亮婆婆上晚班，所以每天晚饭后，月亮婆婆就会赶紧跑出来换班了。”“月亮婆婆还对太阳公公说：‘啊，您辛苦了！快回家好好睡一觉吧！’太阳公公就会笑眯眯地回家休息。”还可这样说：“太阳公公很辛苦，白天要使出全身的力气，发出光和热，帮助小朋友们和小草小树小动物们长得高高的，还给我们带来温暖，所以我们要谢谢太阳公公哟！”“月亮婆婆工作也很辛苦，晚上小朋友们都睡觉了，月亮婆婆还要忙着去看望每一个小朋友，她要认真地检查，看看哪个小朋友睡觉最乖，就会悄悄地亲亲乖宝宝，还会送给乖宝宝一个很美很甜的梦哦！”

3.要尝试动作伴随语言的教育方法，不要太快满足幼儿用肢体动作表达的愿望，要想办法刺激幼儿说出

幼儿在近1岁时，已能够听懂一些语言，成人要注意发挥语言的作用。在与幼儿进行日常交谈时，要配合一定的肢体动作，且同样的语言要配合同样的动作，幼儿才能较快地学会配合动作发出相应的语言。尤其是在照顾幼儿生活时，最好是边做边说，如给孩子喂奶时，可先给幼儿看看奶瓶，或把奶瓶往脸上贴着说：“宝宝饿了，该吃奶了……”这样更有利于幼儿将语言和相应的物品建立联系。

幼儿1岁半左右，是口头语言开始形成的关键期，在这个阶段成人除了要多跟幼儿讲话、多教幼儿发音外，还要有意识地多刺激幼儿说话的欲望，给幼儿提供语言表达的

机会。当幼儿有了愿望还不会说出来，而只用“嗯嗯嗯”的声音加上肢体动作来表达时，那些跟幼儿接触频繁、对幼儿十分了解的成人，可能就已经理解了幼儿表达不清的意思，于是他们便会很快地满足幼儿的需求。这样做其实会使幼儿“懒得说话了”，从而阻碍了幼儿的语言发展。

特别是1岁左右的幼儿，正是想说话却又说不出的时候，恰恰需要成人给幼儿更多的刺激.促使他们用语言表达心中所想。成人要故意装作还没太理解幼儿的意思，延迟满足幼儿的愿望，促使他们积极调动肢体发声器官与肌肉的力量，尽早完成从肢体动作到语言的飞跃。成人太快满足他们的愿望，会导致幼儿觉得有肢体动作和眼神就能实现愿望，便不必再费力地用语言表达了。

4.要耐心倾听幼儿说话，并巧妙地教给幼儿准确的词汇和语序，不要着急、打断幼儿

当幼儿结结巴巴、颠三倒四地说长句子而一时又不能将整句话说完时，成人千万不要着急，更不要打断他。否则不仅会影响幼儿的口语表达，还会伤害幼儿的自尊心，削弱幼儿说话的欲望和积极性。长此以往，幼儿就会怯于表达，严重的还会导致幼儿不愿意说话。

这个时候，成人要面带微笑和欣赏的表情，耐心倾听幼儿说完整的句子。不要去重复幼儿错误的语序和用词，也不要嘲笑、批评幼儿说错话，而要对幼儿说出正确的句子，并让幼儿感觉到这个句子就是他刚才所说的。例如，幼儿说：“饼干……嗯嗯……想吃……买的……妈妈我……饼干。”耐心地等待幼儿说完后，你可以用清晰的语言、舒缓的节奏、轻柔的语气微笑着说：“哦，你是说‘我想吃妈妈给我买的饼干’。”其实这句话不是幼儿的原话，但“你是说”这样的用词会让幼儿以为“我想吃妈妈给我买的饼干”这句完整漂亮的句子就是自己说出来的，而且妈妈理解了自己的意思，幼儿内心就会有成就感、自豪感，会激发幼儿说话的兴趣，调动幼儿说话的积极性和自信心，从而更愿意用语言来表达自己的心思。同时你的“不露声色”的纠正又使幼儿轻松自然地学习了正确的表达方法。

5.对幼儿的语言表达鼓励要及时、具体，不要批评和责备幼儿

现在的教育提倡的是赏识教育，多夸奖、多鼓励，幼儿就会越来越棒。不过，表扬不要总是笼统地说“你真棒”！年龄越小的幼儿，成人对他的表扬越要具体。对待幼儿的语言学习也同样如此，进行赞美夸奖，幼儿的语言表达就会越来越好。

语言包含很多方面，音准、用词、语序、音量以及一句话表现出的对他人的体贴、宽容、礼貌、孝顺等，表扬幼儿说得好，也可以具体到语言的某个方面。例如，当幼儿刚刚学会叫妈妈时，妈妈可以夸奖幼儿说：“哇，宝宝会叫妈妈了，真棒呀！”“宝宝叫妈妈的声音真好听，妈妈可喜欢了。”幼儿也会通过你的表情、动作、音调等感受到你的赞美，就会更加愿意发出这个声音。要让幼儿明确地知道自己哪方面说得好，那么幼儿就会越发在这方面努力表现，幼儿的语言自然会发展得越来越好。

当幼儿语言表达不清楚或不准确时，成人应该做的就是立刻反复教他正确的发音，给他以正向的强化。

6.开展早期阅读指导，培养幼儿阅读兴趣

在早期阅读方面，在幼儿满月后就可以开展阅读教育，培养其早期阅读的兴趣和行为。成人可以在让幼儿听和说的同时，选择一些适合这阶段的读物，如图片、图形、脸谱等，指点幼儿阅读，初步激发幼儿阅读的兴趣。大约 6 个月之后，幼儿就能感知不同的语调，此时应让幼儿睡前倾听文学作品，即倾听各种语言样式，倾听形象化的语言，倾听不同风格特色的语言，初步养成睡前倾听文学作品的习惯。从 10 个月开始开口说话，应给幼儿提供阅读的空间和时间，初步培养幼儿良好的阅读习惯，如教会他拿书的方法、阅读时的正确姿势等。

随着幼儿年龄的增长，家长或教师可自制或购买图书，通过幼儿感兴趣的儿歌、故事，丰富幼儿语言内容，扩大其词汇量。在幼儿阅读时，成人可提一些浅显的问题，以诱导、丰富和扩充幼儿的回答，促进其语言表达和思维能力的发展。

家长或教师可以每天在固定的时间（如睡觉、空闲时间），让幼儿倾听一些优美动听、主题鲜明、短小精悍的故事、儿歌等，这是幼儿学习文学语言的绝好方式。除此之外，成人也可为幼儿选择一些轻松活泼、画面优美且生动有趣的美术片、动画片等让幼儿观看，既可增加幼儿语言方面的信息量，又有利于发展其观察和想象能力。

7.开展多种形式的游戏，让幼儿在游戏中学习语言

幼儿在 1~2 岁时处于不完整句时期。这个时期的幼儿更多使用肢体语言与成人进行交流，这个年龄段的幼儿的语言教育，主要是在日常生活和游戏中进行。

游戏本身的活动性、广泛性符合幼儿的身心特点，成为幼儿最喜欢的活动。采用游戏的方式可以比较容易地把他们吸引到学习活动中来，家长或教师也可用专门的游戏来练习幼儿的发声、用词，如有利于词语练习的“小喇叭”“词语接龙”等游戏。通过游戏练习词语的运用，目的和要求都在玩的过程中完成，幼儿对游戏这种方式也比较感兴趣。在游戏中，成人要用简单明了的语言，结合幼儿所熟悉的事情来启发他，并耐心地听幼儿说话，还要鼓励幼儿多说话，更要为胆怯和寡言的幼儿提供练习说话的机会。

通过游戏可帮助幼儿巩固发音、扩展词汇，培养他们语言交往的机智性和灵活性。教育的侧重点是发展幼儿的听力，随时随地指导幼儿说话，在游戏中练习说话，提高语言运用能力。如可以进行“猜猜看”“打电话”的语言游戏。

4.3~6 岁学前儿童语言发展与教育

1）学前儿童语音发展与教育

语言的交际功能要借助语音才能实现，学前儿童期是掌握语音的关键时期，同时也是学前儿童语言可塑性最大的时期。因此，在该阶段成人要根据其语音发展特点有针对性地对

其进行教育。学前儿童语音发展的特点主要表现在以下几个方面：

①3~4 岁学前儿童的发音中，韵母发音的正确率较高，声母发音的正确率稍低。该时期学前儿童语言器官尚未得到充分发育，他们还不能协调地使用发音器官，即不会运用发音器官的某些部位，或者不能掌握某些发音方法，以致发音不清楚、不准确。在发某些声母时，学前儿童常常把握不好，并出现相互替换的情况。例如，"n"和"l"不分，会把"奶奶"说成"来来"；翘舌音"zh""ch""sh"常被替换成舌尖前音"z""c""s"或舌面音"j""q""x"，如"汽车"说成"汽切"、"这个"说成"介个"、"老师"说成"老西""老思"等。4 岁以后的学前儿童发音正确率则有明显提高。

②4~5 岁学前儿童的发音器官已发育完善，能正确发出大多数的语音。如果能坚持进行反复的练习，基本能掌握全部的语音，只是对某些相似的语音发音仍有困难，需要反复练习加以区分。

③5~6 岁学前儿童发音已基本没有什么问题。在成人的正确教育下，能做到发音正确、咬字清楚，并能区分四声音调。一般来讲，6 岁左右的学前儿童经过训练都能做到口齿清晰正确发音，如果某些学前儿童仍然存在发音不清的状况，应引起成人的注意。

另外，6 岁左右的学前儿童对语音的意识开始形成。他们能自觉辨别发音是否正确，自觉模仿正确的发音，纠正错误的发音。有些学前儿童能够评价别人发音的特点，指出或纠正别人的发音错误，或者故意模仿别人的错误发音，有些学前儿童则能够意识并自觉调节自己的发音。例如，一些学前儿童不愿在别人面前发自己发不准的音；有的声称自己不会发某个音，希望别人教他等。语音意识的形成使学前儿童学习语言变得自觉主动，这对学前儿童语言的发展具有重要的作用。

针对 3~6 岁学前儿童学习语音的特点，该时期学前儿童语言教育的内容和教学建议如下：

1.培养学前儿童听音变音能力

在学前儿童语言发展的早期，常常是模仿别人说话时的语调，而对语句的每一个音则不能分别感知。不少学前儿童不能准确分辨近似音，发音时常出现相互代替的情况，这是由于学前儿童听力水平较低。要使学前儿童正确发音，必须注意培养学前儿童的听音能力，为其准确感知语音打好基础。因此成人通过不断示范讲解、开展游戏等形式培养学前儿童的听音能力。

(1)示范讲解

正确的示范是教学前儿童掌握语音的基本途径。通过示范不仅要求学前儿童能正确感知语音的微小差别，而且还应让他们掌握发音部位和发音方法。由于发音的部位不同，发音的难易程度也不同。采用示范讲解，使学前儿童掌握其发音要领。例如，"n"和"l"的发音，教师可用示范的方式把发音原理具体化，并形象地进行讲解：发"n"时，舌尖翘起抵住上牙床，同时舌尖要向两旁展开，用力把气流堵住，使气流从鼻孔出来；发"l"时，舌尖只抵住上牙床的中间部分，舌尖不向旁边舒展，在两旁留出空隙，堵住鼻腔通道，使气流从舌尖的两边出来。示范、讲解后，应教学前儿童反复练习、体验。如发现学前儿童发音不正确应及时纠正，不要重复错误发音，以免引起错误模仿。

(2)练习听音游戏

良好的听觉是清晰发音的前提。通过这类游戏可以培养学前儿童分辨各种大小、强弱等不同性质的声音，发展学前儿童听觉的灵敏性，提高他们的辨音能力。例如，游戏“我会听”：教师带领学前儿童模仿参观动物园，可先播放猫、鸭、狗、老虎等动物的叫声，让学前儿童听声音来猜一猜，动物园里有什么动物；然后再展示动物园中的动物玩具，以此训练学前儿童分辨各种动物声音的能力。

2.使学前儿童在练习中学会正确发音

清楚正确地发音是运用口语进行交际的必要条件。教师应以普通话语音为标准，教会学前儿童正确发音。学前儿童发音不准主要有两方面原因：一是生理原因；二是受方言的影响。在生理原因方面，随着年龄的增长和反复练习，学前儿童发音能力会得到显著提高。

方言地区普通话教学的难点在于同普通话相比较，方言在语音上与之相差甚远。方言区的人学普通话时，其发音声调不准也占了很大比例。因此在对学前儿童进行语音教育的过程中，要求教师熟练掌握本地区方言中哪些音或声调与普通话不同，并结合学前儿童自身发音特点，找出普遍难发或较易发错的音，多练习强化正确的发音，也可开展专门的发音教学游戏。例如，游戏“逛超市”：将活动室布置成小超市，放置扇子、尺子、梳子、勺子、刷子、柿子、栗子等实物，以及玩具狮子、猴子、车等。由学前儿童轮流做收银员和顾客，顾客需要把物品名称发音正确和说清楚用途后，才能把物品拿走。通过此游戏练习舌尖前音、舌尖后音的正确发音。

运用一些教学活动形式进行语音练习是必要的，但大量的练习还需要在日常生活中自然地进行。日常生活中的练习，适用于随机地个别进行，教师应根据本地区和本班学前儿童的语音情况，确定练习的重点音和重点人。例如，有的学前儿童“湿”和“吃”说不清，教师就可利用有利时机帮助其发音，如问：“你把毛巾放在水里就怎么样了？”早晨来园时问：“今天早晨吃的是什么？”创设机会引导练习发“湿”和“吃”的音，对学前儿童进行有目的的发音练习，也可以要求家长配合。

3.培养学前儿童的语言表情

在口语中，为了准确且富有表现力地表达思想，需要声音的性质有所变化。教师在训练学前儿童正确发音的同时，也要训练他们能根据表达内容的需要，控制和调节学前儿童声音的大小与速度，构成不同的语言表情。

在平时讲话时，主要是培养学前儿童的自然表情，做到声音性质与其所要表达的内容相一致。在朗读或表演文学作品时，要求能在理解作品内容的基础上，有发自内心的感情，而不应是刻板、机械的声调。在进行文学作品活动的教育中，还应训练学前儿童掌握一些简单的艺术发声方法。

4.培养学前儿童语言交往的修养

语言交往的修养是针对讲话态度方面所提出的要求。从学前儿童掌握口语开始，就应要求他们在语言交往中，做到讲话态度自然，声调友好、有礼貌，不允许撒娇或粗暴地讲话等。让学前儿童从事发音练习应该是在自然的状态下开展，所采取的方式一定要符合内容要求且具有趣味性。

2）学前儿童词汇发展与教育

词是语言的基本构成要素。词汇是否丰富，使用是否恰当，都直接影响语言表达能力。学前儿童词汇的发展主要是通过口语词汇的掌握而体现的，3～6 岁学前儿童掌握词汇的发展主要表现在词汇数量迅速增加、词类范围日益扩大、词义理解逐渐加深、开始有一定的构词能力等方面。

（1）词汇数量迅速增加

学前儿童期是掌握词汇最迅速的时期。随着年龄的增长，词汇数量几乎以每年一倍的速度增加，具有直线上升的趋势。有报道称，3 岁学前儿童的词汇量可达 800～1000 个，4 岁为 1600～2000 个，5 岁增至 2200～3000 个，6 岁则达到 3000～4000 个。但这与成人的 12000～13000 的词汇量相比还是有一定差距的，这说明词汇的掌握需要更长的时间。

（2）词类范围日益扩大

词可以分为实词和虚词两大类。实词是指意义比较具体的词，能单独充当句子成分，包括名词、动词、形容词、数词、量词、代词等；虚词是指意义比较抽象，不能单独成句，有帮助造句作用的词，包括副词、连词、介词、助词、叹词、拟声词等。学前儿童一般先掌握实词，然后掌握虚词。

3～4 岁的学前儿童所掌握的词汇，以名词和动词为主。那些代表具体事物的名词和具体动作的动词是学前儿童生活中常常经历和感知到的，因此较易掌握。学前儿童对形容词的运用有了初步发展，但只能掌握如大、小、冷、热、长、短、胖、瘦等词语，在运用上也往往不够准确，常常用大、小来代替其他表示比较的形容词。很难把握数词和量词，直到 5 岁以后才能熟练掌握。6 岁的学前儿童所掌握的词汇已经相当丰富，对词义的理解也较深刻。

学前儿童词类的扩大还表现在词汇内容的变化上。最初一般掌握的是与饮食起居等日常生活直接相关的词汇，之后会逐渐积累一些与日常生活距离稍远的词汇，甚至开始掌握与社会现象相关的词。

（3）词义理解逐渐加深

在词汇量不断增加、词类不断扩大的同时，学前儿童所掌握的每个词汇本身的含义也逐渐地确切和加深。

首先，能理解的是词汇的具体意义，之后才能比较深刻地理解词义，但仍难理解词汇的隐喻和转义。例如，听到成人说“那个人长得很困难”，孩子会说“我去帮助他”。幼儿园大班学前儿童开始能理解一些不太隐晦的喻义。

再者，对同一个词语，学前儿童对其含义的理解水平是不同的。最初掌握词汇时，对它的理解往往不准确,后来逐渐确切和加深。例如,一个1岁左右的幼儿初次见到圆形物称其为“球”,之后可能也会把天上圆圆的月亮和爸爸手中的乒乓球以及桌上的橘子统称为“球”。这说明学前儿童最初对词的理解是笼统的、不确切的,常用一个词语来代表多个对象。随着学前儿童生活经验的丰富,他们会慢慢区分出事物的差别,从而加深对词汇的理解。

(4)开始有一定的构词能力

随着学前儿童认识能力的发展,他们可以把已经掌握的词汇拆开,与其他已经熟悉的词汇重新组合成新词。例如,把“秋天”的“秋”组成秋花、秋草、秋叶、秋风、秋季、秋雨等词,把“秋天”的“天”组成春天、夏天、冬天、阴天、天空等词。

3~6岁学前儿童在词汇的学习上,虽然取得了多方面的发展,对各类词汇都有了一定的掌握,对词语的理解也渐渐深刻,但词汇量还是比较贫乏的,词的概括性低,理解和使用上也常常发生错误,因此还须加强词汇教育。

学前儿童是在认识活动的过程中学习新词汇的,即是在通过听觉、视觉、触觉等直接感知客观物体的基础上掌握词义的。直观性原则是学前儿童词汇教育的基本原则。对学前儿童进行词汇教育的主要途径和内容包括在日常生活中丰富学前儿童词汇、引导学前儿童正确理解词汇、帮助学前儿童正确运用词汇。

1.丰富学前儿童词汇

学前儿童词汇教育的首要任务是丰富词汇量,要不断为其提供大量新词汇以便他们理解、记忆和运用。

获得新词汇的途径大致有两个:①通过成人有意识地教,这类词汇大部分是学前儿童难以在自然状态下学会的,也是学前儿童丰富词汇的主要途径之一;②在日常生活中,通过与成人或同伴的自然交往获得,这类词汇大部分是浅显易懂的,经常活跃在人们口头上。

对不同年龄段的学前儿童,应有不同的侧重和要求。对于幼儿园小班学前儿童而言,丰富词汇的中心要求是学习运用能理解的常用词汇;对于幼儿园中班学前儿童而言,词汇量要大幅增加,运用的能力也要有明显提高;幼儿园大班学前儿童在巩固已掌握词汇的基础上,要大量增加掌握实词的数量,并提高质量。

日常生活是学前儿童学习语言的基本环境,也是丰富学前儿童词汇的最主要途径。教师和家长应善于抓住时机进行词汇教学。例如在穿衣时,教会学前儿童正确说出衣服及其各部分的名称;在吃饭时,教会学前儿童说出餐具、主食副食的名称;在运动时,教会学前儿童说出各种运动名称等,还可结合实际情况教他们一些新词汇。

直接观察既是学前儿童认识事物的重要途径,也是丰富学前儿童词汇的重要来源。组织学前儿童观察的方法包括观察实物和外出参观两个方面:

(1)观察实物

这种观察一般是在学前儿童的活动室内进行,观察的对象是个别实物或其模型、玩具、图片等。其中应以直接观察实物为主，非实物观察对象的选择，其特征要明显美观。

在观察前，教师应用生动活泼的语言或其他方式，激发学前儿童的观察兴趣。在观察过程中，主要是通过谈话方式引导学前儿童观察。教师要善于运用问题保持学前儿童的观察兴趣，用问题引导学前儿童观察物体的主要特征，反复谈论和描述观察的对象。

在观察开始时，教师可以提出全部问题，使学前儿童的观察更有目的性。例如，幼儿园中、大班在观察冬装时，教师开始可以提出问题："现在是什么季节呢？""大街上的人们都穿上了什么样的衣服？""你们穿的都是什么衣服？"接下来向学前儿童展示观察对象——洋娃娃玩具等，并留给他们自由观察和相互提问的时间。需要教给学前儿童的新词汇，则应在观察和谈论观察对象的过程中，自然地教给学前儿童，教师要准确地使用词汇，起到示范作用。

在观察近似物体时，可以采用比较法，让学前儿童掌握异同点，使观察对象的特征更加突出。在运用比较法时，小班适宜比较差别大的物体，如小轿车和大卡车比较；中班可在认识新物体或现象时，同已认识的物体或现象进行比较，如组织学前儿童认识无轨电车时，可与已认识的公交车进行比较；幼儿园大班则应选择差别较小的物体或现象进行比较，如搪瓷制品和塑料制品的比较，有时还可选择两种以上的物体或现象进行比较，如粮食、水果、蔬菜等三类物品比较。这种比较对提高学前儿童思维水平，促进学前儿童掌握说明事物不同特性的词（如比较粗糙的、比较光滑的、比较高的、比较矮的）是十分有益的。

（2）外出参观

带领学前儿童到一些有教育意义的环境中去参观。为学前儿童选择的参观地点应是学前儿童能理解又不影响身体健康的地方，如公园、博物馆、展览馆、少年宫、图书馆、邮局、小学、商店、街道等。在农村附近，可选择菜地、养猪（牛）场、果园、温室等进行参观。

参观出发前，应对学前儿童进行一次简短的谈话，告诉他们要去看什么，应该怎么看，以及参观时要遵守的规则。谈话要富于启发性，能引起学前儿童的兴趣。在参观过程中，教师要用问题引导学前儿童观察，明确先看什么、后看什么，要把学前儿童的注意力集中到观察的主要内容上，不要让与观察内容无关的事情分散其注意力。在学前儿童观察时，教师要善于提问，要注意培养每个学前儿童大胆表达、正确表达的能力。

参观回来后，还应组织学前儿童谈话，练习运用学到的新词汇。当学前儿童还不能把新词汇运用到口语中，或者运用得不恰当时，教师要通过示范或提示来启发学前儿童运用新词汇，或纠正不正确的用法。

2.引导学前儿童正确理解词汇

理解了词义，才算是真正地掌握了词汇，才有可能运用到语言活动中去。

在教给学前儿童新词汇时，尽量做到使词汇和词汇所反映的事物同时出现，将词汇和事物的具体形象联系起来才能加深理解，如用“今天天气真热”或“这屋子很冷”等来解释“冷”“热”一类较抽象的词汇。对那些学前儿童不能直接接触的事物，可以借助图画、录音、录像等媒介，帮助他们正确理解词义。例如，通过多媒体可以使从未到过北京的学前儿童了解“北京天安门”和“万里长城”等景观。

学习学前儿童文学作品，是帮助学前儿童正确理解词义的一条有效途径。学前儿童文学作品中的语言，是经过作家提炼加工的语言，具有生动、形象等特点，易于学前儿童理解和接受。通过学前儿童文学作品帮助学前儿童理解词义，方法是多样的，有的是通过故事情节使学前儿童自然地理解词义，有的则需要借助辅助手段——图片、玩具、模型等，帮助学前儿童理解词义。以故事中“他穿过了一片密密的荒林”为例，“荒林”是新词汇，而“树林”是学前儿童早已熟悉的词汇，这时教师可把荒林解释为“没有人去过或没有人管理的树林”。由此及彼，便于学前儿童理解。

复述故事或朗诵韵文体作品，是学前儿童巩固、掌握词汇的好方法。应确保学前儿童在一段时期内能复述、朗诵一定数量的学前儿童文学作品。另外，表演故事也是一种较好的再现学前儿童文学作品的形式。

3.帮助学前儿童正确运用词汇

学前儿童进入幼儿园时已有了三年的学习与积累，他们已经能说出 1000 多个词汇，但在实际运用时却经常出现一些错用和误用的情况。如将“再见”说成“再过见了”，将“吃过饭了”说成“吃饭过了”等。因此，在对学前儿童进行词汇教育时，应教他们正确运用已理解的词。

可采用教学游戏（智力游戏）进行词语练习。教学游戏比较灵活，既可以教学前儿童新词，也可以教他们练习正确地运用词汇。只有语言游戏符合学前儿童的年龄和心理特征时，才较易激发他们的学习兴趣。另外，游戏还可为胆怯和少言寡言的学前儿童提供练习的机会，降低其学习难度。

运用教学游戏时，首先要自编或选择恰当的游戏，其次应准备好游戏中所需要的教具或游戏材料。教具或材料应形象、美观，并正确反映事物特征。在游戏进行中，教师要以极大的兴趣带动学前儿童进入游戏，同时要严格要求学前儿童遵守游戏规则，以确保学前儿童得到正确的练习。

在幼儿园大班，还可运用纯语言性的教学游戏，即游戏中不出现实物、图片、玩具或其他教具。这类游戏，提问和回答都应该是简短扼要、互相连接的，中间不能有长时间的停顿。例如：“木头能做什么？”“什么是甜的？”“什么是酸的？”有的是描述性的游戏，有的是猜谜语、编谜语的游戏或者是词语接龙。

这些游戏应该是以丰富或使用词汇为主要目的，通过游戏不仅使学前儿童掌握大量词汇，而且也可以训练思维的敏捷性，激发学前儿童的学习兴趣。

除以上几种方式外，其他类型的语言教育活动，如各种讲述活动、谈话活动都可以丰富学前儿童的新词汇，同时练习正确运用词汇等。例如，体育活动中，要教学前儿童掌握有关走、跑、跳、钻、爬等动作的名称；美术活动中，要教学前儿童说出“蜡笔”“铅笔”，各种颜色线条、形体的名称；科学活动中，学前儿童应学到大量的有关动植物的名称、特征、习性及功用的词汇，还有关于四季特征和自然科学现象的词汇；数学及音乐活动中也要掌握相关词汇。

事实上，关于学前儿童词汇的学习途径并不是孤立的。学前儿童的词汇教育内容，是需要通过日常生活、游戏、语言教育活动及其他教育活动等多种途径共同完成的。

3）**学前儿童语法发展与教育**

掌握大量词汇以后，还必须将这些词汇按一定的语法规则合乎逻辑地组织起来，这样才能准确表达语言的含义，达到交际的目的。换言之，想要表达自己的思想，理解他人的观点，单靠语音和孤立的词汇是无法实现的，只有语句才能真正起到交流的作用。

由于学前儿童学习语言的主客观条件的不同，学前儿童语法系统的发展表现出不同程度的差异，但都有一个基本相同的发展过程和特点。学前儿童语法发展大致呈现以下特点：

（1）句型从简单句向复合句发展

学前儿童最初的句子结构是不完整的，大多发生在 2 岁之前，主要是单词句和双词句。幼儿一开始只能说一些连主谓语也不分的单词句，句子结构混沌不分，如“狗狗”“猫猫”。以后，单词句逐渐分化为只有主谓结构和动宾结构的双词句，如“妈妈抱”“坐车车”等。大约 2 岁以后，句子的结构越来越分明，复合句逐渐出现。复合句的数量和比例随着年龄的增长而增长。学前儿童使用复合句大致有几个特点：一是数量少、比例小。学前初期，复合句在 10%以内，随着年龄的增长，复合句的比例也在增长，但 5~6 岁时，仍然在 50%以下。二是结构较为松散，大多是简单句意义上的组合，往往省略关联词。三是由于学前儿童思维水平的限制，在句型中联合复句出现较早，偏正复句出现较晚。

（2）句式从陈述句到非陈述句

从陈述句发展到多种形式的句子，也是这个时期学前儿童语法发展的特点之一。学前儿童最初掌握的是陈述句，在学前阶段陈述句占 60%~70%，是学前儿童的基本句型。非陈述句中，疑问句产生较早。疑问句的难易程度随着年龄的增长而变化，所占比例不高于 15%；祈使句和感叹句一般都在 10%以内。

（3）从无修饰句到修饰句

学前儿童最初的简单句是没有修饰语的，之后会慢慢出现具有修饰语的句子。朱曼殊等人研究发现：2 岁学前儿童运用的修饰句仅占 20%左右；3~3 岁半是复杂修饰语句数量增长最快的时期，3 岁半学前儿童已达 50%以上；3~3 岁半时，学前儿童会使用如“大灰狼”“小白兔”等修饰语；4 岁以后，有修饰语的句子开始占优势，如“熊猫有两只黑色的眼睛”；到 6 岁时上升至 91.3%。

（4）句子结构逐步严谨且灵活

严格地说，最早出现的单词句和双词句还不是真正的句子，只是一个简单的词语链，不是完整的句子结构。学前儿童最初的句子不仅简单，而且不完整，经常出现漏缺句子成分或句子成分排列不当等现象。例如,有的3岁孩子把“你用筷子吃饭,我用小勺吃”说成“你吃筷子,我吃勺子”;把“老师,我要出去”说成“老师出去”。随着年龄的增长,句子日趋完整和严谨。

由于认识的局限性和知识的贫乏,学前儿童最初说出的语句中只有能表明事情的核心词汇,因此显得内容单调、形式呆板。稍后,能稍微加上一些修饰语,使句子的成分变得复杂起来,表现的内容也逐渐丰富、富有感染力。学前儿童句法结构的发展在4~4岁半较为明显,5岁时逐渐完善,6岁时显著提高。

(5)从情境性语言到连贯性语言

学前儿童在3岁左右虽然能用词语组成简单的句子来表达自己的意思,但此时他们的讲话多是断断续续的,往往需要结合具体的情境,并伴随很多手势和表情来完成。这种需要听者在一定情境中边听边猜才能懂得的语言,叫情境性语言。

学前儿童在4~5岁时,连贯性语言得到发展。连贯性语言是指句子完整、前后连贯、表述明确,使听者不必考虑当时情境就能领会学前儿童意思的语言。此时学前儿童虽能正确运用简单的句子来表述自己的意思或者简单的见闻,也能独立地讲故事,但由于学前儿童对关联词语或某些词义不太熟悉,在表述中仍然存在时断时续、用词不当或逻辑混乱的现象。

6岁左右的学前儿童语言表达能力有了较大提高,他们的知识经验较为丰富,也掌握了较复杂的语言形式,能用多种复句有感情地描述自己的见闻,不仅可以概括故事或图片的主要意思,还能就他人的发言进行评价或补充。

针对学前儿童语法发展的特点,该时期学前儿童对语法规则的获得和掌握,主要通过以下几种途径:

1.对成人语言的模仿

学前儿童的语法学习主要是通过对成人或同伴的言语模仿而习得的,这种模仿有三种表现形式:

①完全性模仿,即学前儿童对成人的语言从内容到形式的完全模仿。

②结构性模仿,即学前儿童只是模仿成人话语的结构,而不是原话。例如,成人说“爸爸上班”,学前儿童学说“爸爸抱我”“宝宝吃饭”等。

③变通性模仿,即学前儿童对成人的话语结构进行变通后,自己尝试说出新的句子。通过换位、颠倒语序来变通成人的语言,如“妈妈,我饿了”变成“我饿了,妈妈’;有些则添加、扩展语句,如“我想做游戏”变成“我想和小明一起做游戏”;学前儿童还会通过省略、压缩语句来对成人语言进行变通,如“小敏快快乐乐地跟妈妈去玩了”变成“小敏去玩了”或“小敏跟妈妈去玩了”。

在对成人言语模仿的基础上,学前儿童会自发按照交往情境的需要,遵循成人语言结构的组合规则,自己组织语言来表达。尽管学前儿童不明确具体的语法规则,但却能按一定的规则进行运用。因此要求成人,特别是教师在语言表述时,做到语言有声有色、生动活泼、形象鲜明,这样学前儿童通过模仿获得的语法才更准确规范。

2.文学作品的学习

文学作品是运用语言的典范，为正在学习说话的学前儿童提供了成熟的语言样本，是学前儿童学习语法规则的重要途径。

文学作品能够成为学前儿童学习语法的榜样有两个原因：①文学作品的语言句式丰富多样，也更准确和规范；②文学作品的语言较为生动形象，节奏韵律感强，优美动听，符合学前儿童的心理特点。因此，不同年龄阶段的学前儿童都十分喜欢文学作品，他们常常不自觉地重复和记忆着，并尝试在各种场合运用，从中可以反映出学前儿童对语法规则的熟悉与掌握程度。

3.在日常生活中培养学前儿童的表达能力

学前儿童主要是在运用语言的实际过程中逐渐学习和掌握语法结构，形成语言习惯的。因此，在日常生活中培养学前儿童清楚完整的表达能力，是学前儿童语法教育的最主要途径。

学前儿童说话往往层次不清，语不成句，不能按照一定的语法结构清楚表达自己的想法，因此要注重在日常生活中培养他们清楚完整且语义连贯的表达能力。教师和家长在教孩子说话时，首先要教孩子说完整的句子，让孩子按固定的语序说话，从而逐步形成语法关系的意识，如学前儿童要吃苹果，对妈妈说“妈妈，苹果”，成人要帮他把话说完整，教会孩子说“妈妈，我要吃苹果”，并让孩子重复一遍。应该让孩子明白，想要知道某事或者得到某物，必须要把话说完整。

其次要培养孩子的对话能力和独自讲述的能力，如讲述自己的经历和见闻。教会学前儿童在与别人交流时，做到每一句话都说得连贯通顺。

最后，要求孩子能够围绕一定的主题，完整、清楚且流畅地讲述某一件事情的经过，表达自己的思想。

4.用游戏的形式提高表达积极性

游戏是学前儿童最喜欢的活动形式，课内外都可进行且适用于各个年龄班。在游戏中发展学前儿童语言，往往能产生事半功倍的效果。例如，学前儿童最常见的听说游戏，目标就是以培养学前儿童倾听和表达能力为主。每一个听说游戏中都包含着对学前儿童语言学习的具体要求，使孩子们在游戏的过程中不知不觉地巩固已学的语言内容，同时提高孩子们说出完整句的积极性。

5.用口头造句的形式培养学前儿童说完整句

口头造句是培养学前儿童学说完整句的有效形式。实践证明，幼儿园小班是学习完整句的重要阶段。教师经常采用一些学前儿童易于理解和接受的词汇为扩散点来进行造句的训练，既可增加学前儿童的知识，又起到了提高口语表达能力的作用。例如，出示“电”字卡片，请小朋友给“电”字找朋友，并进行“看谁找的朋友多”的游戏，学前儿童的积极性会得到充分调动。由“电灯”“电话”“电影”“电脑”到“我家买了一台电脑”“妈妈带我看了电影”……这种口头造句形式是口语练习最简单的形式，由口头造句开始，逐步引导学前儿童用一个完整的语句表达自己的思想。

(二)探讨学前儿童语言教育功能和作用

1.促进学前儿童语言和行为的社会化进程

语言教育的基本任务就在于促进学前儿童语言能力的发展。因此,语言教育的首要任务就是使学前儿童发音清晰、词汇丰富、口语表达完善、语言交往技能提高。

在语言教育中,成人会为学前儿童提供各种各样的语言范例,包括日常对话、故事、诗歌等,让学前儿童自己去感知、体会、理解和记忆。在此过程中,学前儿童不断积累新的语言和词汇,不断吸收新的句式和表达方法,然后逐渐把他人的语言转化为自己的语言,用来表达自己的思想和情感,并对他人的行为施加影响,完成各种交往任务。

学前儿童获得语言,在心理学上被称为学前儿童社会化发展历程中的一个里程碑,对学前儿童身心健康、全面发展具有积极影响。学前儿童获得语言之后,就能用语言与周围人进行交流。这种交流有助于学前儿童改变以自我为中心的言行,使他们能够主动地适应他人的行为调节,并在此基础上逐渐形成语言自我调节能力,使自己的情感、态度、习惯、行为等与社会规范逐渐接近并相吻合。例如,“未经允许不能随便拿别人的东西”“自己能做的事情自己做”“得到别人的帮助要说声‘谢谢’”等,都是社会对学前儿童的行为要求。先是成人用语言对学前儿童进行他律,逐渐发展到学前儿童可以用语言进行自律,形成一定的、较稳固的行为习惯。学前儿童语言和社会化行为的发展,也使得学前儿童社会交往的精神需要得到一定的满足。

2.促进学前儿童学习能力和认知能力的发展

语言具有高度的概括性,语义内容也相当丰富。学前儿童语言的加工,与其他认知加工有许多相似之处。语音需要理解,语法规则需要抽象和概括。学前儿童加工语言使认知能力得到训练与提高,但是语言加工又不等同于其他的认知加工。语言通过语词、概念向学前儿童传递间接经验,有助于扩大学前儿童的眼界,提高其思维和想象能力,也有助于学前儿童学习能力的发展。

在语言输出的加工中,学前儿童要把话语表达得正确、清楚、完整和连贯,也需要有感知、记忆、思维、想象过程的积极参与。随着学前儿童语言水平的提高,语言和认知能力的结合也渐趋密切。我国心理学家朱智贤教授认为,学前儿童语言连贯性的发展是学前儿童语言能力和逻辑思维能力发展的重要环节。心理学家们普遍认为,学前儿童早期语言能力的发展是他们认知发展的重要标志。

3.促进学前儿童语言学习兴趣的提高

随着语言的不断丰富、语言交往技能的不断提高,学前儿童学习和运用语言的兴趣也越来越强烈。听和说的兴趣、自信和主动精神都有赖于语言听说能力的提高,而学前儿童一旦产生学习语言的兴趣,就会主动寻找学习语言的机会,学习更多的语言符号,尝试更新的语言技巧，语言的潜能就能得到尽情发挥。这种兴趣不仅对学前儿童当前的语言学习活动有积极的影响，而且可能影响到他们入学乃至成年后学习和运用语言的兴趣。国内外许多作家小时候经常听大人讲故事、读书，正是这些经验才使他们对文学作品和写作活动产生浓厚兴趣，并最终走上文学创作的道路。

4.学前期语言教育可以为学习书面语打好基础

听说是读写的基础，是入学后实现顺利过渡到正式学习的重要条件。我国中小学语文教学研究成果证明，写作能力低的学生，大多数是独白语言的能力低，不怎么会说话，写起文章自然杂乱无章。而独白语言能力强，比较会说的学生，说起话来有条有理，生动自然，写出文章一般都不错。这是因为书面语以口语为基础。幼儿入学前，如果能学会普通话的准确语音，掌握大量的词汇，有一定的口语表达能力，入学后学习认字、读书、写作时就比较容易。

（三）揭示学前儿童语言的发展与教育规律

语言发展是一个相当复杂的问题，学前儿童语言教育对学前儿童语言的发展过程进行研究，同时揭示其规律。如果说学前儿童语言的发展过程是“自然意义上是什么”的问题，那么揭示学前儿童语言的发展规律则是“科学意义上是什么”的问题。

当前的研究已经揭示了一些学前儿童语言的发展与教育规律，如儿童掌握母语经历了从出生后半年到 1 岁左右的喃语阶段，1 岁左右进入的单词句阶段，1 岁半之后进入的双词句阶段，2 岁半以后进入的实词句阶段，5 岁左右进入的成人句阶段。但是，已揭示的现象和规律仍然十分有限，是否具有普适性还有待进一步地检验。比如对儿童是如何掌握和习得语言的，学术界有不同的解释，比较著名的有乔姆斯基的先天语言能力说、皮亚杰的认知说等。这些理论都有一定的片面性，无法全面、客观地解释儿童语言发展的过程，因此，针对这些重要的理论性问题，学前教育工作者仍然任重而道远。作为学前教育工作者，必须明确学前儿童语言发展的过程以及在此过程中表现出来的各种现象、规律，以促进学前儿童的语言发展。

（四）研究学前儿童语言实践应用的理论和方法

把所揭示的规律付诸实践，是任何一门成熟学科的社会使命。当然，作为应用学科的学前儿童语言教育，既要解决应用的具体实践问题，又要进行理论和方法的相互对应和转换的探讨，这是一个不容忽视的重要领域。在实际的教育教学工作中，学前教育理论工作者的研究往往和第一线教师的实践相脱节，致使学前儿童语言领域的教研和科研总体水平不高。因此，作为一门成熟的应用性学科，学前儿童语言教育必须解决“怎么做”的问题。研究学前儿童语言实践应用的理论和方法，从一般意义上说，就是探明学前儿童语言教育“有什么价值”和“怎样实现它的价值”的问题。

三、学前儿童语言教育的研究价值

(一)心理学价值

学前儿童语言的发展,反映了学前儿童认知的发展和心理的发展,所以它是发展心理学的重要研究课题之一。作为心理学和语言学交叉学科的心理语言学的诞生与飞速发展,也表明了学前儿童语言的重要性和心理学价值。

(二)教育学价值

语言教育,不管是母语教育还是外语教育,其理论依据都是语言学习理论。而语言学习理论的建立,依靠对各种语言学习现象深入全面的研究。学前儿童语言学习是语言学习中最成功的,因此学前儿童语言的研究成果,自然也就是语言学习理论最为关注的,它对语言学习理论的建立起着至关重要的作用。

(三)文化学价值

语言不能脱离文化而存在。语言是人类最重要的交际工具,是文化的表现形式,是文化的载体,而且它本身也是一种文化现象。学前儿童语言的萌芽标志着学前儿童创造文化的开端。学前儿童语言学习的过程实际上就是文化学习的过程,学前儿童语言的发展从根本上而言就是文化发展的结果。

任务二　学前儿童语言教育的特点及影响因素

语言是人们交流思想的工具,是思维的基础。儿童期是语言发展的关键期,在3~6岁这个时期,学前儿童生活经验日益丰富,喜欢学说话,喜欢提出问题,喜欢听别人用语言介绍知识经验,也喜欢用语言来表达自己的思想和追求。在正确的引导和教育下,这个时期学前儿童的语言发展迅速,词汇量日益增多,逐渐能用简单句连贯地叙述见闻、表达思想。如果这个时期学前儿童的语言能力没有得到适当的培养,语言的发展就会缓慢,后天提高就会很困难。因此,学前教育工作者要准确把握学前儿童语言学习的特点和学前儿童语言教育的特点,有效地促进学前儿童的语言发展。

一、学前儿童语言学习的特点

（一）学前儿童语言学习具有主动建构的特点

学前儿童语言学习的过程是一个主动建构的过程，他们学习各种语言符号及其结构组织方式的过程不是完全被动的。在语言交际环境中，当学前儿童有交往的需要时，他们会主动搜寻记忆里的词汇和句子，尝试着进行表述。而在这种有交往需要的情况下，只有当学前儿童因词汇贫乏或语法错误使对方产生理解障碍时，他才会感到学习新词汇的紧迫性，才会有意识地利用这种交往机会向对方学习，主动模仿新词新句。例如，与 8 个月大的学前儿童玩耍时，他会发出“嘤嘤、啊啊”的声音。这说明成人与学前儿童之间的交往对学前儿童的语言发展有促进作用。成人的语言可为学前儿童的语言学习起到示范作用。要让学前儿童在与他人的交往中主动学习新词汇，从而形成主动学习语言的习惯。

（二）学前儿童语言学习具有个性化的特点

学前儿童模仿成人的语言表现出选择性和创新性，这体现出学前儿童语言学习的个性化的特点。学前儿童的模仿能力和接受能力较强，有时看过一两次广告便可以准确地说出广告语。所以，可以适当地让学前儿童看一些学前儿童节目，如动画片、国学故事等，让他们跟着讲、念、读。成人也可以利用录音机、投影仪等电教工具，让孩子在日积月累中学习语言、接受语言，积极主动地与他人交谈。

（三）学前儿童语言学习具有综合性的特点

语言是语音和语义的结合体，学前儿童学习语言时，必然要弄懂语言的含义，也就是要理解词语所代表的一类事物。词语反映事物的具体特征、意义及感情等。由此可见，学前儿童学习语言的过程往往和他们认识事物的过程紧密相连。因此，我们要丰富学前儿童的生活，使学前儿童有话可说。例如，生活中的每一种情绪、每一个活动都可以成为学前儿童体验语言的内容，在日常生活中应该有意识地引导他们，鼓励他们用自己的语言表达；同时，教师也可以利用故事、儿歌等形式为学前儿童提供表达与交流的机会，提高学前儿童的语言表达能力。

（四）学前儿童语言学习具有渐进性的特点

学前儿童学习和掌握语言不是一蹴而就的，它需要一个过程，从无到有、从不理解到部分理解再到完全理解，从少到多，逐步完善。3~6 岁阶段，学前儿童出现发音不准的现象越来越少。这一时期正是学前儿童语言接受能力最强的时期，也是语言发展最迅速的时期。这一时期对学前儿童进行普通话的教育与培养，学前儿童容易接受。

二、学前儿童语言教育活动的特点

学前儿童语言教育活动是对学前儿童进行语言教育和语言能力培养的主渠道，通过语言教育活动可使学前儿童的思维和语言相互促进，协调发展。

(一)语言教育活动是特殊的语言学习过程

学前儿童的语言是在个体与环境相互作用中，尤其是在与人们的语言交流中获得和发展的。家庭中成人与成人之间的语言交流，成人与学前儿童的语言交流，都为学前儿童提供了重要的言语模仿和语言学习的环境。游戏中同伴之间的语言交流，为孩子提供了语言交流实践的环境。各种影视节目的出现，更是丰富了学前儿童的语言环境。然而，要促使学前儿童的语言得到更好的发展，需要通过组织正规的教育活动，对其进行有计划、有系统的语言教育。可以说，学前儿童的语言教育活动是一种特殊的语言学习过程。

(二)语言教育活动的目的是使学前儿童获得语言经验

学前儿童的语言发展，是通过日常的语言习得和有组织的语言教育活动中获得的语言经验来实现的。生长在不同环境的学前儿童，由于其文化背景不同，他们在与周围人进行语言交流时所模仿和使用的语言形式与语言内容不同，所获得的语言技能也有差异。因此，他们所获得的关于语言方面的经验也大不相同。这些不同的语言经验致使学前儿童语言发展存在差异。在正规的语言教育活动中，教师将生活在不同环境中的学前儿童集中在一起，按照一定的教育目标，有目的地为学前儿童提供一定的条件和情境，使他们在这些条件和情境的交互作用中，获得丰富的语言经验，并借助这些经验掌握语言的形式和内容，提高理解语言和表述语言的能力。

(三)语言教育活动是整合的教育过程

语言教育活动的整合性主要体现在教育目标的整合、教育内容的整合和教育方式的整合三个方面。

1.教育目标的整合

教育目标的整合是指在特定语言教育活动时，应包括认知、情感与态度、能力与技能三个方面的要求。通俗地说就是要求学前儿童经过正规的语言教育活动，达到知道什么、愿意做什么、能够做什么的目标。

2.教育内容的整合

教育内容的整合是指设计和组织语言教育活动时，要将社会认知、认知知识和语言知识整合在一起，由此构成语言教育活动的内容。因此在选择教育内容时，要充分考虑社会认知、认知知识和语言知识的有效结合，这三方面的内容对学前儿童的语言学习和发展具有积极的促进作用。

3.教育方式的整合

教育方式的整合是指组织语言教育活动时，以多种形式来构建语言教育内容，在活动中糅合多种学前儿童发展因素，允许多种与学前儿童发展有关的符号系统参与，从而组织学前儿童在外界的刺激和强化作用下，产生积极运用语言与人、事、物交往的愿望和需要，并主动地通过各种符号手段（包括音乐、美术、动作、语言等）作用于环境。

三、学前儿童语言学习的影响因素

学前儿童的语言学习要受到一系列因素的制约，如何探明这些因素及其在学前儿童语言发展中的作用，是学前儿童语言教育的重要任务。学前儿童语言获得的理论多种多样，同样，理论家关于学前儿童语言学习的影响因素也是各执一词。不过，综合所有观点，影响学前儿童语言学习的因素，可以大致分为三个方面：生理因素、心理因素和社会因素。

（一）生理因素

学前儿童语言的发展深受生理因素的影响。但是，生理因素只是提供了一种发展的可能性和规定性。先天的这种潜在可能性和规定性，要在后天得以实现，自然要受到后天因素的制约与影响。

所谓生理因素，是指整套发音系统（如口腔、声带、气管、肺等）和大脑神经系统是否健全，它们都会影响学前儿童的语言学习。此外，感觉器官包括眼（视觉）、耳（听觉）、皮肤（触觉）、口（味觉）、鼻（嗅觉）等，对语言的学习也会产生重要的影响。这些感觉器官把环境中的信息反映给大脑，大脑对信息记录、储存、分析，再运用到口语以至书面语上。例如，学前儿童认识“苹果”这个名称，靠视觉看到苹果的外形和颜色，靠触觉（包括手和舌头）辨别出苹果的皮和肉的不同质感，靠味觉和嗅觉分辨出苹果的味道，而靠听觉听到别人对他说出“苹果”这个名称。于是当学前儿童说“苹果”的时候，他可以把苹果的特征描述出来；当他看到符合上述特征的水果时，便能正确说出“苹果”这个名称。也就是说，感觉器官是否健全，会影响学前儿童的语言学习和语言发展。这正好说明，视觉和听觉有障碍的学前儿童，学习语言会备感困难，因为他不能靠视觉和听觉去接受外界的信息。

除了上述感觉器官的健康状况影响学前儿童的语言学习外，学前儿童的运动技能对语言发展也有很大影响。因为运动技能发展得好，学前儿童便有条件去进行各类大小肌肉的游戏，增加与环境接触的机会，从而丰富自己的生活经验，在活动中增长见识。知识和语言学习起着相辅相成的作用，知识丰富了语言学习的内容，语言学习则促进了知识的掌握。

（二）心理因素

1.认知能力

心理因素对学前儿童语言学习的影响，早就受到人们的重视并得到较多的研究。在心理因素中，最重要的是大脑的认知能力。语言能力无论是印入性的（如听和阅读）还是表达性的（如说和写），都建立在对语言内容理解的基础上。也就是说，语言能力和认知能力有密切关系，语言能力是受一般认知能力制约但又有自己特殊性的认知能力。皮亚杰及其追随者强调，认知能力对学前儿童语言发展的单向作用未免片面，但是语言能力确实受到认知的影响，这是无可置疑的。例如，通过感觉器官，学前儿童能分辨出物体的长短、大小、高矮、宽窄等；理解什么是高低、上下、内外、前后、左右等；通过听觉辨别出人声、动物的叫声、音乐声、各种物体的撞击声，以及哪些声音悦耳、哪些声音嘈杂等；通过触摸物体分辨出其外形、质地、软硬度、温度等；通过味觉分辨出酸、甜、苦、辣、咸、鲜美等味道；通过嗅觉嗅出不同的气味，再凭气味辨别出不同的物质；通过运动觉知道不同的动作，如走、跑、跳、爬、攀登、抛、掷、弯腰、踢腿等。如果学前儿童对环境中事物的属性有了基本的概念，当他掌握到相应的词汇时，便可以用语言进行沟通了。

语言是反映客观世界和人类社会生活的一种符号系统，语言运用受制于各种语境因素，特别是人际关系。在语言系统和语言运用的一系列规则中，深深地注入了语言社团代代相传的文化因素。而要获得语言系统，学会按照社团的习惯使用语言，就必须对语言所表达的客观世界和人类社会生活有一定的了解，就必须掌握注入在语言系统和语言运用习惯中的文化因素。要掌握这一因素，必然需要一定的认知能力。

反之，如果学前儿童对语言中所描述的事物全无概念，又不理解词义，当他人说出一些物体的名称或描述一些物体的形状时，他就会茫然，难以理解其语言内容。同样，他也不能用语言或文字去描述这些事物。因此，学前儿童如果缺乏认知能力和概念知识，当他听到别人说话时便很可能产生错误理解或者表达障碍。中央教科所史慧中在《3～6岁儿童语言发展与教育》的调查报告中得出“学前儿童的表达层次是零乱的，篇章意识是缺乏的，思维的逻辑水平是薄弱的、低下的”的结论。该文在进一步的分析中指出：“结构杂乱、层次不清的讲述，在学前期最主要的表现及原因在于：①不理解讲述的对象，不但讲述无重点，主次混杂，而且条理不清；②讲述前缺乏观察和思考，边看、边想、边说，以致语无伦次；③思维过于具体，以致事无巨细，均做具体琐碎的描述，讲述必然轻重倒置；④自我中心的思维特点，使其在讲述时沉醉于对事物所见所闻的过程中，因而表达随心所欲，缺乏条理；⑤缺乏概括与综合能力，对丰富的内容不知归类叙述，因而内容越多，讲述越杂乱无章。”这个结论与分析，较好地说明了认知发展对学前儿童语言学习的制约。

2.个性品质

除了认知因素外，学前儿童的其他心理素质也会影响其语言学习和语言发展，例如个性品质的差异。一般来说，性格外向、喜欢与人交往的学前儿童，其语言发展的速度较快。这是因为个性外向、自信、善于交际的学前儿童对周围人的言行比较注意，常常会自觉或不自觉地加以观察和模仿，敢于在各种场合表现自己，因此他们就能争取到许多语言学习和表现的机会。而个性内向的学前儿童往往缺乏自信、胆小怕羞，因而也就失去了许多语言学习和表现的机会，缺少成功与失败的体验，缺乏吸收语言信息的主动性和有效性。有研究指出，女孩比男孩更乐于同成人交往，她们在干一件事情之前，往往要向成人请示。男孩和女孩这种心理差异及其带来的行为上的差异，是女孩语言发展快于男孩的原因之一。

(三)社会因素

社会的各种因素对学前儿童的语言学习也有相当的影响。这里所说的社会因素是指学前儿童所接触到的人和事，如成人和同伴对他的态度。社会的影响因素很多，其中最为重要的是学前儿童的社会生活环境、成人的语言观念和对待学前儿童的态度。

1.社会生活环境的影响

学前儿童都是在特定的社会生活环境中学习语言的，社会生活环境是由物质的、精神的、家庭的和社会的诸多因素交叉组合而成的。这些各种各样的因素都会对学前儿童的语言发展产生直接或间接的、巨大或细微的影响。

由武进之执笔的《幼儿使用形容词的调查研究》一文，展示了许多因社会生活环境不同而影响学前儿童语言发展的例子。例如，云南的撒尼族生活在山区，撒尼族学前儿童对“陡”这个形容山势的形容词，比汉族的城市学前儿童要掌握得早；四川、湖南以吃辣椒而著称，这两个地区的学前儿童对于“辣”这个词汇的掌握，要比其他地区的学前儿童早一年或一年半。该文还指出，各地的方言习惯不同，从而也影响到学前儿童语言的发展。例如，“皮、顽皮、调皮、淘气”这组同义形容词，各地使用的习惯有差别，学前儿童在学习这些形容词时也表现出较大的差异。上海地区的学前儿童 3 岁半会用“皮”，5 岁半会用“顽皮”；四川、广东、湖南和福建的学前儿童则分别于 4 岁半、5 岁半时会使用“调皮”一词；北方地区的学前儿童在 3 岁半时会使用“淘气”一词，但是至 6 岁半时，对其他几个形容词的使用还没有超过半数。此外，还发现学前儿童对“咖啡色”和“棕色”、“冷”和“凉”的使用，也受到方言因素的影响。

教育的差异也会导致学前儿童语言发展的差异。许多研究发现，同年龄的农村学前儿童的语言发展落后于城市学前儿童的语言发展，特别是 3~4 岁的同龄农村学前儿童，其语言发展落后于城市学前儿童。过去同年龄的学前儿童的语言发展落后于现在学前儿童的语言发展。不论是语音的准确性、词汇的丰富性还是语言的运用等方面，农村与城市、不同时代的学前儿童均有差异。

吴凤岗在《中国家庭教育与儿童青少年的心理发展》一文中，报道了其对“猪孩”的调查。我国东北有一个叫王显凤的女孩，她的家庭情况比较特殊，母亲患有痴呆症，父亲则是聋哑人，她家又独居村外。王显凤从出生后就缺乏照料，常与猪为伍，有时就吃猪奶猪食，睡猪圈。1983 年王显凤被发现时已经 8 岁，但是智力不足 3 岁，表现出很多猪的生活习性，如不用手挠痒，而是在树干或墙上蹭痒；摘高粱和谷穗时不用手，而是用嘴叼、咬；有时四肢爬行等。“猪孩虽然 8 岁但语言水平很低。经过幼儿园和小学 4 年的教育，才能把话说清，可以与人进行简单的交谈。”从“猪孩”的案例中，我们可以看出婴幼儿期与人交往的机会以及接受家庭与学校的教育的不同，都会严重影响儿童的语言以及其他方面的发展。

2.成人语言观念的影响

语言观念是指人们关于语言的一系列态度和看法，如口语和书面语的地位，民族共同语和方言的地位，对本族语和外语的情感等。成人的语言观念对学前儿童的语言学习具有一定的影响。

例如，汉族人有一个根深蒂固影响至今的传统语言观念：重视书面语，轻视口语。读书诵经可以明道知理，赋诗作文可以参加科举。汉代规定，能背九千字的学前儿童可当“史官”；唐代科举考试设有“童子科”；宋代专设“念书童子科”考读书诵经。历代都特别重视对孩子进行识字、读经、赋诗作文的教育，而轻视口语教育。

纵观古今的神童，大都是学习书面语的佼佼者，而鲜见学习口语的领先人物，这就是汉族传统语言观念的典型写照。例如，唐代著名诗人李白“五岁读六甲”；白居易 5 岁能作诗；王勃 6 岁善辞文；宋代方仲永 5 岁“能指物作诗立就”；清末梁启超 4 岁精通四书。今天的许多“神童”也多是用识字多少来衡量的。比如四川万州的罗翔，2 岁 3 个月识字 1400 个以上，能读 300 多字的文章；沈阳的吴大江，3 岁识字 3000 个，会查字典，背诵近百首古诗；浙江舟山的朱焱，2 岁时识字 3000 个以上。

然而，西方则有较早的说话传统。在希腊时代由于民主政治的需要，演讲受到重视，亚里士多德的《修辞学》就是专讲演讲艺术的。古罗马时代，有昆体良的《演说术原理》问世。到了中世纪，演说被列为“七艺”之一。18 世纪坎普贝尔的《演说学讲义》被作为许多国家说话训练的教材。这种语言观念使得西方比较重视学前儿童的口语发展。例如，世界两部最权威的词典之一——《英语大词典》的编写者韦伯斯特，从降生起就开始学习英语、法语、德语和北欧语，很小的时候就能流利地用四种语言对话。19 世纪德国神童小卡尔·威特，在 5 岁时就已经掌握了 3 万多个口语词汇。东西方对待口语的态度不同，导致我国学前儿童和西方学前儿童在口语发展上出现一些差异。

3.对待学前儿童态度的影响

不同的学前儿童教育观念及其随之而来的对待学前儿童的不同态度，也会影响学前儿童的语言发展。例如，云南撒尼族是一个热情、讲礼貌、重团结的民族，即使是对待学前儿童，他们也很少使用贬义词对其进行评价，而是从能力和行为上给以较多的肯定，常用“猴”（本事大）、“得”（很好、很行）来夸奖孩子。所以，撒尼族学前儿童对贬义词和“乖”这个词的掌握，要远远晚于汉族学前儿童。由于汉族受儒家传统观念的影响，不大鼓励孩子的创造能力，而是希望孩子温顺听话，较多地用“乖不乖”来评价孩子。所以汉族学前儿童比撒尼族学前儿童较早掌握“乖”这个词。

学前儿童在学习语言的过程中，还会受到情绪因素的影响。所谓情绪因素是指学前儿童在社会因素影响下所产生的心理反应。成人对学前儿童表现喜爱或厌恶，都足以影响学前儿童说话的意愿。此外，学前儿童在群体生活中建立起对他人和对自己的印象。一个喜欢自己、喜欢身边小朋友的学前儿童，会乐于表达自己，说起话来充满自信。相反，一个学前儿童如果觉得自己在群体中是不被欢迎的或者感到不快乐，他说话的意愿就会降低，对他人的表述也无兴趣倾听。长此以往，他的语言能力发展自然就大受影响了。学前儿童在学习语言的过程中，父母的关爱和鼓励是至关重要的。那些得到父母关爱和关怀的学前儿童，通常有较多的时间与父母交流，有较多的机会去体验各种事情，包括游戏和接触环境，这就刺激他们表达和交谈，从而丰富与积累语言经验。相反，那些得不到父母关爱和关怀的学前儿童，如在孤儿院长大的孩子，语言发展一般较为迟缓。此外，有些父母不尊重学前儿童，不肯耐心地倾听学前儿童的表述，不肯有启发地回答学前儿童的提问，很少和学前儿童交流，他们的孩子语言发展水平将由于他们不正确的语言教育观念而大打折扣。由此可见，语言需要在关爱和关怀下发展，父母给予学前儿童大量关爱和关怀，与学前儿童多沟通、多交流、多接触，有助于学前儿童的语言发展。

其实，学习语言和学习其他事情一样，如果学前儿童经常得到鼓励，他便会产生积极、主动的学习欲望，收到良好的学习效果。如果学前儿童经常受到成人的指责、批评或者成人常提出苛求的意见，如挑剔他们的发音，将会使学前儿童对语言学习失去信心，甚至变得沉默不语，不愿开口。

任务三　学前儿童语言教育的目标与内容

一、学前儿童语言教育的目标

教育是有目的、有计划地对受教育者施加影响，使他们在认知、情感、行为等方面发生变化的过程。学前儿童语言教育的目标，是整个学前儿童语言教育的纲领。《幼儿园工作规程》总则第三条提出：“贯彻国家的教育方针，按照保育与教育相结合的原则，遵循幼儿身心发展特点和规律，实施德、智、体、美等方面全面发展的教育，促进幼儿身心和谐发展。”具体到学前儿童语言教育领域，教育者必须明确：通过学前阶段的教育，要使学前儿童的语言获得什么样的发展，达到何种水平。这一预期的发展成果便是学前儿童语言教育的终期目标。为了便于针对各年龄阶段学前儿童的特点施以相应的语言教育，教育者还有必要确立年龄阶段目标。最后，当教师依据年龄阶段目标选定语言教育内容、确定语言教育活动时，还需要就本次具体教育活动设计语言教育活动目标,指导教师有目的、有计划地组织实施整个活动过程,使每个学前儿童通过每次语言教育活动都能有所收获、有所发展。

(一)学前儿童语言教育目标制订的依据

学前儿童语言教育目标是根据学前儿童保育与教育的主要目标确定的,它是学前儿童教育总目标的重要组成部分。任何教育目标的确定都不是凭空产生的,都需要有一定的客观依据。我国学前儿童语言教育目标制订的主要依据有以下几点:

1.依据一定的社会培养目标

国家的政治、经济和社会文化对培养什么样的人才有一定的要求,这些因素综合起来是构成教育目标的客观依据之一。社会和时代发展对人才培养、对教育的要求,为确立学前儿童语言教育目标指明了方向。在学前阶段教育目标中,一部分因素对学前儿童语言有一定的要求,便成为语言教育目标形成的一个特定依据。因为教育的本质是由教育者对受教育者实施的一种有目的、有计划、有系统的影响,以便把受教育者培养成为本社会的政治和经济服务的人,离开一定社会的要求去制订当前学前儿童语言教育目标,则有可能在本质上违背教育的规律。

在我国现有的条件下,确定学前儿童语言教育目标,应注意以下问题:①语言教育目标应反映我国社会在现阶段的教育目标取向。一方面,马克思主义关于在人的全面发展中语言的重要作用,使我们已明确语言是学前儿童体、智、德、美全面发展不可缺少的组成部分;另一方面,中国几千年优秀的文化传统要在学前教育中继承下来,通过语言教育来承担文化传递的任务仍然是条捷径。②语言教育目标要适应我国生产力发展水平对人才培养的要求。近年来,我国在科学技术、国民经济、国防科学等方面的迅猛发展受到国际社会的瞩目,21 世纪的中国将以什么样的面貌屹立在世界的东方值得我们深思,这就对教育提出了更高的要求和期望。飞速发展的社会要求教育培养的人才适应生产力发展水平,他们不仅要掌握现代科学技术,具有良好的品德和心理素质,还要具备良好的交往能力、吸收新信息的能力和创新能力。在人类社会已经进入新世纪的今天,语言作为交际工具、思维工具和学习工具,其作用已越来越重要,成为高素质、高效益人才不可缺少的基本能力。上述要求促使我们在学前教育中,要充分重视语言教育,并需要据此设计语言教育的目的与计划。③语言教育目标还需要具有一定的针对性和前瞻性。今天的学前教育是为 21 世纪我国社会建设培养栋梁之材,因此教育目标既要针对学前儿童自身发展的需要,又要充分考虑未来社会对人才的需求,以使学前儿童语言教育目标在具有一定针对性的同时,还具有一定的超前性和前瞻性。

2.依据学前教育机构保育和教育的主要目标

《幼儿园工作规程》规定,学前儿童保育和教育在语言发展方面的目标是“发展幼儿智力,培养正确运用感官和运用语言进行交往的基本能力”。这可以说是对学前儿童语言教育目标的概括性表达。如果把这个概括性极高的目标分解为可操作、可观测的目标，则需要分析语言及语言运用的有关规律，如语言包括哪些成分；运用语言进行交际包括哪些活动形式；其中需要哪些规则等。根据这些规律，我们就可以具体地规定学前儿童语言教育要使学前儿童的哪些语言行为、能力和态度有所发展。学前儿童保育和教育在语言发展方面的目标中，还强调了语言的交际功能，重视学前儿童在与成人和同伴交往过程中语言的运用。具体来说就是会说普通话，能运用确切的词语和合乎语法的句子进行语言交往，并逐步提高儿童口头语言表达水平。因此，目标不仅包括最基本的学前儿童倾听和表述能力的培养，而且还包括学前儿童口语表达能力的提高以及为入学后的书面语言学习做准备等。

3.依据学前儿童语言发展规律

学前儿童语言发展具有哪些潜力，最高能达到什么程度，发展所需的必要条件是否具备等问题，对确立学前儿童语言教育目标有直接的影响。因为教育的对象是学前儿童，教育目标的制订必须充分尊重学前儿童的发展规律，如若不考虑学前儿童的发展规律，只凭成人的主观臆想，那么，不是迁就了学前儿童语言的自然发展与成熟，降低了其水平值，就是脱离了学前儿童语言发展的实际水平，提高了期望值。无论以上哪一种做法都将难以对学前儿童语言教育实践发挥指导和统率作用，都不利于学前儿童语言的发展，而且社会的要求也不可能在学前儿童身上得到较好的实现。学前儿童语言教育是以促进学前儿童语言发展为根本目的，因而必须尊重学前儿童语言发展规律。尊重规律，就意味着我们在制订教育目标时，注意遵循学前阶段学前儿童语言发展的特点和需求，根据他们成长的客观进程来进行教育。有关学前儿童语言发展的研究成果已经为我们提供了各种信息，使我们能够理解学前儿童语言的学习阶段及过程和不同阶段的特点及需要。因此，在制订学前儿童语言教育目标时，可以根据教育对象的实际状况来确立促进他们语言发展的方向。

(二)学前儿童语言教育目标的结构

学前儿童语言教育目标的结构可以从纵向和横向两个角度把握。从纵向的角度来看，学前儿童语言教育目标具有一般的层次结构；从横向的角度看，学前儿童语言教育目标则具有独特的分类结构。

1.学前儿童语言教育目标的层次结构

如前所述，学前儿童语言教育目标主要分为三个层次，即语言教育总目标、年龄阶段目标和活动目标。

1）学前儿童语言教育总目标

学前儿童语言教育总目标有时也称学前儿童语言教育终期目标。它是语言教育所期望的最终结果，是学前阶段语言教育任务要求的总和。学前儿童语言教育终期目标是学前教育总目标的一个组成部分，与总目标在方向上是一致的、相辅相成的。与此同时，终期目标又是对学前儿童语言发展的任务要求，具有较强的特殊性和相对的独立性。正如学前儿童语言在全面发展中有着不可替代的作用一样，学前儿童语言教育终期目标在总目标中也具有同样重要的地位。

《纲要》中对语言教育总目标的表述：①乐意与人交谈，讲话礼貌；②注意倾听对方讲话；③能清楚地说出自己想说的事；④喜欢听故事、看图书；⑤能听懂和会说普通话。

2）学前儿童语言教育年龄阶段目标

学前儿童语言教育的年龄阶段目标是终期目标在各年龄段的具体体现，也就是对托儿所和学前儿童年龄段学前儿童语言发展提出的具体要求。尽管整个学前阶段学前儿童语言发展表现出一定的共性和连续性，但将语言教育目标划分为不同的要求，形成对每一个年龄阶段学前儿童逐步提高要求的具体目标，是年龄阶段目标的一个特点。例如，主要是发展口头语言、积累常用词、学习简短的学前儿童文学作品等。但不同年龄阶段学前儿童语言能力表现出一定的差异。例如，同样是培养口语表达能力，不同年龄阶段要求是大不一样的。对0~1岁半的幼儿要求是能说出几个常见物品的名称；对1岁半~3岁半的幼儿则要求能说出自己的姓名、年龄与性别，能用简短的语句回答别人的问题；3~4岁学前儿童应能用简短的语言表述自己的请求和愿望，愿意在集体面前讲述自己感兴趣的事；4~5岁学前儿童要能用完整的句子较连贯地讲述自己经历的事件和讲述图片、表演活动及影视剧的内容，会有表情地朗诵诗歌和讲述故事，能大胆、清楚地用语言表述自己的见解等；5~6岁学前儿童则应能用适当的音高、音量和准确的语音说话，在适当的场合主动与人交谈，主动表达自己的意思，连贯地讲述一件事或图片，讲述观看过的影视话剧的主要剧情，有表情地朗诵诗歌、讲故事并表演故事等。每一个年龄阶段的具体目标都建立在上个阶段语言发展的基础上，同时对这个阶段的学前儿童具有一定的挑战意义，使学前儿童在经过语言学习后能更上一层楼。

年龄阶段目标的另一个特点是学前儿童语言发展目标和学科知识的融合，这要求语言教育目标贯彻到学前儿童所学的学科知识中去。换言之，语言教育目标对学前儿童语言方面的发展提出了具体的发展方向，与语言学科知识融合起来，在每一个年龄阶段的目标中，对学前儿童掌握知识、获得能力提出一定的要求；期望通过这个年龄阶段的学习，使他们在语言方面达到一定的要求。

3）学前儿童语言教育活动目标

学前儿童语言教育活动目标一般由教师自己制订，它有两层含义：①各项学前教育活动所指向的学前儿童语言发展目标。例如，日常生活活动有助于发展学前儿童与同伴和成人语言交往的目标；游戏有助于发展学前儿童根据游戏角色和游戏内容谈话和讲述活动的目标；科学教育活动中常要求学前儿童用语言陈述自己的科学探索过程和成果，与同伴互相交流；体育活动常对学前儿童提出听指令做动作的要求；美术活动则常在学前儿童完成绘画或手工作品后，请他们讲述自己所画的内容或手工作品的含义。②语言教育活动目标，如谈话活动目标、讲述活动目标、听说游戏活动目标、文学作品学习活动目标、早期阅读活动目标等。就具体的语言教育活动来看，其目标往往不局限于语言发展的这一个领域。因为语言是语言符号及其反映的思想内容的结合体，学前儿童学习语言、练习运用语言的过程必然是与多种内容相交叉的过程。学前儿童不仅学习和运用各种语音、词语或句式,而且要思考和体会这些语言符号所反映的丰富的思想感情。因此,在专门的语言教育活动中,其目标要指向于为学前儿童提供尽可能丰富的有益的经验,为其全面发展做贡献。

从目标的层次分析中,可以清楚地认识到,学前儿童语言教育目标要落实到每个学前儿童身上,有几个关键问题必须注意:①如何将高层次目标准确地转化为低层次目标;②在教育实践过程中,教师如何把握各个层次教育目标的内涵以及相互关系;③教师如何根据目标来选择相应的教育内容、方法,从而确保目标的实现。

2.学前儿童语言教育目标的分类结构

学前儿童语言教育目标的分类结构是指教育目标的组合构成。任何教育目标都不是单一的,往往是由若干任务要求总和构建的。不管从哪一个阶段出发,语言教育目标的最终归宿必然是学前儿童语言的发展。应该从学前儿童语言能力的构成、语言教育的作用和语言教育目标本身的角度对语言教育目标进行分类,它可分为以下四大类:

1)倾听行为培养

倾听是学前儿童感知和理解语言的行为表现,也是学前儿童不可缺少的一种行为能力。只有懂得倾听、乐于并善于倾听的人,才能真正理解语言的内容、语言的形式和语言运用的方式,掌握与人进行语言交流的技巧。因此,在学前阶段培养学前儿童倾听行为是十分重要的。

《纲要》在语言领域要求培养学前儿童形成良好的倾听习惯,发展他们的语言理解能力。大量研究发现,3~4 岁的学前儿童由于神经系统发育不够完善,发音器官和听觉器官的调节、控制能力较差,他们只能听懂一些简单的句子,掌握一些常用词;4~5 岁的学前儿童基本上能够听清楚全部语音,能听懂日常一般句子和一段话的意思,掌握的词汇数量和种类迅速增加,语言逐渐连贯起来;5~6 岁的学前儿童能够听懂一些比较复杂的句子,理解一段话的意思。例如,埃森和夏皮罗发现,4~4 岁半的学前儿童即使在说话者话语的字面意义提供线索很少的情况下,也能推测出说话者的意图。例如,在一张纸上画一个空心圆圈,另有红、蓝两张纸,告诉学前儿童不要将圆圈填成红色,4 岁半学前儿童已能领会这是要求他们将圆圈填成蓝色。但是,学前儿童对话语中讽刺意图的理解能力以及对诚实话和讽刺话、嘻哈话和侮辱性话的辨别能力,则很晚才能形成。例如,年幼学前儿童擅自过马路,妈妈吓唬他说:“你再走走看!”他会向前走得更快。学前儿童把爸爸的书乱扔了,爸爸说:“好啊,你把我的书搞得乱七八糟的!”孩子就更起劲了。随着年龄的增长,学前儿童的倾听能力得到一定的发展,具体表现在:从无意识地倾听到有意识地倾听;对倾听内容的辨析能力不断提高;对所听内容的理解、掌握能力逐渐发展,可以连接上下语句的意思进行倾听。

学前阶段学前儿童倾听行为的培养,着重点应放在对汉语语音、语调和对语意内容的理解上。在 0~6 岁阶段,通过教育逐步帮助学前儿童建立起以下倾听技能:①有意识倾听,集中注意力倾听;②辨析性倾听,分辨不同内容的倾听;③理解性倾听,掌握倾听主要内容,连接上下语句意思的倾听。

2）表述行为的培养

表述是以一定的语言内容、语言形式以及语言运用方式表达和交流个人观点的行为，是学前儿童语言学习和语言发展的主要表现之一。只有懂得表述的作用、愿意向别人表达自己的见解并且具备表述能力的人，才能真正地与人进行语言交际。因而，表述行为培养是学前儿童语言教育目标的重要组成部分。

学前阶段是学前儿童逐步掌握口头语言并向书面语言过渡的时期。在这一特定时间内，学前儿童表述行为能力发展的重点主要在于学习正确、恰当的口语表达，从语音、语法、语义以及语用四方面掌握母语的表达能力，由简到繁、由短到长地提高表达水平。与此同时，学前儿童口头表达的行为也有个人独白、集体讲述、对话交谈等不同的表现方式，需要在教育过程中有目的地加以引导，以利于他们的交际和运用。

3）欣赏文学作品行为的培养

文学作品欣赏活动是感知理解文学作品并尝试操作艺术语言方式的行为。这种通过语言塑造形象、表现生活的艺术作品，带有口语的特点，却又不同于口语，它们是艺术语言的结合体，也是书面语言的反映，对学前儿童的语言以及其他方面的学习具有特别的意义。

学前儿童欣赏文学作品行为的培养主要在于培养学前儿童综合的语言能力，增强学前儿童对语言核心操作行为的敏感性，即对词语排列的敏感性以及对不同情境中语言运用的敏感性等。另外，还必须培养学前儿童理解文学作品、初步感知不同类型文学作品的特点和构成，这也是学前儿童语言教育的目标之一。

4）早期阅读行为的培养

早期阅读行为是指学前儿童从口头语言向书面语言过渡的前期阅读准备和前期书写准备。其中包括学前儿童在学前阶段知道图书、文字的重要，愿意阅读图书和辨认汉字，同时掌握一定的阅读和书写的技能等。由此可见，早期阅读行为的培养主要在于激发学前儿童阅读的兴趣，养成良好的阅读习惯，掌握早期阅读的有关技能。

（三）学前儿童语言教育目标的具体内容

学前儿童语言教育目标的具体内容，是对某一时期学前儿童语言教育目标的具体阐述。前面章节对学前阶段语言教育目标作了纵向和横向的结构分析，因此，学前儿童语言教育目标的具体内容也将以纵向的终期目标、年龄阶段目标和活动目标三个层次以及横向的倾听、表述、欣赏文学作品和早期阅读四大类进行阐述。

1.学前儿童语言教育终期目标的具体内容

1）倾听部分

认知目标：懂得他人对自己说话时要注意倾听。

情感、态度目标：喜欢听，并积极地、有礼貌地听他人对自己说话。

能力与技能目标：能集中注意力，有礼貌、安静地倾听；能听懂普通话；能分辨不同的声音和语调；能理解并执行别人的指令；能结合情境感受和理解句子。

2）**表述部分**

认知目标：懂得用适当的音量说话，有积极的表述愿望。

情感、态度目标：喜欢与他人交谈，在适宜的场合积极、主动、有礼貌地与他人交谈。

能力与技能目标：会说普通话，发音清楚，语调准确，能运用恰当的语句和语调表述和回答问题；能用完整、连贯有序、生动的语句讲述图书内容和事件经过。

3）**欣赏文学作品部分**

认知目标：懂得文学作品中运用的是规范而成熟的语言；阅读和聆听文学作品能增加知识，明白事理，并能感受到语言艺术的美。

情感、态度目标：乐意聆听和专注地阅读文学作品，积极参与文学作品学习活动。

能力与技能目标：理解文学作品的内容，体会文学语言的美，积累文学语言；初步了解文学常识，会区别不同类型的文学作品及其构成要素；能用动作、语言、美术、音乐等不同表现方式，积极反映对文学作品的理解；学会编构故事、表演故事以及对诗歌、散文的欣赏与仿编活动等。

4）**早期阅读部分**

认知目标：懂得口语与文字和图书的对应及转换关系。

情感、态度目标：对图书和文字产生兴趣，喜欢认读常见的简单独体汉字。

能力与技能目标：掌握阅读图书的基本方法；能集中注意力阅读图书，倾听、理解图书内容；学会制作图书并配以文字说明；了解汉字的书写风格，主动积极地认读常用字；能按规范笔顺书写自己的姓名和一些常见的独体汉字。

2.学前儿童语言教育年龄阶段目标的具体内容

语言目标	小班	中班	大班
倾听部分	1.乐意听教师和同伴讲话 2.能听懂普通话 3.他人说话时，能保持安静，不打断别人的说话	1.能有礼貌地、集中注意力地倾听他人说话 2.能区分普通话和方言的发音 3.能理解多重指令	1.无论在集体场合或个别交谈中均能认真、耐心地倾听他人的谈话 2.能辨别普通话声调、语调和语气的不同变化 3.能理解并执行复杂的多重指令

续表

语言目标	小班	中班	大班
表述部分	1.愿意学说普通话，喜欢与同伴、教师及其他成人交谈 2.知道在集体面前要大声发言，在个别交谈时音量要适当 3.会用简单的语言回答问题，表达自己的请求、愿望与需要等，能讲述图片和自己感兴趣的事	1.积极学说普通话，发音清楚，积极而有礼貌地参与交谈，不随便插话和打断他人的谈话 2.说话声音的音量和语速适当 3.能用完整句较连贯地讲述个人经历以及图片内容 4.能大胆、清楚地表达自己的请求、愿望、情感和需要等	1.坚持说普通话，发音准确、清楚，能主动、热情、有礼貌地用正确的交流方式与他人交谈 2.在不同的场合，会用恰当的音量、语速说话 3.能连贯地讲述事件以及对图片和物品的认识 4.能主动、大胆地使用适当的词、句、语段来表达，乐于参加讨论和辩论，敢于发表不同的意见
欣赏文学作品部分	1.愿意欣赏并初步感受和理解不同体裁的学前儿童文学作品 2.能独立地念儿歌，讲述简短的句子 3.能仿编较简单的儿歌、散文和故事等	1.初步了解学前儿童文学作品的不同体裁及其构成因素 2.在理解作品经验的基础上，会初步理解和归纳作品的主题和作者的思想感情脉络 3.会有表情地朗诵诗歌、散文和讲述故事等 4.能根据作品提供的线索，进行想象和创造，编构作品内容，仿编诗歌和散文等	1.理解学前儿童文学作品的不同体裁及其构成因素 2.在教师的帮助下，分析作品中的特殊表现手法，体验作品的思想感情脉络 3.有表情地表演故事、童话、诗歌和散文，能独立仿编或与同伴共同创编故事、诗歌和散文的完整内容或部分内容
早期阅读部分	1.知道可以用一段话来讲述一幅图的含义 2.知道每个字的发音不同，所代表的意思也不同 3.喜欢听成人讲述图书的内容，并尝试自己阅读图书 4.学习正确的阅读方法，会按顺序翻阅图书，看出图书画面内容的主要变化 5.对文字感兴趣，能学认常见的简单汉字	1.知道口头语言和文字的对应转换关系 2.能集中注意倾听成人讲述图片中画面的文字说明，理解书面语言 3.能独立阅读图书，理解画面内容 4.对画面的文字感兴趣，主动学认常见的汉字	1.理解画面内容，会对画面的内容用恰当的扩句和缩句来合理表述 2.会保护和修补图书，会用绘画自制图书（可以让学前儿童绘制画面，学前儿童口述画面内容，教师或成人代笔记录画面的文字说明） 3.对学习与阅读文字感兴趣，积极学认常见的汉字 4.初步认识汉字的间架结构和书写风格，会按正确笔顺书写自己的姓名以及常见的、简单的独体字

3.幼儿园不同类型语言教育活动目标的具体内容

1)文学作品学习活动的目标

①向学前儿童展示成熟的语言,提高学前儿童对语言多样性的认识。

②扩展学前儿童词汇量,培养他们自觉获取语言材料的能力。

③培养学前儿童善于倾听的技能。

④鼓励学前儿童创造性地运用语言,提高学前儿童灵活运用语言的能力。

不同年龄段的学前儿童文学作品学习的目标如下:

(1)小班(3~4岁)

①喜欢欣赏文学作品,愿意参加文学活动,对文学作品的语言感兴趣。

②能初步感受文学作品的语言美,知道童话故事、诗歌和散文是不同体裁的文学作品。

③学习理解文学作品的情节内容或画面情景,能用语言、动作、表情等方式表达自己对文学作品的理解。

④在文学作品原有基础上扩展想象,仿编诗歌、散文中的一句或续编故事结尾。

(2)中班(4~5岁)

①喜欢欣赏不同形式的文学作品,主动、积极地参加文学活动。

②知道文学作品语言与日常生活语言的不同,进一步感受文学作品的语言美。

③学习理解人物形象,感受作品的情感基调,能运用较恰当的语言、动作、绘画形式表达自己的理解。

④能根据文学作品提供的线索,扩展想象,仿编或续编一个情节或一个画面。

(3)大班(5~6岁)

①乐意欣赏不同体裁、不同风格的文学作品,在文学活动中积累文学语言,并尝试在适当场合运用。

②在理解文学作品人物、情节或画面情景的基础上,学习理解作品的主题或感受作品的情感脉络。

③初步感知文学语言和文学作品结构的艺术表现特点,开始接触文学作品的艺术语言构成方式。

④依据文学作品提供的想象线索,联系个人已有的经验扩展想象,并创造性地进行表述。

2)谈话活动的目标

①帮助学前儿童学习倾听他人的谈话,并及时从中捕捉有效的信息。

②帮助学前儿童学习围绕一定的话题,充分表达个人的见解。

③帮助学前儿童学会基本运用语言进行交谈的规则,提高语言交往水平。

不同年龄段的谈话活动的目标如下:

(1)小班(3~4岁)

①学会安静地听同伴说话,不随便插嘴。

②喜欢与同伴交谈，愿意在集体面前讲话。

③能听懂并愿意说普通话。

④在教师的引导下，学习围绕主题谈话，能用短句表达自己的意思。

⑤初步学习常见的交往语言和礼貌用语。

(2)中班(4~5岁)

①能集中注意力，耐心地倾听他人谈话，不打断他人的话。

②乐意与同伴交流，能大方地在集体面前说话。

③能说普通话，较连贯地表达自己的意思。

④学会围绕一定的话题谈话，不跑题。

⑤学会用轮流的方式谈话，不抢着讲，不乱插嘴。

⑥继续学习交往语言，提高语言交往能力。

(3)大班(5~6岁)

①能主动、积极、专注地倾听他人的谈话，迅速掌握他人谈话的主要内容，并从中获取有用的信息。

②能主动地用普通话与同伴交流，态度自然大方。

③能围绕话题谈话，会用轮流的方式交谈，并能用恰当的语言表达自己的情感，与同伴分享感受。

④逐步学习用修补的方法延续谈话，进一步提高语言交往能力。

3)讲述活动的目标

①培养学前儿童感知理解讲述对象的能力。

②培养学前儿童独立构思与清楚、完整地表达的意识、情感和能力。

③培养学前儿童掌握对语言交流信息清晰度的调节功能。

不同年龄段的学前儿童讲述活动的目标如下：

(1)小班(3~4岁)

①能有兴趣地运用各种感官，按照要求去感知讲述内容。

②理解内容简单、特征鲜明的实物、图片或主要事件。

③愿意在集体面前讲述。

④能正确地说出讲述内容的主要特征或主要事件。

⑤能安静地听教师或同伴讲述，并用眼睛注视讲述者。

(2)中班(4~5岁)

①养成先仔细观察后表达讲述的习惯。

②逐步学会理解图片和情境中展示的事件顺序。

③能主动地在集体面前讲述，声音响亮，句式完整。

④学习按照一定的顺序讲述实物、图片和情境的内容。

⑤能积极地倾听他人的讲述内容，发现异同，并从中学习好的讲述方法。

(3)大班(5~6岁)

①通过观察,理解图片与情境中蕴涵的主要人物关系和思想感情倾向。

②能有重点地讲述实物、图片和情境,突出讲述的中心内容。

③在集体面前讲话态度自然大方,能根据场合的需要调节自己讲述的音量和语速。

④讲述时语言表达流畅,没有明显的停顿现象,用词、用句较为准确。

4)听说游戏活动的目标

①帮助学前儿童按一定规则进行口语表达练习。

②在听说游戏中提高学前儿童积极倾听的兴趣。

③培养学前儿童在语言交往中的机智性和灵活性。

不同年龄段的学前儿童听说游戏活动的目标如下:

(1)小班(3~4岁)

①乐于参加游戏活动,在游戏中大胆说话。

②发准某些难发的音,初步掌握方位词及人称代词,学习正确运用动词。

③在游戏中尝试按照规则运用简单句说话。

④养成在集体活动中倾听别人讲话的习惯,能听懂并理解较简单的游戏规则。

(2)中班(4~5岁)

①在游戏中巩固练习发音,正确运用代词、方位词、副词、动词、连词和介词等。

②能说简单完整的合成句。

③能听懂并理解多重游戏规则。

④学习迅速理解并执行游戏中的语言规则。

(3)大班(5~6岁)

①在游戏中学习运用反义词、量词和连词等,能说完整的合成句。

②养成积极倾听的习惯,迅速掌握和理解游戏中较复杂的多重指令。

③不断提高学前儿童倾听的精确程度,准确掌握和传递有细微差别的信息。

④在游戏中按照规则,迅速调动个人已有语言经验进行表达。

5)早期阅读的目标

①提高学前儿童学习书面语言的兴趣。

②帮助学前儿童初步认识口头语言和书面语言的对应关系。

③帮助学前儿童养成早期阅读的良好习惯。

④帮助学前儿童掌握早期阅读的有关技能。

不同年龄段的早期阅读活动的目标如下:

(1)小班(3~4岁)

①喜欢阅读,知道阅读的基本方法,能初步看懂单幅学前儿童图画书的主要内容。

②能用口头语言讲述学前儿童图画书的主要内容。

③对文字感兴趣,能在成人的帮助下认读最简单的汉字。

④在活动中以描画图形的方式练习基本笔画。

(2) 中班(4~5 岁)

①能仔细观察画面的人物细节,看懂单页多幅学前儿童图画书的主要内容,增强预知故事情节发展和结局的能力。

②懂得爱护图书,初步了解图书的制作过程,有兴趣模仿制作图书。

③初步了解汉字简单的认读规律,积极主动认读汉字。

④喜欢描画图形,尝试用有趣的方式练习汉字的基本笔画。

(3) 大班(5~6 岁)

①能与同伴合作制作图画书,进一步了解图画书的构成。

②知道图书画面与文字的对应关系,开始有兴趣阅读图书中的简单文字。

③积极学认常见的汉字,并能注意在生活中学习和运用书面语言。

④掌握基本的书写姿势,在有趣的图形练习中做好写字的准备。

二、学前儿童语言教育的内容

学前儿童语言教育的内容是教育者为学前儿童提供的语言形式、语言内容和语言运用的基本知识、基本态度和基本行为方式的总和。不仅是实现语言教育目标的手段,而且是教师设计和实施语言教育活动的主要依据,也是学前儿童学习语言、获得语言经验的载体。在幼儿园中,语言教育内容既包括教师有目的、有计划地组织的专门活动内容,也包括渗透在学前儿童入园进餐、盥洗、游戏、散步、离园等各个环节中及其他活动领域中的语言教育内容。学前儿童语言教育内容可分为两个部分:①帮助学前儿童学习本民族的语言符号系统,在我国主要指现代汉语(普通话)的语音、词汇、语法及表达方式等;②帮助学前儿童学会运用语言,其中既包括语言知识的传授,也包括语言运用能力的实践训练。此外,由艺术语言构成的文学作品,也是学前儿童语言教育的一项重要内容。

学前儿童语言教育内容的确定是有一定依据的,要符合一定的规律。首先,要体现出教育内容是为实现教育目标服务的,因此语言教育内容应该根据教育目标来选择;其次,语言教育内容的目的,是促进学前儿童的语言发展,因此语言教育内容还应该根据学前儿童语言发展的特点及不同活动领域的特点来选择。

(一) 根据学前儿童语言教育目标确定教育内容

学前儿童语言教育目标分为倾听、表述、欣赏和早期阅读四大块,每个部分都包含认知、情感态度、能力与技能三个方面,综合培养学前儿童的语言能力。在确定语言教育内容时,要依据目标分析有关活动,找出其中可以作为语言学习内容的因素加以利用。例如,表述目标方面,“乐意与人交谈”“清楚说出自己想说的事”的要求,教师就要为学前儿童安排日常生活、学习活动、游戏活动的各个环节,逐步养成从对话到独白的能力。依据学前儿童语言教育的目标确定教育内容，把教育目标中的各部分、各方面要求，转化为学前儿童语言学习的内容，使学前儿童通过多种多样的学习获得语言经验，有针对性地开展各年龄段的语言教育，使学前儿童的语言得到更好的发展。当然语言教育目标和语言教育内容并不是一一对应的，一个目标要通过多种内容来达到，一种内容也可以贯彻几项目标的要求。这样就通过确定语言教育内容，把语言教育目标综合起来。还要对语言理解能力和语言表达能力以及它们在语言形式、语言内容和语言运用过程中如何发展、如何提高进行具体分析，并把它们作为语言教育内容的重点、难点，在教育过程中给予突出与强调。

（二）依据学前儿童语言发展特点选择教育内容

学前儿童语言发展的特点是从非语言交际向口语交际转换，再从口语交际向书面语言学习转换。这两个转换并不是截然分开的两个阶段，而是相互交叉的。因此，在确定语言教育内容时，须针对各年龄段学前儿童语言发展的特点，既有交叉又有侧重地开展教学活动。

第一阶段，是学前儿童非语言交际向口语交际转换的过程，学前儿童需要学习最基本的听说转换，它包含了对语词的理解和应用、构成词句、表达意思三方面的内容。要运用谈话、讲述、听说游戏、文学作品学习和早期阅读等语言教育活动，让幼儿进行这些内容的练习，使学前儿童获得有关的语言经验。

第二阶段，是在运用口语交际向书面语言学习转换的过程中，让学前儿童逐步接触书面语言，在口语里使用书面语言表达方式。学前儿童需要学习两方面的内容：口语与文字和图书的对应与转换关系；简单识字。也就是理解说出的话与写出的字之间的关系，对不同字形的辨认以及对字形结构的分析与书写，为升入小学学习书面语言做好准备。

（三）依据不同活动领域的特点选择教育内容

学前儿童是通过多种多样的活动进行学习而得到发展的。不同领域活动各有其不同的特点，其中的语言学习内容也各不相同。儿童获得的语言经验有相同之处，但也各具特性。在科学、数学、音乐、美术等领域活动中，都需要教师用语言来指导儿童进行观察，儿童要听懂教师的指导语言，有序地观察；同时儿童要会用语言表达观察的情况和结果。但由于观察的对象不同，表达的方式也就有一定的差别，儿童所获得的语言经验也有所不同。

（四）学前儿童语言教育的内容

学前儿童语言教育的内容包括集体教育活动中的谈话活动、讲述活动、早期阅读活动、文学作品学习活动、语言游戏活动和渗透在一日活动与其他领域中的语言学习。在后续章节中会详细涉及，这里不多讲。

任务四　学前儿童语言教育的方法与途径

一、学前儿童语言教育的方法

学前儿童语言教育方法是根据学前儿童语言发展理论、学前儿童学习语言的规律、学前儿童语言教育的目标以及多年来学前儿童语言教育实践经验归纳出来的，是幼儿园语言教育中教师教、幼儿学的方法。学前儿童语言教育一般的方法有示范法，视、听、讲、做结合法，练习法，表演法，游戏法等。

（一）示范法

所谓示范法是指教师为学前儿童提供语言和行为范例并引导其效仿的语言教育方法。在儿童学习语言的过程中，教师的语言是儿童模仿的对象，教师的一言一行，儿童都会一一听在耳里、看在眼里。教师的语言是幼儿直接学习的榜样，教师的语言质量直接决定着幼儿语言的发展水平，幼儿是通过模仿学习语言的。因此，教师应成为幼儿正确的模仿榜样。在语言教育活动中，除教师亲自示范外，还可以采用录音示范，甚至可以让语言发展水平高、理解能力强的幼儿来示范，这样更具有示范性，也更能激起幼儿模仿学习的兴趣。

运用示范法时要注意以下事项：

1.教师的示范语言应规范标准

教师的规范语言包括语言形式、语言内容和语言运用三个方面，教师无论在何时、何地都要运用规范语言，才能为儿童创设良好的语言环境，成为儿童模仿学习的典范。

教师示范语言的基本标准是：发音准确，表意清晰，语汇丰富，用词恰当，语法规范，音量适中，而且要富于表现力和感染力。在各种类型的语言教育活动实施过程中，教师示范时应做到：讲述生动形象，朗诵声情并茂，体态文明自然，表演传神逼真，书写规范优美，阅读方式恰当。例如，教师说什么，怎样用词和造句，用什么言词来说出自己的感觉，说话时的态度表情和手势，对他人说话的反应等，都对学前儿童起示范作用。一般来说，学前儿童的语言主要学自成人，很少学自同龄的伙伴。因此，幼儿教师说话时，除了咬字清楚、发音准确、辅以自然的表情和恰当的手势外，还要注意语言的表达力，包括运用适当的音量、语调、语速等。

2.教师的示范应具体到位

教师要注意使用具体、易懂的句式，如果是用来对幼儿发出指令的，更要简单、明确、规范，让幼儿明确知道该如何去做。对语音的示范有时需要放慢语速，让幼儿清晰地感知发音的微小差异并掌握发音要领。如在教幼儿发“n”和“l”的语音时，要反复示范，让幼儿看到口形和舌头的不同位置，然后再让幼儿练习发音。再如教小班幼儿学习句型时，教师不仅要说明句型的结构和使用方法，还要造一个具体的句子让幼儿有感性认识，最后再启发幼儿运用这个句型造句。

3.教师的示范应适时、适量

由于幼儿注意的时间短、记忆容量有限，教师的示范要分量适中。对分量较多的内容，应根据情况采用分步示范、完整示范。在示范时要时机恰当，针对幼儿不易掌握的学习内容、新词句的学习、人物的对话、连贯的讲述、需要儿童仿编参照的原词句等，可以及时地进行反复示范、重点示范，让幼儿有意识地模仿学习。对纠正性示范则要酌情处理，不要在幼儿进行讲述时急于打断幼儿进行示范。

4.教师的示范应与讲解相结合

在学前儿童语言教育过程中，示范常与讲解紧密相连。对不同年龄段儿童要有所侧重，如对小班儿童应以示范为主、讲解为辅。配合示范的讲解应具体、简单、明了。如对某些难发的音以及易被忽视或不易被幼儿看到的发音部位，需要采用示范和讲解相结合的方法。如有的幼儿易把“哥哥”说成“多多”，可能是因为没听清成人的发音，也可能是因为没有看到成人发出这个音的唇形，所以一定要在给幼儿示范的同时，配合使用浅显的语言讲解发音要领。可以这样边示范边讲解：“请小朋友们像老师这样：先把嘴巴闭上，再用力张开，并且有一股较强的气流，那就发对了！”

5.教师要恰当地运用“显性示范”和“隐性示范”的手段

显性示范即教师明白地告诉模仿者应该怎样做，让每个观察者能看得清楚，并要求模仿者仔细观察教师的语言和动作。隐形示范即教师在活动中以一个参与者的身份与幼儿平等地进行活动，主导活动的方向和进程，通过种种暗示来给予示范。

在语言教育中，教师要恰当地处理好“显性示范”和“隐性示范”两种手段的运用。对教学重点和难点问题，依据学前儿童语言发展的水平和特点，恰当地选用不同的示范方法。

6.教师要积极地观察学前儿童的语言表现，妥善地运用强化原则

教师要关注在各种活动中儿童的语言表现，善于发现儿童语言发展的差异，因材施教，随时鼓励儿童正确的语言行为和习惯，并加以强化。可以让语言发展较好的学前儿童做示范者，为同伴提供模仿学习的样板。同时也要及时地指出错误，避免重复学前儿童不正确的语言，产生误导。也要避免过于挑剔学前儿童讲述过程中的语言错误，挫伤学前儿童学习的积极性。

(二)视、听、讲、做结合法

视、听、讲、做结合法就是依据“直观法”和“观察法”以及结合学前儿童语言学习的特殊性而提出的。“视”是指教师提供具体形象的讲述对象,如实物、现象、图片、图书、情景表演等,让儿童充分地观察。“听”是指教师用语言描述、启发、引导、暗示、示范等,让儿童充分地感知与领会。“讲”是指儿童在感知理解的基础上,充分地表述个人的认识。“做”是指教师给儿童提供一定的想象空间,通过儿童的参与或独立的操作活动,帮助学前儿童充分地构思,从而组织起更加丰富、连贯、完整、富有创造性的语言进行表述。这四个方面必须有机地结合,“视”“听”的内容由教师提供,最终将其转化为儿童的认识,主动地通过“讲”和“做”反映出来。“视”“听”“做”都是为“讲”服务的,在“讲”的过程中,促使学前儿童语言能力的发展。这一方法的具体运用应注意:教师所提供的语言教育辅助材料,应该是学前儿童接触过的、较熟悉的或符合学前儿童认识特点的;教会学前儿童观察被讲述对象的方法,给学前儿童留存一定的观察时间和空间;教师的提问要有顺序性、启发性,帮助学前儿童构思与表述;根据学前儿童的实际语言水平,提出不同的表述要求,要求学前儿童在动手、动脑、动口的学习中获得语言经验。

(三)练习法

练习法是指教师有意识地让幼儿多次使用同一个语言因素(如语音、词汇、句子等)或训练幼儿某方面语言技能技巧的一种方法。

运用练习法时要注意以下事项:明确并逐步提高练习的要求;要求学前儿童在理解内容的基础上,具有独创性的练习,避免简单、枯燥的重复练习;练习方式应生动活泼、形式变换多样,从而调动学前儿童练习的积极性。

(四)表演法

表演法是指在教师的指导下,学前儿童学习表演文学作品,以提高口语表现力的一种方法。运用这种方法时应注意:教师必须在学前儿童理解诗歌、散文、绕口令等作品内容并能熟练朗读的基础上,指导学前儿童正确地运用声调、韵律、节奏、速度等进行诗歌、散文、绕口令的朗诵和表演;教师必须在学前儿童理解童话、故事内容,熟悉人物对话以及体会角色心理的基础上,指导学前儿童正确地运用语言、动作、表情等扮演角色,再现故事情节,进行故事表演;鼓励学前儿童在故事表演中创新内容和增加情节与对话,大胆地发展故事情节,恰当地进行动作设计和人物的心理刻画和渲染;要为全体学前儿童提供参与表演的机会。

(五)游戏法

游戏法是指教师运用有规则的游戏,训练学前儿童正确发音、丰富学前儿童词汇和学习句式的一种方法。游戏是符合学前儿童年龄特点的活动,运用游戏方法进行教育是学前儿童语言教育中常见的活动方式之一。其目的在于提高学前儿童学习兴趣,集中学前儿童的注意力,促进学前儿童各种感官和大脑的积极活动。运用这种方法时应注意:根据学前儿童语言教育目标和内容选择来编排游戏,要求目标明确,规则具体,便于学前儿童理解,达到训练语言能力的目的;在运用游戏法的同时,可配合使用教具或学具。随着学前儿童年龄的增长,应逐渐减少直观材料,可以适当开展纯语言训练的游戏;对个别学习有困难的学前儿童,可运用游戏法进行重点帮助,使他们在轻松、愉快、饶有兴趣的活动中进行强化训练。

以上所列举的语言教育方法只是比较常见的几种,教师在实际应用中,还需根据具体条件,结合本班学前儿童语言发展和语言学习的特点,选择和创造更为恰当的教育方法,有的放矢地进行语言教育。各种教育方法还可以互相配合,交叉使用或互相补充,综合运用,以共同促进学前儿童语言的发展。

二、学前儿童语言教育的途径

学前儿童语言教育途径不仅包括专门的语言教育活动,也包括渗透在其他领域和日常生活中的语言教育。

(一)专门的语言教育活动

专门的语言教育活动是根据既定的语言教育目标,为学前儿童提供与语言进行充分互动的环境,使他们有机会对日常生活中获得的零碎语言经验进行提炼和深化,达到对语言规则的理解和有意识的运用。通常是指幼儿园的集体语言教育活动。

专门的语言教育活动是实现语言教育目标的重要手段,是将教育目标转化为语言发展的中间环节,也是语言教育活动设计和组织的主要依据。因此,语言教育内容的选择是语言教育活动设计的核心。

专门语言教育内容包括谈话活动、讲述活动、早期阅读活动、文学作品学习活动和语言游戏活动等五种类型的具体活动,这也是我国目前学前儿童语言教育中经常采用的、最基本的教育内容。

1.谈话活动

谈话是人与人之间运用问答、对话的语言手段进行交往的一种基本能力。谈话在培养语言交际意识、情感、能力方面有特别重要的意义。

幼儿园专门的谈话活动与日常谈话是有区别的。日常谈话是学前儿童在日常生活中所进行的谈话,是无预期目标和计划的谈话,具有自发性和随意性。从话题上来说,日常谈话是没有目标的,是学前儿童随意产生的;从时间上来说,也是在自由活动时产生的。幼儿园的谈话活动,是一种有目的、有计划组织学前儿童学习的语言教育活动,这种活动旨在创造一个宽松、愉快的语言环境,帮助学前儿童学习倾听别人的谈话,围绕一定的话题进行谈话,习得与别人交流的方式、规则,培养与人交往的能力。

谈话内容主要有以下几个方面:围绕主题交谈;交流信息谈话;分享经验谈话。

2.讲述活动

讲述活动主要为学前儿童创设较为正式的口语表达情景,使学前儿童有机会在集体面前表达对某一图片、实物或情景的认识、看法等,学习表述的方法和技能。这类活动运用的是独白语言,是比谈话活动更为复杂、周密的一种口语表达形式。这是我国幼儿园语言教育中颇具特色的一种教育内容。讲述活动主要内容有看图讲述、实物讲述、情景讲述、经验讲述等。

3.早期阅读活动

早期阅读是指学前儿童对简单的文字、图画、标记等的阅读活动,包括知道图书和文字的重要性,愿意阅读图书和汉字,学习初步的阅读和书写的准备技能等。早期阅读是学前儿童由口头语言向书面语言过渡的前期阅读准备和前期书写准备,同时有利于理解口语与文字之间的关系。

早期阅读具体内容包括前图书阅读经验、前识字经验和前书写经验。

4.文学作品学习活动

学前儿童文学作品学习活动是以幼儿文学作品为基本教育内容而设计组织的语言教育活动,它从一个具体的文学作品教学入手,围绕着作品展开一系列相关的活动,帮助学前儿童理解文学作品所展示的丰富、优美的艺术语言和生动、有趣的情节。它是幼儿园语言教育的重要内容。文学作品学习活动具体内容包括:聆听与感受、欣赏文学作品;朗诵与表演文学作品;仿编与创编文学作品。

5.语言游戏活动

语言游戏活动为学前儿童提供一种游戏情景,使学前儿童在游戏中按照一定规则练习口头语言,培养学前儿童在口语交往活动中快速、机智、灵活的倾听和表达能力。语言游戏活动包括:巩固难发的音和方言干扰音,练习声调和发音用气;练习词的运用,扩展丰富词汇量;在游戏中尝试运用某些结构的句子,锻炼语感。

(二)渗透的语言教育活动

专门的语言教育内容是学前儿童语言教育的基本组织形式,但不是唯一的形式。幼儿的语言主要是在丰富多彩的生活实践中和与成人、同伴交往的过程中发展起来的。因此,渗透的语言教育内容也是学前儿童语言教育的重要途径,是学前儿童语言学习和发展的必不可少的方式。

渗透的语言教育内容,主要是利用学前儿童各种生活和学习经验,在真实的生活情景中,为学前儿童提供更加广泛的、多种多样的语言学习机会,使学前儿童更好地运用语言获得新的生活经验和其他方面的学习经验。渗透的语言教育内容，既可以使学前儿童更好地学习语言，也可以更好地促进学前儿童在日常生活、游戏活动和其他学习活动中的语言交流。具体包括日常生活中的语言交流、自由游戏中的语言交流、其他领域中的语言交流等。

1.日常生活中的语言交流

利用日常生活中的各种机会，让幼儿在与同伴和教师的相互交往中，主动获得语言的发展。例如，利用晨间谈话组织幼儿谈话，让幼儿学会听与说；与幼儿一起看图书，让幼儿根据同样的画面，大胆地发表自己的见解，从而促进幼儿互相学习。

具体而言，渗透在幼儿日常生活过程中的语言教育，应帮助学前儿童获得以下语言经验：注意倾听、理解和执行生活常规和成人的指令性语言；学会运用礼貌语言与他人交往；学习运用语言向他人表达自己的需求，对他人的要求作出恰当的应答；学习运用恰当的语言，解决与同伴之间的冲突。

2.自由游戏中的语言交流

在自由游戏中，语言成为学前儿童与同伴进行交往、合作的工具，渗透在自由游戏中的语言教育，可以帮助学前儿童获得以下语言经验：学会运用玩具结合动作自言自语，进行娱乐或练习；学会自己选择游戏的内容材料、伙伴或其他；在游戏中，学会用恰当的词句或语气，与同伴展开讨论或解决与同伴的冲突。

3.其他领域中的语言交流

学前儿童的语言学习仅仅靠专门的语言教育活动和日常生活中的语言教育还远远不够，还必须将学前儿童语言能力的训练随机渗透到其他领域的教育活动中。渗透在其他领域中的语言教育，可以帮助学前儿童获得以下语言经验：注意力集中地倾听教师布置活动任务；能积极主动地参与互动，提出问题或者解答问题；能连贯完整地讲述所观察到的事物；学习运用语言，促进具体领域知识的掌握和表达能力的提高。

1）在音乐教育活动中随机渗透语言教育

生活中处处有音乐，语言和音乐有着非常密切的关系。那一串串音符、节奏以及旋律变化的背后，学前儿童都会编出不同的故事。凭着学前儿童对音乐的特别情感和特殊领悟力，可逐渐在中大班的音乐教育活动中加入听音乐、学语言的内容。这种活动应在学前儿童充分感受音乐、理解体验音乐形象的基础上进行。例如，歌曲《小乌鸦》，主要讲述一只小乌鸦每天急忙赶回家，把捉来的虫子一口一口地喂妈妈吃。在学习这首歌曲后，教师要求学前儿童根据歌词内容把它改编成一个故事，以提高学前儿童的音乐欣赏能力和语言表达能力。

2）在科学教育活动中随机渗透语言教育

在学前儿童学科学的活动中，他们通过各种渠道获得了大量的有关客观世界的信息，希望通过语言和其他方式，向周围成人和同伴表达、传递自己对客观事物的认知与感受，告知自己观察的结果，提出疑问，抒发愉悦和惊奇的情感，评价他人的探索结果。学前儿童通过信息交流，使感知周围世界的第一印象在头脑中形成表象，又通过语言或其他方式表达出来，不仅使学前儿童对客观事物的理解更为清晰，而且也有助于学前儿童语言能力的发展。科学教育活动中的语言信息交流主要包括描述和讨论两种方式。描述是指在教师的指导下，幼儿用语言向同伴或成人讲述自己在科学探索中的发现、疑问等。讨论是指幼儿与同伴之间、幼儿与教师之间互相探讨各自的发现、想法和疑虑。幼儿在描述和讨论中既可以提出自己的观点与想法，又可以交流自己的探索、操作过程或操作方法及从中获取的情绪体验。如一幼儿经过观察问另一幼儿："这里有两只纸船，一只跟着磁铁开动了，你猜为什么?"这是幼儿发现现象后的互相交流。又如描述发现的交流"我看到……"和表达情感的交流"我喜欢……"，教师要给予幼儿充分描述和讨论的机会，及时鼓励幼儿学习用简单明确的语言表达、描述有关科学发现。反映科学的词汇是极其丰富而精确的，幼儿在表达的时候往往由于用词不当而影响其观察的质量，从而影响其掌握知识的科学性。例如，小班幼儿观察"水的三态变化"小实验，水烧开以后，茶壶里冒出了热气，当幼儿描述这一过程说"水烧开以后，就冒烟了"时，教师就要及时纠正幼儿的说法，说"水烧开了，就冒出了水蒸气"。幼儿从这一活动中就掌握了"水蒸气"一词。由此可见，只有当幼儿掌握了足够的词汇后，才能确切地描述对物体和现象的认识。在科学教育活动中，教师要在幼儿充分感知物体和事物现象的基础上，随机丰富幼儿的词汇，逐步要求幼儿用完整连贯、通顺的语句表达，以提高科学教育的质量。

3）**在美术教育活动中随机渗透语言教育**

学前儿童的世界到处充满着美的色彩，他们爱画、爱玩、爱制作，教师可在美工活动中，抓住学前儿童这一特点，让他们对自己的作品进行讲述，也可以在绘画和手工活动中，加入学前儿童喜闻乐见的儿歌形式，提高学前儿童学习的兴趣。例如，教学前儿童用橡皮泥塑苹果，教师可以配合手工的操作步骤即兴编一首儿歌："搓搓搓，搓成一个小圆球，上下轻轻压个坑，中间再插一根柄。"通过念儿歌、做手工，学前儿童动手又动脑，既能顺利完成美术教学的任务，又能受到美的熏陶，提高口语表达能力。

在学前儿童绘画活动中，包含了大量的语言教育因素，虽然它不是以发展学前儿童语言为首要目标，但只要教师善于发现两者之间的关系，把它们有机地整合在一起，同样可以促进学前儿童语言能力的发展。例如，在绘画《蚂蚁王国》一课，教师以故事的形式边讲边示范：一只贪吃的小蚂蚁因为不小心误吃了一块魔法蛋糕，转眼间小蚂蚁变成了蚂蚁厨师，拿起了菜勺。又有一只蚂蚁跑来了，变成一个蚂蚁警察，指挥起了交通……一时间，这有趣的故事引发了学前儿童的学习热情："我要把小蚂蚁变成大将军。""我要帮蚂蚁设计结婚礼服。""我要让蚂蚁当医生。"……如此一来，一方面学前儿童体会到了美术活动带来的快乐，且他们的观察力、想象力都得到了很大的发展；另一方面，学前儿童的创造能力和语言能力也得到了发展。

4）**在数学教育活动中随机渗透语言教育**

数学教育活动和语言教育活动不同，它没有优美动听的语句以及丰富的词汇，但却需要幼儿有快速的反应能力、敏捷的思维能力和精确的语言表达能力。例如,做加减法编应用题,要求幼儿语句要完整,用词要精练,让人一听就明白。对于幼儿来说,数学是比较枯燥乏味的学习活动。因此在数学教育活动中,为了提高学前儿童学习数学的兴趣,教师常常采用游戏的形式,让幼儿在玩玩说说中学会数学的知识。例如,小班幼儿学习 5 以内物体的点数,教师可为幼儿设计一棵苹果树,上面有 5 只猴子,然后让小朋友们讲一讲猴子在苹果树上干什么,一共有几只猴子。孩子们会说:“有的小猴在爬树;有的小猴在摘苹果;有的小猴在吃苹果;有的小猴在荡秋千。树上一共有 5 只小猴。它们玩得真高兴。”这样不仅发展了学前儿童的语言表达能力,而且也提高了他们的学习兴趣。

5)**在体育教育活动中随机渗透语言教育**

在体育活动中,幼儿的活动量往往比较大,兴趣很高,有时不能控制自己的情感。根据这一特点,在爬、跳、跑等一系列活动中,应先让幼儿观看教师的示范动作,再请幼儿讲述、讨论教师的动作要领及注意事项,然后请一名幼儿模仿教师的动作进行活动,并讲一讲他是怎样做好这一动作的。这样既注意了活动的动静交替,又使幼儿通过自身的体验,讲出了各种活动的特色,发展了学前儿童的语言能力。

在体育活动中,通常是由教师提出语言指令或要求,幼儿跟随指令或要求作出行动。从活动开始到结束,幼儿都在倾听执行教师的指令。在这个过程中,幼儿集中注意力倾听和执行指令行动的能力得到了锻炼和提高,在一定程度上也体现了学前儿童语言教育目标的要求。

当然,其他领域教育活动中进行语言教育须注意以下几点:

(1)通过“计划—操作—回忆”的活动程序为学前儿童提供交流的机会

教育活动是幼儿主动活动的过程。教育活动的主体是幼儿,教师要在教育活动中帮助或引导幼儿自己计划活动进程,在幼儿自主活动的过程中,教师要为幼儿提供充分的语言交流机会。

如在科学教育活动中,幼儿学习“认识南瓜”的内容时,教师为每个幼儿准备一只南瓜。活动开始后,教师请孩子把南瓜打开,于是有孩子就问:“老师,我可以先画一条线,然后再切吗?”教师表示同意并鼓励其他幼儿也思考一下,自己准备怎样切南瓜。当幼儿把南瓜切开以后,教师又请幼儿自己计划下一步怎样把里面的种子取出来。有的孩子说“把南瓜倒扣过来”,有的孩子说“用手去抓”。接着,教师问“南瓜里面是怎样的”,有的孩子说“金黄色的”,有的说“黏糊糊的”,有的说“味道真难闻”,还有的说“不难闻,我吃过南瓜,甜的,很好吃”。教师接着孩子的话说:“南瓜到底好吃不好吃,我们来吃吃看。我们把它放在什么东西上煮一煮呢?”幼儿七嘴八舌地发表意见,把认知活动推向了高潮。当教师和幼儿一起品尝了南瓜的美味之后,教师再组织幼儿回忆整个认识过程。

在这个活动中,教师请幼儿自己决定活动步骤,并指导他们用语言说出自己的计划。教师还指导幼儿根据自己在活动过程中的观察结果自由表达。在活动结束时,又请幼儿讲述活动过程以及在活动中获得的知识经验。在整个活动过程中,教师尊重幼儿的自由表述,鼓励他们将自己独特的感受表达出来。这使得幼儿在认识事物的过程中既互相交流了认识经验,又练习了语言表达。

(2)要避免语言教育的“喧宾夺主”影响其他领域教育目标的实现

其他领域教育活动的存在都有其独特的价值,在促进幼儿身心和谐发展方面有其不可替代的作用。我们不能为强调语言教育而忽视其他领域的教育,在其他领域的教育活动中,有时语言教育并不占据主要地位,不能为了促进幼儿语言发展而使其他领域的教育活动“本末倒置”,这是幼儿园教育活动中应注意的问题。例如,在美术教育活动中,我们不能为强调语言教育的重要性,而要求幼儿完成的每一幅作品都要用语言描述出来,更不能因为幼儿把自己的作品讲述得很精彩,而忽略对其美术表现技能的评价和指导。目前在幼儿园语言教育中,部分教师主观指导思想存在问题,认为画画、讲讲、做做是幼儿园语言教育改革的产物,一味地追求语言教育出新招,使得语言教育在各领域教育中“喧宾夺主”现象时有发生,这是应该引起我们高度注意的问题。

(3)鼓励同伴之间的合作与交流

各种教育活动为幼儿提供了同伴之间合作与交往的机会。教师要充分利用这些机会,鼓励幼儿之间互相沟通与合作。当幼儿在活动中遇到困难和问题时,教师要启发幼儿动脑筋,与同伴商量,找到解决问题的方法。这样既促进了同伴之间的协商与合作,又有助于发展幼儿与同伴之间的语言交往能力。当幼儿在活动过程中由于种种原因发生冲突,或因意见不合引起争执,教师要多鼓励幼儿通过协商和讨论合理地解决冲突,找出正确答案。此外,教师还应多采用小组合作的教学组织形式,为幼儿之间的分工协作提供条件。

(4)为幼儿提供规范的语言示范,鼓励幼儿积极表达

无论在语言教育活动还是在其他领域的教育活动中,教师都要为幼儿提供规范的语言,以供幼儿学习和模仿。教师还要为幼儿创设一种宽松自由、轻松愉快的心理环境和语言环境,使幼儿有机会自由表达心声。一方面,教师要以肯定和接纳的态度对待幼儿的语言表达;另一方面,教师自己也要以诚相待,和幼儿平等地交谈。教师真诚而坦白的表达,师生之间平等的交谈,将有效地激发与增强幼儿运用语言表达思想感情的动机和兴趣。

渗透的语言教育内容的核心是促进学前儿童与教师、同伴之间有效的语言交流。教师要充分认识渗透的语言教育内容和活动对学前儿童全面发展的重要性,在安排渗透的语言教育内容和活动时,应注意以下事项:①保持一颗童心,关心学前儿童感兴趣的话题;②平等交流,注意肢体语言:坐、蹲、弯腰的姿势;③要有爱心和耐心,态度诚恳,语言亲切;④耐心地倾听幼儿表述;⑤记住幼儿的名字,多称呼幼儿的名字;⑥用目光、语言和动作给幼儿以更多的鼓励;⑦语气、语速要适合学前儿童年龄特点;⑧适时引导幼儿互相交流。

任务五 学前儿童语言教育活动设计的步骤

一、学前儿童语言教育活动的含义和特点

（一）学前儿童语言教育活动的含义

学前儿童语言教育活动是指以幼儿为主体，以语言为客体的一种有目的、有计划的多种形式的活动过程。其根本目的是在教师的指导下，幼儿积极主动地与人、周围语言环境不断地交互作用，从而获得语言能力的发展和提高。如果只依靠幼儿主体自然地获得语言，获得感性的语言经验，就无法实现幼儿语言潜能最大限度地发展。语言是一个复杂的符号系统，应该从出生就对幼儿进行语言知识和语言能力的训练，为日后进一步学习语言和运用语言打下良好的基础。学前儿童语言教育活动是教育活动的一个领域，除有其自身的特殊规律外，还有着其他教育活动相同的共性。所以，学前儿童语言教育活动必须遵循一般教育活动的设计与组织原则及规律，才能最大限度地发挥教育活动对幼儿语言发展的促进作用。

（二）学前儿童语言教育活动的特点

1.目的性和计划性有利于学前儿童语言能力的全面发展

每一次或每一阶段语言教育活动的目标，都是根据幼儿语言教育的阶段目标提出来的。其中既有倾听、表述方面使用语言的能力目标，又有欣赏文学作品和早期阅读方面作为掌握学习对象的水平目标。所以，通过有目的的语言教育活动，可以全面地发展幼儿的语言能力。学前儿童语言教育活动是一项有计划的活动，它根据幼儿语言教育的目标、幼儿语言发展的实际状况和发展趋势，有计划地安排具体的教育活动，有顺序、有步骤地训练幼儿的语言能力，或提供语言知识为学习对象，从而保证幼儿语言教育目标的全面实施。

2.引导学前儿童主动参与，获得丰富的语言经验

学前儿童语言教育活动是将幼儿置身于语言环境或语言信息的传递中主动学习的过程。教师把幼儿的语言学习过程与幼儿园其他领域的教育活动密切结合，引导幼儿主动积极地参与，从而使他们获得大量丰富的语言经验。幼儿的语言发展正是通过日常的语言交往和在有组织的语言教育活动中所获得的语言经验而实现的。

3.学前儿童语言教育活动是一项专门的语言学习过程

语言是一个复杂的符号系统，有其自身的结构要素和结构规则，幼儿除了通过活动和交往，在不知不觉中获得有关的语言知识外，还需要有专门的语言学习活动，让幼儿有集中学习语言知识和发展语言能力的机会。例如，幼儿对文学作品不同体裁以及构成因素的初步了解和每篇作品中心思想的归纳；词、句、语法的适当运用；会话和连贯讲述能力的训练；创造性讲述能力的培养等，都需要在教师的指导下有组织地进行。另外，有组织的教育活动还可使幼儿相互交流自己已经获得的语言经验，锻炼幼儿在同伴和成人面前说话的勇气和自信心。活动中愉快情绪的相互感染，有助于提高幼儿语言学习的兴趣和敏感性。

二、学前儿童语言教育活动设计与实施的原则

幼儿园语言教育活动设计的原则，是幼儿园教师在开展学前儿童语言教育活动时所遵循的基本要求和准则，可以有效保证实现语言教育活动的教学目标。根据有效的组织活动规律，总结出以下几点原则：

（一）促进儿童语言发展的原则

苏联心理学家维果斯基的“最近发展区”理论认为，幼儿心理发展存在两种水平：一是幼儿目前已经达到的心理发展水平；二是幼儿在成人或同伴的帮助下可能达到的发展水平。这两种水平之间的差距就是幼儿的“最近发展区”。教学应着眼于幼儿的最近发展区，为幼儿提供有一定难度的内容，调动学生的积极性，发挥其潜能，超越其“最近发展区”，从而达到其可能发展到的水平。因此，设计任何一组或一个语言教育活动时，既要符合幼儿现有的语言水平，又要着眼于幼儿语言发展的长远目标，有利于幼儿语言发展的需要。

为此，教师要通过理论学习和实践观察，深入了解全体幼儿的语言发展水平和发展潜力，并对其作出正确的估计；在选择活动内容时，充分考虑幼儿的可接受性、略高于现有发展水平但又不超过发展的可能性，要求幼儿经过一定的努力才能掌握；由浅入深、由易到难、循序渐进地安排教学内容，要求幼儿不断努力，从而促进幼儿不断发展；综合运用各种教学方法，并不断加以改进；按照知识的逻辑顺序和幼儿认识能力，在最近发展区域进行教学，使幼儿利用已有的知识去获得更多的新知识，同时发展其智力。例如，当设计情景谈话“做客”这个活动时，教师结合幼儿原有的生活经验，引入新的学习内容，使他们进一步理解和掌握“做客”的交往方式和语言应用方式，从而引发幼儿较强烈的学习兴趣，在活动中使幼儿语言获得阶梯式的发展和提高。

（二）活动开展的适度性原则

在教育活动中，由于幼儿经验不足以及个体间语言水平的差异，教师的参与是不可缺少

的,同时幼儿之间的相互学习也是非常必要和有效的。教师参与活动,必须以帮助幼儿更积极、主动地学习为目的,充分发挥教师的主导作用,另外也要考虑为幼儿之间的语言交流和学习创造机会。

在设计语言教育活动时,教师需要考虑:幼儿主动活动与教师参与的比例关系,实际上,这是幼儿在活动中的主体地位和教师主导作用的具体化问题。当幼儿需要帮助时,教师在参与活动中主导作用发挥得多一些;不需要帮助时,教师在参与活动中的主导作用就发挥得少一些。如何才能做到教师与幼儿相互作用起到“适度”的影响呢? 主要应注意以下几点:①要了解每一位幼儿的发展水平,由教师决定自己在活动中参与程度的多少。②要确定语言教育活动中的新知识、新技能以及新的语言要求,由教师策划自己参与指导的重点和难点。③要了解每一位幼儿在活动中操作工具的熟练程度,由教师决定自己参与指导的时间分配等。以上几点决定了教师和幼儿在活动中相互作用的程度,同时也决定了他们相互作用的方式。

(三)学习内容的渗透性原则

语言教育活动是以语言教育为主的教育活动,在语言教育活动中,幼儿学习的主要内容是语言信息材料。但在活动中除了语言,还可以有艺术、科学、社会等不同领域的内容并存,体现幼儿教育的整合性和学科间的渗透性特点。

作为活动的设计者,要把握这样一个原则:语言教育活动应当从语言角度来设计活动,语言活动是主线,其他学科的内容要自然地渗透在活动中。

在设计活动时,还应注意以下两点:

①活动的要求、内容、形式,都应从语言角度进行思考,为幼儿提供适应其语言发展需要的学习机会。

②在语言教育活动中,其他领域活动因素的参与具有辅助的意义。什么时候辅助什么内容,要根据语言活动的需要而定,要有利于更好地完成活动目标。教师在设计活动时,既要将相关学科内容自然渗透到语言活动中去,又要最终落实到语言教育的根本点上来。否则活动将变成“大拼盘”,出现喧宾夺主的后果。

比如在谈话活动“品尝大会”中,首先,教师与幼儿讨论:你最喜欢吃什么食物? 这些食物吃起来有什么感觉(如味道甜甜的、咬起来脆脆的、吃起来黏黏的、闻起来香香的)?

其次,展示丰富的各式食品,邀请幼儿参加“品尝大会”。请幼儿根据喜好取用,品尝自己喜欢的食物。之后,幼儿以多种形式演唱歌曲“我是小小美食家”。

最后,品尝结束后,请幼儿轮流谈论所吃的食物及食用时有哪些感觉。教师记录幼儿谈话的结果,或请幼儿画在图画纸上。为幼儿提供原料,鼓励幼儿自己制作食物。

本活动内容丰富、形式多样,但放在同一个活动里则显得缺乏主线,目标不明确,给人以拼凑杂乱的感觉。如果以食品为主题,分别通过几个不同形式的系列活动来渗透语言教育,就能帮助幼儿丰富语言交流的经验和感受;同时也为幼儿提供了轻松自由的语言交流环境和机会,从而较好地实现语言教育的目标。

（四）示范与练习相结合的原则

语言教育活动是一种专门的教育活动，是有目的、有计划的教育过程。在设计这样的活动时，教师应具备正确的幼儿观和教育观，了解全体参与幼儿的需求，站在全体教育对象的角度去考虑问题，把握活动设计的尺度。设计的活动既面向全体幼儿，又关注个别差异，既要经常做恰当的示范，又要让幼儿多练习，从而使不同发展水平的幼儿都能得到发展。

理论研究成果已经证明，幼儿语言发展不仅存在差异，有些方面的差异甚至还很大。有的孩子喜欢说，有的孩子不乐意讲；有的孩子语言发展得较早，可以很流畅地表达自己的见解、要求和情感，而有的孩子语言发展有些迟缓，不善于表达自己的看法和思想。因此，在面向全体幼儿进行语言教育时，教师必须充分考虑幼儿语言发展上的差异性，关注到不同语言发展层次的需求。例如，教师在组织大班语言活动“有用的绳子”时，考虑到本班幼儿语言发展水平之间的差异，让幼儿先从看线条图说一句话，到编一段话，再到编一个故事。在此过程中，教师充分关照了不同发展水平的幼儿，使幼儿在原有水平上进行提高，让幼儿积极主动、有信心地参与到活动中，达到预期的目标。

因此，在设计语言教育活动时，教师必须重视教师自身的示范作用，让每个幼儿得到锻炼的机会，既要为能力较强的幼儿提供进一步提高其语言水平的机会，也要为语言水平低的幼儿提供发展的机会，从而为教育对象提供不同发展层次所需要的帮助，使每一个孩子都能在其原有水平上得到提高。

（五）让学前儿童积极活动的原则

幼儿处于人生的早期，其心理发展水平和认识客观事物的能力较低，不可能像成人那样借助他人活动的结果来获得知识，必须通过自己的活动，才能获得对外界的清晰印象并将这些印象积累起来，形成知识和能力。由此可以说，幼儿的发展是通过活动而实现的。贯彻让幼儿积极活动的原则时要注意以下两点：

①选材贴近幼儿生活，具有趣味性。

②引导幼儿在活动中进行操作。幼儿的活动是通过一系列的动作实现的，而实现动作的方式就是操作，可以说没有操作就没有活动。但是，在对操作的认识上，往往存在一种偏差，即认为幼儿动作技能的训练，或幼儿对某些物体的摆弄才是操作，其他诸如思考、语言交流等不是操作。其实，操作包括动手操作、动脑操作和动口操作等。因此，教师在组织语言教育活动中，要充分创造语言操作的条件，使幼儿在操作中习得和巩固语言。例如，在幼儿听完故事《三只蝴蝶》后，师生一起布置故事场景，幼儿在教师的指导下扮演故事中的角色，学说角色间的对话。幼儿活动积极性提高，全身心地融入故事的情节发展中，对故事的记忆和理解更深刻。同时，幼儿的表现潜力和创造力也得到了挖掘。

（六）自由与规范相统一的原则

学前儿童语言教育活动本身是一种通过规范去学习语言规范的过程。这就要求幼儿在规范的情境中，接受规范的语言，练习规范的语言，用规范的语言进行语言交际。但是教育的目的之一，又是让幼儿的个性得到自由发展，在自由中去创造。只有这样，幼儿在语言教育活动中才能主动活泼地学习、和谐充分地发展。因此，教师在组织语言教育活动中，应注意将自由与规范有机地结合起来。

在组织教育活动时，一方面，教师要创造让幼儿自由说话的机会。不论哪一种类型的语言教育活动，当幼儿掌握每一种新的语言经验之前，都要提供一定的时间和空间，让幼儿掌握运用已有经验自由地交谈。即使在幼儿获得了新的语言经验之后，也要允许他们在一定的规范范围内，自由练习所习得的新的语言经验。另一方面，教师应引导幼儿养成运用规范语言的习惯。幼儿语言教育的目的，是使幼儿掌握规范的语言，因此在提供幼儿自由运用语言机会的同时，不可脱离规范的要求。教师在组织语言教育活动时，要在语言形式、语言内容和语言运用方面，对幼儿提出规范的要求。例如，要求幼儿正确使用动词来说明动作，正确使用形容词来描述事物，正确使用方位词来指出方位，正确使用量词来表示物体的单位等，并且知道在什么样的情景中运用什么样的语言。

以上这些原则，是幼教工作者在长期的教育实践活动中总结出来的，在实践中应将这些原则因人因时相互配合使用，并在这些原则的指导下，设计出各种具体的适宜的教学方案。在这过程中，主要依靠教师的理论素养，充分发挥教师的创新能力。

三、学前儿童语言教育活动设计与实施的步骤

在组织教育活动之前，教师最重要的工作就是设计教育活动的方案，包括制订活动应达到的目标、选择能实现目标的具体内容、构思活动过程等。学前儿童语言教育活动的设计，就是要将一定的目标、内容及活动方式转化成一个个具体方案的过程，是对受教育者有计划、有组织、有目的地施加教育影响的具体体现。

设计一个完整的教育活动，一般包括制订活动目标、选择活动内容、拟定活动方案等几个部分。

（一）制订活动目标

制订语言教育活动的目标，是语言教育活动设计中最重要的一环。它的恰当与否，将对整个活动设计产生决定性的影响，它直接影响到活动设计的方向、范围和程度。但是长期以来学前儿童语言教育中普遍存在注重内容而忽视活动目标，或者先选择内容后制订目标的现象，使教育出现了极大的随意性和盲目性。因此，要使学前儿童语言教育活动能够达到预期的目的，产生良好的效果，就要制订好活动目标。教师在制订活动目标时应遵循以下原则：

1.活动目标应着眼于学前儿童的发展

该原则包含着两层意思：①目标的制订应适应幼儿已有的发展水平，符合幼儿语言发展的规律；②目标的制订应将促进幼儿的语言发展作为落脚点，落实到幼儿对语言内容、语言形式和语言技能的掌握上。

2.活动目标的内容和要求在方向上应与总目标、年龄阶段目标相一致

也就是说，活动目标要为阶段目标和总目标服务，通过一个个具体的活动目标，能最终达成年龄阶段目标和总目标。要根据幼儿的年龄特征和发展水平，注意由浅到深、循序渐进地提出目标，使幼儿从具体到抽象、从直接到间接地获得语言经验。

3.活动目标应从认知、能力和情感态度三个维度入手

1）认知方面

应涉及知识概念的学习，包括所获得知识的数量和种类，以及操作这些知识的技能。例如，要幼儿掌握多少词汇，掌握多少句式，以及懂得在什么样的语境下运用这些词汇和句式。

2）能力方面

应涉及能力的训练，包括组词成句的能力和在具体语境中运用语言的能力。例如，根据不同听者、不同情境，恰当地运用有关的词汇、语法和语调；能用连贯的语句说清楚自己所要表达的意思，也能听懂别人所表达的意思。

3）情感态度方面

应涉及情感态度的培养，包括兴趣、态度和价值观等方面的变化。例如，要使幼儿有耐心且礼貌地倾听别人说话的态度，产生在集体面前讲述自己经历和图片内容的兴趣，懂得并遵守语言交往中的一般规则。

4.教育活动目标陈述的应是幼儿通过教育活动之后，在语言的能力和情感、行为技能方面的变化

教育活动目标不应陈述“教师应该做什么”，因为教育活动目标预期的是幼儿的学习结果，用“教师应该做什么”的语句陈述，在逻辑上是讲不通的。

5.活动目标的制订要与不同类型语言教育活动相符合

幼儿语言教育中，五种不同类型的教育活动各自所要实现的目标是有所侧重的。例如，文学作品学习活动主要是向幼儿展示书面性的语言，提高幼儿对语言多样性的认识，通过接触文学语言，鼓励幼儿创造性地运用语言，提高幼儿灵活运用语言的能力；讲述活动则偏重培养幼儿感知、理解、讲述对象的能力，独立构思与清楚、完整表述意识和情感的能力，掌握

对语言交流情绪度的调节能力等。

6.教育活动目标的陈述，要尽量用具体、明确、可观察、可测量的行为术语

陈述的是幼儿预期要获得的学习结果，应尽量避免使用含糊的和不切实际的语言陈述教育活动目标。因为教育活动目标是以具体明确的表述方式说明幼儿完成学习任务以后要达到的"目的"。目标不明确，对确定教育活动内容，对教育活动过程与教育活动策略的安排，以及对学习结果的评价都是不利的。例如，早期阅读活动"森林里的趣事"，如果将目标定为初步了解各种动物的叫声的象声词就不够具体，不便于检测。应避免语言空洞无物，超越幼儿的实际水平，或概括性太强，用在哪一个活动方案上似乎都可行，缺乏具体的活动目标，如"让幼儿乐意参加活动"。制订具体、可测量的教育活动目标的目的：第一，使整个教育活动过程目标明确，有利于教育活动的开展；第二，更好地对教育活动的结果进行评价。再者，教育活动目标要有代表性，每一个教育活动目标均是单独的内容，目标内容之间不要有交叉重复。

如有教师在设计小班语言故事"不怕冷的大衣"，将活动目标确定为：

①知道冬天多运动就不怕冷。

②通过体育运动进一步体验"不怕冷的大衣"。

显然，这些目标虽体现了整合的教育理念，但却忽视了"语言教学"这一重要目标。改进建议：教学目标的制订应符合学科领域的特点，即使进行整合教学，也必须以本学科的内容为重点，整合进来的内容应为本学科的教学目标服务。

因此，建议将上述目标改为：

①能认真地倾听故事，了解故事内容。

②能准确地说出故事中主要人物，读准动词"躲、跑、跳"。

③通过运动感受到"不怕冷的大衣"就是运动。

又如有教师在设计大班谈话活动"有趣的广告"时确定活动目标为：

①结合"广告"创编内容，能用连贯、完整的语句表达自己的想法。

②培养幼儿耐心专注地倾听同伴谈话的好习惯，能理解别人谈话的主要意图。

③通过谈论和创编广告词，激发幼儿谈话的兴趣。

这样的活动目标，本身包括了语言认知目标、情感目标和语言行为习惯的培养等几方面的内容，能够表明本次活动的具体目标和要求。

（二）选择活动内容

语言教育活动的内容，是实现教育目标的手段，是将目标转化为幼儿发展的中间环节，也是设计和组织活动的主要依据。因此，活动内容的选择是一个完美的语言教育活动设计的核心。要想使选择的活动内容能够真正体现活动目标，能够促进幼儿语言的发展，教师应该遵循以下几项原则：

1.根据目标选择活动内容

教师在选择活动内容时，直接参照点是活动目标，但需要将总目标和年龄阶段目标作为间接参照点，否则将有可能偏离总的方向。根据目标选择活动内容，并不是说目标和内容必须一一对应。实际上，一项目标往往要通过多种内容来达到，一种内容也可以同时体现几项目标的要求。例如，要求幼儿“乐于与人交谈，讲话礼貌”这一目标，就要通过多种活动内容来实现。

2.围绕幼儿的已有经验选择活动内容

由于幼儿生活及知识经验较少，思维和理解能力受到限制，教师要选择符合幼儿生活经验实际水平的教材，这样才能充分发挥其作用。为了让幼儿在生活中学习语言和运用语言，教师可以根据幼儿的认知水平和生活经验，从以下三个角度将大量素材加以合理组织。

①教师可以大量选择幼儿关于自我的认识及日常生活经验，进行合理组织，从多个角度“广而浅”地选择内容，引导、激发幼儿用语言表达情感和意愿。例如，小班选择“我的家”“扮演爸爸、妈妈”“食物宝宝”“有趣的声音”“我不怕黑”等，中班选择“能干的手”“挥动的身体”“有趣书”“玩具展览”“搬新家”等，大班选择“营养配餐”“生活中的数字”“钱币”“超市购物”等。

②教师可以选择幼儿能够理解的社会信息。根据幼儿的认知水平，选择幼儿易理解的周围信息加以组织，引导幼儿积极关注与讨论，为幼儿语言活动提供素材。例如，“世界杯足球赛事”“天气预报”“抗洪救灾”“交通规则”“马路上的标志”“动物园游览图”“新冠肺炎”等。

③教师还可以选择幼儿可接受的科技信息，如“电话”“特殊电话号码”“动车”“高速铁路”“智能机器人”等语言教育内容。它们有较大的信息量，不仅使幼儿的语言表述、运用量大大增加，而且对幼儿思维的加工、概括起到了积极的作用，使幼儿的语言和思维在相辅相成的过程中得到整合和有效发展。

3.活动内容要有趣

幼儿年龄小，注意力和记忆力较差，易受情感的影响。因此，选择富有幼儿情趣的作品，使他们感到新奇有趣，不仅能吸引幼儿的注意，而且能激发他们的情感，有利于幼儿轻松、愉快、积极、主动地学习。

（三）拟定活动方案

为了实现幼儿语言教育的目标，使语言教育活动更具目的性和计划性，教师在确定活动目标、选择活动内容的基础上，还须认真拟定一份合理的语言教育活动方案。从形式上看，活动方案只是将活动目标、活动内容、活动准备、活动流程形成书面语言的形式；实质上，它包含着一定的教育指导思想和理论观点，使教育活动的实践沿着预定的轨道、朝着预期的目标前进。教师拟定活动方案时，不能使活动方案成为教师具体实施语言教育活动的桎梏，而应该成为教师进行再创造的温床和土壤，使幼儿成为真正的受益者。教育活动方案的写法多种多样，但一般都包含以下几项内容：

1.活动名称

活动名称要写清楚语言教育活动的具体类型、适合的年龄班、具体内容。如中班文学活动“城里的猫和乡下的猫”，活动名称要简洁并易于幼儿接受。

2.活动目标

活动目标是通过本次教育活动应该达到的具体目标。活动目标要涵盖认知、情感态度、能力三方面。例如，古诗《春晓》的教学活动目标：帮助幼儿理解古诗的内容，从中感受春天；学习朗诵古诗，掌握阅读的技能技巧，感受古诗的美；培养幼儿对祖国文化的热爱。重点理解字词：“春晓”“春眠”“闻”“啼鸟”。正音：“春”（chūn）、“声”（shēng）、“知”（zhī）。

3.活动准备

活动准备是指教师对语言教育活动内容和活动方式进行初步思考后所做的工作，包括相关的物质准备和知识准备。物质准备是指教具、学具、教学设备及场地的准备，知识准备是指在活动前丰富幼儿相关的知识、经验或某种技能等。例如，关于“春天”的讲述活动，讲述前带幼儿到田野、草地、小河边感受春天，幼儿在讲述“春天”时，就有话可说，表达也更丰富。又如，在“拼图讲述”活动中，幼儿初次拼图往往不会，最好在活动前教会幼儿拼各种图形，活动时才会更顺利，也不会因此浪费时间。

4.活动过程

语言活动方案的写法不拘一格，但从总体内容上来分析，一般包括开始部分、基本部分、结束部分。在编写活动方案时，也可以按照教学的环节和步骤，具体地加以设计和编写。

1）开始部分

开始部分主要是组织教学活动集中幼儿注意力的重要环节。常言道：“良好的开端是成功的一半。”语言教育活动中的导入环节作为整个活动的开端，对于幼儿来说，是参与整个活动过程的认知系统和情感系统的初始启动。要想在最短的时间内达到激智、激情、激趣之效，就必须认真考虑导入方式的设计、语言的使用及情感的传递等方面是否具有趣味性、艺术性，以及与所要学习的作品的情感基调是否一致等因素。在语言教学活动中，一般常采用以下方式导入：

（1）直接出示教具导入法

这是语言教育活动中使用频率较高的一种导入方式。在教育活动开始前，运用与教学内容密切相关的玩具、实物、模型、幻灯片或视频等加以演示，让幼儿观察，引起幼儿的学习兴趣，再从观察中提出问题，巧妙引入课题。例如，谈话活动“有趣的广告”，可以先播放几段广告视频来导入活动。采用这种方式必须注意:玩具、实物、模型、幻灯片或视频等的内容必须与活动内容有密切的联系,在幼儿观察或观看时,教师要及时地、恰如其分地提出问题,为学习新知识做好铺垫。

(2)儿歌、谜语导入法

采用儿歌、谜语内容引出教学内容。此方法最大的特点是能充分调动幼儿的学习兴趣,激发幼儿对活动的好奇心,活跃他们的思维,同时还能丰富幼儿的语言,生动而富有童趣。例如,开展中班语言活动"三只小猪"时,先让小朋友们猜个谜:"'吃得饱饱的,闭着眼睛睡觉,大耳朵在扇扇,小尾巴在摇摆。'小朋友,你们说这是什么动物呀?"教师在"三只小猪"语言活动中,采用了儿歌猜谜语导入,语言简洁、生动、有趣,激发了幼儿学唱这首儿歌的兴趣。当幼儿猜出谜底"猪"时,便可以自然地引入教学内容。又如教师编了个谜语让幼儿猜出学习的课题,从而引出新内容。如活动开始,教师说:"小朋友,老师出个谜语让你们猜:'有人说我像老鹰,有人说我像蜻蜓,请你到我肚里坐,立即飞到北京去。'谁知道这是什么?"幼儿猜出是"飞机"后,教师就告诉大家:"今天我们就来学儿歌《小飞机》。"

(3)谈话导入法

在教育教学实践中,如果活动的导入方式设计得巧妙得当,就能在瞬间稳定幼儿的情绪,引起幼儿的兴趣,激发幼儿的求知欲望,促使幼儿在好奇心驱使下产生强烈的探究意向,从而为新知识的探究活动奠定心理基础。例如,在教学散文诗《冬爷爷的胡子》时可以这样导入:"请小朋友告诉老师,你爷爷有胡子吗?你爷爷的胡子是什么样的?谁知道冬爷爷的胡子是什么样的呢?今天,老师给小朋友带来了一首有关《冬爷爷的胡子》的散文诗……"这是典型的与幼儿作简短谈话的导入方式,整个环节简洁、自然、切题。从导入一开始,教师就注重良好情绪、情感氛围的营造,在谈话的过程中始终以一种轻松优美的语调、语气来进行,并且在轻松的谈话中很自然地施以恰当的教学策略。

(4)故事导入法

爱听故事是幼儿的一大特点,选择适当的故事导入活动,不仅有助于幼儿思维能力的培养,还可以引起幼儿的兴趣。采用这种方法导入新课,故事内容要与活动主题有紧密联系,并且故事本身生动有趣,对幼儿具有启发性,可以让幼儿的注意力不知不觉进入学习状态。诗歌、古诗常采用这种方式。例如,学习绕口令《打醋买布》,由于绕口令特有的简洁、易混淆的语言特点,教师可以用一则小故事引入内容:"有一位老爷爷姓顾,他到街上去买一瓶醋,还想买一块布……"由于这则故事贴近幼儿生活,幼儿在理解的基础上学习绕口令,就容易多了。

(5)悬念导入法

教师通过精心设计的问题,造成悬念,激起幼儿的探索欲望,导入新课。例如,学习故事《我的幸运一天》,教师可以说:"有一天小猪去找好朋友小白兔去玩,却不小心走错地方,敲开了狐狸家的门,那么,小猪被狐狸吃了吗?小朋友听完故事《我的幸运一天》,就知道了。"短短的几句话,激发了幼儿强烈的好奇心,促使幼儿集中注意力听教师讲故事。又如讲述《小蚂蚁上天》时,教师一开始就让幼儿思考"小蚂蚁"和"蒲公英"之间会发生什么事、为什么，以此引发幼儿的积极思维。幼儿有的说小蚂蚁种蒲公英，有的说小蚂蚁吹蒲公英，还有的说小蚂蚁摘蒲公英……幼儿的思维呈辐射状，沿着不同的方向积极思索。

(6)歌曲导入法

选取与活动内容有密切联系的歌曲，让幼儿在活动开始时吟唱也是一种较好的导入方法。例如，谈话活动“夸夸我的好妈妈”，开始可组织幼儿演唱歌曲《我的好妈妈》，用歌声感染幼儿，调动幼儿的积极性。又如，大班学习诗歌《春天的秘密》前，让幼儿欣赏歌曲《春天在哪里》，使幼儿从歌曲中获取更多有关春天的知识，为后面的活动做好铺垫，也调动了幼儿的兴趣。

(7)情境表演导入法

这种方法是由教师事先排练一段情境表演，活动开始时让幼儿观看。随着情节发展引发出的问题展开讨论，再进一步引入新内容。例如，大班语言活动“想办法”就可以用这种方法来导入。可以设计以下情境让幼儿观看：妈妈下班回到家，一看时间不早了，连忙系上围裙，开始做饭。滔滔在一旁玩玩具。只听“哎呀”一声，妈妈不小心把大米和面粉混在一起了。妈妈手拿着盘子，不知怎么办？滔滔问：“妈妈，你怎么了？”“妈妈不小心把大米和面粉混在一起了，怎么办呢？”滔滔苦思冥想：“是呀，用什么办法把大米和面粉分开呢？”这时再让幼儿观察教师事先混在一起的大米和面粉，引导幼儿讨论分开大米和面粉的方法，鼓励幼儿各抒己见。当幼儿说出某种可行的方法时，教师给予肯定，并启发他们想出更好、更省力省时的方法。这样的引入能使幼儿的注意力迅速地集中起来，并将问题(大米和面粉如何分开)自然地呈现在幼儿面前，使幼儿产生主动解决问题的愿望。

(8)游戏导入法

游戏是幼儿最喜爱的活动，用游戏可以把幼儿导入奇妙的童话世界或真实的生活世界，吸引幼儿积极主动地参与到游戏活动中去。因此在活动时，可以用游戏的方式来引出活动，不仅充分调动幼儿的学习兴趣，还可以激发他们的思维，使他们在游戏中自然地进入学习情境。例如：教师在开展中班看图讲述活动“捉迷藏”时，开始时教师故作神秘状告诉幼儿：“小朋友们，今天小动物来和我们一起捉迷藏，你们赶快躲起来。”于是，幼儿纷纷躲藏，教师戴动物头饰扮演小动物开始寻找，让被找到的幼儿用方位语言描述自己刚才躲藏的地方。然后教师通过游戏性的口吻，自然地引出“捉迷藏”这一新内容。又如学习儿歌《手指歌》，教师可以游戏的口吻说：“今天我们来比比谁的手指本领大，会变出各种各样好玩的东西。”教师用儿歌中的语言暗示幼儿：“变变变，变成一把小手枪……”

导入的方法还有很多种，如开门见山式、表演唱歌式、情景交融式等。值得注意的是，语言教育活动的导入环节不是活动的主体，更不是活动的重点，它所占的时间一般较短。任何一种成功的导入方式，都应该是简洁、生动、准确的，并且可以起到集中幼儿注意力、激发幼儿活动兴趣、帮助幼儿明确活动目的的效果。但无论采用哪种形式，导入的方法都要切合幼儿心理特征和活动实际，既要紧扣教学活动目的，还要坚持有利于诱发幼儿学习兴趣的原则，进入新内容，激发幼儿的学习欲望，发挥他们在学习中的主观能动性，使教学活动达到预期效果。

2）基本部分

基本部分是活动的主体部分。具体如何设计活动，要由内容来定。不同类型的语言教育活动，它的基本部分有自身特定的结构和模式。如果是语言教学游戏，要交代游戏规则，示范参与游戏，再带领幼儿参与游戏，还要进行游戏评价。如果是讲述活动，则要引导幼儿感知理解讲述对象，运用已有经验讲述，然后引进新的讲述经验，最后巩固和迁移新的讲述经验。这部分是活动方案的主要内容，要写得稍详一些。要求步骤清楚、环环相扣、时间分配合理。

3）结束部分

结束部分是活动的最后环节。一个完美的结束形式，可以对活动起到画龙点睛的作用，因此教师要精心设计结束部分。设计结束部分有很多形式，常用的有以下三种：

（1）总结性结束

教师把活动的主要内容加以总结，加深幼儿对活动的印象，帮助幼儿有重点地记住活动内容。

（2）悬念性结束

指教师的“结尾性”教学用语具有悬念性，能够激发幼儿的想象和探索的欲望，为延伸活动作铺垫，也可为幼儿提供更广阔的思维空间。例如，“龟兔赛跑”，在结束部分教师设问：“如果龟兔举行第二次赛跑，谁会赢呢？为什么？”

（3）活动性结束

活动结束时，可采用和教学内容相关的游戏、表演等活动方式。例如，“龟兔赛跑”故事结束时，教师弹奏乐曲，幼儿学乌龟爬行或小兔子跑跳，在自由表演活动中结束。活动的结束也要讲究教学艺术，一般要简洁明快、生动有趣，使幼儿有意犹未尽的感觉。具体选用哪一种方式，均须在教案中简练、明确地写出来。

活动过程中，教师采用提问的方法贯穿整个活动过程。因此，教师要恰当地运用一定的提问语。提问语是教师在教学活动中运用提出问题并对幼儿的回答做出反应的一种方式，是促进幼儿参与学习，了解他们的学习状态，启发他们思维，使幼儿理解和掌握知识、发展能力的一种语言技巧，也是幼儿园教学活动中常用的一种口语。它采用提问的方法引起幼儿的注意，启发他们积极思考、探索活动，帮助他们在回答问题的过程中发散思维、开启智力，培养他们的语言表达能力。

【提问语的要求】

教师必须根据教学活动目标和幼儿实际情况提出问题，设计好教学活动的主要问题和授课过程中的关键问题，而且必须事先深思熟虑，富有启发性。

1.目的明确

教学活动中紧密围绕教学活动目标来设计提问语。提出的问题要做到选点准确，指向明确，能达到幼儿完成活动目的的要求。

2.层层递进

教师要根据教学活动内容和幼儿的认知水平设计多层的提问，设计的问题要环环相扣、层层递进，这样才便于幼儿进行主动思考，参与讨论，并积极寻求答案。

3.难易适度

设计的问题要由简到繁，由易到难，难易要适度。如果教师的提问语过于简单，甚至不需要幼儿去思考，这样的提问语就会阻碍幼儿的思维发展。如："这朵花是不是红的呀？""这画上的月亮是圆圆的，对吧？"这种提问语幼儿不用思考就能回答。所以提问语要做到难易适度。针对小班幼儿可以提一些范围小、单一的问题。如："苹果的形状是怎样的？""小白兔的眼睛是什么颜色的？"这些提问语答案单一，比较简单，适合小班的幼儿。中大班的幼儿随着其思维的发展，可以向他们提一些描述性、概括性和思考性的问题，如："观察到了什么？""为什么？""懂得了什么道理？"这些有一定难度的问题可以让幼儿通过思考，努力探索，寻找答案，在挑战难度中感受到付出思考后获得成功的愉悦感，从而培养他们良好的思维能力。

4.善于引导

提问时教师态度要亲切，要让学生感受到教师的期望和鼓励，要善于倾听，从幼儿回答中了解幼儿对问题的理解程度，要充分肯定幼儿答案中的正确部分，充分肯定幼儿参与讨论的积极性。对答案中的错误，教师要恰当使用探查策略，善于引导幼儿纠正错误。教师在提问中要倾听、引导、启发幼儿，帮助幼儿掌握知识，提高幼儿的认知水平。

【提问语的类型】

在教学活动中，教师会围绕教学活动目标精心设计一系列的提问语，或启发幼儿思考，或重点发问，或承上启下，或获取幼儿信息。从活动的过程来看，提问语类型有以下几种：

1.重点发问

教师根据教学活动目标，针对活动的重点难点内容设计问题，提醒幼儿注意，引发幼儿思考，加深幼儿对内容的理解。如大班讲述活动中，教师先做实验，把石块、鹅卵石、铁球放到水里。教师接着问："小朋友观察到了什么？""发现了什么现象？"

2.过渡引发式

在教学环节中由这一环节过渡到下个环节时常常需要提出问题，承上启下，引起幼儿对下一节活动内容的好奇心，激发幼儿探求的欲望。如故事讲述《龟兔赛跑》。当教师讲到乌龟和兔子要赛跑时，提出一个问题："乌龟和兔子要赛跑了，它们谁会胜利呢？"这个问题会激发小朋友的好奇心，想知道它们赛跑的结局如何，从而会认真听教师把故事讲完。

3.比较式

根据教学活动内容和教学活动目标，教师会设计使用突出分析比较的问题。如："小朋友，猫妈妈为什么能钓到鱼而小猫却钓不到鱼呢？""小朋友们，你们知道糖和盐哪些地方相同？哪些地方不同呢？”

4.获取反馈信息式

这是教师为了解幼儿对事物的认识能力和思维过程方面设计的提问，从而了解孩子对知识的掌握程度，为是否进行教学调整进行判断。如：“今天我们学习三只小猪的故事，谁来说给大家听？”

5.追本探源式

这是教师为了解幼儿对事物的认识是否知其然还知其所以然而设计的提问。如：“兔子为什么会在赛跑中输给爬得很慢的小乌龟呢？”

案例 1

“认识公鸡”提问语（小班语言活动）

（1）公鸡的头上长着什么？

（2）公鸡的嘴巴是怎么样的？

（3）公鸡的身上有什么？

（4）小朋友知道公鸡喜欢吃什么吗？

这组提问语层次分明，顺序得当，能针对小班的幼儿提出单一、简单的问题，能很好地帮助幼儿通过观察准确叙述。

案例 2

“小熊过桥”活动设计（中班语言活动）

【活动目标】

（1）通过观察图片，了解小熊过桥的过程，进而感知儿歌内容。

（2）学习儿歌，了解小熊过桥的情感变化，学习有感情地朗诵儿歌。

（3）知道遇到困难要勇敢面对并想办法解决。

【活动准备】

有过桥的经验、课件、搭“小桥”、操作卡。

【活动过程】

一、导入活动

（1）引导幼儿有秩序地依次走过“小桥”进入活动室。

（2）你刚刚过小桥时有什么感觉？你还见过什么样的桥？

二、理解图意（逐幅出示课件，引导幼儿观察，逐一讲解儿歌）

（1）小朋友看看这条河上架着一座什么桥？小竹桥走上去会有什么感觉呢？

（2）今天小熊来过桥了，小熊怎么啦？你从哪里看出来的？

（3）被谁看见了？它们会怎么说呢？

（4）小熊心里又是怎么想的呢？要是有人来帮帮小熊就好了，你们愿意帮它吗？怎么帮它？

(5)我们看谁会来帮它,原来是小鲤鱼,它是怎样鼓励小熊的?

(6)看小熊怎么样了?它过了桥后心里怎么样?小鲤鱼高兴得怎样了?

三、完整欣赏儿歌(幼儿边看课件,边欣赏儿歌)

提问:

(1)小熊开始过桥时发生了什么事情?

(2)它害怕时,有谁看见了?它们说了什么?小熊又是怎么说的?

(3)小熊后来为什么能过桥了?

四、幼儿有表情地朗诵儿歌(幼儿打开操作卡,边看图边朗诵儿歌)

提问:

(1)诗歌中你喜欢谁?为什么?

(2)你们遇到困难时是怎么做的?

小结:我们遇到困难时要勇敢面对,并想办法解决。刚才你们过小桥时就很勇敢。勇敢的孩子们,跟着我一起来学小熊过桥吧!

儿歌《小熊过桥》内容比较多、比较长,教师为了能让幼儿更好地学习、理解儿歌,在活动一开始就带领幼儿过小桥,让幼儿自己体验过小桥的心情。提出问题:“刚才你们在过小桥时心情是怎么样的?今天有只小熊也要来过一过小桥,猜猜小熊过桥会碰到什么事情呢?”提出悬念。

教师采用了引导幼儿主动地探索学习的方法,真正尊重了幼儿的主导地位。活动时把幼儿理解儿歌的内容作为重点,一边提问,一边引导幼儿自己观察、表达来得出儿歌中的诗句,既充分理解了儿歌的内容,又帮助幼儿对儿歌有了一定的记忆。通过活动,让幼儿懂得要相信自己,遇到困难要勇敢面对,并想办法解决,不要事事依赖别人。

【活动延伸】

语言教育活动可以围绕几个方面进行拓展和延伸:日常生活、家庭、其他领域(科学、健康、社会、艺术领域、环境创设)。

【活动评价】

活动评价是幼儿语言教育活动整体结构的一个组成部分。教师在设计语言教育活动方案时,应设计好评价的标准和范围,充分发挥活动评价反馈、诊断和增效的作用,增加语言教育的科学性和有效性,以便在具体的教育活动结束后及时进行。

任务六 学前儿童语言教育的评价

一、学前儿童语言教育评价的概念

教育评价就是衡量教育工作的价值。学前儿童语言教育评价就是对学前儿童语言教育工作和学前儿童语言发展状况进行价值衡量和水平评估,即收集教育活动系统各方面的信息,并依据一定的客观标准对幼儿语言发展状况和幼儿语言教育过程、内容、方法、效果等作出客观的衡量和科学判定的过程。对幼儿语言教育评价的认识,是随着对幼儿语言发展和语言教育认识的不断深化而发展起来的。在《纲要》中,特别强调教育评价的作用,认为教育评价是幼儿园教育工作的重要组成部分,是了解幼儿教育的适宜性、有效性,调整和改进工作、促进每一个幼儿发展、提高教育质量的必要手段。因此,学前儿童语言教育的评价是学前儿童语言教育过程中一个不可缺少的环节,也是语言教育运行中连接和转换的环节,它调节、控制着整个教育过程,使之朝着语言教育预期目标前进并最终达成目标。

二、幼儿语言教育评价的作用

学前儿童语言教育评价在语言教育整体运行中具有以下几个方面的作用:

(一)反馈作用

反馈是指将教育成果信息返回给教师,用以调整改进教育过程。评价作为一种反馈——矫正系统,主要判断语言教育整体结构中每一个环节是否有效;如果无效,则必须及时改正和采取补救措施,以确保教育的有效性。通过评价,可以反馈与确认教师的教育和幼儿的学习是否有效;可以激发教师改进和调整语言教育活动的动机,强化成功经验,消除失败阴影等。根据评价结果的信息反馈,可以大大提高教师自我教育评价和教育工作的能力。

(二)诊断作用

诊断是语言教育评价的一个基本作用。通过评价,可以诊断幼儿在语言教育整体运行中的语言发展状况;可以诊断幼儿在学习语言时,在知识经验和能力技能上的准备程度,已有的语言发展水平如何,由此来决定幼儿语言教育的目标和内容。通过评价,可以诊断幼儿语言教育活动的实际效果,还可以诊断本班幼儿在语言方面的兴趣、个性、语言能力等方面的差异，以便教师因材施教和有的放矢地进行个别指导。总之，教师通过语言教育评价来诊断语言教育内容和目标的适合程度、内容与幼儿语言发展水平的适合程度、内容和方法与幼儿兴趣点的适合程度，然后根据评价所得到的诊断结果，及时调整语言教育内容、改进语言教育方法。

（三）增效作用

教育评价在语言教育整体运行中具有增效作用。教师在语言教育过程中及时作出评价，就有可能避免许多“无效劳动”，增加教学活动的实效性。日常教学中的评价还可为学期或学年总评价积累素材，客观归纳和总结。虽然增加了教师暂时的负担却换取了长远的效应，教师多付出的劳动量能随着评价体系及工具的建立和完善而逐渐减少。

在当前幼儿教师普遍感到语言教育改革比较困难的情况下，语言教育评价还可以作为剖析语言教育实践、形成语言教育整体结构和运行机制的一种手段。例如，教师或园长可用语言教育整体结构四要素来对照本班或本园的语言教育实践，从中发现薄弱环节和不足之处，予以加强和改进。也可用各种评价工具对幼儿的语言能力发展、幼儿语言学习过程的设计和实施、语言教育目标和教育内容等进行检验，从而发现优点及经验，找出弱点、不足。

三、学前儿童语言教育评价的原则

评价是与教育过程并行的同等重要的过程，所以要树立正确的评价观，对评价要有正确、完整的认识，充分发挥评价的鉴定、诊断、改进、激励和导向功能，评价不仅仅是为了甄别、检查儿童学习和发展状况，同时也是为了提供真实的信息，使教师、家长了解孩子语言发展的现状，以便实施针对性的策略，提高学习效率，促进学前儿童语言的发展。总的来说，学前儿童语言评价要注意遵循以下原则：

（一）客观公正性原则

客观公正性原则是进行语言教育活动评价的最基本原则。具体是指实施语言教育评价时，根据客观公正的评价标准，采取客观公正的评价方法和手段，进行实事求是的评价，而不能凭主观臆断或掺杂个人的情感因素妄加评论，妄加推测。实践证明，客观的活动评价可以促进语言教育活动的展开与改进工作，反之则会产生阻碍的作用，使得活动评价失去真正的意义。

（二）参照性原则

参照性原则是指制订的评价标准要有依据。学前儿童语言教育活动评价标准的制订，首先要依据国家有关法规性质的文件，这是确定语言教育活动评价标准的根本依据；其次要依据幼儿语言发展的基本规律，根据儿童在每个年龄段应有的水平作出恰当的规定，不可任意提高或降低标准；再次要依据语言教育活动的目标，该目标不但是教育活动组织和实施的指南，也是教育活动评价的指南和参照的依据。在评价过程中，那种脱离目标另定标准的做法是不可取的，也是缺乏科学性的典型表现。

（三）针对性诊断原则

教育评价的目的是改进教与学，所以对教育目标的达成既要有量的显示，也要有质的评定。教育评价不仅能看出是否达到目标的数量和程度，还要能看出各种具体情况，以便找到原因有针对性地进行教育教学。如对幼儿普通话发音的评价，在新入园时用语音测查的方法来了解每个幼儿的发音情况，对未发准音的幼儿作出记录，分析原因，这样就可有针对性地进行练习或个别辅导。

（四）连续全面性原则

教育实践是一个不断地运动、全面地发展的过程。教育评价必须要连续不断地对语言教育活动的各个组成部分和各个构成要素进行全面的评价。这就要求评价者既要对学前儿童的语言发展情况进行全面评价，也要对教师的教学活动进行评价；既要对语言教学的目标进行评价，又要对活动的内容、方法进行评价；既要对教学具体的运用进行评价，又要对师幼互动进行评价等。同时评价的方法和工具还应有连续性，对评价的资料要进行妥善的保存，这样才能保证评价的连续性和全面性，反映出学前儿童语言动态发展的轨迹。另外，还应关注评价个体的差异性、评价主体的互动性、评价内容的多元化等原则。

四、学前儿童语言教育活动评价的内容

语言教育活动的评价涉及许多方面，概括起来主要有三点：对语言教育活动环节的评价、对幼儿教师的评价、对幼儿的评价。

（一）对语言教育活动环节的评价

《纲要》明确指出，对教育活动的评价宜重点考察以下方面：是否建立在对本班幼儿实际情况了解的基础上；评价教育活动的目标、内容、组织与实施方式以及环境能否向幼儿提供有益的学习经验，有效地促进其符合目的的发展；教育内容、方式、环境条件能否调动起幼儿学习的积极性，有利于他们主动学习；活动内容方式是否能兼顾群体需要和个性差异，使每个幼儿都有进步和成功的体验；教师的指导是否有利于幼儿进一步探索与思考，有利于扩展、整理幼儿的经验。下面分别对活动的目标、内容、组织形式、过程及环境作分析。

1.活动目标

《纲要》第三部分“教育活动的组织与实施”中明确规定，幼儿园的教育活动是有目的、

有计划地引导幼儿生动、活泼、主动参与多种形式的教育活动，考察语言教育活动时，首先需评价幼儿语言教育的活动目标。看活动的目标是否符合《幼儿园工作规程》和《纲要》的保育教育目标；是否根据本班幼儿的发展水平和原有经验来制订目标；在目标中是否包含了认知、情感、能力三方面的内容。

2.活动的内容

活动的内容可以是专门的语言活动，如听故事、看图书、学儿歌等。活动可以采取多种形式，如教师引导幼儿围绕主题展开讨论，幼儿自由地表达自己的观点和感受。《纲要》“语言指导要点”第二条规定，幼儿语言的发展与情感、经验、思维、社会交往能力等其他方面发展密切相关。加拿大某领域的一群教师共同发表了一份工作报告。该报告指出，当幼儿用语言表达自己对事物的理解时，他们同时也在发展自己的表达能力及对科目中相关概念的理解。所以，通过相互渗透的各领域教育是发展幼儿语言的重要途径，因为无论哪个领域都与语言有密切的关系。例如，在社会领域中，幼儿接触到道德术语；在艺术领域中，幼儿会对美的事物描述；在科学活动中，幼儿会与同伴共同探究，或者表达自己喜欢某个事物的情感等，这些都是语言具体得以应用的实例。

幼儿日常生活语言活动也是语言活动的重要组成部分。《纲要》认为，幼儿的语言是通过在生活中积极主动地运用而发展起来的，单靠教师直接的“教”是难以掌握的。教师应充分利用各种机会，引导幼儿积极运用语言交往。在日常生活的每一天、每个时刻，幼儿都有可能进行语言学习，都有运用语言的机会。日常语言交往有着真实、丰富的场景，有实际交往的需要和交往功能，幼儿也很愿意投入到真实的语言交往活动中。如果选取生活的片段进行评价，能总结出幼儿实际运用语言的能力。

3.活动的组织形式

《纲要》中规定，教育活动的组织形式应根据需要合理安排，以便为幼儿提供多样化的学习机会和条件，提高效益。在评价语言教育活动组织形式时，需要分析教师在活动展开过程中是否因时、因地、因内容和幼儿的学习特点，灵活运用了集体活动、分组活动和个别活动；分组中是否考虑到幼儿的知识、技能、情感以及社会交往能力；教师有没有保证幼儿每天有充足的时间自主地进行活动。

4.活动的过程

对活动过程的评价重点在两方面：

1）**人与人互动**

人与人互动是指师幼互动和同伴间的互动。语言具有个别化的特点，教师与幼儿的个别交流和幼儿之间的自由交谈，是评价的重点之一。教师在教育活动中应是幼儿的支持者、合作者、引导者，以平等、关怀、尊重的态度与幼儿交流；时时注意反思幼儿在活动中的各种表现，寻找原因，制订策略；把握幼儿的个体差异，用适当方式给予帮助和指导；变化谈话方式，不要一味地提问，让孩子有主动质疑、反问的机会，倾听孩子的问题，并给予适当的解释和引导；同伴间应有更多讨论和商量的时间和机会。

2）**人与物互动**

人与物互动是指教师和幼儿如何在活动中使用材料。教师是否选择了与活动内容和幼儿实际水平相应的操作材料；教具是否有利于语言活动的开展；幼儿的学具是否适合幼儿的操作；教具是否被充分、有效地利用了。

5.活动的环境

《纲要》中涉及教师创设的活动环境包括以下几个方面：一是教师是否创设了一个自由、宽松的语言交往环境，是否支持、鼓励、吸引幼儿与教师、同伴交谈，体验语言交流的乐趣；二是教师是否提供了普通话的语言环境，帮助幼儿熟悉、听懂并学说普通话；三是处在活动环境中的教师的态度和管理方式是否有助于形成安全、温馨的环境，因为教师的语言举止是幼儿学习的好榜样；四是活动的材料和场景是否有利于幼儿的主动探索和幼儿间的交往。

（二）对幼儿教师的评价

在幼儿园语言教育活动的评价中，对教师本身的评价也是一个很重要的方面。有效的评价可以促进教师自身的发展，促进幼儿园语言教育目标的达成，提高幼儿语言教育活动的质量。对教师进行评价，主要从以下几个方面进行考虑：

1.教师的语言素质

教师的口语表达能力和普通话水平；教师对示范性表达的注意程度；教师对文学的爱好程度以及改编故事、儿歌、散文的能力；教师对幼儿语言能力的了解程度和帮助幼儿提高语言发展水平的能力；教师的外语能力水平；教师是否有意识地强化幼儿的疑问；教师是否有意识地通过各类语言活动，特别是文学活动培养幼儿的创造性人格特征；教师是否积极地进行语言随机教育。

2.教师与幼儿的互动情况

教师是否充分发挥了主导作用；教师能否创设有利于激发幼儿语言能力发展的物质环境和可轻松愉快地发挥幼儿语言学习的主体性作用的精神环境；教师与幼儿在活动过程中的交往是否和谐融洽、积极主动；幼儿的注意力、兴趣、情绪、意志、性格等非智力因素是否受到充分的激发。

（三）对幼儿的评价

教育活动评价的着眼点是引起幼儿的变化或幼儿在活动中的表现情况。对幼儿的评价从侧面反映了教育活动的效果，为调整教育计划与措施、使之朝着预定的教育或发展目标前进，并为最终达到该目标提供科学的依据。也可以帮助评价者了解幼儿语言学习状况及其语言发展的某些不足，进而有针对性地对不同水平儿童创设良好的教育机会和环境，为使他们在各自原有的水平上得到进一步的发展提供根本保证。具体来说，对幼儿的评价可以分为两个方面：一是从幼儿学习效果的角度，对目标达成情况进行分析和评价；二是从幼儿在活动中的表现，对幼儿的参与活动程度进行分析和评价。

1.对目标达成情况的评价

在对目标达成情况进行分析时，一般涉及以下三个方面：

①认知目标达成情况，即了解幼儿是否获得了目标所规定的语言知识，是否掌握了有关的词汇和句型，是否懂得在什么样的语言环境下运用这些词汇和句型等。

②情感与态度目标的达成情况，即了解幼儿是否养成了耐心倾听别人说话的态度，是否乐意在集体面前讲述自己经历的事或图片内容，是否懂得并遵守语言交往中的一般规则。

③能力目标的达成情况，即了解幼儿组词成句的能力和在具体情景中运用语言的能力，是否能根据活动中的语言情景来运用有关的词汇、语法和语调，是否能用连贯的语句说清楚自己想要表达的意思等。

2.对幼儿参与活动程度的评价

在活动中观察幼儿的表现，可以了解幼儿语言发展的状况，同时从侧面反映活动设计和组织的情况。因而观察幼儿是了解幼儿进而评价语言教育活动的基础。幼儿参与活动的程度可以分为三个等级，即“主动积极参与”“一般参与”“未参与”。主动积极参与是幼儿参与教育活动的最佳状态。在这种状态下，幼儿有着强烈的学习动机和浓厚的学习兴趣。在活动中，幼儿注意力集中，跟随着教师的思路走，认真倾听教师和同伴的发言。当教师提问时，幼儿积极举手发言，乐意在集体面前表述自己的观点或讲述一件事情。如果在活动中幼儿能主动积极参与并达到预期教育目标，说明这个活动从目标的制订到活动的组织都是恰当的，与幼儿的语言发展状况有着高度的适应性。一般参与是幼儿参与活动程度的中间状态。在这种状态下，幼儿仍然进行着学习活动，但基本上属于被动学习。在教师的不断提醒下，幼儿能集中一定的注意力，倾听教师的话和同伴的发言。当教师提问时，不积极主动举手发言，但当教师点到名字时，也能站起来回答教师的问题。在一般参与状态下，通过教师的精心组织，基本上可以达到教育活动目标，也能完成教育任务。但是这种状态的出现说明：活动目标的制订、活动内容的选择、活动方法的使用，与幼儿语言发展状况缺乏高度的适应性，还需要加以改进。未参与是幼儿参与活动程度的最不理想状态。在这种状态下，幼儿对正在进行中的活动毫无兴趣，当教师发出指令或同伴发言时，不能够集中注意力倾听，或是东张西望，或是与同伴打闹嬉戏。这种状态的出现，说明教师事先在设计活动方案时，从活动目标的制订到活动过程的组织不太恰当，需要重新设计。

五、幼儿语言教育活动评价的方法

对语言教育活动进行评价，需要有一定的方法。评价的方法实际上是收集信息的方法。评价时可以综合运用几种方法，收集多方面的信息，作为评价的量和质的客观资料，为科学的教育评价提供依据。

（一）自由叙述评价法

自由叙述评价法是将对教育活动的意见、反响、判断等自由地说出来或写下来，通过口头语言或文字叙述的形式对教育活动加以评价的方法。这种方法既适合于自我评价，也适合于对他人的评价。

这一方法的最大特点是不作定量分析，不需要专门的测量工具和复杂的评价程序，有利于综合反映活动过程中的情况，既可以对静态的因素（如活动目标、内容、方法、材料、环境布置等）进行分析，又可以对动态的因素（如幼儿在活动中的行为表现）加以分析。

（二）观察评价法

近年来我国幼儿语言教育领域提倡“学前儿童发展水平观察评估”，这是一种既有科学性又切实可行的评价幼儿发展的方法。通过观察可以获得大量的评价信息，可以及时了解教育活动的运行状况，也可以通过观察得来的反馈信息，随时调整活动的内容、方法和组织形式。

这一方法主要通过对幼儿行为表现的观察、了解，对整个教育活动的效果进行分析，是一种行之有效的评价方法。它的具体运用可以通过多种途径来进行，最常见的是在自然情况下进行观察。有时也可以通过提问来观察幼儿语言表述情况。在自由活动时，教师可以通过与幼儿的个别交往和巡视来观察幼儿的语言发展情况。对日常生活中不易观察到的情况，教师可以根据评价指标设计专门的语言教育活动，创设相应的条件，促使幼儿自然地展现其语言发展状况。

为了在评价中获得对语言教育活动的总体印象，在语言教育活动的评价中还可以采用综合等级评定法。

（三）综合等级评定法

这一方法是从纵向和横向两个维度确定评价指标的，既对活动的各种由来进行分析与评价，也对活动的各种状态进行分析与评价，从而得到综合的评价信息。纵向包括构成语言教育活动的各种因素，主要有目标、内容、形式、幼儿参与活动程度、材料利用情况、师生互动。横向包括教育活动各因素在运行过程中的状态及等级。根据这两个维度制成综合等级评定表。教师在活动评价中，只要在相应的位置打上对钩即可。使用此方法可以获取多重评价信息。评价者借助于这些信息材料,既可以对教育活动进行定量分析,又可以对教育活动进行定性分析,还可以对教育活动进行因子分析。

六、学前儿童语言发展评价的内容

(一)语音

语音是语言的基本要素之一,是语言的物质外壳。培养幼儿听音、辨音的能力,有助于幼儿语音的发展。只有发音清楚、正确,才有助于幼儿对词汇、句子、文学作品的理解和掌握。学前儿童语言教育内容之一便是普通话学习。对普通话发音评价可以和各类语言活动结合在一起进行。

(二)词汇

词汇是语言的基本单位,是幼儿语言发展的重要标志之一。词汇丰富可促进幼儿语言表达能力和理解能力的发展,并直接促使幼儿社会交往质量的提高。

对普通话词汇的评价可以和发音结合在一起,比如可以选择一批包含汉语拼音方案中的声母和韵母的常用词,配上简图,让幼儿看图说词,教师应把发错的音、说错的词按原始情况记录下来。对发错的音及说错的词,可用游戏或儿歌方式进行纠正、练习。

(三)语法

语法是组词成句的规则。幼儿要掌握母语,进行语言交际,必须首先掌握母语的语法体系。语法的获得是指幼儿对母语中语句结构的获得,包括理解和产生不同结构的语句。

(四)语用技能

在人们使用语言进行交际时,还涉及说话人和听话人双方的语言和非语言背景以及交际当时的语境和具体情境。同样语法结构的句子,在不同的情境中含有不同的含义;而有些语法结构非常简单的句子,不在一定的情境中就无法理解其意义。语言运用可以用来对具体情境中的交际语言进行分析和解释。语用技能的发展是幼儿语言发展的一个重要方面。语用技能是指交际双方根据交际目的和语言情境有效地使用语言的一系列技能。幼儿的语用技能是在语言交际过程中表现出来的,为了能够与同伴和成人顺利地进行交际,幼儿需要掌握一定的语用知识和技能。幼儿语用技能的评价指标有以下几点:

①文明礼貌语言的使用。

②用较少的词语传递尽可能多的信息。

③变换语言形式,传递主要信息。

④利用手势、表情等帮助交际。

⑤根据反馈信息随时调整语言编码。
⑥把握说话时机。
⑦专注倾听,善于理解、反应。

七、学前儿童语言发展评价的主要方法

(一)观察评价法

观察评价法是指研究者根据一定的研究目的,研究提纲或观察表,用自己的感官和辅助工具去直接观察被研究对象,从而获得幼儿语言发展信息并做出科学判断的一种评价方法。由于观察评价法通常是在自然条件下,不易被观察者察觉,采用这种方法有可能了解到幼儿语言发展的真实情况。观察评价法是对被观察者的行为进行直接的了解,获得幼儿发展的第一手资料。

(二)谈话评价法

谈话评价法是通过与幼儿面对面的交谈搜集语言发展评价信息的方法。运用此方法需要教师对该语言进行记录,然后对谈话记录进行分析。谈话评价法的优点是可以弥补自然观察法和情景观察法的不足,能比较快地了解幼儿语言发展中的问题,丰富已有的资料。

使用谈话评价法时要注意以下问题:①要有明确的谈话目的。②谈话内容应在幼儿生活范围内并使幼儿能够理解。③谈话要在自然状态下进行。教师最好在游戏时间里与幼儿边游戏边交谈,以免幼儿紧张,影响谈话结果的真实性。

(三)问卷调查法

问卷调查法是由评价者根据评价目的,向被调查对象发放问卷调查表,广泛搜集幼儿语言发展信息的一种方法。在幼儿语言发展评价中使用问卷调查法的目的主要是向家长了解幼儿在家庭环境中的语言发展情况。

问卷调查法的优点:可以在短时间内获得大量的评价信息,但有时通过这种方法得到的信息不够准确和真实。造成这种现象的原因:一是家长未能真正了解幼儿语言发展评价的意义和调查的意图,顾虑太多;二是调查题目和表达方式的设计可能存在一定的缺陷,影响家长对问题的理解。因此,使用问卷调查法时应注意:第一,要让家长了解问卷调查的意图,建立对教师的信任感,消除顾虑。第二,问卷的语言应明确、易懂,便于家长正确理解问题的内容。第三,问卷设计应涵盖所需了解的全部内容,但回答方式应尽量简便,以在不增加家长过多负担的情况下获得较丰富的信息。

(四)个案法

个案法是由医疗实践中的问诊方法发展而来的。个案法要求对某个人的语言发展进行

深入详细的观察与研究,以便发现影响某种行为和心理现象的原因。例如,调查 0~1 岁幼儿语言发展影响因素,即可采用个案研究的方法,结合现实生活中此阶段幼儿普遍存在的教与学问题,分析一名幼儿在 0~1 岁期间语言发展的影响因素。

由于个案法限于使用少数案例,研究结果可能只适合于个别情况,因此在推广运用这些结果或作出更概括的结论时,必须持谨慎的态度。一般来说,个案法常用于提出理论或假设,要进一步检验理论或假设,则有赖于其他方法的帮助。

八、树立正确的幼儿语言发展评价观

(一)评价主体多元化

在幼儿语言教育中,幼儿、同伴、教师、家长、专家、园长共同参与幼儿语言发展评价。不同的评价主体会针对幼儿在不同场合的表现给予相应的评价,以保证对幼儿作出全面、客观、公正的评价。例如,幼儿和同伴之间进行互评和自评,能更清楚客观地认识自我,并能借鉴他人长处;家长主要评价幼儿在园外的语言表现情况,如在家里与长辈谈话是不是有礼貌等;教师则主要根据幼儿在幼儿园的表现给予相应的评价。最后,汇总所有的评价结果,综合反映幼儿语言发展的真实情况,以便在今后的教育活动中有针对性地进行指导。同时,将这一评价结果反馈给家长,让家长了解自己孩子在家中和在幼儿园的表现是否一致,认清幼儿在语言发展上的优势与不足,从而在生活中提供有效的帮助。

(二)评价内容多元化

评价幼儿语言发展水平,评价主体应从发音、词汇、语法、语用技能四个方面进行。在教师对幼儿语言发展水平进行评价时,不能仅根据幼儿在集体活动中的表现进行判定,还必须结合自己在日常生活、游戏中观察所得的具有典型意义的幼儿语言表现、所积累的各种作品和幼儿自己的、同伴之间的以及家长对幼儿语言发展水平的评价作出全面、客观的评价,不能以偏概全。

(三)评价方式多元化

评价方式一般有三种,即诊断性评价、形成性评价和总结性评价。诊断性评价是指在实施教育行为之前,如幼儿入园时、组织某个活动之前,对幼儿语言能力进行评价,主要是了解幼儿语言发展的现状、存在的不足和优势,以便提供幼儿需要的教育活动。形成性评价是指在教育活动的过程中对幼儿语言发展的评价,主要是测量幼儿在活动中的语言表现和态度等,了解活动的进程是否符合幼儿的需要,是否有利于幼儿的语言发展。总结性评价是指学期结束或某个活动结束后对幼儿语言发展的评价,主要是了解幼儿的语言是否已经达到教育活动的预期目标以及还存在哪些问题,作为组织后继活动的参考。幼儿的语言发展是一个连续发展的过程，所以教师要以发展的眼光看待幼儿，对幼儿语言的评价应是一个动态、持续的过程，不但关注幼儿语言的现有发展状况，更关注其潜在的发展速度、特点和倾向等。

教师在评价幼儿语言发展的情况时，应该以形成性评价为主，适当辅以诊断性评价和总结性评价，以便组织适合幼儿需要的语言教育活动，并在教育中及时地调整与改进教育措施、教育计划，为幼儿提供更加适宜的活动和指导。

（四）评价标准多元化

语言发展的顺序在所有幼儿身上的表现是基本一致的，但是对于不同的幼儿来说，其语言学习的速度、效果和运用语言进行交际的积极性等方面都表现出不同的特点。因此，幼儿语言教育必须在顾及同龄幼儿群体语言发展需要的同时，兼顾个别幼儿的独特语言发展特征。

教师在评价幼儿语言发展状况时，也必须承认和关注幼儿的个体差异。

在评价时，要重视纵向评价，淡化横向评价。纵向评价是指对一个幼儿的两个或多个时刻内的成绩进行前后比较，横向评价是指在同一时间内对一个幼儿所具有的特征进行比较，如学习成绩、学习兴趣等方面的总体水平和发展平衡情况。通过纵向比较，可以评价幼儿在不同时期的学习是进步还是退步以及进步和退步的程度如何。个体间的横向评价实际上是宣扬竞争机制，即拿“这个幼儿”和“那个幼儿”的某些方面进行比较。教师在评价幼儿时，要承认和关注幼儿的个体差异，避免用整齐划一的标准评价不同的幼儿，在幼儿面前慎用横向评价，应重视纵向评价。

【理论自测】

一、单项选择题

1.研究者将幼儿的语言发展划分为前语言期和语言发展期的标界是（　　）。

A.儿童开始发出音节　　B.儿童说出第一批能被理解的词

C.儿童开始与他人对话　　D.儿童读的能力开始出现

2.儿童正式进入语言发展期的年龄界限一般来说是（　　）。

A.8 个月　　B.1 岁　　C.1 岁半　　D.2 岁

3.幼儿语言教育目标的层次结构可以分解为（　　）。

A.终期目标、年龄阶段目标和活动目标三个层次

B.终期目标和年龄阶段目标两个层次

C.年龄阶段目标和活动目标两个层次

D.终期目标和活动目标两个层次

4.中班语言活动散文诗《落叶》的主要目标被定为“理解散文诗《落叶》中小动物的习性”，请问它犯了（　　）错误。

A.定位不准确　　B.描述不具体　　C.表述不规范　　D.年龄不适宜

5.下列说法中不属于学前儿童语言教育活动评价主要目标的是(　　)。

A.检查或鉴定语言教育活动目标是否达成,或判断达成情况

B.及时让教师明确、发现现实与预定活动目标之间的差距和问题

C.帮助教师针对发现的不足和问题,及时采取改革措施

D.检查教师的工作以进行适当的奖罚

6.《指南》中“阅读与书写准备”方面的“具有书面表达的愿望和初步技能”目标,符合3~4岁年龄阶段的是(　　)。

A.喜欢用涂涂画画表达一定的意思

B.愿意用图画和符号表达自己的愿望和想法

C.愿意用图画和符号表现事物或故事

D.在成人提醒下,写写画画时姿势正确

7.关于日常语言教育活动的错误说法是(　　)。

A.只强调一个宽松自由的语言学习环境　　B.需要制订统一的语言教育目标

C.在活动过程中学前儿童的自由度更大　　D.更能体现教育的个别化

8.处于句法结构发展(　　)阶段的儿童常常用“球球”表示“这是一个球”“我要球球”。

A.单词句　　B.电报句　　C.完整句　　D.复合句

9.儿童自第一声啼哭到咿咿呀呀说话经过了三个发声阶段,即(　　)。

A.单音发声—音节发声—前词语发声　　B.单音发声—前词语发声—音节发声

C.音节发声—前词语发声—单音发声　　D.音节发声—单音发声—前词语发声

10.整合教育观认为,学前儿童语言教育内容的整合,主要是(　　)有效的结合。

A.社会知识、认知知识和语言知识　　B.社会知识、学科知识和语言知识

C.社会知识、认识知识和学科知识　　D.认识知识、学科知识和语言知识

二、多项选择题

1.语言的功能是(　　)。

A.交际工具　　B.学习工具　　C.思考工具　　D.劳动工具

2.《幼儿园教育指导纲要(试行)》于2001年9月试行,其特点是(　　)。

A.更加明确提出语言运用能力方面的要求

B.在文学作品的学习方面,更加突出文学作品的审美功能

C.早期阅读能力的培养引起了足够的重视

D.在有关语言的知识、能力和情感三个方面,现在的目标更趋向于将培养学前儿童对语言交际和文学作品学习的兴趣放在首位

3.在学前儿童语言教育活动中,教师的提问一般包括(　　)方面。

A.针对儿童经验提问　　B.针对细节提问

C.针对作品主题或情节提问　　D.针对作品外的语言提问

4.儿童的前语言阶段是一个语音核心敏感期,围绕语音,儿童发展(　　)方面的能力。

A.前语言感知能力的发展　　B.前语言发音能力的发展
C.前语言交际能力的发展　　D.前语言交流能力的发展

5.为了使语言教育活动的目标能够起到龙头作用,教师制订活动目标时应遵循(　　)原则。
A.目标应着眼于学前儿童的发展
B.活动目标的内容和要求在方向上应与总目标、年龄阶段目标相一致
C.目标的内容应包含认知、情感态度和能力三个方面
D.语言教育活动目标的表述应该采用特定的术语

6.儿童句法结构的获得大致呈现的规律包括(　　)。
A.从混沌一体到逐步分化　　B.从不完整到逐步完整
C.从松散到逐步严谨　　D.由压缩、呆板到逐步扩展和灵活

7.四范畴说的构成环节是(　　)。
A.语言规则范畴　　B.语言内容的认知范畴
C.语言操作范畴　　D.语言交际环境范畴

8.幼儿语言教育的目标的结构可分为(　　)。
A.纵向结构　　B.静态结构　　C.横向结构　　D.动态结构

9.幼儿语言教育的目标可划分为(　　)几大块。
A.倾听　　B.表述　　C.欣赏文学作品　　D.早期阅读

10.渗透的语言教育内容通常出现在(　　)几种情景之中。
A.日常生活中的语言交往　　B.自由游戏中的语言交往
C.其他领域活动中的语言交往　　D.随机渗透在日常生活中的语言学习

三、判断题

1.幼儿期的主要任务是发展口头语言,所以不必关注幼儿的书面语言。(　　)

2.幼儿学习语言的基本方法是模仿,从发音、用词到掌握语法规则无不如此。(　　)

3.语言的发展是幼儿社会化的一个重要标志。(　　)

4.整合的语言教育目标应该包括培养儿童语言的听、说、读、写四个方面的情感态度、认识和能力。(　　)

5.幼儿听到别人说“知不道”提出异议,指出应该说“不知道”。这说明幼儿有了一定的语法意识。(　　)

6.语言形式是指词和词相互间在传递信息及含义时的表征关系。(　　)

7.儿童语言发展有赖于两种知识的整合习得:社会知识和认知知识。(　　)

8.没有语言,人类不但没法交流思想,并且也无法进行思维。(　　)

9.幼儿语言教育的整合观是指以活动的形式来组织幼儿语言教育过程,帮助幼儿学习语言。(　　)

10.语言学习的心理因素包括三个方面:知识经验的积累、认知能力的发展、细腻素质的差异,其中最为重要的是心理素质的差异。(　　)

【思考与练习】

1.试述学前儿童语言教育的研究对象及其含义。

2.什么是学前儿童语言教育活动？它有哪些特点？

3.学前儿童语言学习和语言教育活动的特点有哪些？

4.设计与实施学前儿童语言教育活动时应遵循哪些原则？步骤有哪些？

5. 一些父母常常不自觉地用“儿语”跟孩子说话，如“洗手手”“穿鞋鞋”等，你是如何看待这种现象的？

【项目实训】

子任务一　学习《幼儿园教育指导纲要（试行）》

【实训目标】

1.明确学前儿童语言教育的意义。

2.树立正确的学前儿童语言教育观念。

【实训内容与要求】

在学习本项目学前儿童语言教育之后，阅读附录中《幼儿园教育指导纲要（试行）》，对照语言教育内容，谈谈你对学前儿童语言教育的认识。要求：完成600字以上的文章。题目自拟，文体不限。

子任务二　明确各年龄段学前儿童的语言发展特点

【实训目标】

1.了解各年龄段儿童语言发展的特点。

2.掌握撰写观察记录和观察日记的方法。

3.增强观察学前儿童语言发展现象的职业敏感度。

【实训内容与要求】

通过观看视频了解学前儿童的语言发展特点并写成观察记录或观察日记。如条件允许，可以到幼儿园实地进行见习，从托班儿童的语言发展、小班儿童的语音发展、中班儿童的语汇发展、大班儿童句子的发展等四个方面中任选其一，对学前儿童的口语表达进行观察并记录，分析其语言发展特点及个体差异。

子任务三　明确学前儿童语言教育的目标

【实训目标】

1.了解学前儿童语言教育总目标及各年龄段的目标。

2.初步学会编写语言教育活动的目标。

3.增强观察学前儿童语言发展现象的职业敏感度。

【实训内容与要求】

1.分析《纲要》和《指南》中语言教育的总目标，看看它们是从哪些角度提出的？

2.选择一项语言教育内容(诗歌活动、故事活动、谈话主题等)，编写具体的活动目标。

子任务四　掌握学前儿童语言教育的一般方法

【实训目标】

1.了解学前儿童语言教育常用的方法及其特点。

2.掌握前儿童语言教育活动的一般方法。

3.增强观察学前儿童语言发展现象的职业敏感度。

【实训内容与要求】

通过观看视频或到幼儿园实地进行见习，观摩一次语言教育活动，列举出活动中主要采用的语言教育活动方法及优缺点。

【拓展阅读】

通过正确途径，提高学前儿童的语言表达能力

一个人的道德修养、文化水平、社会身份往往可以从他说话的用词、语调、语气中看出。学前儿童期是语言发展的一个非常重要和关键的时期。因此，提高学前儿童的语言表达能力是学前儿童教育工作者的一项艰巨任务。

提高学前儿童的语言表达能力，要给学前儿童创造良好的语言环境，丰富学前儿童的生活。生活是语言的源泉，因此在各个教育活动中，要给学前儿童创设丰富多彩的生活环境，开阔学前儿童视野，加深他们对周围事物的认识和理解，促进学前儿童思维发展，从而培养学前儿童良好的口语表达能力。

一、给孩子选择合适的儿童读物

(1)从书籍形式上看，应以图画为主。对于学前儿童来说，他们不认识字，有的识字不多，故而应该给他们买些以图画为主的、兼有文字说明的书。

(2)从画面造型上看，应角色少、形象真、背景简。由于学前儿童注意力不容易集中，观察目的性、顺序性、细致性差，若画面中有过多的角色、变化的形象、频繁的背景变换，会妨碍其视觉分析，造成感知理解的偏差和混乱，影响其语言的表达。

(3)从书籍内容上看，应该杂读。不论是关于自然科学的书，还是品德培养的书，均可以读。让孩子从小就培养多方面的兴趣，涉猎多方面的知识。只有在广泛阅读、培养阅读兴趣

的基础上，才能使孩子养成爱阅读的习惯。

此外，还应注意孩子爱读童话故事这一特点，在这个时期，他们的想象力丰富，常常和拟人化的小猫、小狗在一起成为好朋友，应适当多一些这方面的儿童读物。

二、培养学前儿童乐于阅读的兴趣

(1)陪孩子一起逛书店。虽然陪孩子逛书店会占用我们不少时间，但却是培养孩子读书习惯的最佳方式之一。与孩子一起徜徉在书海里，能让孩子感受到爱书、读书的良好氛围。

(2)给予鼓励。当孩子主动阅读书籍时，务必给予最诚挚的赞美。大人的欣赏往往使孩子更乐于阅读。

(3)尽可能地满足孩子的要求。如果孩子对某方面特别感兴趣，如文学、美术、科学等，除了应购买相关的书籍满足他们的需要外，更需抽出时间与孩子一起进行参观等社会实践活动，加深孩子对书中内容的理解。

(4)利用图书馆。图书馆有丰富的儿童图书，足以令孩子沉浸其间，乐不思返。可利用节假日带孩子到图书馆，让孩子感受一下另一种阅读氛围，以开阔孩子的眼界。

三、正确指导孩子进行阅读

(1)一页一页讲解，加深理解。翻开书的第一页，生动形象地边讲述边指给孩子看画面，第一页内容讲完后翻看第二页，再边讲边看，直至最后一页。这样孩子一边听一边看，可加深对图书内容的理解。

(2)启发孩子自己看图书。成人先把图书内容给孩子生动地讲述一遍，然后再启发孩子自己去看图书，这样可激发孩子看图书的强烈愿望，并为孩子看懂图书打下良好的基础。

(3)先提问后回答，培养孩子的观察力、注意力和思维力。成人根据图片内容，先提出两个主要问题，并引导孩子看图书中的主要对象和内容，然后再看次要的东西。这样通过提问可以集中孩子的注意力，促使他们有目的地观察，激发他们了解新东西的愿望，并发展孩子的思维和语言表达能力。

(4)要求孩子复述故事，培养孩子的语言表达能力。在孩子初步学会看图书的方法后，成人可以给孩子适当布置一些任务，如要求孩子在看完图书后，把故事的内容复述出来。这样更能促使孩子仔细、认真地看图书，培养孩子的语言表达能力。

四、培养孩子从小爱护图书的好习惯

(1)要让孩子知道，做成一本图书，需要花费许多人的劳动：作家写出故事，画家根据故事内容画出图画，造纸工人造出纸来，印刷工人把它印刷出来，然后装订成书等，要做成一本书是很不容易的。要尊重别人的劳动，没有理由把书撕坏，而是要爱书、惜书。

(2)一旦孩子把书撕坏了，和孩子一起把书补好。如果孩子撕坏了书，不要责备他，可能孩子不是故意的，他不知道这样做的后果。成人要对孩子进行耐心的说服教育，让孩子知道书的作用，同时和孩子一起把书补好，而不是成人代劳或把破书随手一扔。这样，孩子以后就不会随便把书撕坏了。

(3)成人为孩子作榜样，爱书、惜书。成人的一言一行对孩子都有潜移默化的影响，如果成人平时很爱惜书籍，看完以后不随手乱扔，而放得整整齐齐，那么孩子也会爱惜书籍，不随便撕坏或随手乱扔。

(4)要让孩子知道书上有很多知识。成人在给孩子讲故事时可一边看书一边讲,让孩子知道要获取知识,可向书本请教。在孩子心目中树立起对书的神秘感和崇拜之情,从而让孩子爱上书。

五、在阅读活动中纠正学前儿童的语病

(1)成人的示范。学前儿童语言习惯的形成,是通过不断地模仿周围成人的语言而习得的。如果幼儿学说的话是错的,那是因为他听到的就是错的。所以,成人应注意自身语言的规范,起到正确的示范作用。

(2)加强幼儿的口语训练。成人要经常同幼儿谈话、讲故事、念儿歌,让幼儿学习复述简短有趣的故事,背诵儿歌,也可以通过游戏的形式,使幼儿有更多的机会练习说话。在说话中发现幼儿有语病时,要及时纠正,教给他们正确的说法;也可以逐步培养幼儿自己区别正确的和错误的说法,进行自我纠正。

(3)出现新词时,要使幼儿正确理解词义,并帮助其学习运用。例如,出现“拿”“抱”“捧”这些动词时,就要告诉幼儿,对又轻又小的东西,是用一只手拿的,如拿杯子;要用手托住的叫“捧”,如捧西瓜;比较大的东西,是用两只手臂抱的,如抱娃娃。然后,让幼儿去拿、去捧、去抱,看幼儿动作做得是否正确,以检查幼儿对词义的理解。如做对了,就请幼儿再重复做一遍。

(4)对幼儿的语病,不能认为“有趣”而重复他的话作为取乐,使幼儿分不清正确与错误。时间一长,更难改了。同时也不能责怪和取笑幼儿,以免幼儿因害怕而不敢说话。

学习项目二

学前儿童谈话活动的设计与指导

●案例描述

最近一段时间，中三班一些小朋友在看了警察抓坏人的相关电视节目后，对警察叔叔敬佩至极，一连许多天，都在班里谈论警察叔叔的事情、模仿他们的行为动作，而模仿的仅仅是一些打斗动作，以至于在孩子们自主游戏时搞得班里吵吵闹闹，非常混乱。王老师意识到孩子们对警察叔叔很敬佩、崇拜，但是他们并不真正了解警察这一职业的特点，于是老师从孩子们通过看电视节目引发的对警察叔叔行为模仿兴趣中，抓住了教育契机，生成新的教育目标：帮助幼儿全面了解人民警察的职责，使其感受警察叔叔热爱人民，服务社会的品质和严密的组织纪律性。于是她及时调整了教学内容，组织开展了题为"我敬佩的警察叔叔"的谈话活动，让幼儿真正地了解了警察叔叔是干什么的？警察叔叔是怎样工作的？引导孩子们积极地投入活动之中，收到了极好的效果。你能分析案例中教师的教育行为最后取得好效果的原因吗？

●学习目标

1.了解学前儿童谈话活动的含义、基本特征及主要类型。

2.理解学前儿童谈话活动与其他活动的区别。

3.掌握学前儿童谈话活动的设计与实施的要点与方法。

●职业技能

1.能够独立设计学前儿童谈话活动：根据主题素材与年龄段，设计学前儿童谈话活动集体教学活动的教案。教案格式完整规范，语言清晰、简洁、明了，目标设计、内容选择、方法运用等符合幼儿年龄特征和领域特点。

2.学会撰写学前儿童谈话活动说课稿：根据已设计的教案，就内容、目标、方法、过程设计等进行说课，说清楚“学什么、教什么”“怎么学、怎么教”，以及“为什么”等问题，语言规范，条理清楚，逻辑性强，表达流畅。

3.组织与实施学前儿童谈话活动的能力：根据已设计的教案，能够组织实施学前儿童谈话活动。

任务一　学前儿童谈话活动概述

一、学前儿童谈话活动的含义

学前儿童谈话活动是教师有计划地组织引导幼儿根据事先设计好的主题，在幼儿已有的经验和知识基础上进行的对话。学前儿童谈话活动是培养学前儿童学习在一定范围内与他人交流的语言教育活动类型。

学前儿童谈话活动根据一定的语言教育理论、一定的语言教育目标和内容，将一部分语言教育任务付诸实践，对学前儿童的语言发展产生影响。因此，谈话活动具有其他语言活动所不能替代的意义，尤其在培养学前儿童倾听行为和表述行为方面具有重要作用。

二、学前儿童谈话活动的基本特征

（一）谈话活动拥有一个具体有趣的中心话题

谈话活动是教师有目的、有计划、有组织的集体语言教育活动。一般来说，学前儿童谈话活动应该围绕一个具体、有趣、贴近学前儿童生活经验的话题进行。中心话题确定了幼儿谈话的方向，限定了幼儿交谈的范围，使幼儿的交谈带有一定的讨论性质。学前儿童谈话活动的话题必须具有以下三个前提：

①学前儿童对中心话题具有一定的熟悉度。话题应该选择幼儿日常生活中熟悉的、喜闻乐见的内容，如中班的幼儿谈话活动“我最喜欢的人”“我喜欢的动画片”“好吃的早餐”等，这一类话题贴近幼儿的生活，幼儿“有话可谈”，往往比较感兴趣。

②学前儿童对中心话题具有一定的新鲜感。中心话题要能调动幼儿参与谈话的积极性，给幼儿带来一定的新鲜感和刺激性，如大班的幼儿谈话活动“太空畅想”“假如我有一朵七色花”等。

③中心话题要与幼儿生活中共同关心的内容有关，能引起幼儿共同的谈话与讨论兴趣，如“幼儿园里好事多”等。

（二）谈话活动注重多方的信息交流

谈话的多方交流可以说是谈话活动和讲述活动最主要的区别之一。讲述活动是发展幼儿的独白语言，而谈话活动则更注重幼儿的交往语言或对白语言，侧重于师生间、同伴间的信息交流与补充。从语言信息量来看，当幼儿围绕中心话题进行交谈时，他们的思路是呈辐射状向外发散的，而不同个体间的经验也多种多样，因此在谈话中的每个幼儿获取的信息量都比较大。从交往的对象来看，谈话活动可以是幼儿与其他同伴交谈、与教师交谈，也可以是幼儿在集体面前讲述，由此构成了幼儿与教师、教师与幼儿、幼儿与幼儿交谈的三种基本模式。在这种基本交流模式中，前两种是有一定区别的。第一种是幼儿主动地运用语言与教师进行交谈，而第二种则是教师引导幼儿运用新的语言经验进行交流，并在必要时给予一定的指导和帮助。

（三）谈话活动素材比较丰富

谈话活动所涉及的素材必须是幼儿知识经验范围以内的，取材于幼儿日常生活、参观、玩游戏、观影、看电视等活动中所获得的知识经验。幼儿谈话的素材积累得越丰富，懂得的知识越多，谈话的内容便越充足。如果对某个地方或某个事物只去过一次或获得的印象只是初步的、粗浅的，幼儿在谈话活动中便无话可说。只有当幼儿对某种事物或某种现象进行了多次观察，从不同角度比较细致地了解后，幼儿才会有话可谈，谈话素材才能较完整、丰富，才能触及事物的本质特征。例如，教师可以根据季节的不同引导幼儿观察大自然，观察春夏秋冬花草树木的变化，了解各个季节的特征，然后让幼儿以“我最喜欢的季节”为话题开展谈话活动，幼儿积累了丰富的谈话素材，自然就谈得生动、形象。

（四）谈话活动的语境宽松自由

在谈话活动中，谈话的氛围是比较宽松自由的。无论原有经验如何，幼儿都可以在活动中畅所欲言，主要表现在以下几个方面：

1.话题的扩展和见解自由

谈话活动中没有统一的答案和看法,也没有什么一致的讲述经验和思路。幼儿完全可以根据自己的意愿和内心感受,将自己的想法直截了当地表达出来,与大家共享。例如,在谈话活动“我喜欢的水果”中,幼儿既可以讲自己喜欢水果的形状和味道,也可以讲自己喜欢水果的吃法,还可以谈为什么喜欢这些水果。只要话题不离开“我喜爱的水果”,幼儿完全可以从多方面和多角度去谈论自己的感受和想法。这一点也正是谈话活动的特征所在。由于派生出的子话题非常丰富,因此教师可以抓住谈话活动的这一特征,启发幼儿发散思维,鼓励幼儿积极、主动地参与到谈话活动中去。

2.语言自由,没有固定的答案

谈话活动主要目的是鼓励幼儿大胆地与他人交谈,用语言表达自己的意见和看法,并不要求幼儿一定要使用准确无误的句式、完整连贯的语言来表达。谈话活动就是要利用一日活动的各个环节,为幼儿提供尽可能多的开口说话和与人交谈的机会,从而使幼儿能经常地练习和巩固已有语言及经验,提高对语言的敏感程度,不断地发展幼儿的语言表达能力。

(五)教师在谈话活动中起间接引导的作用

教师是幼儿谈话活动的设计组织者。但是在谈话活动中,教师的指导作用是以间接的方式出现的。他们往往以参与者的身份参加谈话,给幼儿以平等的感觉,这也是创造谈话活动宽松自由氛围的一个重要因素。教师在谈话活动中以参与者的身份出现,并不表明谈话可以成为任意的无计划交谈。教师在设计实施谈话时,仍然需要按照预定的目标内容,紧扣谈话的中心话题,有效地把握谈话活动的进程。教师的间接引导主要体现在:用提问的方式引出话题或转换话题,引导幼儿谈话的思路,把握谈话活动的方式;教师用平行谈话的方式为幼儿作隐形示范。例如,教师可以谈论自己的生活经验,自己的感受等,从而向幼儿暗示谈话的内容和方式。

三、学前儿童谈话活动的主要类型

学前儿童谈话活动的主要类型有以下几种:

(一)一日生活环节中的谈话活动

幼儿的语言能力是在交流和运用的过程中发展起来的,因此教师要重视在一日生活环节中促进幼儿谈话核心经验的发展。这种谈话活动在不同的年龄班都适用。它主要有以下两种形式。

1.随机谈话

在一日生活的各个环节，如早晨来园、晨间活动、盥洗、游戏、活动过渡的间隙、离园等时间内，学前儿童有着较为充分的机会与同伴进行交谈，与同伴的交谈能够给学前儿童提供展示自身谈话能力的平台，锻炼自己的谈话能力。教师可以利用这些零散的时间与部分幼儿就某个话题进行交谈。然而，有的学前儿童可能因为性格、社会性等方面的原因未能充分参与到同伴的谈话中，同时教师作为具有更高谈话水平的成人能够给学前儿童谈话经验的发展提供示范和指导，这时教师与学前儿童的谈话就显得尤为重要。首先要选择恰当的谈话内容，一般选择儿童熟悉并且有一定经验积累的内容。其次要考虑好本次谈话要与哪些幼儿交谈，谈什么，在交谈中培养怎样的态度，提高幼儿的哪些语言技能等。例如，早晨来园时，教师可以有计划地与班上较内向、语言运用能力相对较弱的幼儿交谈，话题可以围绕“昨天你回家后最高兴的事是什么？你在家都玩啥？今天到幼儿园的路上你看到了什么？今天的衣服是自己穿的吗？……”交谈过程中，教师可以与一个或同时与多个幼儿交谈，幼儿也可以随时参加或退出谈话。

幼儿在一日生活中会对许多问题或主题产生兴趣，无论这些主题是否跟主题活动有关，只要在常规允许的范围内，教师都应鼓励幼儿就此开展谈话，通过讨论来表达自己的意见和看法。例如，在如厕环节中，有的幼儿产生了疑问：“为什么尿有的黄有的白？”“尿很黄，是上火了吗？”“为什么喝了凉水，尿也是热的呢？”教师便抓住时机，引导幼儿围绕这些问题进行交谈，既帮助幼儿了解了尿液颜色与喝水、身体健康之间的关系，又引导幼儿学习运用了质疑、补充、总结等谈话策略。又如，在一次晨间谈话中，有个幼儿说她妈妈看到了一则新闻，是关于一个科学家最新发现了世界上寿命最长的、活了500多年的蛤蜊的事。这时，有的幼儿说：“这根本不是新闻，是500年以前的事。”有的幼儿说：“是新闻，因为是刚刚知道的事。”于是，教师便抓住时机，从幼儿已有经验出发，引导幼儿认识什么是新闻和新闻的价值和意义，并积累说新闻的经验。日常交谈中的个别交流看似随意，但通过与幼儿一系列的交谈，可以很好地培养幼儿主动、大胆地与人交往的能力，调动幼儿参与活动的兴趣和积极性，增强幼儿主动表达的信心。

2.集中谈话

与随机谈话相比，日常集中谈话具有时间短、主题明确、话题更自由、形式更活泼的特点。这样的谈话环节时间通常为5~15分钟，可以同时有多个话题。可以是师幼间的谈话，也可以是同伴间的谈话。教师可以通过“晨间谈话”“餐前谈话”“离园谈话”等环节，根据学前儿童已有的生活经验预设谈话话题，例如，在幼儿晨间照料菊花时，教师就可以自然地预设主题，引导幼儿围绕菊花的特征开展谈话；户外散步时，教师就可以组织幼儿围绕“我喜欢秋天”的谈话。这种根据主题活动预设的谈话,为幼儿提供了回忆、整理经验的机会,可以推进主题活动的进一步开展。教师也可以根据已有的教育经验,选择生活环节中普遍存在的问题作为谈话主题。例如,小班刚入园时,多数幼儿喜欢喝甜味饮料,他们在饮水环节经常提出喝“甜水”的要求,教师为此开展了“白开水,我爱喝”的系列谈话活动。

此外,教师还可以根据大多数幼儿的兴趣,比如电视节目、电影主角、节日节气、班级事件等来选择话题。

随机谈话和集中谈话相辅相成,随机谈话为幼儿创造了更多的谈话机会,集中谈话为幼儿学习谈话提供了参照,集中谈话时可以谈论随机谈话中共同关心的话题,随机谈话时也可以充分讨论集中谈话中聚焦的话题。

(二)有计划的谈话活动

有计划的谈话活动是指教师根据幼儿教育发展规律制订一定的计划和教育活动方案,有目的、有组织地依据事先确定的话题进行语言教育活动。谈话的话题可以丰富多彩,凡是幼儿熟悉的或是与他们生活紧密相关的,都可以选择。这些题目可由教师拟定,如果是大班幼儿,也可以请幼儿参与拟定。主要话题如下:

①我最喜欢的……(人物、动物、玩具、图书、衣服、花、颜色等)。

②我和周围的人(和爸爸妈妈、爷爷奶奶、邻居、老师及同伴等)。

③我和节日(六一国际儿童节、国庆节、春节、端午节、母亲节、父亲节等)。

④我参加的一些活动(郊游、逛动物园、放风筝、探亲访友等)。

⑤周围环境的变化(四季的更替、花草树木、建筑物、道路、建筑装饰等)。

在指导活动过程中,教师要注意以下几点:第一,谈话活动需要教师事先进行精心设计和准备;第二,要努力创设良好的语言环境,照顾到全体幼儿,鼓励每个幼儿积极地表达自己的看法和见解;第三,要注意幼儿语言交流方式的多样性。活动过程中,教师不仅要让幼儿自己说,还要让他们积极地与同伴交谈,与教师交流,在交谈中学习他人有用的经验,不断提高语言运用能力。由于有计划的谈话活动对幼儿的有意注意、有意记忆及语言能力的要求较高,因此不太适合刚入园的小班幼儿,可以从小班下学期开始进行。

(三)开放性的讨论活动

讨论活动是一种特殊的谈话活动形式。说其特殊,是由于它在话题形式、语言交流和教师的指导上都有开放性的特点。

讨论活动的话题一般都是开放性的问题,且讨论所涉及的事物应与幼儿已有生活经验相符合,但对幼儿来讲又有一定的难度。例如,讨论的话题是“假如你有一朵七色花,你最想做的事是什么”,这个话题可以让幼儿自由想象,随意发挥,没有固定的答案。

讨论活动是一种开放性的语言交往活动。在讨论中,幼儿可以就自己的观点与他人进行充分的语言交流。幼儿既要清晰地向对方表达自己的看法，又要善于倾听他人的见解并进行分析、反驳或接纳，从而使语言交流延续下去。这种语言交流对象可以是一一对应的，也可以是在小群体中进行的。可见，讨论活动对幼儿语言能力、思维能力都提出了很高的要求，因此一般在中班以后才适合开展这项活动。

教师的指导态度要开放。与讨论的问题相对应，教师对幼儿提出的看法也应采取开放的态度。例如，幼儿说："下雨的时候，太阳就悄悄地躲起来了，它也怕淋雨，因为淋雨会感冒的。"教师不要一味地从成人的角度去评判幼儿的某些看法是否合理，而应该将指导的重点转向幼儿的语言交往能力，尤其对幼儿的某些富有想象力和创造力的想法采取接纳和鼓励的态度，并且对幼儿富于想象的回答和大胆的表述给予积极的鼓励和肯定。

四、学前儿童谈话活动与其他活动的区别

(一)谈话活动与讲述活动的区别

谈话活动与讲述活动都属于语言教育范畴，都对提高幼儿表述能力极有益处，但却是不同类型的语言教育。从活动目标看，谈话活动注重幼儿运用语言与他人进行交流，而讲述活动则侧重幼儿清楚、连贯地表述某一事、某一物的能力；从活动内容看，谈话活动往往围绕幼儿已有经验的话题进行交谈，而讲述活动则针对某一幼儿需认识的凭借物(图片、玩具等)进行讲述；从幼儿运用语言的方式看，同样是口头语言的表达，谈话的语言属于对话范畴，是各种交谈的汇集，正如人们一般交谈那样，不需要使用正式场合的过于严谨的语言，而是宽松自由、不拘泥于形式的语言，以说明白想法为主。但讲述不同于谈话，讲述是一种独白语言，要求使用类似正式场合的语言，要求规范清晰而有条理地表达相对完整的观点。

(二)谈话活动与日常交流的区别

幼儿谈话活动与幼儿日常交流的最大区别在于：谈话活动是有目的、有计划的交谈活动，而幼儿日常交流则是无预期目标和无计划的随意谈话。当然，谈话活动与日常交流之间同样具有必然的联系。应当说，幼儿的日常交流是他们谈话活动的语言基础，谈话活动中的语言学习又有助于提高他们日常交流的水平。这两种场合的谈话，都是幼儿学习语言的途径，对促进幼儿运用口头语言与他人交往起着重要的作用。

(三)谈话活动与科学领域的"总结性谈话"的区别

谈话活动与科学领域的"总结性谈话"两者之间的侧重点不同。谈话活动侧重于语言表达和语言交流，而"总结性谈话"较侧重于全面、深刻地认识某一方面的事物。二者之间的差

别主要反映在活动目的方面。科学领域教育活动的“总结性谈话”，目的在于帮助幼儿更好地认识有关的科学教育内容，通过谈话来巩固加深幼儿对科学的认识，语言领域教育活动的谈话侧重于培养幼儿的语言能力，并不特别考虑话题内容的认识范畴，教师在设计谈话活动时，较多地注意幼儿围绕某一话题“说些什么”和“怎么说”。必须指出，幼儿园各种类型教育活动的内容有着综合渗透的共性特点，往往不可截然分开。科学教育的总结性谈话是渗透的语言教育内容，而语言教育的谈话活动也有可能综合科学教育的内容。从语言教育活动研究的角度出发，不必特别地去划清幼儿谈话内容与其他学习活动的界限，重要的是研究如何根据语言教育的目的要求，切实提高幼儿的谈话水平。

五、学前儿童谈话活动的目标

（一）学前儿童谈话活动的知识、能力、情感态度目标

1.学前儿童谈话活动知识目标

①知道倾听在谈话中的意义、作用，知道倾听他人的谈话内容。

②知道与他人交谈时要围绕话题谈话不跑题，并且知道围绕中心话题不断扩展谈话内容。

③知道运用语言进行交谈的基本规则，并知道在谈话中运用这些基本规则。

2.学前儿童谈话活动能力目标

①能够倾听他人的谈话，并能及时从中捕捉有效的语言信息。

②能够围绕一定的话题谈话，会不断扩展谈话内容，充分表达个人见解。

③能在适当的场合主动热情地运用基本的交谈规则与他人进行交谈。

3.学前儿童谈话活动情感态度目标

①乐意和同伴、教师及他人用普通话进行交谈。

②积极与他人交谈，乐意说出自己的意见和感受。

③在谈话活动中能主动倾听别人谈话的愿望、态度和习惯。

④有礼貌地认真倾听他人说话，乐意根据谈话主题陈述自己的意见或作出相应的反应。

⑤主动用适合自己角色的语言、自觉地运用听说轮换等基本的交谈规则、方式进行交谈。

（二）学前儿童谈话活动的年龄阶段目标

小班（3~4岁）谈话活动的目标	中班（4~5岁）谈话活动的目标	大班（5~6岁）谈话活动的目标
1.学会安静地听同伴说话，不随便插嘴。 2.喜欢与同伴交谈，愿意在集体面前说话。 3.能听懂并愿意说普通话。 4.在教师的引导下，能够围绕主题谈话，能用短句表达自己的意思。 5.初步学会常见的交往语言和礼貌用语。	1.能集中注意力，耐心地倾听他人说话，不打断他人的话。 2.乐意与同伴交流，能大方地在集体面前说话。 3.能说普通话，较连贯地表达自己的意思。 4.学会围绕一定的话题谈话，不跑题。 5.学会用轮流的方式谈话，不抢着讲，不乱插嘴。 6.进一步学会交往语言，提高语言交往能力。	1.能主动、积极、专注地倾听他人谈话，迅速掌握他人谈话的主要内容，并从中获取有用的信息。 2.能主动地用普通话与同伴交流，态度自然大方。 3.能围绕话题谈话，会用轮流的方式交谈，并能用恰当的语言表达自己的情感，与同伴分享感受。 4.初步学会用修补的方式延续谈话，进一步提高语言交往水平。

任务二　学前儿童谈话活动的设计与实施

学前儿童谈话活动在幼儿园中常常以集体教学活动的形式展开，谈话活动设计的目的、参与对象、活动的组织与实施有其特殊的规律，可以参考以下步骤。

一、学前儿童谈话活动设计与组织实施的步骤

（一）创设谈话情境，引出谈话话题

教师往往在谈话活动开始时，通过创设一定的情境，激发幼儿的兴趣，启发幼儿对话题有关经验的联想，打开谈话的思路，作好谈话的准备。这是谈话活动首要的环节。创设谈话情境，常见的方式主要有以下两种。

1.运用语言创设情境

教师运用形象生动的语言，描述一种情境，或通过问题启发幼儿的回忆，调动幼儿已有的经验，并适时地切入谈话话题。

例如，谈话活动“快乐的六一儿童节”，教师运用语言创设情境：小朋友们最喜欢过六一

儿童节了，那天，都有谁陪你过节？你们都去了什么地方？可以通过提问语引导幼儿交流在幼儿园里老师和小朋友做了些什么？你心里有什么感受？爸爸妈妈和你做了些什么？再如，谈话活动“我长大了”，教师把某些幼儿长大的表现以故事形式讲出来，引发幼儿也讲出自己的成长事例。

2.运用实物或直观教具创设情境

教师利用活动角的布置、墙饰、桌面玩具、实物摆设或者图片，向幼儿提供与话题内容有关的可感材料，提高幼儿谈话的兴趣，启发学前儿童谈话的思路。

例如，谈话活动“好吃的早餐”，教师提供面包、牛奶、蛋糕、粥等种类丰富的早餐，引起幼儿谈论早餐的兴趣；谈话活动“难忘的一次旅游”则可让幼儿带着游玩时拍的照片或通过多媒体播放照片创设情境。

（二）幼儿运用已有经验自由交谈

教师向幼儿提供围绕话题自由交谈的机会，目的在于调动幼儿对谈话中心话题的已有经验，相互交流个人的见解。例如，在“我喜欢的水果”谈话活动中，教师让幼儿在吃水果的基础上，围绕“你喜欢吃水果吗？你带来的水果是什么颜色、什么形状的、有什么味道？”等问题，引导幼儿手拿水果与旁边的幼儿自由交谈。要尽量使每个幼儿都有充分的谈话机会。

当幼儿围绕话题自由交谈时，教师要专注地倾听幼儿的谈话或参与谈话，增进幼儿谈话的兴趣。还可以观察幼儿的谈话情况，了解他们运用已有经验进行交谈的状况和水平，为下阶段的指导作进一步的准备。

在此环节中，首先，教师应当放手让幼儿围绕话题自由交谈。在幼儿分组或一对一自由交谈时，允许幼儿说任何与话题有关的想法。教师不需要示范，不给幼儿提示，不纠正幼儿说话用词造句的错误，让幼儿充分运用已有经验，说出自己想说的话。其次，鼓励每位幼儿积极参与谈话，真正形成双向或多向的交流。当幼儿分组谈话时，教师可让幼儿自己选择交流的对象。这更利于发挥每位幼儿的积极性，使他们有更多的机会交谈，也可使谈话的气氛更加融洽。

当幼儿围绕话题自由交谈时，教师不能袖手旁观，不能将幼儿自由交谈视为一种“放羊”的时机，让幼儿随便谈话，而自己去做与谈话无关的事情。在此环节教师要仔细倾听幼儿的谈话。倾听是进行指导的前提和基础。教师可以采取轮番巡视的方式，参与各组的谈话。每到一组，都听一听幼儿的谈话，用微笑、点头等体态语言，给幼儿以鼓励，也可用凝视、皱眉等体态语言，暗示那些未能进入谈话状态的幼儿；教师还可以简单发表个人见解，或是对幼儿说话给予一定应答，或用自己的语言，对各组幼儿的谈话做出反馈。

（三）用多种形式逐步拓展幼儿的谈话内容

在谈话活动中，要让幼儿有充分表达的机会，既可以围绕谈话主题从不同角度来谈，也可以从认知、情感、行为的角度围绕谈话主题来拓展谈话内容。例如，围绕午睡的谈话，可以从认知方面来确定主题——“午睡的好处”，也可以从健康安全行为方面来确定主题——“被窝里的小秘密”，还可以从情感态度方面来确定主题——“甜蜜的午睡”，这样有助于幼儿拓展谈话的宽度，了解有关午睡的更多知识和经验，进一步提升围绕话题谈话的能力。

幼儿在谈话有广度的基础上，由于多种信息的呈现和经验的碰撞，自然会进入对深层次问题的讨论。例如，在开展“为什么会做噩梦”的系列谈话后，幼儿自然引出了关于“睡姿”的较有深度的讨论，但如果幼儿对其中有关“何种睡姿最科学”的话题已经不那么感兴趣了，教师就不应再强求幼儿讨论。所以，所谈的问题不仅要自然形成，还要适合幼儿的年龄特点和经验水平，对于过深过难、不利于幼儿理解的话题，不要急于让幼儿交流，可等待幼儿再次产生兴趣，或只让个别感兴趣的幼儿在适当时机进行分享。

(四)教师隐性示范新的谈话经验

教师向幼儿展示新的谈话经验，不是用显性示范说给幼儿听，或用明确的指示方法要求幼儿怎么说，而是通过深入拓展谈话范围，将这种经验逐步传递给幼儿。教师可以通过提问、平行谈话的方法，将新的谈话经验引入，让幼儿在谈话过程中，不知不觉地沿着新的思路去说，潜移默化地应用新的谈话经验，最终学会这种新的谈话经验，使幼儿的谈话水平进一步提高。例如，谈话活动“我的家人”，教师可以谈一谈自己的家人以及与家人的关系等。

作为教师，只有不断学习，不断实践，才能在实践中感悟，在感悟中发展，才能让幼儿在谈话活动中围绕自己感兴趣的中心话题，自由表达个人见解，充分感受交流和分享的快乐。

二、学前儿童谈话活动设计与实施时应注意的问题

(一)创设的情境应为引出谈话话题服务

在组织谈话活动前创设相关的环境或情境，可以调动幼儿的兴趣，提高幼儿参与活动的主动性。例如，围绕“动物园”的主题谈话，可事先带幼儿集体参观动物园；或者展示丰富的图片、照片或者采取建筑游戏的形式，再现动物园的环境，使幼儿有大量的感性认识后再组织谈话，既能调动幼儿参与活动的积极性，又丰富了幼儿的经验，为后面的谈话活动做好了铺垫。

教师必须充分认识到：创设谈话情境的目的，无论是实物的方式，还是语言的方式，必须以有利于开启幼儿谈话内容为原则。既要避免与谈话内容无关的摆设，也要避免过于热闹、喧宾夺主，避免分散幼儿谈话的注意力。教师应创设简单明了、能够直接连接话题内容的情境。一般来说，对幼儿已经具备比较丰富经验的话题，或幼儿新近关注较多的话题，可以不采用实物方式创设情境；对幼儿谈话难度较大的话题，则应创设具体的谈话情境。

(二)谈话过程中善用提问激发幼儿的兴趣

谈话活动中如何提问可以说是一种技巧，它将直接影响谈话活动的质量。教师应力求

使自己的提问符合以下要求。

一是问题要尽量具体明确，避免抽象笼统。所提问题的深浅程度要适合本班幼儿的知识经验和思维水平。

二是问题要有启发性，能启发幼儿正确理解事物之间的相互关系。

三是问题要有趣味性，能调动幼儿谈话的兴趣。例如，要求儿童预测推理的问题：如果按照这个说法，你觉得结果会怎么样？会发生什么样的变化？有时也可以是议论性、评价性的问题，如："你同意他的观点吗？为什么？""你最喜欢什么动物？为什么？"

教师可以通过提问帮助幼儿理解谈话主题或者解决生活环节中出现的问题，同时注意在谈话过程中发展幼儿的谈话核心经验。比如，在有关电视节目"爸爸去哪儿"的分享谈话中，每个幼儿都想说，这时教师就可提醒幼儿学会倾听，先重复一下前面幼儿发言中谈到的"喜欢说，为什么'，然后表达自己的观点，从而发展幼儿的理解性倾听和辨析性倾听能力。

（三）教给表达的策略，鼓励幼儿积极参与谈话

谈话活动中，幼儿既动脑又动口，是内外结合的操作活动。所以，教师要尽量为每个幼儿提供动脑动口的机会。根据幼儿活动的特点，在谈话活动中适当增加一些其他方式的操作活动，将更有利于提高幼儿的兴趣，调动他们说话的积极性。尤其是小班幼儿，可以借助动作、表情、图画、照片等辅助表达。例如，在"我的家人"谈话活动中，教师让幼儿拿着家人的照片进行讲述。讲述之前，教师也可以事先介绍自己的家人，以激发幼儿讲述的意愿和提供幼儿讲述的示范。这样的安排使幼儿敢谈、有话可谈，因此在各种谈话活动中，均可根据话题的内容，教给幼儿表达的策略。

（四）逐层深入推进幼儿的谈话

当幼儿围绕中心话题进行交谈时，他们的思路是呈辐射状向外发散的，而不同个体间的经验也是多种多样的。幼儿可以根据自己的意愿和内心感受，将自己的想法直截了当地表达出来，与大家共享，由此派生出来的子话题也非常丰富。这就给教师组织谈话活动造成了困难。很多教师在组织谈话时，常常感觉：要么话题谈不深，总是简单重复；要么就是话题谈得多，很散乱；有时甚至出现跑题的现象。如何在开启谈话后，引导幼儿围绕话题充分交谈，并学会延续他人的谈话，使得话题的交谈逐层深入，都是当前教师应特别关注的问题。

谈话活动具有"话题的导向"和"话题的传递"两个语言应用要素。教师通过递进式提问巧妙地引导幼儿朝着一定的方向进行交谈，并传递和转换谈话的内容，使话题逐层深入。用这样逐层推进的方式设计话题，可以帮助幼儿开拓思路，唤起幼儿更多的回忆和内心体验，在此基础上，再帮助幼儿学习新的谈话经验。对中、大班幼儿来说，这种话题拓展模式也给他们提供了一种谈话的思路。这种宝贵思路的习得，无论对他们有条理讲述还是发展读写能力，都是非常有意义的。

（五）灵活采用多种形式，提高幼儿谈话水平

除了有组织的集体形式外，还可以利用其他形式来提高幼儿的谈话水平。

1.随机教育

教师可经常不失时机地利用日常生活中的各个环节，引导幼儿说出周围一切使他感兴趣的事物名称、性质和动作，例如，在自由活动时间，三个幼儿各自带上手偶，边讲故事边表演，在模仿角色对话时有个幼儿一连说了几个“然后”，这时同伴马上说：“你怎么老说‘然后然后’的。”教师此时进行了及时指导，之后这个幼儿讲述时就能注意正确使用“然后”这一连接词了。

2.利用图书角指导幼儿谈话

充分利用图书角，教师有计划地指导组织幼儿听、讲、编故事，激发各种谈话话题。幼儿在图书角看书的活动中，教师适时引导幼儿相互交谈，讲述书中的故事情节，并主动提出困惑，激发幼儿主动表达，同时培养幼儿的思考能力。同时也可培养幼儿组词造句的能力，以不断丰富幼儿的语言经验，为开展谈话活动打好基础。

3.把握自主游戏中的谈话机会

自主游戏是幼儿日常生活中喜欢的活动，教师可以找准游戏过程中的谈话时机，幼儿通过扮演角色对话、运用想象等，在轻松愉快的互动交流活动中，提高幼儿学习语言的兴趣。这样随时随地存在的谈话活动，是其他语言教育活动所无法替代的。为了保证幼儿的谈话技能在日常生活中得以巩固和练习，教师应有意识地利用幼儿休息或游戏时间。

任务三　学前儿童谈话活动案例评析

案例1　我爱吃的水果（小班）

【活动背景】

夏天炎热，小朋友很喜欢吃水果，而且很多小朋友都带水果来园分享，同伴之间在谈论自己喜欢吃的水果时，兴致很高，她们还跑来问我：“老师，你喜欢吃什么水果？”于是我根据幼儿的兴趣，设计了这一节谈话活动。

【活动目标】

1.知识目标

幼儿围绕“水果”这一话题交谈，能用简短的句子谈论自己爱吃的水果名称、形状及味道。

2.能力目标

幼儿学习安静地倾听别人谈话，不随便插嘴。要求幼儿用普通话表达自己的想法，并且讲话声音响亮。

3.情感态度目标

幼儿爱吃水果,并懂得吃水果身体好的道理。

【活动准备】

1.幼儿每人带一个自己爱吃的水果。

2.2 个苹果切成块状,上面插上牙签,用盘子装好。

【活动过程】

师:(课前问候、热身)小朋友们,早上好!……让我们一起来做水果操,好吗?看看哪个小朋友跳得最好。

一、活动导入:创设谈话情境,引出谈话话题

请幼儿品尝切好的水果,每人一小块,从而引起幼儿的兴趣。

师:水果好吃吗?你们喜欢吃水果吗?

幼儿回答后,请幼儿把自己带来的水果拿在手上。

二、活动展开:引导幼儿围绕"水果"这一话题自由交谈

教师用提问的方式引导幼儿交谈:

(1)你喜欢吃什么水果?

(2)这个水果是什么颜色、什么形状的?

(3)这种水果有什么味道?

(4)你为什么喜欢吃这种水果?

幼儿手拿水果与旁边的小朋友自由交谈(两三个幼儿为一组进行自由交谈)。教师巡回参与谈话,提醒幼儿安静地听对方谈话,等别人讲完了自己再讲。对跑题的幼儿给予指导,用插话的方式将内容集中在谈自己带来的水果上,教师注意倾听。

三、集体谈论"水果"

请在自由交谈中讲得好的幼儿(3~5 名)在集体面前介绍自己带来的水果(示范法),教师用语言提示幼儿围绕"水果"说话,并要求讲话声音响亮,让大家都能听见。教师还要注意请语言水平较差的幼儿参与谈话,为他们提供在集体面前讲话的机会。

四、教师用提问方式提出新的话题

(1)你还吃过哪些水果?

(2)吃水果有什么好处?

让幼儿围绕新话题思考自己的谈话内容。此时,教师用平行谈话的方式参与谈话,给幼儿提供一定的谈话经验,例如教师做示范:我除了爱吃苹果,我还喜欢吃香蕉。香蕉长得像月亮,妈妈说,香蕉是一种开心水果,多吃香蕉可以让我们感到快乐并且对肠胃好。注意提醒幼儿用普通话谈论。

教师进行小结,使幼儿懂得吃水果身体好的道理。

五、活动结束:快乐游戏

教师和幼儿一起唱《苹果歌》。

【活动延伸】

1.根据这一节课的学习内容,组织幼儿开展一次烹饪活动——“好吃的水果沙拉”。

2.请幼儿回家与父母谈论水果的好处,并且和父母一起到水果店或超市购买水果。

【案例评析】

“我喜欢的水果”这个谈话话题,对小班幼儿来说并不陌生,“水果”是幼儿熟悉的、感兴趣的。通过本次谈话活动,可以让幼儿充分了解常见水果的特点。随着活动的不断深入,“我喜欢的水果”谈话内涵也在不断扩展深化。将语言领域和健康领域活动有机整合在一起。在整个活动过程,教师始终以“幼儿为中心”,幼儿的主体作用得到了充分发挥。“给”永远只能给“死”的知识,而“导”却能激活“活”的源泉。教师把幼儿当作学习的主人,积极为幼儿的自主学习提供机会,搭建舞台,不论是语言能力强的幼儿,还是语言发展水平低的幼儿,都给他们提供了发言的机会。教师的提问简单、具体,逐步深入。课堂上交流互动,人人参与,实践体验,主动探究。教师只做适时的点拨、提问、引导,让幼儿在开开心心的自主实践活动中尽情地表达。幼儿神思飞扬,感知、理解、想象等心理活动都处于活跃状态,充分展示了自我。活动中幼儿积极参与,幼儿独自说水果,小组合作说水果,表演与水果有关的儿歌等,努力培养幼儿动口、动手、动脑的实践精神、协作意识和创新意识。

案例 2　中班谈话活动:我的老师结婚了(活动实录)

【活动背景】

这群中班的孩子很文静。与人交流,往往用手势表示,所以教室里因为这群沉默的小朋友而显得有点沉闷。怎样改变孩子的现状呢?可不可以在一个孩子感兴趣的背景下,激发孩子纯真热情开朗的性情呢?

国庆佳节即将来临,我的搭班小袁老师要结婚了。

孩子们对盛大喜庆的婚礼充满了好奇,他们在角色游戏中,会表现“结婚”的主题;在自由活动中,自发地产生了装扮新娘的游戏;在日常生活中,有个女孩穿着漂亮的裙子,孩子们就会惊羡“像新娘子”……这些点点滴滴,使我有心抓住小袁老师结婚的良机,与孩子们进行一次真正的交流。

【内容与要求】

1.感受喜庆日子的美好,激发热爱生活的积极情感。

2.积极大胆地提出问题,愿意表达心中的愿望和想法。

【活动准备】

1.横幅大字“我的老师结婚啦”。

2.录音带:《婚礼进行曲》《明天我要嫁给你》。手提小录音机。

3.各种彩色皱纸和剪刀等工具。

4.盛装的新娘和新郎,及其对孩子可能询问内容的适宜解答。

5.新娘的喜糖。

【活动过程】

1.惊喜感受

(在美丽的大草坪上,我撑开横幅“我的老师结婚啦”,立刻引来了孩子们的猜疑)

孩子们:应老师要结婚啦?……不会的,应老师已经结过婚了,她有孩子的。

我:(神秘地宣布)请出新娘新郎!

(随着《婚礼进行曲》庄重而喜庆的旋律,小袁老师和新郎从绿树丛中缓缓地走出)

孩子们:(一下子欢呼起来)啊!是袁老师!袁老师结婚啦!啊!袁老师好漂亮!像仙女一样。

(在一阵欢喜之后,我介绍了新娘和新郎,并告诉孩子们,新娘袁老师明天就要举行结婚典礼)

2.大胆表达

我:(在孩子们雀跃羡慕声中,积极地激励孩子)结婚是件很奇妙的事,我猜,你们一定有许多问题想问问新娘袁老师吧,谁够大胆,谁就有喜糖做奖励哦!开始问吧。

琦琦:袁老师,人为什么要结婚呢?

新娘:因为人们相亲相爱了就想住在一起,生活在一起,所以就要结婚啊!

嘉文:那你为什么要和他结婚呢?

新郎:我喜欢你们袁老师,袁老师也喜欢我,所以就和我结婚啦!

刘刘:我也喜欢袁老师,我为什么不能和她结婚呢?

新娘:因为,结婚是大人的事,等你健康地长成大人的时候,你就可以和喜欢的人结婚了。所以,孩子们,快快长大吧!

婷婷:为什么新娘子都很好看?

新娘:结婚是件高兴的事,新娘子心里高兴就会好看的。

(围观的层层人群中,冒出一声:“人逢喜事精神爽!”)

孩子们:(纷纷问)这是什么意思啊?

叔叔:(挤到人前)就是说,人碰到喜事就有精神,一有精神人就好看了。

孩子们:(七嘴八舌)哦,人逢喜事精神爽。

依依:我也会变得好看的,只要我人长得大,本领学得多,我做新娘的时候会好看的,是吗?

(在一阵哄笑声中,女孩子也笑成了一朵朵花。接着,孩子们对新娘袁老师结婚以后住在哪儿,会不会有孩子,喜欢男孩还是女孩,会不会吵架等都感到新奇,新娘新郎一一做了回答。孩子们无忌的童言,赢得周围人们的阵阵笑声和掌声)

3.积极制作

我:(提议)我们来拍张照片吧。怎么把新娘子打扮得更美呢?

孩子们:(一起呼应)用彩色的小纸片撒在新娘子的头上,还可以用细细长长的彩色纸条撒在新娘新郎的头上和身上。

(我拿出准备好的裁纸剪刀和盛放彩纸的小筐,孩子们叫着“我来剪纸片”“我来剪纸条”奔向了小路边的石桌，孩子们边剪边琢磨出“一张纸，对折对折再对折(重叠)，一剪就很多，好快啊”的方法。听着录音机里《明天我要嫁给你》的歌声，很多孩子嘴里竟也哼出了这句词来……)

孩子们：(待到剪得小半筐时，早已等不及)够了够了，把新娘打扮好，我们拍照片吧。

(新娘袁老师拖着白白的纱裙，半蹲在草地上，孩子们把彩色的小纸片和彩条撒在袁老师头上和身上，忙前忙后了一会儿，孩子们围在“仙女一样”的袁老师身边异口同声地喊“茄子”，留下美好而难忘的一瞬间)

4.美好祝福

(新娘袁老师拿出喜糖，撒向孩子们，孩子们开心地接受着新娘的甜蜜。趁孩子们津津有味地咀嚼)

我：(提议)给新娘袁老师一些祝福吧。

孩子们：祝你快乐……祝你们白头偕老……祝你有个小宝宝……祝你们一直喜欢……(指新郎)你要对她好……

(尽管祝福来自电视广告，但孩子的真诚早已让新娘幸福得热泪盈眶)

【活动延伸】

(回家的车上)

孩子们：我想送给袁老师一个礼物。

我：(立刻呼应)好好，我们做个礼物吧，明天我送去。

【案例评析】

这个活动激发了孩子们美好的情感，引发了孩子们对周围人和事的关心，这对于中班孩子养成关注世界和探索世界的积极态度是重要的一笔。

活动在一个非常美的情境中，鼓励孩子大胆地与人交流，对中班孩子语言的发展是良好的开始。活动使孩子在情感的驱动下，相互积极地发现剪纸的方法，促进了孩子在满足需要中主动地学习。

案例3　让我带你去旅游(大班)

【活动目标】

1. 能用连贯的语言有条理地进行讲述，鼓励幼儿养成安静倾听同伴讲话、轮流交谈的习惯。

2.乐意把自己的旅游见闻与别人分享。

3.在回忆谈话中萌发热爱家乡的情感。

【活动准备】

1.与爸爸或妈妈一起收集和家人旅游的照片，景点的纪念品或土特产。

2.活动前布置展览会，陈列幼儿带来的旅游照、海螺、贝壳、椰雕、织锦、雨花石等。

3.有关祖国主要景点的视频资料。

4.幼儿用书。

【活动重难点】

1.活动重点:用连贯的语言有条理地进行讲述,乐于倾听,并能充分交流。

2.活动难点:能围绕谈话内容有条理地进行讲述。

【活动过程】

1.创设情境,引入谈话话题

师:今天,我们班举办了一个展览会。谁能从横幅的字上看出展览会的名称是什么?

生:在祖国各地旅游。

师:现在请你们把在祖国各地旅游的事说给同伴听。

(直接用语言切入谈话的主题,激发幼儿谈话的兴趣)

2.围绕话题,结伴自由讲述见闻。

提问:

(1)你和谁一起去?使用什么交通工具?

(2)到什么地方去旅游?

(3)在什么地方拍的照?风景怎样?(要求幼儿安静倾听同伴讲话、轮流交谈)教师巡回倾听,在参与交谈中帮助幼儿围绕内容清楚正确地交谈。

3.集体分享,拓展谈话话题。

提问:

(1)旅游时你看到些什么?你觉得最有趣的事(或最高兴的事)是什么?为什么?(教师可介绍自己的旅游经历,示范讲述)

(2)哪些事情是你第一次经历的?

(3)你带了什么纪念品或土特产?它们有什么特点?你为什么喜欢?(分享与品尝)

师:(小结)祖国有许多美丽的地方,小朋友去旅游遇到了很多有趣的事,看到许多美丽的风景,也交到了许多朋友,增长了许多见识。

4.游戏:到我的家乡来旅游。

(1)讨论行程了路线。

(2)幼儿做游戏。(播放视频,每到一个景点,停下来,用语言完整、连贯地讲述景点的特点。当幼儿表述不够丰富或不知如何表述时可请同伴根据旅游经验直接用语言对该幼儿的谈话进行补充)

评价要素:

能否主动大胆地讲述自己的旅游见闻。

【活动延伸】

1.在美工区提供颜料、纸笔,让幼儿把去过的旅游景点画下来。

2.收集有关景点的图片供幼儿区域活动时进行讲述。

【案例评析】

谈话主题选择恰当,活动的整个流程较为清晰,在教学过程中,让幼儿做谈话的主体,鼓励幼儿多讲,同时学会倾听。教师运用语言引导、景点的视频资料、展览会等方式引导幼儿谈话，丰富谈话话题。但仍需注意个别细节，如在“到我的家乡来旅游”这个游戏环节，要适时引导幼儿萌发热爱家乡的情感。

案例 4　谈话活动“我喜欢的动画片”（说课稿）

尊敬的各位评委老师：

大家好！我是×号考生，今天我说课的题目是谈话活动“我喜欢的动画片”，下面我将从说教材、说目标、说重点难点、说教法学法、说活动准备、说活动过程六个方面进行说课。

谈话活动是一种有目的、有计划的组织幼儿学习的语言教育活动，这种活动旨在创造一个良好的语言环境，帮助幼儿学习倾听别人谈话，围绕一定的话题进行谈话，习得与别人进行交流的方式、规则，培养与人交往的能力。

“我喜欢的动画片”选择的是青岛出版社出版的幼儿园中班下册中的四幅动画片插图，分别是《喜洋洋与灰太狼》《西游记》《大头儿子和小头爸爸》《猫和老鼠》。

中班幼儿活泼好动，想象力丰富，他们的观察、分析能力有了一定的发展，并且对外界的一切充满了好奇心和探究的欲望，能够用自己的表达方式将观察到的变化表述出来，已经具备了初步的语言表达能力和理解能力。

基于以上教材内容和学情的分析，依据《纲要》，结合幼儿的认知基础和本次活动的内容，我制订了以下活动目标：

1.知识目标：引导幼儿生动地描述自己喜欢的动画片中的动物或人物形象（重点）。

2.能力目标：引导幼儿用“因为……所以……”的句式说话，培养幼儿的讲述能力（难点）。

3.情感目标：培养幼儿耐心倾听同伴谈话的好习惯。

根据幼儿的认知基础和本次活动的内容，我把“引导幼儿生动地描述自己喜欢的动画片中的动物或人物形象”设为重点，把“引导幼儿用‘因为……所以……’的句式说话，培养幼儿的讲述能力”设为本次活动的难点。

为了使重难点落实，活动目标实现，我运用以下教法学法。《纲要》指出：教师应成为学习活动的支持者、合作者、引导者，在活动中，教师不仅要用生动的语言、形象的动作来感染幼儿，还要充分调动幼儿的积极性，于是我运用以下教学方法：

1.多媒体教学法：我尝试打破仅用图片进行教学的传统模式，而是采用动画的形式，使所呈现的内容更直观形象，更能引起幼儿的兴趣，吸引幼儿的注意力。

2.启发式提问法：通过设置一系列启发性的问题，激发幼儿的想象力，发展幼儿的语言表达能力。

教育心理学认为：学习者同时开放多个感知通道比只开放一个感知通道能更准确、更有效地掌握学习对象。所以我运用以下学习方法：

1.倾听表述法：让幼儿带着问题有目的有针对性的认真倾听，激发幼儿“想说”的愿望，通过激励性语言，让幼儿“敢说”。

2.交流讨论法：引导幼儿针对提出的问题主动探索、发现学习，调动幼儿的多种感官参与活动,在说一说的轻松氛围中掌握学习的重点和难点。

为了更好地服务于本次的活动目标和完成活动内容,我做了以下准备:

1.空间准备:引导幼儿以马蹄形的座位排列坐好

2.物质准备:多媒体课件,小动物头饰

根据本次活动的内容以及幼儿的认知基础,围绕活动目标和活动重点和难点,我把活动过程设计为以下环节:

一、谈话导入, 激发兴趣

“小朋友们,你去过电影院吗? 去看了什么?”通过谈话,激发幼儿的兴趣和想象力,调动幼儿的积极性。

二、观看图片

通过多媒体出示图片一,提问:画面中的形象是谁? 他们分别是哪部动画片中的主人公?

引导幼儿相互讨论,鼓励幼儿大胆地说出自己的想法,培养幼儿的观察能力,发展幼儿的语言表达能力。

三、自由讲述

“引导幼儿用生动的语言描述自己喜欢的动画片”是本次活动的重点,为了有效实现重点的活动目标,我首先通过启发式提问法引导幼儿思考:你最喜欢的动画片是什么? 它讲了什么有趣的事情? 你为什么喜欢这个动画片? 让幼儿先两人一组,互相讲述,然后请个别能力好的幼儿单独讲述,对于幼儿的表现我会给予积极评价,调动其他幼儿的积极性,激发其想说的欲望。

四、欣赏讲述

播放比较受幼儿喜爱的一个动画片的片段,让幼儿欣赏,请幼儿讲述一下动画片里讲了个什么事情? 说一说自己喜欢谁,引导幼儿尝试用“因为……所以……”的句式讲述喜欢它的原因,培养幼儿耐心倾听别人说话的能力,发展幼儿的语言表达能力。

五、游戏活动

引导幼儿用“因为……所以……”的句式说话是本次活动的难点,为了顺利地实现活动难点的教学,我首先出示缀满各种卡片、小礼物的圣诞树,然后交待游戏规则:幼儿喜欢树上的什么礼物,只要用句型“因为……所以……”说出喜欢它的原因,就可以取走礼物。通过游戏,调动所有幼儿参与活动的积极性,让幼儿在轻松愉快的游戏中实现难点的活动目标。

六、小结

今天小朋友们都互相介绍了自己喜欢的动画片,还学会了用“因为……所以……”的句式来说话,大家表现得非常棒,回家也说给爸爸妈妈听吧。

总之,在本次活动的设计过程中,我自觉地运用《纲要》的教育理念,积极地为幼儿营造一个轻松愉快的活动氛围。充分调动幼儿的积极性和主动性,最大限度地激发了幼儿的好奇心和探究欲望,为幼儿的全面发展奠定了基础!

以上是我说课的全部内容,谢谢各位评委老师!

【案例评析】

说课不同于一般的发言稿和课堂教学，它要求说课者比较系统地介绍自己的教学设计及其理论依据，而不是宣讲教案，也不是浓缩课堂，其核心在于说理，在于说清为什么要这样教，说课的重点在于教学重难点的突破上。该案例在说课过程中，围绕说教材、说目标、说重点难点、说教法学法、说活动准备、说活动过程六个方面进行了全面阐述。该案例首先清楚地说明了"怎样教"，并且能够结合《纲要》中的指导思想分析确定活动目标、重点、难点、教学结构及教法的理论依据；其次结合教育心理学知识说明作为确定学法的理论依据；最后根据所选活动内容和幼儿实际，对活动中的重点进行了切合目标的分析。

但是在说活动流程这一环节未能在教学活动中，说清楚如何保证教学目标的达成，如何保证教学重难点的突破，如何保证所有孩子最大限度地获得发展。

【理论自测】

一、单项选择题

1.幼儿园谈话活动的组织与开展是以儿童的(　　)发展为基础和宗旨的。

A.书面语言　　B.口头语言　　C.手势语言　　D.第二语言

2.在谈话活动中，要求学前儿童建立主动倾听别人谈话的愿望、态度和习惯，可培养其(　　)。

A.反馈性倾听能力　　B.辨析性倾听能力

C.理解性倾听能力　　D.有意识倾听能力

3.在幼儿园的谈话活动中教师主要起着(　　)的作用。

A.间接引导　　B.转换话题　　C.提供示范　　D.直接讲授

4.幼儿园谈话活动的特点是(　　)。

A.要有凭借物　　B.注重多方的信息交流

C.要有相对正式的语境　　D.旨在锻炼幼儿的独白语言能力

5.在谈话活动中出现谈话内容中断时，想延续谈话，则谈话者可采用(　　)。

A.修补的方法　　B.轮流的方法

C.传递的方法　　D.导向的方法

6.教师组织两个或两个以上的幼儿就某一主题进行交谈的活动是指(　　)。

A.讲述活动　　B.文学作品活动

C.早期阅读活动　　D.谈话活动

7.谈话活动与日常交谈相比较而言，它具有(　　)。

A.无计划性　　B.随机性　　C.自发性　　D.目的性

8.幼儿学习谈话的第一步是(　　)。

A.习得语言　　B.倾听　　C.习得句型　　D.习得词汇

9.教师在谈话活动中应起到(　　)。

A.直接引导作用　　B.间接引导作用

C.主要引导作用　　D.次要引导作用

10.在谈话活动中,要求学前儿童建立主动倾听别人谈话的愿望、态度和习惯,可培养其(　　)。

A.反馈性倾听能力　　B.辨析性倾听能力

C.理解性倾听能力　　D.有意识倾听能力

二、多项选择题

1.幼儿日常交谈的主要特点是具有(　　)。

A.自发性　　B.计划性

C.随机性　　D.有预期目的性

2.鼓励幼儿围绕话题自由交谈,有哪些基本方法可供参考?(　　)

A.放手让幼儿围绕话题自由交谈

B.鼓励每位幼儿积极参与谈话,真正形成双向或多向的交流

C.在自由交谈的活动过程中,适当增加幼儿“动作”的机会

D.注意自由交谈中的个体差异

3.好的谈话活动可以达到(　　)的目标。

A.帮助幼儿学习倾听他人的谈话,并及时从中捕捉有效语言信息

B.帮助幼儿学习围绕一定的话题谈话,充分表达个人见解

C.帮助幼儿学会基本运用语言进行交谈的规则,提高语言交往水平

D.提高人际交往能力

4.谈话活动与日常交谈都具有发展幼儿语言交流能力的作用,但两者之间还有一定的差异。以下表述正确的是(　　)。

A.谈话活动是有目的、有计划地为幼儿创造交谈的机会,日常谈话是幼儿在日常生活中随机进行的谈话,是无预期目标和计划的谈话,具有自发性与随机性

B.谈话活动明显体现出教师的指导作用,而日常交谈则更多的是发挥幼儿的主动性,同时,二者又是相互促进,互为基础的

C.在形式上,谈话活动是在集体场合下进行,而日常交谈往往是在两名或两名以上幼儿中发生的

D.从话题来说,谈话活动是固定的,是教师根据教育目标、计划精心设计的,日常交谈是非固定的,是幼儿随意发生的

E.从时间上来说,谈话活动是利用正式活动时间专门进行的,日常交谈则一般发生在自由活动中

5.成人帮助幼儿准确运用词汇,正确的方法有(　　)。

A.提供正确的用词典范

B.及时而巧妙地纠正幼儿用词错误的现象

C.让幼儿自己在错误中总结经验

D.利用和创设机会，鼓励幼儿积极使用语词

6.教师在开展谈话活动创设情境时应注意(　　　　)。

A.要避免无关摆设，紧扣中心话题

B.只要注重幼儿的兴趣爱好即可

C.要避免过于热闹以致喧宾夺主，要简单、明了

D.时间不宜过长，3~5 分钟即可

三、判断正误

1.日常交谈与谈话活动的共同点之一是两者都是有目标、有计划的谈话。(　　)

2.幼儿园的谈话活动，是一种有目的无计划地组织幼儿学习的语言教育活动。(　　)

3.在谈话活动中，教师要做示范，给幼儿提供些提示。及时纠正幼儿说话时用词造句的错误。(　　)

4.谈话活动有多个有趣的话题。(　　)

5.谈话活动是一种多方位的语言交流活动。(　　)

6.自我修补是谈话时如有不理解的情况，听话人用重复、提问等方式来进一步了解信息的方法。(　　)

7.为更好地掌握谈话技能和规则，在谈话活动中既可以让幼儿反复练习某一交往技能，还可以让幼儿将某些交往词语背诵下来。(　　)

8.幼儿园谈话活动的目的在于着重培养幼儿运用口头语言与他人交往的意识、情感和能力。(　　)

9.教师在创设谈话情境时，应多用摆设，以吸引孩子们的注意力，启发引导幼儿进入谈话话题。(　　)

10.幼儿园的谈话活动旨在良好的语言环境中帮助幼儿学习倾听，习得与别人交流的方式，一般没有明确的目的和计划。(　　)

【思考与练习】

1.学前儿童谈话活动的基本特征及主要类型有哪些？

2.在设计与实施学前儿童谈话活动时，应注意哪些问题？

【项目实训】

子任务一　分析学前儿童谈话活动方案

【实训目标】

1.进一步了解学前儿童谈话活动的结构。

2.树立正确的学前儿童语言教育观念。

【实训内容与要求】

阅读下面两篇同一主题大班谈话活动的方案,分组讨论完成相关的问题,并做好记录。

活动设计方案一:

大班谈话活动:有趣的吆喝

【活动目标】

1.了解生活中吆喝形式的多样性。

2.在老师的引导下,总结出吆喝的特点,并尝试自己创编吆喝。

3.在游戏情境中体验不同的吆喝形式带给我们的快乐。

【活动准备】

1.课件。

2.快板、纱巾、喇叭道具各若干。

3.图书、水果、点心模型若干。

4.店铺牌子三个。

【活动过程】

一、回忆探索——了解特点

1.播放录音,引导幼儿回忆模仿听到的吆喝。

导语:王老师在农贸市场录了一段特别的声音,一起来听听吧!

2.老师小结:在我们生活中,有好多这样的老板,他们为了更快地把自己的商品卖出去,就会“绞尽脑汁”想尽各种宣传方式来吸引顾客,让自己的生意红红火火,这种宣传方式,就是吆喝。

3.提问:小朋友,你们在生活中还听到过哪些吆喝?逐步归纳出吆喝的特点(声音洪亮,内容丰富,语言生动,吸引顾客,让他们一听就想买)。

二、尝试体验——发现不同

1.普通话吆喝

给幼儿一个想象中的物品,引导幼儿从物品的特点入手,初次尝试创编吆喝这个解暑又解渴的夏季水果之王——西瓜并分享,老师对幼儿的回答及时给予肯定与评价。

2.歌唱类吆喝

出示读书节卖书吆喝创意视频,老师引导幼儿观察对比,让幼儿发现这种吆喝的不同之处。

小结:像这种用歌唱的形式进行有节奏的吆喝,我们称它为歌唱类吆喝。

教师再次出示樱桃、苹果和西瓜图片,幼儿邀请同伴进行讨论、合作创编吆喝。

3.展示创编结果,评价小结。

三、情境表演——合作创编

1.介绍商店及游戏规则。

2.幼儿自由结伴选择摊位,分工讨论创编吆喝。

3.集市开张,分角色游戏。

4.活动自然结束。

活动设计方案二:

大班谈话活动:有趣的吆喝

【设计思路】

吆喝是商贩们对自己商品的一种宣传,通过吆喝来把自己的商品出售给人们。它贴近生活,平凡得几乎随处可以听见。孩子们也非常感兴趣,并且善于模仿。教师以此为契机加以提炼和归纳,让幼儿体验到吆喝的好玩和有趣。本活动旨在让幼儿和教师共同总结出吆喝的特点、形式、内容,引导幼儿加以创造想象创编各种吆喝,从而发展幼儿的语言表达能力和大胆与人交往的能力。

【活动目标】

1.热爱各行各业的劳动人民,体会生活给我们带来的快乐。

2.在活动中能友好地与同伴分工合作,并大胆地与人交往。

3.善于捕捉周围的事物,有敏锐的观察力;并能运用恰当的语言大胆地表现。

4.能在教师的引导下,总结出吆喝的特点,并能自己创编吆喝。

【活动准备】

1.知识准备:带幼儿到市场中观察商贩买卖物品。

2.物品准备:冰糖葫芦、各种水果、羊肉串、臭豆腐、凉粉、玉米、烧饼等。

3.情境创设:美食街。

【活动过程】

一、引导探索:让幼儿明白什么是吆喝?为什么要吆喝?

1.教师出示冰糖葫芦,引导幼儿观察并说出其特点。

2.教师示范简单的吆喝,让幼儿判断这样的吆喝好听吗?引导幼儿自己尝试创编吆喝,并进行个别表演。

3.幼儿自由结伴向客人(教师)吆喝冰糖葫芦。

4.请幼儿说自己吆喝冰糖葫芦的过程,让客人(教师)给出评价。[由一名客人(教师)到幼儿面前根据幼儿刚才吆喝的情况,总结幼儿吆喝的缺点,比如声音要大一点,语言要更生动、丰富,将你的东西说得更好,让别人一听就想买。]

5.教师小结：吆喝是生意人在出售商品时，对自己商品的一种宣传手段，目的是把自己的商品说得棒棒的，让自己的商品卖出去。

二、回忆观察比较：探询吆喝的形式与特点

1.提问：小朋友，你们在生活中还听到过哪些吆喝？

2.幼儿回忆模仿各种形式的吆喝。

3.观察比较：引导幼儿在吆喝的形式上进行观察比较，逐步归纳出吆喝的特点。

（在这一层次里，首先让幼儿说说生活中听到过的吆喝，然后教师向幼儿展现三种吆喝：普通话的、方言的、唱的。让幼儿比较觉得哪一种更有趣，然后以鞋子为例让幼儿选择三种方式中的一种自由吆喝，最后选择三个幼儿分别以不同的方式上台吆喝，幼儿评价你听了以后想买谁的鞋子。）

三、创编展示：幼儿根据所学知识，自由创编吆喝。

1.给幼儿一个想象中的物品，引导幼儿从物品的特点入手，邀请同伴进行讨论、创编。

2.教师引导幼儿对比，让幼儿发现哪种吆喝更有趣，更有创意。

3.展示创编结果，评价小结。（在这一层次里，主要让幼儿感受一个人吆喝和结伴吆喝的不同。可设计这样的游戏：同样卖一种商品，比如玉米，一个幼儿在一边独自吆喝，另几个幼儿结伴吆喝，其他幼儿当顾客。让幼儿谈谈自己的感受。）

注意：教师在各个环节中都要引导幼儿用丰富的语言去表达。同时要注意买和卖的使用。

四、自由表现

1.介绍美食街。

2.请幼儿自由结伴选择摊位，分工讨论怎样吆喝。

3.美食街开张，吸引顾客，吆喝美食。

4.小结、结束。

【讨论话题】

1.“有趣的吆喝”选材是否符合谈话活动主题的要求？

2.同一主题的两篇谈话活动设计方案的活动目标是否符合学前儿童语言教育年龄段的要求？哪一篇更加准确一点？目标是否达成？

3.谈话活动中材料的提供与环境的创设是否充分？在谈话活动过程中起到了什么作用？

4.采用了哪些活动组织方式？是否促进了幼儿语言的发展？

5.在谈话活动中，幼儿的情感体验是否与语言发展同步进行？

6.同一主题的两篇谈话活动设计方案有什么异同？

子任务二　观摩、评析学前儿童谈话活动

【实训目标】

1.加强对学前儿童谈话活动具体组织、指导环节的了解。

2.学习、观察并记录幼儿教师是如何逐步组织实施活动的，了解谈话活动实施的基本步骤。

3.学会评析语言教育活动，提高学生对所学理论知识的综合运用能力。

【实训内容与要求】

以小组为单位去实训基地幼儿园观摩或观看其提供的各年龄班谈话活动教学活动视频，观察并详细记录活动的全过程，重点观摩活动的组织形式和环节的过渡，学习教师的导入方式、提问语和教学方法的运用。各小组在讨论的基础上整理修改意见，并形成完整的活动设计方案。

分组讨论问题如下：

1.活动目标的设计是否符合幼儿园教育活动目标制订的基本要求？是否符合不同年龄段幼儿谈话活动的要求？如果不适合应怎样修改？

2.活动内容的选择是否符合小班幼儿的年龄特点和能力水平？

3.活动准备是否充分？是否能满足教学的需要？

4.活动过程的设计是否遵循环环相扣、循序渐进等原则？

5.活动过程中运用了哪些教学方法？分别体现在哪些环节？

6.师幼互动是否融洽？幼儿学习的主体性和创造性发挥得如何？

7.教师的教学基本功怎样？教学效果如何？

子任务三　学前儿童谈话活动的设计与组织实施

【实训目标】

1.培养运用理论知识指导实践的能力。

2.掌握学前儿童谈话活动的组织形式和基本方法。

【实训内容与要求】

1.5~6 人为一小组，每个小组通过问卷调查、访谈及与幼儿直接交谈等方式了解不同年龄段的幼儿日常感兴趣的话题。每个小组确定 3 个谈话活动的话题，在全班交流，不得重复。

2.根据小组确定的谈话话题，每 3 人任选一个主题，设计一篇幼儿园谈话活动教案。教案应包括选择话题的理由、活动目标、活动准备、活动过程等内容。

3.根据小组完成的谈话活动设计方案，做好课前准备，如课件、图片、实物等相关的教具，模拟组织活动，并完成说课。

4.课堂中随机抽取幼儿，进行 3 人一组的说课和片段试讲。

【拓展阅读】

促进幼儿谈话经验的建议和策略

《指南》指出：幼儿的语言能力是在交流和运用的过程中发展起来的。促进幼儿谈话能力的发展需要为幼儿提供交流和运用的平台，让幼儿在谈话中表现自己已有的谈话核心经验的发展水平，同时在与教师、同伴的互动中获得谈话核心经验的发展和提升。在幼儿园教育实践中，以下路径可供教师参考，以促进幼儿谈话核心经验的发展。

一、创设积极的语言交往环境

幼儿谈话经验的发展要在谈话过程中得到锻炼和发展，《纲要》和《指南》都指出：要创设一个能使他们想说、敢说、喜欢说、有机会说并能得到积极应答的环境。因此，教师首先要注意创设积极的语言交往环境，激发幼儿谈话的兴趣，让幼儿想说、敢说和喜欢说。具体而言教师可以从以下方面着手：

1.多途径丰富幼儿的经验，让幼儿有内容可以谈

教师要注意通过家园联系，了解幼儿的兴趣和日常交流能力发展的特点，鼓励家长多创设机会让幼儿参与到各种类型的活动中，接触大自然、了解新科技、阅读好图书，丰富幼儿的所见、所闻、所听，并在这个过程中积极与幼儿互动。在幼儿园中，教师可以创设相应的游戏语言区角，提供玩具材料，让幼儿积极探索。

身边的材料，乐于和同伴、教师互动。教师也可通过观察、访问、记录等方式展现幼儿的日常活动，从而丰富幼儿的认知经验和生活经验，让幼儿在谈话活动中有内容可谈。

2.选择恰当的谈话主题，让幼儿想谈

教师在一日生活中可以根据幼儿正在进行的生活事件，与不同人数的幼儿进行谈话。如幼儿出现争论时，教师可以就这个“机会”让争论双方进行表述，并让一方对另外一方的说法进行回应，同时鼓励目击的幼儿参与到谈话中，让事实在谈话讨论中逐渐明晰。这不仅能让幼儿通过谈话自主解决问题，同时也在潜移默化中发展了幼儿谈话的能力。在集体谈话中，教师主要根据教学内容、时令节气、突发事件，甚至是新闻轶事等，选择幼儿熟悉并且有着一定经验积累的谈话主题。比如地震发生后，教师可以就看到地震的新闻后自己的感受、如何躲避地震等话题引导幼儿进行谈话；阅读完《做人》后，可以就“敌人是什么”这个问题进行讨论。当幼儿对谈话主题有了一定的知识经验，并有自己的想法和感悟时，幼儿就自然地想表达了。

3.创造一个安全、积极的谈话氛围，让幼儿敢谈并有机会谈

安全的谈话氛围表现为幼儿的谈话在规则范围内不会被限制，有着自己在闲暇时间谈话的自由，并且教师不加以制止。在谈话过程中幼儿若有出错，从教师的反馈中获得的应该是示范、鼓励，而不是批评或嘲笑。积极的谈话氛围指的是师幼都会积极寻找时间和空间进行多方的交流，这种交流不是检查，不是拷问，更不是否定，而是真诚的倾听、用心的交流。尤其表现为教师的语言所营造出来的是积极的语言环境。

二、在一日生活中促进幼儿谈话核心经验的发展

一日生活是幼儿发展的主要情境，生活中的各个细节都会对幼儿的发展产生潜移默化的影响。组织良好的一日生活可以让幼儿有充分的机会进行谈话，因此教师要善于在一日生活中设置相关的谈话环节来聚焦幼儿的谈话，在一日生活的各个环节中充分寻找机会进行谈话，并在一日生活中促进幼儿谈话核心经验的发展。

1.一日生活中要有必要的谈话环节

在以往的一日生活环节设置中，教师往往会设置“晨间谈话”“餐前谈话”“离园谈话”等环节，这些环节聚焦了诸如幼儿的生活经验、主题内容学习、常规养成或行为管理等多方面的内容。这样的谈话环节时间往往在10~15分钟，具有时间短、主题鲜明的特点。近年来，有教师在一日生活环节的组织和实施中感觉谈话环节“无话可谈”，因此在一日生活中忽视甚至取消谈话环节，我们认为这是不可取的。一日生活的各环节中还是应保留1~2个谈话环节，从而让幼儿有着基于一日生活情境的集体性谈话机会，以发展幼儿的倾听习惯和能力。教师也可以基于一日生活示范，引导幼儿获得基本的谈话规则和策略。

2.关注一日生活中的师幼谈话

一日生活中，幼儿有着较为充分的机会与同伴进行交谈，与同伴的交谈能够给幼儿提供展示自身谈话能力的平台，锻炼自己的谈话能力。然而，有的幼儿可能因为性格、社会性等方面的原因未能充分参与到同伴的谈话中，同时教师作为具有更高谈话水平的成人能够给幼儿谈话经验的发展提供示范和指导，这时教师与幼儿的谈话就显得尤为重要。笔者在幼儿园观察和访谈中发现，有的教师忙于事务性工作，导致有的幼儿一个星期中竟然没有与教师单独谈话的机会，这不仅不利于幼儿口头语言能力的发展，也会对幼儿的心理造成不良的影响。因此，教师因尽可能在一日生活如入园、离园、整理等环节中与幼儿开展单独的谈话。

3.一日生活中的谈话要注意处理好四对关系

一日生活中开展谈话时，教师往往会遇到谈话主题的预设与生成之间的矛盾、谈话时间的随机与集中之间的矛盾、谈话内容的广度与深度之间的矛盾、谈话中教师主导与幼儿主导之间的矛盾。

三、善用提问激发和推进幼儿的谈话

谈话是谈话多方围绕谈话主题多循环信息交流的过程。在谈话的推进过程中，提问是激发和推进谈话的重要手段，教师在谈话过程中，也主要是通过提问的方式来确保谈话主题的不断深入。因此，在谈话过程中，教师的提问显得尤为重要。

教师的提问往往可以分为六种：

一是回忆性问题，这种问题往往是封闭式问题，主要涉及具体的事物和信息，这些问题通常都是时间（什么时候）、地点（哪里）、人物（谁）和结果（最后怎么样）等类型的问题。

二是聚合性问题，即要求幼儿比较两种信息的异同或寻找之间的关系。

三是发散性问题，即要求幼儿预测推理的问题，如：“如果按照这个说法，你觉得结果会怎么样？”

四是评价问题，即要求幼儿对谈话对象中他人的观点进行评价，如："你同意他的观点吗？为什么？"

五是观察性问题，即要求幼儿观察和描述他自己的感受，如："你看到了这个情景，你会有什么感受？"

六是解释性问题，即要求幼儿对自己的观点、原因进行进一步的解释，如："你为什么产生这样的想法？"

将这六种问题按开放式问题和封闭式问题来分，回忆性问题往往是封闭式问题，后面五种都属于开放式问题。封闭式问题有助于幼儿的倾听和对谈话内容的理解，但只有开放式才能激发更多的幼儿参与到谈话当中来，并愿意表达自己的观点，对他人的看法进行评价，从而推动谈话的进展。因此，在谈话过程中，教师要注意恰当、合理的提问。教师在谈话中的作用主要是观察和引导，这种引导主要是通过提问的方式来进行的。恰当、合理的提问主要有以下要求：首先，提问要符合幼儿的经验和思维发展水平。在提问过程中，教师首先提问要具体、明确，避免抽象笼统，如在阅读图画书《金老爷买钟》后，教师引导幼儿讨论：到底哪个钟的时间是正确的呢？教师通过呈现三个钟帮助幼儿回忆，同时帮助幼儿回忆故事内容后对问题进行讨论。其次，提问要具有一定的开放性，即在谈话中，要尽量少用封闭式问题，重点通过开放式问题引导幼儿回忆自己独特的经验，产生新的想象和想法，让每个幼儿对这个内容都有话可说、有事可谈。如在阅读图画书《三个强盗》后，可以问："这三个强盗是好人还是坏人，为什么？"因为每个幼儿的理解不一样，所以很容易产生不同的意见，这样开放式的问题就能激发幼儿的谈话兴趣，并且帮助幼儿了解他人的想法，对他人的观点进行辩驳、对自己的看法进行辩护或修正，从而推进谈话的进行。最后，教师的提问要具有一定的启发性。幼儿之间的谈话固然能将谈话往深度拓展，但是由于经验和认知能力有限，幼儿要获得认知、经验和语言交流能力的进一步发展，就需要教师通过提问来为幼儿的发展搭建脚手架，这时教师的提问就需要具有启发性。这种提问可以表现为列举不同例子对幼儿观点进行反面质疑，也可以顺着幼儿的想法做出进一步预设性的提问。总之，在谈话活动中，教师的提问要有助于幼儿之间的信息交流，围绕主题的深入展开，从而达到思维的碰撞，认知的提升。

（本文选自微信公众号大鱼来）

学习项目三

学前儿童讲述活动的设计与指导

●案例描述

早上9:00又到了，实习老师小顾老师已经把班里的孩子都组织好了，他们都静静地坐在小椅子上，小手放在腿上。顾老师笑问："今天，轮到哪两个小朋友来讲新闻呢？"她的眼光看向第三组，第三组的王栋和夏超你看看我，我看看你，王栋慢慢走到前面，坐在桌子前面，等了一会儿说："神舟六号。"然后就抬起头看着顾老师，顾老师问他："神舟六号怎么了？"王栋摇了摇头，继续看着老师不作声，小顾老师继续追问："今天早上，神舟六号怎么了？"王栋还是不作声，下面的小朋友却已经忍耐不住，开始叽叽喳喳说起话来，小顾老师只好让他下去坐好，重新让孩子们安静下来。接着让夏超上来讲。夏超上来开始讲，但是只见他的小嘴在动，却听不到任何声音，下面的孩子只静了两秒，又开始交头接耳说起话来，过了两秒，下面的孩子说话声音越来越大，已经盖过了台上的夏超，甚至盖过了老师的声音。时间已经整整过去了10分钟。这时小顾老师又问其他小朋友："还有谁愿意讲讲昨天的新闻？"她刚说完，只见李非凡、周文杰、张子易三位小朋友都争先恐后地举起了小手，小顾老师请了李非凡上来讲，只见他坐好后从口袋里掏出一张小纸条，他举起小纸条一边看一边讲："今天早上4:25，神舟六号成功着陆，两名宇航员接受了鲜花。"说完就把纸条交给了老师。小顾老师问他："这是谁写的？""是我妈妈写的。"李非凡坐好后，周文杰上来讲。该是孩子们生活活动的时间了，小顾老师只好结束了这次的小广播。

从上面的案例中你可以看出该班孩子对老师新近开设的"我是小主播"讲述活动兴趣如何？存在什么样的问题？你能说一说在讲述活动中教师的提问应该注意哪些问题？

●学习目标

1.了解讲述活动的特征、类型、作用。
2.理解学前儿童讲述活动的语言教育目标。
3.掌握学前儿童讲述活动的设计与实施。

●职业技能

1.独立设计学前儿童讲述活动的能力:根据主题素材与年龄段,设计学前儿童讲述活动集体教学活动的教案。教案格式完整规范,语言清晰、简洁、明了,目标设计、内容选择、方法运用等符合幼儿年龄特征和领域特点。

2.说课能力:根据已设计的教案,就内容、目标、方法、过程设计等进行说课,说清楚"学什么、教什么""怎么学、怎么教"以及"为什么"等问题,语言规范,条理清楚,逻辑性强,表达流畅。

3.组织与实施学前儿童讲述活动的能力:根据已设计的教案,能够组织实施学前儿童讲述活动。

任务一　学前儿童讲述活动概述

学前儿童讲述活动是指学前儿童针对一定的讲述对象,在相对正式的语言环境中独自完成表述内容(表达个人对某事、某物或某人的认识)的语言表达活动,是学前儿童语言教育活动的重要组织形式之一。这类活动要求学前儿童积极参与命题性质的讲述实践,帮助学前儿童逐步取得独立构思和完整连贯表述语言的经验。

一、学前儿童讲述活动的主要特征

讲述活动与谈话活动都是为提高学前儿童口头语言能力而进行的教育活动,但这两类活动在活动目的、活动对象、活动方式等方面均有较明显的差异。讲述活动具有以下四个主要特征。

(一)讲述活动拥有一定的凭借物

学前儿童讲述活动与主要围绕学前儿童已有经验进行交流的谈话活动不同,需要有一定的凭借物进行支持。所谓凭借物,是指讲述活动中教师为学前儿童准备的或学前儿童自己参与准备的图、实物、情境等。教师通过向学前儿童提供讲述活动的凭借物，给学前儿童划定讲述的主要内容，使他们的讲述具有明显的指向性。例如，教师提供图片，让学前儿童讲述“快乐的星期天”，学前儿童就可以按照图片所展示的内容，叙述星期天所发生的事情，以及主人公是如何做的、是否感到快乐等。因此，在讲述活动中，凭借物往往为学前儿童的讲述提供语言素材，同时对学前儿童的讲述起着重要的作用。

学前儿童的讲述活动与谈话活动相比，有一定的凭借物是其独特之处。在讲述活动中出现凭借物，基于以下两个方面的原因。

1.符合学前儿童讲述学习的需要

成人讲述一件事或一个物体，可以凭借当时出现在眼前的实物、情境，也可以凭借脑海中存留的记忆进行。而学前儿童存在着经验和表象积累不足的实际情况，在讲述活动中，学前儿童不可能完全凭借记忆进行讲述。因此学前儿童在讲述活动中，需要有一定的凭借物。

2.讲述活动是一种集体参与的活动，学前儿童是要在集体面前进行连贯、清楚的讲述

组织学前儿童进行讲述时，需要有一种集体的指向，要求学前儿童就相同的内容构思表述个人的见解。讲述活动中出现的一定凭借物，为学前儿童指出了讲述的中心内容。学前儿童可以根据自己具体的认识，去讲述相同或相似的内容，并产生相互交流和影响的作用。

（二）讲述活动有较为正式的语境

所谓语境，即语言环境，包括语言因素和非语言因素。上下语句、时间、空间、情境、对象等与词语使用有关的都是语境因素。从交际场合来讲，语言交际的实质，是利用语言传递信息、交流思想感情。不同的语言环境，要求人们使用不同的语言。在一定场合中说话，说什么和怎样说，不仅与这个场合下所说的内容和参与说话的人有关，还与这个场合里其他人说话的方式方法有关。在这些因素的影响下，人们在交往中会不由自主地调节自己的说话范围、说话方式和说话风格，以便适应这一特定场合的要求。如果是相当严肃的交际场合，参与交际的人应当感到这一语境的特点，以相对严肃的方式和风格说话。归纳起来，学前儿童在讲述活动中，不能像谈话活动中那么宽松、自由地交谈，要经过考虑后才能发表个人见解；说话时不能有很大的随意性，要经过较完善的构思，有头有尾地说出一段完整的话来；要尽量注意在用词造句方面的正确性、准确性，以合乎规则。

讲述活动为学前儿童提供的是一种学习和运用较正式语言的场合。这种正式表现在两个方面：一是语言规范，学前儿童需要使用较为完整的连贯句；二是环境规范，一般在专门的教学活动中开展，如看图讲述等。实质上，讲述活动就是要求学前儿童根据讲述的凭借物，在经过精心计划和准备的语言环境中，鼓励学前儿童运用过去的语言和知识经验，讲述规范性语言，以达到提高口头表达能力的目的。

总之，讲述活动必须针对具体的凭借物，根据语言环境要求，组织口语表达的内容和方式，运用较正式的语言风格说话。为学前儿童提供一种学习运用较正式语言进行说话的场合，是讲述活动的一个重要特点。

（三）讲述活动的语言是独白语言

独白即需要说话的人独自构思和表达对某一事或物的完整认识。讲述活动是学前儿童语言交际的一个方式，学前儿童要学习的讲述是一种独白语言，如在讲述“树木好处多”图片时，学前儿童要依据图片思考：什么地方？有什么？并且确定先说什么、后说什么，大致要打一个“腹稿”，然后按照图片的顺序，以口头语言的方式将自己构思的内容在集体面前完整、清楚地讲述出来。因此，讲述的语言比谈话的语言要求高，并且是建立在一般交谈的基础之上。需要注意的是，学前儿童在谈话活动和日常交谈中发展自己运用语言能力和人际交往能力之外，还要逐步具备一定水平的讲述能力。讲述活动是培养、锻炼学前儿童独白语言的有效途径，有别于其他各类语言教育活动，因而有其存在的独特价值。

（四）讲述中需要调动学前儿童的多种能力

除了语言能力外，学前儿童在讲述活动中还需要运用一些其他能力，如观察力、想象力、记忆力和逻辑思维能力等，否则就很难提高讲述的水平。以看图讲述为例，学前儿童要将画面的内容清楚、有条理地描述出来，首先要完整地认识图片，这需要学前儿童运用观察力和综合分析能力；然后要理解画面的内容，描述画面中人物的动作和发生的故事，这需要学前儿童凭借过去的生活经验加以联想并得出判断；最后，要深入地反映画面本质、深刻地理解内容，这要求学前儿童要对画面进行综合性的推想，涉及画面的人物、背景、事件等诸多要素之间的联系，必须具有思维的深刻性和间接性。总之只有多种综合能力的配合，才能保证讲述活动顺利、有效地开展下去。

讲述活动的教育作用与谈话活动的教育作用大致相同，但也有不同之处，具体如下：

①从活动目标看，谈话活动注重学前儿童运用语言与他人进行交流，而讲述活动则侧重学前儿童清楚、连贯地表述某一事、某一物的能力。

②从活动内容看，谈话活动往往围绕学前儿童已有经验的话题进行交流，而讲述活动则针对某一学前儿童需要认识的凭借物（如图片、玩具等）进行讲述。

③从活动中学前儿童运用语言方式来看，同样是口头语言的表达，但谈话的语言却属于对话范畴，正如人们一般交谈那样，不需要使用规范、严谨的正式场合语言，而是宽松自由、不拘形式的语言，以说明白想法为主。讲述不同于谈话，讲述是一种独白，要求类似正式场合的语言，规范清晰而有条理地表达相对完整的观点。

二、学前儿童讲述活动的作用

讲述活动为学前儿童创设了一个相对正式的语言场合，引导学前儿童依据一定的凭借物进行独立构思，并使用比较规范的语言表达自己对某事、某物或某人的认识，能够有效地提高学前儿童的语言水平，同时对学前儿童的认知、社会化发展等方面也能产生良好的影响。具体来说，有以下几个方面的作用。

(一)帮助学前儿童学习认识事物的方法

学前儿童在讲述之前,需要认识所讲的事物或现象,通过讲述活动,学前儿童能够学习认识事物的顺序和方法。以讲述活动“牡丹花”为例,学前儿童自己先要认识牡丹的特征,学习认识花的各个部分,如名称—颜色—花瓣形状—味道—叶子—用途—开花时间—赞美的话,使自己的讲述给听的人一个完整、清楚的印象。经过多次的练习,有利于学前儿童掌握认识事物的方法。

(二)锻炼学前儿童讲述能力和独白语言能力

在讲述活动中,学前儿童需要独立构思讲述的内容、顺序、重点,考虑怎样让别人理解自己的讲述内容等。因此,学前儿童语言教育的意义之一是培养学前儿童的表述能力。例如,在“我喜欢的游戏区”讲述活动中,学前儿童讲述前要思考:讲述哪些自己喜欢的游戏区?先讲述什么?再讲述什么?重点讲述游戏区里的哪些内容或材料是自己最喜欢的?用什么样的词汇和句子来描述?可见,讲述活动能够帮助学前儿童连贯、完整、清楚地讲述某一事物,说出自己想说的事。在教师指导下,他们的语言表述能力逐步得到发展。

在讲述活动中,学前儿童有机会在集体面前独立、大胆地表达自己的想法和感受,尝试说明、描述简单的事物或过程,把一事、一物、一人讲清楚,他们的语言表述能力在这个过程中逐步得到发展。学前儿童讲述活动中着重培养的独白语言,是学前儿童语言表述能力的一部分。例如,在教师指导下,学前儿童独立讲出“小兔搬家”的故事,其内容逐渐达到完整、清楚、符合逻辑等要求。

(三)发展学前儿童思维和想象能力

在看图讲述时,图片中的人、事、物都有一定的因果关系或者前后顺序。讲述活动中,学前儿童只有观察分析事物的特征、事件发生的原因和顺序,才能领会人物在不同状态下的思想感情。学前儿童必须经过一定的推理、判断、分析,才能认识自己所要讲述的内容,然后组织语言连贯地表述出来。此外,在看图讲述中,学前儿童要对画面以外的事物展开丰富联想,这也有助于培养学前儿童的想象力和创造性思维能力。例如,讲述活动“我拼出了什么”,学前儿童用几何图形拼出作品,拼好后充分发挥自己的想象进行讲述。

三、学前儿童讲述活动的类型

(一)根据凭借物的特点分类

1.看图讲述

看图讲述是根据图片内容进行讲述的语言活动。它包括单幅图讲述、多幅图讲述、排图讲述、拼图讲述、粘贴图讲述、绘图讲述等多种方式。无论用什么方式，提供什么样的图，看图讲述的凭借物都是图片，即平面的形象画面。这类凭借物表现情境静止瞬间的形象，在指导幼儿观察理解和进行讲述时，需要帮助他们联想图片之外活动的形象和连续的情节。

图片是现实生活中实物和事件的再现，具有一定的直观性，它色彩鲜艳、形象生动、情节鲜明，能够引起学前儿童的联想和想象，而通过学前儿童观察、联想，必然使其产生表达的愿望。因此，看图讲述是对学前儿童观察、思维和说话三种能力的综合培养。

根据图片的运用和对幼儿讲述的不同要求，看图讲述还可分为以下几类。

1）看图说话

主要是根据图片内容，在教师的提问和引导下，通过一问一答的方式，把图片中所表现的主要内容讲出来。这种形式主要在小班进行，如看图说话“堆雪人”等。

图 3-1　看图说话

2）描述性看图讲述

要求学前儿童能观察到图片上所描绘的对象和现象的主要特征；能观察到细节部分，把握事物之间的关系和联系；能恰当地运用语言进行细致的描述，讲清图片上表现的是什么内容。这种形式主要在中班进行，如看图讲述“在动物园里”。

图 3-2　描述性看图讲述

3）创造性看图讲述

不仅要求学前儿童讲出图片的主要内容和次要内容的特征和相互关系，还要求学前儿童能够在教师的帮助下，讲出那些与图片内容有必然的联系，但图片上没有直接表现出来的事物或内容，如事件发生前后的情节、人物的心理活动、人物的对话等。这要求学前儿童能充分发挥自己的想象，用连贯的语言，讲述图片表现的故事。这种形式一般在大班进行，如看图讲述“大象救兔子”。

图 3-3　创造性看图讲述

4）排图讲述

排图讲述是指为学前儿童提供一组无序号的图片，让学前儿童根据画面的内容，将图片排成一定的顺序，并讲述故事情节的一种活动。一般来说，教师提供的这组图片所反映的内容，必须是学前儿童熟悉的。根据这些图片，学前儿童可以按一种思路排序讲述，也可以按多种思路排序讲述。这要求每幅图片既要有相对的完整性，又要有一定的内在联系和多种排列的可能。在这种讲述中，既培养了学前儿童的讲述能力，又培养了学前儿童的逻辑思维能力和想象能力。这种形式比较适合中、大班学前儿童。

图 3-4　排图讲述

5）拼图讲述

拼图讲述是看图讲述的一种，是看图讲述的拓展。其特点是教师不直接提供讲述的凭借物，而向幼儿提供各种构图材料，如积塑玩具、贴绒图片、磁铁图片、立体图片，其中有人物、动物、花草树木、天气状况及不同的地点以及一张大的背景图，幼儿根据自己的意愿与想象，将这些图片摆放在背景图上，构成一个完整的、有情节的故事，并将它们清楚地表达出来。在培养幼儿口语表达能力的同时，也锻炼了他们的创造性思维能力。例如，立体图片“一对好朋友”。学前儿童选择自己喜爱的芭比娃娃、奥特曼作为主人公，在背景图中摆上各种花草树木，并挑选某一特定的天气状况，如“阴天”，在创造出这样一种场景后，幼儿可以根据自己的思路讲述与场景相吻合的故事。同一场景编出的故事可以多种多样。这种讲述可以让学前儿童独立拼出场景、自由讲述，也可以由几个学前儿童联合拼图并创编完整的故事。这种讲述形式灵活、多变，改变了传统的看图讲述中图片完全是教师准备的现象，发挥了学前儿童的主动性。而且图片中形象场景的设置和故事的构思，完全依照学前儿童的爱好和想象而定，符合学前儿童心理发展的特点，实现了在讲述中动手、动脑、动口的目的，因此深受学前儿童的喜爱。小、中、大班都可以开展这种乐趣多多的活动。

6）绘图讲述

从广义上讲，是将绘画、泥工、折纸等手工活动与讲述结合起来的一种活动。由于绘图讲述的材料需由幼儿自己制作，在刚开展这种活动时可以进行不同领域的整合：第一次活动绘制材料，如绘画、捏泥等；第二次活动讲述。待学前儿童对这种活动形式熟悉后，可将两者有机融合在活动中。绘图讲述保留了拼图讲述“动手、动口、动脑”的优点，又兼顾了面向全体、因材施教的长处，活动的形式更灵活、内容更丰富，使学前儿童在动手操作和讲述中，体验到自由创造的乐趣。例如，学前儿童在捏完小猫和鱼后，编出关于它们的故事。需要注意的是，对不同年龄班的学前儿童，所提的要求应有所不同。小班学前儿童允许先绘图后讲述，而中班边绘边说，大班则应培养学前儿童先讲述后绘图的能力。

2.实物讲述

实物讲述是使用具体的实物作为凭借物，来帮助学前儿童讲述的一种活动，具有真实可感的特点。实物包含真实的物品，如教具、玩具、动植物、日常生活用品和自然景物等。指导学前儿童进行实物讲述时，最重要的是把握实物讲述更侧重于描述倾听等语言方面的目标，而不要把主要时间花在认识这种实物上。例如，“美丽的菊花”讲述活动，就应该在学前儿童充分了解菊花的多方面特征之后再进行，否则就不得不花大量的时间去认识菊花，从而冲淡语言方面的目标要求。这种讲述活动适用于大、中、小三个年龄班。

3.情境讲述

根据学前儿童经验设计情境，由教师或学前儿童扮演角色，进行表演或操作木偶进行表演，在引导学前儿童观看表演的同时，要求学前儿童凭借对情境表演的理解来进行讲述。这要求他们在表演中集中注意力和观察力，在讲述中还要有一定的记忆力，不仅要记住人物和情节，还要记住人物的对话、动作、事件的发展过程。另外，学前儿童还要有一定的想象力和思维能力，要能感受人物的内心情绪、情感的变化和心理动态，并准确地讲述出来。由于这种讲述难度较大，一般在小班后期或中班早期开始进行，类似的讲述活动有“想个好办法”“小羊过桥”等。

4.生活经验讲述

学前儿童在教师指导下，根据已有生活经验，用完整、连贯、有条理的语言，讲述自己生活中所经历的或见过的具有深刻印象或感兴趣的事情。在讲述中，要求学前儿童将零散、片断的感受，组织成一段有条理的表述，因此对组织和概括能力提出了较高的要求。除了要求学前儿童有较强的表述能力外，还要求学前儿童能正确地感受和理解社会生活，了解人们之间的关系。类似的讲述有“可爱的动物园”“庆祝六一儿童节”等。此外，还包括对学前儿童个人经验和感受的讲述，如“今天我最高兴的事”“暑假里最好玩的事情”等。这类讲述活动在大、中、小三个年龄班都适用。

（二）根据讲述语言的特点分类

1.叙述性讲述

叙述性讲述是用口头语言，把人物的经历、行为，或事情的发生、发展、变化讲述出来的方式。叙事要求说清楚人物、事件、时间、地点和原因，并且要求说明事情发生、发展的先后顺序。叙事件讲述有两种形式：一是按照第一人称“我”的语气，把事情经历和个人见闻讲给别人听；二是以第三人称叙事，讲述“他”“她”或“他们”经历的事情。在整个学前儿童阶段，幼儿的叙事性讲述能力总体水平不太高。一般只要求学前儿童能简洁、清楚地按顺序讲述事件即可。

2.描述性讲述

描述性讲述是用生动形象的语言，把人物的状态、动作或物体以及景物的特征、性质具体描述出来的方式。例如，讲述“一张照片”，要求学前儿童具体描述照片上的人物是什么样的，正在干什么，表情如何，自己看了照片之后的感受等。在学前儿童阶段，初步尝试使用具体、生动、形象的词语说话，同时抓住事物的主要特征进行描述，是学前儿童学习描述性讲述的重点。

3.说明性讲述

说明性讲述是用简单明了的语言，把事物的形状、特征、功用等清楚讲述的方式，如讲述“我喜欢的玩具”，要求学前儿童说明玩具是什么样的，什么材料做的，具体玩法等。说明性讲述不需要幼儿使用生动形象的词语，而是以表明事物的状态、交代清楚事物的特点、来源为主。

4.议论性讲述

议论性讲述是通过摆观点、摆事实来说明自己赞成什么或者反对什么。在学前阶段，由于幼儿的逻辑思维水平不高，议论能力还不强，因此只能进行初步的议论性讲述。例如，讲述“我喜欢夏天还是冬天”，学前儿童可以通过摆观点、举例子来说明自己喜欢什么季节及其原因。这种讲述可以提高学前儿童的语言逻辑水平，对发展他们的逻辑思维能力颇为有益。

四、学前儿童讲述活动的语言教育目标

根据讲述活动的特点和学前儿童语言发展的需要，在讲述活动中主要考虑以下几方面的教育目标。

（一）培养幼儿的感知和理解能力

在学前儿童语言教育过程中，有些活动是有固定的程式可遵循的。不仅需要幼儿学会表达想法，而且要求幼儿学会按照一定的主题去构思和说话。这就需要幼儿懂得积极感知理解“要求说”的内容，讲述活动就是提高这方面能力的良好途径。

从语言学习的角度来看，感知理解讲述对象，获得有关讲述内容的要求，是一个对综合信息汲取的过程。它不仅首先要求幼儿听懂指示，还要求观察讲述对象——凭借物，然后通过运用概念、想象、判断、推理等多种思维形式的活动，获得一定的认识。这个过程并非简单的听和说，还有各种语言和语言之外的认知，如社会能力的参与、加工和协调工作。

因此，将活动的目标之一放在培养幼儿感知理解讲述对象，把握获得有关讲述内容要求方面，将有益于幼儿不断增强汲取综合信息的能力，对幼儿语言和其他方面的发展将产生极大的促进作用。

（二）培养幼儿独立构思与清楚完整表达的能力

讲述活动为幼儿提供了独立构思和清楚完整表述的机会，幼儿在教师的引导下，语言能力得以提高。通过这类活动可以从三个方面提高幼儿的语言水平。

1.在集体场合自然大方地讲话

刚入园的幼儿，虽然有在集体面前讲话的愿望，但讲话的音量及连贯等方面存在欠缺，通过教师引导，幼儿可以在讲述活动中逐步学会如何在集体面前自然大方地讲话，具体体现在以下几个方面：①敢于在许多人面前说出自己的想法；②乐于跟别人分享自己的观点，积极地说话；③在集体面前说话不忸怩作态，不脸红害羞，不胆怯退缩；④声音洪亮，语调、节奏把握恰当。

2.使用正确的语言内容和形式进行讲述

幼儿处于语言学习过程之中,他们的表达会出现语音、词汇、语法方面的错误。但是通过尝试可以不断纠正错误,一步一步地向正确的方向靠拢。讲述活动要求幼儿使用规范化的语言,这需要引导幼儿不断地纠正错误,提高正确使用语言内容和形式的水平。

3.有中心、有重点、有顺序地讲述

在讲述活动中,要求幼儿讲述用独白语言,以发展幼儿有中心、有重点、有顺序的说话的意识和能力。有中心地讲述,要求幼儿敏锐察觉说话范围,在讲述时不"跑"题,不说与中心内容无关的事。有重点地讲述,要求幼儿抓住事件或物体的主要特征,传达最重要的信息,而不是讲话时漫无目的,令人厌烦。有顺序地讲述,教幼儿学习按照一定的逻辑规律来组织表达自己的口语语言,增强他们说话的清晰度和条理性。幼儿在讲述活动中,独立进行构思和清楚完整表达的语言能力,可以提高他们的表述行为水平,促进语言发展。

(三)培养幼儿语言交流的信息调节能力

有关研究成果显示,幼儿在学习运用语言与人交往的过程中,需要不断增长个体对交流信息清晰度的调节技能。从总体上说,这种调节技能是针对交往场合中各种主客观因素以及这些因素与个人使用语言的敏感性而言。学前儿童有必要通过讲述活动学习获得这种语言运用的技能。通过讲述活动幼儿可以从以下三方面提高对交流信息清晰度的调节技能。

1.增强对听者特征的敏感性

根据听者的特征来调节说话的内容和形式,使听者能理解和接受,这是保证交流信息清晰度的一个方面。

2.增强对语境变化的敏感性

根据语言环境的变化来调节语言表达方式,也是保证交流信息清晰度促使听者理解的一个方面。

3.增强对听者反馈的敏感性

在运用语言进行交往时,学前儿童需要学习根据听者所作出的反馈,及时调整自己说话的内容和方式,这是保证语言清晰度和交流效果的又一种语用技能。

讲述活动中要求幼儿要善于倾听别人的讲述是否与自己相同,是否与讲述内容一致;要求幼儿根据不同的语境和听者的反应来调节语言表达方式,以保证交流信息的清晰度。可以说,每一次具体的讲述活动,都对幼儿提出了感知语境变化的具体要求,幼儿在学习讲述的过程中,逐步锻炼自己对语言变化的敏感性,培养能随语言环境变化而调节自己表述方式的能力。

任务二　学前儿童讲述活动的设计与实施

作为一名幼儿教师，如何设计和组织讲述活动，才能实现"培养学前儿童独白语言、完整连贯地讲述"的语言能力目标呢？具体可参照以下几个步骤进行，不同类型的讲述活动的基本框架都可参照以下步骤进行。

一、感知、理解讲述对象

（一）目的

只有充分了解讲述对象，学前儿童才能有话可说。此环节的目的就是激发学前儿童参与活动的兴趣，帮助学前儿童对讲述对象产生充分的了解和认知，为后面环节做好铺垫。

（二）方法

学前儿童学习的最主要方法和途径是观察。教师根据活动内容，创设相应的情境，尽可能调动学前儿童的视觉、听觉、触觉、味觉、嗅觉等多种感、知觉，通过这些感、知觉的参与帮助学前儿童充分观察、分析并了解、理解讲述对象，获得关于讲述对象的各种信息。一般来说，都是以视觉为主。

讲述活动中，最主要的方法和途径是创设情境和提问。创设情境既是为了激发学前儿童的兴趣，也是为后面环节中学前儿童的讲述提供了解讲述对象的环境。创设情境可以有多种方式，如运用实物、图片、多媒体、语言、表演、实验、游戏、悬念和回忆等，根据具体的活动内容灵活使用。而通过提问，教师可以对学前儿童的观察起到适宜的支架作用。教师在预设活动时，可根据活动的特点有目的、有计划、有针对性地设计问题。

（三）指导要点

1.指导学前儿童根据讲述类型的特点感知、理解讲述对象

例如，要引导学前儿童讲述《司马光砸缸》这一类的叙事性内容，就应帮助学前儿童重点感知、理解事件发生发展的过程、相关的人物、地点、结果等，让学前儿童感知、了解整个事件的来龙去脉和前因后果。再根据不同年龄班学前儿童的特点，确定讲述的难易程度。而描述性讲述，指导学前儿童观察的重点则应是物体的形态或人物的状态动作、特征以及像什么等。例如，描述性讲述《我最喜欢的东西》和《大雨小雨》，就要求引导学前儿童把喜欢的是

什么物品，它的外形是怎样的，喜欢它的理由；大雨是什么样的，小雨是什么样的，甚至暴雨是什么样的，会给人类带来哪些不同的后果等，都用具体、形象化的语言描述出来。

2.指导学前儿童根据凭借物的特点感知、理解讲述对象

“根据凭借物的特点”指的就是看图讲述中的“图”、实物讲述中的“实物”（包括依靠听觉的音乐）和情境表演讲述中的“表演”。在看图讲述中要重点引导学前儿童观察图片的内容，根据图片之间的关系和线索去推测、想象图片没有的情节；在实物讲述中要重点引导学前儿童有序地观察，突出实物的基本特征（形状、颜色、材料）以及功用等；在情境表演讲述中，要重点引导学前儿童观察表演的情节、人物、对话，揣摩人物的心理。例如，情境表演讲述《一把椅子》，除了引导学前儿童说出表演的情节，还可以引导学前儿童说说“明明坐下来被椅子上的钉子扎了一下，他会有什么感受？”“兰兰用小锤子钉钉子的时候，明明、小红和小军又会是一种什么心理？”

3.根据具体活动的要求引导学前儿童观察、感知

每个活动的目标都不一样，有的要求学前儿童有中心、有重点地讲述，有的要求学前儿童有顺序地讲述。例如，中班情境表演讲述《我会当小医生》，首先要引导学前儿童注意观察、了解看病时要先做什么，再做什么，最后做什么，弄清楚看病的过程；其次要知道“医生”应该做哪些事，怎样和“病人”说话，而“病人”又应该怎样描述自己的病情等。由此可见，学前儿童的观察方法是否正确，观察是否有序，将直接影响学前儿童的讲述思路和讲述效果。因此，教师必须根据具体活动的要求引导学前儿童观察、感知讲述对象，积累讲述内容。

（四）注意事项

①情境的创设要符合讲述对象（凭借物）的特点，重点突出，和讲述的内容紧密结合。不能太繁杂，包含的信息也不能太多，否则给学前儿童的视觉冲击过大，容易分散学前儿童的注意力。应该紧扣目标、抓住孩子的兴趣点。例如，在看图讲述《司马光砸缸》中，就可以通过“问题情境前置”的方式来吸引学前儿童的兴趣和注意力，让学前儿童充分讨论“如果有人掉到大缸里，用什么办法来帮助他？”这样的情境设置不仅紧紧扣住讲述的内容，而且一开始就以紧张的气氛和疑问调动起学前儿童参与活动的兴趣。

②如果凭借物的特点比较复杂，那么不仅要在活动中引导学前儿童感知、理解讲述对象，还需要在活动之前就引导学前儿童做相应的知识准备，以满足讲述过程的需要。例如，讲述《大雨小雨》，针对大雨、小雨、暴雨等表现出来的不同外在特点造成的不同结果等，引发学前儿童在讲述活动前做好充分的准备，这样在讲述活动中学前儿童才能“有话可说”。

③提问要有针对性、启发性，引导学前儿童具体思考，留给学前儿童思考的空间。提问不能过于频繁，把学前儿童变成回答问题的机器，缺乏自己的思考。

二、运用已有经验进行讲述

（一）目的

在前面观察、感知、理解讲述对象的基础上，学前儿童已经积累了一定的认知经验。在此基础上，鼓励学前儿童运用自己的语言将这些已经具备的经验表述出来。

（二）方法

学前儿童学习的主要方法和途径是自由讲述，包括集体讲述、小组讲述和个别讲述。

1.集体讲述

组织形式是集体的方式，但是讲述的内容、角度和语言，由学前儿童根据自己的已有经验决定，教师不作规定和提示；同时应给予每位学前儿童围绕凭借物充分自由发表个人见解的机会。

2.小组讲述

学前儿童分小组进行讲述，一般每组不超过 4 个人。这种方式有助于满足每位学前儿童讲述的欲望，增加个体讲述的机会，促使组内形成一定的交流。

3.个别讲述

通常的组织形式表现为学前儿童和身边的一位同伴结伴讲述，“一对一”讲述，也可以是学前儿童自己对着讲述对象讲述。

教师教的主要方法和途径是通过插话、查问的方式起到隐性指导的作用。

（三）指导要点

①尽量放手让学前儿童自由讲述，教师尽可能多地了解具备不同语言能力学前儿童的表述情况。

②讲述要求要在学前儿童自由讲述之前交代清楚，以引导学前儿童有针对性地围绕凭借物进行讲述。

③教师要注意倾听学前儿童的讲述，及时发现学前儿童讲述中的“闪光点”和“问题”，在学前儿童讲述完成之后通过插话、查问等方法适宜地指导学前儿童的语言表述。

④可通过模仿、表演、想象、猜测等方法增加学前儿童讲述的趣味性。例如，请学前儿童看图讲述其中一幅图的内容，请其他学前儿童猜测并迅速找出对应的页面等。

(四)注意事项

①避免出现少数学前儿童讲述、多数学前儿童听的被动、单调局面。

②教师的指导和评价不能干扰学前儿童的讲述思路，也就是不打断学前儿童的讲述，等待学前儿童讲述完之后再进行必要的引导和帮助。

三、引进并学习新的讲述经验

(一)目的

在学前儿童自由讲述的基础上，对学前儿童的讲述提出更高的要求：帮助学前儿童学习新的讲述经验，进一步提高学前儿童的讲述水平。学习新的讲述经验是每次讲述活动的重点，包括帮助学前儿童学习新的讲述思路和讲述方式。

1.讲述思路

讲述思路是指理清讲述时的顺序和条理，确保讲述的重点内容不会遗漏及讲述的顺序不会颠三倒四，也就是帮助学前儿童理清先说什么，后说什么，重点说什么。例如，在学前儿童最初接触看图讲述时，教师往往会通过 4 个问题来帮助学前儿童理清讲述图片内容的顺序和条理：图上有谁？在什么地方？什么时间？发生了什么事？（当然这四个问题并不是所有图片都会用到，而是根据图片的具体内容来确定，如有的图片中关于“时间”的概念并不突出，就可以忽略这个问题。）

2.讲述方式

讲述方式包括两个方面：①帮助学前儿童学会突出感知、理解讲述对象的重点内容，针对重点内容讲述语言应丰富；对其中一些不重要的内容讲述语言要简短，一带而过。②引导学前儿童按照一定的顺序讲述，包括从上到下、从左到右、从大到小、从近到远、从表面到本质。这些方式有助于学前儿童清晰、有条理地进行讲述。

(二)方法

①教师示范新的讲述经验，供学前儿童参考和模仿。

②教师通过提问(提示)，潜移默化地改变学前儿童的讲述思路。

③组织学前儿童针对个别学前儿童的具体讲述内容进行讨论，引发新的讲述思路。

(三)指导要点

①教师示范新的讲述经验。针对学前儿童讲述的某一讲述对象，教师在学前儿童讲述

的基础上表述自己的见解。

②帮助学前儿童认识讲述的基本要素——人物(动作、对话、内心感受等)、时间、地点、事情发生、发展、过程、结果,确保讲述的内容比较全面、完整。

(四)注意事项

①教师的示范是一种启发,起到引导学前儿童思路的作用,而不是让学前儿童成为机械复述的模板,应根据学前儿童的不同语言表述能力鼓励学前儿童模仿,或在了解、学习新的讲述思路的基础上运用自己的语言表述,提高学前儿童表述的积极性和创造性。

②讲述内容的完整、全面之外,要根据具体的讲述对象做到重点突出,有详有略,而不是所有的讲述都面面俱到。

四、巩固和迁移新的讲述经验

(一)目的

为学前儿童提供实践的机会,练习和巩固前面步骤学得的新的讲述经验。

(二)方法

①为学前儿童创设"直接巩固讲述内容"的情境,即在学前儿童掌握了本次活动的新的讲述经验后,改变讲述的情境供学前儿童直接运用所掌握的新的讲述经验。例如,学前儿童学习了"各种各样的标志"的讲述思路后,教师带领全班学前儿童开办"标志展",向全园的小朋友及其父母介绍。

②为学前儿童创设"迁移讲述内容"的情境,即在学前儿童学习了新的讲述经验后,教师提供同类中另一种不同的对象供学前儿童迁移讲述经验去讲述。例如,学前儿童学会了讲述一件玩具的方法后,教师立即提供同一类玩具中的其他玩具供学前儿童讲述。

③为学前儿童创设"创新讲述内容"的情境,即在原有讲述内容的基础上,提供给学前儿童一个扩展或延伸原讲述内容的机会。排图讲述和拼图讲述都很适合用这种方式来巩固和迁移,同样的图片根据不同的排图顺序可以得出不同的讲述内容;同样的材料,组合方式不同、拼成的内容不同,讲述的内容也不相同。

(三)注意事项

在"直接巩固讲述内容"的练习中,要注意避免学前儿童变成"复读机",机械复述前面的内容,而应鼓励学前儿童有创造性地运用新的讲述经验。具体来说,有以下三点。

1.理解讲述对象

在学习讲述对象的基础上,教师有必要进一步引导学前儿童去理解讲述对象,尤其让学前儿童通过亲身感受去体验讲述对象。教师可围绕讲述对象组织和设计几个相关的活动，如观察走访，观看图片、动画片、情境表演，引导学前儿童讨论、表达和表现讲述对象。不管采取何种方式，都必须紧紧围绕着讲述对象引导学前儿童理解与思考。

2.创造性想象和语言表述

教师可以进一步创设条件，让学前儿童扩展自己的想象，并创造性地运用语言去表达自己的认识和想象。创造性想象和语言表述仍然立足于讲述对象的理解基础。

3.扩大学前儿童自主活动的范围

在讲述活动中，学前儿童往往有较大的主动性。他们在教师的指导下，能比较自由地进行讨论、讲述。扩大学前儿童的自主活动范围，可充分调动学前儿童的创造力和主动性，是提高学前儿童讲述能力的有效途径。

任务三　学前儿童讲述活动案例评析

案例1　小班讲述活动：小鸭找朋友（活动设计）

【教材分析】

《小鸭找朋友》这一讲述活动内容简单、情节单一，特别是小鸭与朋友间的对话简单重复，适合小班幼儿的语言特点。故事讲述了小鸭自己玩觉得很难受，于是一次又一次邀请朋友（小兔、小鸟、小乌龟）一起玩，在小鸭与朋友的对话中，让幼儿明白了小鸭要找的朋友是会游泳的小动物，同时又富有教育意义：只有和朋友一起玩，才是最开心的事。所以我将它定位为小班的讲述活动。

【活动目标】

1.培养幼儿语言的完整性和连贯性，丰富相应的动词：跳、飞、爬、游。

2.指导幼儿充分运用动觉、听觉和视觉，完整地感知理解并讲述图片的主要内容。

3.培养幼儿安静地听别人讲述的习惯，并鼓励他们在集体面前大声地表述。

【活动重难点】

1.重点：指导幼儿完整讲述图片的主要内容。

2.难点：丰富相应的动词：跳、飞、爬、游。

【活动准备】

1.背景图。

2.小鸭、小兔、小鸟、小乌龟、猫、鸡、青蛙图片各一幅。

【活动过程】

1.观察理解讲述对象。

出示背景图,不断出示小兔、小鸟、小乌龟的图片,并通过提问,引导幼儿观察,理解图中的主要内容。

“嘎嘎嘎”谁来了？小鸭来到了什么地方？它在干什么？只有自己玩,它心情怎样？

2.运用已有经验讲述。

逐一出示小动物图片,看看,谁来了？小兔(小鸟、小乌龟)是怎样来的？(幼儿用动作表示动词)小鸭看见小兔(小鸟、小乌龟)来了,会说什么？它们是怎么说的？

3.引进新的讲述经验。

逐一出示小动物图片,教师引导幼儿边回答边集体讲述图片内容。

告诉幼儿故事的名字《小鸭找朋友》,幼儿边看图边连贯、完整地讲述图片的内容。

请几名语言能力强的幼儿到前面讲述。教师以鼓励的口吻和插话的方式帮助其完整、大胆地表述。

4.引导幼儿迁移讲述经验。

教师还会讲一个不一样的《小鸭找朋友》的故事呢,引导幼儿把“小鸭找小兔、小鸟、小乌龟”的讲述经验迁移到新的经验上面来完整、连续地讲述。

【案例评析】

从活动设计整体来看,结构完整、要素齐全。活动一开始教师能抓住图片的三要素(人物、地点、事件)进行提问,为幼儿进行完整讲述奠定了基础。在进行情感引导时,教师要注意加强语境的创设,特别是对于小班幼儿来说,他们的生活经验还比较匮乏,当问到“小鸭是怎么说的?”他们想到的就是“小兔,你好!”之类的礼貌用语。这时,教师应及时引导“小鸭想找小兔玩,会怎么说呢?”从而调动幼儿已有的经验,启发幼儿积极参与讲述。

在“引进新的讲述经验”这一环节,教师采用了“平行提问”的方法,幼儿在教师的引导下,能较完整地讲述图片的主要内容。特别是能力强的幼儿,已经能独立完整讲述图片的主要内容。

在“引导幼儿迁移讲述经验”这一环节选用教具合理,符合小班幼儿的年龄特点和活动内容的需要,能根据小动物的特征,置换成小猫、小鸡、小青蛙的动物图片。在教师的引导下,合理地进行讲述经验的迁移。教法设计体现了以幼儿为主体,有利于实现活动目标。

案例2　幼儿园中班讲述活动:娃娃(活动设计)

【活动目标】

1.指导幼儿用描述性的语言,完整、连贯地讲述“娃娃”。丰富相应的形容词,如漂亮、可爱、胖嘟嘟等。

2.幼儿通过有趣的“猜猜谁不见了”“改错”游戏,对“娃娃”进行由特征到一般的有序感知、表述。

3.帮助幼儿形成“听清楚了再回答”的倾听表述习惯。

【活动准备】

1.每组分发一个神态、性别、衣饰不同的玩具娃娃。

2.已放在“娃娃家”游戏角中让幼儿玩了几天。

【活动过程】

1.运用游戏“猜猜谁不见了”，引导幼儿感知理解“娃娃”。

教师将六个娃娃(每组一个)展示在幼儿面前。请幼儿闭上眼睛然后拿走一个娃娃。教师提问：哪个娃娃不见了？让幼儿集体回答。幼儿回答后，教师也可以进一步启发幼儿从某娃娃的特征到一般形态进行描述。可以提问：第几个娃娃长得什么样？游戏可以进行多次，由教师藏娃娃大家猜，然后可以请几位幼儿上来藏娃娃大家猜“谁不见了”。

2.运用“抱一抱，亲一亲”，让幼儿结伴讲述。

(1)幼儿分组进行讲述(每组一个娃娃)，大家传着抱娃娃，当抱着娃娃时，可以亲一亲、搂一搂娃娃，并说“我最喜欢娃娃×××(特征部分)，因为娃娃穿着××(长着××)”或“我的小宝宝，你的嘴长得像一朵小花，你的××长得像××(抓住‘特征到一般’进行描述)”。

(2)教师以参与者的身份加入幼儿的讲述中去，以平行示范的方式引导幼儿用合适的形容词来形容娃娃。

如果哪位幼儿不愿说或说得不合适不要紧，教师可以参加者的身份抱抱、亲亲、夸夸娃娃，为他们做示范，同时示意幼儿也来夸夸自己的娃娃。这种以游戏的方式进行的结伴讲述，可以减少幼儿表述时的紧张成分，使孩子们得以调整自己的讲述经验，为下面的讲述做好准备。

3.运用“改错”游戏，提供讲述思路。

(1)教师抱起娃娃：我的娃娃真快，你听，他长着像苹果一样的鼻子，绿绿的嘴唇，两条大大的耳朵，我真喜欢我的娃娃。

(2)幼儿运用集中讲述的方式，纠正教师不正确的讲述，同时说出正确的表述方式和思路。

教师可以这样启发幼儿：哪里说得不合适？为什么？如果你要说，又应该怎么说？怎样说才能让别人一下找到你的娃娃？

4.从说“夸娃娃”到“夸同伴”。

(1)请出一位幼儿。

(2)大家以集中讲的方式“夸夸××小朋友”。教师注意引导幼儿运用先讲特点再讲其他的思路进行“夸同伴”。

【案例评析】

本次活动属于学前儿童语言教育中的实物讲述活动。根据本班学前儿童年龄身心发展特点及学前儿童的兴趣爱好、知识经验、语言经验，教师选择了“娃娃”为活动内容。该讲述活动是具有说明性与创造性的看图讲述。在活动过程中，教师主要凭借实物引导幼儿进行充分的讲述，并以具体的人“夸同伴”引导学前儿童进行创造性的讲述，以便更好地达到教学目标。

在学前阶段，引导幼儿用描述性、陈述性、议论性及交往的语言进行谈话，是培养幼儿表述能力的具体行为内容。而描述性语言在实物讲述中运用得更为普遍。本次活动就运用了智力游戏“猜猜谁不见了”“改错”，让幼儿在玩的过程中，自然、生动、有趣地夸赞自己喜爱的娃娃，可以达到从娃娃的特征到一般形态的有序表述的目的。从活动的整体来看，该活动的目标完成得较好。整个活动过程以游戏的方式贯穿，激发了幼儿参与讲述的兴趣。

“猜猜谁不见了”这一游戏活动环节中游戏的规则即是启发幼儿有序地运用描述性语言讲述娃娃的语言过程。

幼儿自由结伴讲述也是运用游戏的方法进行的。它很像民间游戏“击鼓传花”。可爱的娃娃在每个幼儿的手中传来传去，谁见了都忍不住抱一抱、亲一亲，说句夸奖的话，这种方式充分激发了幼儿积极发言的兴趣。

提供新的讲述思路也是以游戏的方式组织起来的，教师故意说错几句话，让幼儿去纠错，因为中班幼儿已具备了初步识别字、词、句错误的能力。因此，在欢快的纠错活动中，他们又一次在自然、生动、有趣的玩耍中学习了新的讲述思路，并在纠错游戏中一遍遍地练习了新的讲述思路的表述方式。

最后环节，教师设计了“夸同伴”的活动，帮助幼儿迁移新的讲述经验。从玩具娃娃迁移到活生生的同伴。虽然人物变了，但是讲述的思路可以是相同的。于是，通过教师的指点，幼儿以与“娃娃”相同的思路，进行了有序的讲述，达到了迁移的目的。

案例 3　幼儿园大班语言活动：洗澡（活动设计）

【设计意图】

排图讲述是一种创造性的讲述。大班幼儿经过幼儿园两年的学习，积累了一定的看图讲述的有益经验。幼儿已经具备初步的逻辑思维能力，大部分幼儿能较认真地观察图片、能用较有条理的语言讲述图片内容，但逻辑思维、合理想象的能力还有待提高。《指南》中指出：幼儿在运用语言进行交流的同时，也在发展着人际交往能力、对交往情境的判断能力、组织自己思想的能力等，并通过语言获取信息，逐步使学习超越个体的直接感知。排图讲述，是幼儿对打乱的图序重新排列并进行连贯讲述的教学方式，由于图序的变化，幼儿需要变换观察与思考的角度，想象合理情节，有利于提高幼儿逻辑思维、连贯、完整讲述的能力。根据幼儿的年龄特点及现有水平与学习的需要，我选择了排图讲述《洗澡》，本次活动主要是通过图片提供的线索进行排图讲述。启发幼儿在观察理解图意的基础上，分析图片内容之间的内在关系，将图片合理地有序排列，创编故事情节和讲述故事的内容，体验排图讲述、自主阅读的乐趣，提高幼儿逻辑思维、合理想象和连贯、完整讲述的能力。

【活动目标】

1.能根据图片提供的线索，进行排图讲述。

2.尝试根据他人的讲述思路和画面所提供的信息延续讲述。

3.体验同伴间互相友爱带来的快乐。

4.通过多种阅读手段理解图画书内容，了解故事，感受故事诙谐幽默的情节。

5.引导幼儿细致地观察画面,激发幼儿的想象力。

【活动准备】

1.挂图四幅。

2.与挂图内容一致的小图(每组幼儿一套)。

3.大象、小兔头饰。

4.小兔跳音乐。

【活动过程】

1.以游戏形式引入活动。

教师与幼儿头戴小兔头饰伴随“小兔跳”音乐进入教室。

2.引导幼儿完整观察挂图,理解画面表现的故事内容。

教师出示四幅挂图,用提问的方式引导幼儿观察四幅挂图的画面以及画面之间的关系:每幅画面上有什么?这四幅画讲的是一件什么事?请几名幼儿分别讲述挂图中的故事。

3.教师引导幼儿从不同角度展开讲述,体验和感受人物的心理活动。

提问:

(1)大象在小河中干什么?小兔在干什么?

(2)大象为什么要帮助小兔洗澡?小兔这时会想什么?

(3)小兔在用什么帮助大象洗澡?为什么要帮助大象?大象心里会怎么想?

4.幼儿通过游戏的方法分组讲述不同的故事。

(1)每组幼儿一套小图片,用游戏(剪刀、石头、布)决定讲述顺序,讲述手里的小图片。

(2)第一名幼儿讲述自选图片,第二名幼儿从剩下的三张图片中选一张接着讲述,第三名幼儿从剩下的两张图片中选一张接着讲述,第四名幼儿讲第四张图片。

(3)幼儿讲述故事时,教师要求幼儿必须打破挂图的顺序进行讲述。

5.请各组幼儿在集体中展示和介绍自己所讲述的故事内容。

(1)每组选一名代表讲述本组根据图片编出的不同故事。

(2)幼儿讲述结束后,教师通过复述帮助各组整理讲述思路。

(3)教师鼓励各组创编出不同的故事,引导幼儿理解不同的图片顺序,可以产生不同的故事。

【活动延伸】

将小图片放到语言区,引导幼儿在活动区玩图片接龙游戏。也可引导幼儿自己用图片进行排图讲述。

附讲述内容:

洗　澡

夏天,小河边,大象在用自己的鼻子吸水和喷水,岸上有两只小兔玩得非常高兴,玩得大汗淋漓。

大象用鼻子为两只小兔喷水洗澡,小兔们高兴极了。

大象为小兔洗完澡后,就开始用鼻子为自己冲澡。

小兔用找来的长把刷、水桶为大象洗澡。

（本文选自幼儿教案网）

【案例评析】

本次活动属于学前儿童语言教育活动中的排图讲述活动。根据本班学前儿童年龄身心发展特点及学前儿童的兴趣爱好、知识经验、语言经验，教师选择了《洗澡》为活动内容。活动设计层次分明，条理清晰。活动目标符合语言领域的总目标和年龄阶段特点。活动过程能够突出重点、突破难点。在活动过程中，教师主要凭借课件、教学图片引导学前儿童针对图片、情境进行充分讲述，并且学习利用凭借物进行创造性的讲述，以便更好地达到教学目标。

从活动的整体来看，该活动的认知目标、技能目标完成得较好。通过本次活动，可以帮助幼儿回忆起生活场景，抓住洗澡的特点创造性地表现生活中有相同特点的场景。表现生活趣事，体验绘画活动的趣味性。培养幼儿的表现力和想象力。在本活动中，教师重点引导幼儿形象地回忆洗澡的动态、手部和身体的细节特点。并且着力安排让幼儿反复观察讲述。先是同桌间互相做动作，仔细观察，再全班讨论。在教师的启发下，逐一讨论身体各部分的动作特点和面部的细节特点。全班讨论结束后，再组织幼儿观察，请一位幼儿在集体面前表演。全班幼儿集体观察，进一步巩固幼儿对动作形象的感知，最后通过教师示范，加深幼儿的印象。

为了使幼儿能更好地展开想象，同时引导他们发散性思维——动物、汽车、楼房和地球也爱清洁、爱洗澡，还有什么也需要洗澡，把它们画出来，以此培养幼儿观察、记忆、想象、表现的能力。不足之处在于情感目标中的“体验同伴间互相友爱带来的快乐”体现得不明显。

案例4　大班生活讲述活动：逛商店（说课稿）

各位评委：

我今天说课的内容是大班语言：生活经验讲述“逛商店”。这个内容要求幼儿将逛商店的所见所闻和感受讲出来，要有时间、地点和具体事件。

一、说教材分析

一定的生活经验是幼儿进行讲述的基础，商店的功用是什么，与我们的生活有什么关系，以及在逛商场时的所见所闻都是幼儿应该有的生活经验，能引起幼儿回忆和讲述的积极性。因此，教学的知识点是：商场与人们生活的关系和在逛商场时印象最深最感兴趣的事物。在课前通过多种形式，如家长带幼儿逛商场或教师带幼儿逛商场，并有针对性地引导幼儿观察、记忆。这一知识点在整个知识结构中占基础地位，也是整个教学活动能否顺利开展的关键所在。

根据《纲要》中提出的“乐意与人交谈，讲话礼貌；能注意倾听别人讲话，能清楚地说出自己想说的事”，制订如下教学目标：

1.丰富逛商场的知识经验，激发幼儿热爱生活的美好情感。

2.引导幼儿运用已有的知识经验讲述逛商场的见闻和感受，培养口语表达能力。

3.初步了解商场与人们生活的关系。

重点:引导幼儿将逛商场时的所见所闻大胆地讲述出来。重点制订的依据:《纲要》中提出要让幼儿“想说、敢说”“语言能力是在运用的过程中发展起来的”,因此我们的教育重点并不是教幼儿记忆大量的词汇,而是让幼儿能乐意与人交流,能大胆在众人面前表达。另外,作为大班幼儿,思维已经由直觉行动性向具体形象性过渡,形象思维已经迅速发展,加上不断地实践学习,已普遍能组织简单的句子,表达自己的所见所闻。

难点:初步引导幼儿较连贯地将逛商场时最感兴趣的体验讲述出来。生活经验讲述就是根据幼儿的生活经验,围绕一个主题,有目的、有计划地组织幼儿进行讲述。安排好内容的顺序,组织简单的语句,较连贯地表达出来,对幼儿来说有一定的难度,而幼儿又具有善于挑战的心理,就像跳一跳就能够得到的果实,经过一定的努力也可以完成。因此这是本次教学活动的难点。

二、说教学方法

根据教材的内容和分析,主要运用示范模仿法和启发联想法。

①示范模仿法。幼儿天生具有良好的模仿性,任何事物幼儿都想亲自模仿,语言活动中示范模仿法同样十分重要。幼儿在模仿中学习语音、语法,学习运用语言。在这里,我不止单纯运用教师的示范,更重要的是幼儿的示范。因为身边小伙伴的示范更能为幼儿所接受。借助幼儿和教师的讲述开拓幼儿的思路,让幼儿在模仿的基础上有所发展。

②启发联想法。生活经验讲述必须以一定的生活经验为基础,在教学中怎样让幼儿的生活经验充分发挥作用,让幼儿将经验能用语言表达出来呢?我运用了启发联想法。通过再现性提问和启发式提问,帮助幼儿把已有的生活经验有条理地串联起来,比如“你在商店里买了什么东西?”“你发现了什么新鲜事?”“哦,原来每件商品和照片背后都有一个故事啊,你能讲给大家听听吗?”引导幼儿将生活经验归纳、总结、串联完整。这是幼儿能够连贯讲述的基础和关键。

另外,根据《纲要》的要求“创设一个自由、宽松的语言交往环境,支持鼓励吸引幼儿与教师、同伴或其他人交流的乐趣。”我将幼儿带来的物品和照片展示出来,为幼儿创设丰富的物质环境;我还运用语言的激励、积极的态度和饱满的精神为幼儿创设了一个良好的精神环境。

以上两种教学方法可以在活动中交替使用、相互补充,使教学活动动静交替。注意了幼儿口语表达能力的培养,重视了幼儿活动过程中的情感体验和态度倾向。

三、说学法指导

根据语言教学原则中注重幼儿获得经验的原则、教师与幼儿相互作用的原则和面向全体重视个别差异的原则。在教学中主要从听和说两方面进行了学法指导。一方面是引导幼儿养成有礼貌地倾听别人讲述的良好习惯。语言的掌握与运用都离不开听觉器官,那么有良好的倾听习惯是幼儿学习、掌握、运用语言的前提条件,在引导幼儿学会倾听时,我主要采用了两个方法:一是创设安静的环境,幼儿的坐椅位置摆放合理,情境布置有秩序。二是运用语言暗示的方法,比如在听个别幼儿讲述时说:“她在买这个洋娃娃时还发生了一件有趣的事情呢,你来认真听!”以此激发幼儿的倾听欲望,从而认真地去听。

另一方面的学法指导是引导幼儿学习运用语言讲述进行情感表达的方法。讲述必须有条理,才能让人听明白,在指导幼儿讲述时我充分运用了启发诱导的方法,不是教师直接地去教去说,而是让幼儿通过自由探索去发现、归纳、总结出来。有这样一句教育名言“相信孩子的能力,他们会创造奇迹”。在教学中只有大胆地放开幼儿,充分地相信幼儿的能力,才能让幼儿得到长足的发展。在教学中我为幼儿提供了自由讲述的机会。在激发了幼儿生活经验的基础上,请幼儿自由结伴进行讲述,我在幼儿自由讲述中进行个别指导,在整个过程中教师成功地扮演了支持者、合作者、帮助者的角色。让幼儿成为学习的主人、自主地学习、积极地探索,贯彻了“以人为本”的教育观念,遵循了“幼儿是通过自由的观察,积极的探索进行学习的”这一认知发展规律。

四、说教学程序

教学程序分三部分。第一部分出示逛商场的照片导入课题:运用实物投影将教师在逛商场的照片展示给幼儿。“这是王老师最近刚刚拍的照片,你知道我是在哪里拍的吗?”“哦,是商场,是哪个商场你猜猜看?”引起他们的兴趣。第二部分展开讲述,包含四个环节。第一环节启发引导,激发幼儿回忆生活经验。“你去过哪些商场?在商场里你看到了什么?”“你和谁去的?都买了些什么?”“在逛商场时你遇到过什么新鲜事?”幼儿对感兴趣的事一定表现得积极,都想来说一说。为了满足幼儿的愿望,自然过渡到第二环节——自由结伴讲述。教师进行个别指导,观察幼儿的反应,倾听幼儿的讲述内容。第三环节教师示范讲述,根据以往组织活动的经验和幼儿的兴趣点,自由结伴讲述时,幼儿对去过哪些商场、买过什么东西、商场里有什么商品等讲述得最多。因此,在教师示范讲述时要开拓幼儿的思路,针对逛商场时遇到的新鲜事进行讲述,激发幼儿有关的回忆。第四环节幼儿拿自己带来的商品或照片进行个别讲述。“今天小朋友也带来了一件从商场里买来的商品和逛商场时拍的照片,谁能拿着给大家讲讲?”幼儿个别讲述时,我注意了引导幼儿认真倾听,学会与他人分享快乐体验。比如将幼儿要讲述的照片通过投影展示给大家,用来吸引幼儿的注意力。第三部分活动结束,由于活动时间有限,幼儿想上来讲的愿望又很迫切,因此我引导幼儿将带来的商品布置成小超市,放欢快的音乐与幼儿一同布置环境,在音乐中结束本次活动。为了让幼儿能尽兴地讲述,随后开展角色游戏“小超市”,并将照片丰富到语言区以便于幼儿随时讲述。这样符合《纲要》中提出的“幼儿的语言能力是在运用中发展起来的”这一要求。

在教学活动中我掌握好宏观调控,调整控制好节奏,在提问时,注意根据问题的难易程度,有针对性地选择不同能力和水平的幼儿回答。当然,在实际的教学活动中,教师设计好的教学方法和教学过程都不是一成不变的,还需要根据幼儿的实际反应和接受能力及时调整,这就需要教师有良好的应变能力和灵活的教育机制,努力体现“以幼儿发展为本”的教育理念。

以上是我对这个教学活动的理解、分析与做法,如有不当之处请评委老师给予批评指正,谢谢各位领导!

【案例评析】

说课不同于一般的发言稿和课堂教学，它要求说课者比较系统地介绍自己的教学设计及其理论依据，而不是宣讲教案，也不是浓缩课堂，它的核心在于说理，在于说清为什么要这样教，说课的重点在于教学重难点的突破上。该案例在说课过程中，围绕说教材、说目标、说重点难点、说教法学法、说活动准备、说活动过程六个方面进行全面阐述。该案例清楚地说明了“怎样教”，并且能够结合《纲要》中的指导思想分析确定活动目标、重点、难点、教学结构及教法的理论依据；结合教育心理学知识说明作为确定学法的理论依据；根据所选活动内容和幼儿实际情况，对活动中的重点进行切合目标的分析。

但是在说活动流程这一环节中，就如何保证教学目标的达成，如何保证教学重难点的突破以及如何保证所有幼儿最大限度地获得发展阐述得不够深入。

【理论自测】

一、单项选择题

1.关于集体场合讲述的具体要求，不正确的是(　　)。

A.勇于在许多人面前说出自己的想法　　B.乐于跟别人分享自己的观点

C.和平时讲话的音量、语调基本一样　　D.在集体面前说话很大方

2.讲述活动是学前儿童学习运用(　　)进行说话的一种场合。

A.非正式语言　　B.正式语言　　C.随意语言　　D.自由语言

3.讲述的独白语言特性，要求幼儿的口头语言表述经历一个(　　)。

A.从独立完整发码到独立完整编码的过程

B.从谈话活动到表述活动的过程

C.从表述活动到谈话活动的过程

D. 从独立完整编码到独立完整发码的过程

4.(　　)是用口头语言把人物的经历、行为或事情发生、发展、变化讲述出来。

A.描述性讲述　　B.叙事性讲述

C.议论性讲述　　D.情境表演讲述

5.讲述活动中，讲述小动物或植物的生长变化时一般使用(　　)。

A.空间顺序　　B.时间顺序　　C.逻辑顺序　　D.以上都不是

6.根据凭借物的不同，幼儿园讲述活动可分为看图讲述、(　　)。

A.叙事性讲述和实物讲述　　B.实物讲述和情境表演讲述

C.描述性讲述和叙事性讲述　　D.情境表演讲述和议论性讲述

7.讲述活动中教师从幼儿生活经验出发，随儿童年龄增长逐渐扩展讲述主题，这体现了(　　)。

A.讲述主题从近到远　　B.对儿童的要求从易到难

C.讲述对象由少到多　　D.讲述活动的类型从单一到多样化

8.下面哪个不属于讲述活动组织的注意事项？(　　)

A.要区分讲述活动和其他活动的区别

B.要明确讲述活动中的核心经验

C.清楚教师要归纳和示范的是核心经验,而不是具体的内容

D.只要给幼儿提供充分、自由讲述的机会就行

9.幼儿园讲述活动有利于培养幼儿有中心、(　　)和有重点说话的意识和能力。

A.有趣味　　B.有特色　　C.有顺序　　D.有经验

10.在讲述活动中,感知理解讲述对象的途径是(　　)。

A.观察　　B.表述　　C.倾听　　D.情景表演

二、多项选择题

1.幼儿园所开展的讲述活动一般应具备的主要特征包括(　　　　)。

A.有一定的凭借物　　B.有相对正式的语境

C.旨在锻炼幼儿的独白语言　　D.提高幼儿学习书面语言的兴趣

2.依据凭借物的特点,可以将幼儿园的讲述活动划分为(　　　　)。

A.看图讲述　　B.实物讲述　　C.情境表演讲述　　D.叙事性讲述

3.组织幼儿运用已有经验讲述的方式有(　　　　)。

A.幼儿集体讲述　　B.幼儿与教师一起讲述

C.幼儿分小组讲述　　D.幼儿个别交流讲述

4.按照讲述语言的特点,幼儿园讲述活动可分为(　　　　)。

A.叙事性讲述　　B.描述性讲述　　C.情境表演讲述　　D.议论性讲述

5.幼儿语言讲述活动的步骤是(　　　　)。

A.感知理解讲述对象—引进新的讲述经验—运用已有的经验讲述—巩固和迁移新的讲述经验

B.感知理解讲述对象—运用已有的经验讲述—引进新的讲述经验—巩固和迁移新的讲述经验

C.运用已有的经验讲述—感知理解讲述对象—引进新的讲述经验—巩固和迁移新的讲述经验

D.运用已有的经验讲述—感知理解讲述对象—巩固和迁移新的讲述经验—引进新的讲述经验

三、判断正误

1.讲述活动往往有一定的凭借物。(　　)

2.凭借物是指讲述活动中教师为幼儿准备的或幼儿自己参与准备的图片、实物、情境等。(　　)

3.讲述的语言要求比谈话的语言要求高,并且建立在一般交谈的语言基础之上。(　　)

4.在美术教育活动中渗透语言教育,可以让儿童对自己的作品进行讲述,也可以在绘画和手工活动时,加进孩子喜闻乐见的儿歌等。（　）

5.用口头语言把人物的经历、行为或事情发生、发展、变化讲述出来,就是描述性讲述。（　）

6.讲述活动是一种有目的、有计划的培养幼儿语言能力的教育活动。（　）

7.能认真倾听并理解教师讲述的内容,以此指导自己的行为,这也是语言教育的内容。（　）

8.在讲述中幼儿运用最普遍的语言是说明性语言。（　）

9.实物讲述应在熟悉实物的基础上进行,所以教师首先要花大量的时间让幼儿认识实物。（　）

10.提示是指幼儿在观察和讲述时,有时难免看不清或表达不出图意,这时教师应提一些具体的、较接近答案的辅助性问题进行提醒和暗示,给幼儿提供线索,起到搭桥引路的作用。（　）

【思考与练习】

1.简述学前儿童讲述活动的主要特征、类型和教育目标。

2.教师怎样引进新的讲述经验?

【项目实训】

子任务一　分析学前儿童讲述活动方案

【实训目标】

1.巩固讲述活动教法理论知识。

2.培养运用讲述活动教法理论知识评析案例的能力。

【实训内容与要求】

请结合所学教法理论知识分析下面这个活动计划的目标设计是否准确、全面,活动过程的设计有哪些优点和不足,不足之处该如何修改。

生活经验讲述:购物(大班)

【活动目标】

1.引导学前儿童按照时间、人物、地点及事件经过等线索,完整地讲述超市购物的情境,表达自己的感受。

2.鼓励学前儿童积极与同伴进行语言交流,提高口语表达能力。

【活动准备】

1.学前儿童有购物的经验,并拍有照片、录像。

2.课件制作,用来讲述线索图(时间、人物、地点、事情经过、结果等)。

【活动过程】

1.引导学前儿童运用已有经验开展谈话,导入活动。

师:(出示超市标志)小朋友,这是什么地方的标志?超市是个什么地方?你们有没有去过超市?和谁一起去的?

师:前几天,老师也带小朋友去了超市,还在里面买了东西。下面就让我们一起来说说这件事。

2.教师讲述线索,引导学前儿童大胆使用描述性词句。

提问:要把一件事情说清楚,应该说清楚哪些内容?

教师讲述线索,用课件逐幅显示线索图:要说清一件事,就需要说出时间、人物、地点、事情经过、最后的心情。

引导学前儿童逐幅讲述。

教师引导学前儿童运用一些描述性词句,并引导学前儿童重点讲述购物的经过。

引导重点:买的时候发生了什么事情?你又是怎样解决的?

3.引导学前儿童按照线索完整地讲述。

请学前儿童选择照片后进行讲述。

几名学前儿童结伴讲;按照上面的线索完整地讲;要把买东西的过程讲得详细些。

学前儿童自由结伴,开展讲述。教师指导讲述重点:拓展学前儿童讲述的内容,引导学前儿童使用描述性语言;学前儿童讲述语言的完整性。

请1~2名学前儿童讲述。教师讲评重点:购物过程的丰富性、个性化及讲述词句。

(资料来源:选自免费论文教育网)

子任务二　观摩、评析幼儿园讲述活动

【实训目标】

1.加强对幼儿园讲述活动具体组织、指导环节的了解。

2.学习、观察并记录幼儿教师是如何逐步组织实施活动的,了解幼儿园讲述活动实施的基本步骤。

3.学会评析语言教育活动,提高学生对所学理论知识的综合运用能力。

【实训内容与要求】

以小组为单位去实训基地幼儿园观摩或观看各年龄班的讲述活动教学视频,观察并详细记录活动的全过程,重点观摩活动的组织形式和环节的过渡,学习教师的导入方式、提问语和教学方法的运用。各小组在讨论的基础上整理修改意见,并形成完整的活动设计方案。

分组讨论问题如下：

1.活动目标的设计是否符合幼儿园教育活动目标制订的基本要求？是否符合不同年龄段幼儿谈话活动的要求？如果不符合该怎样修改？

2.活动内容的选择是否符合小班幼儿的年龄特点和能力水平？

3.活动准备是否充分？是否能够满足教学的需要？

4.活动过程的设计是否体现环环相扣、循序渐进等原则？

5.活动过程中运用了哪些教学方法？分别体现在哪些环节？

6.师幼互动是否融洽？幼儿学习的主体性和创造性发挥得如何？

7.教师的教学基本功怎样？教学效果如何？

子任务三　幼儿园讲述活动的设计与组织实施

【实训目标】

1.培养运用理论知识指导实践的能力。

2.掌握学前儿童幼儿讲述活动的组织形式和基本方法。

3.能够设计并组织具有科学性、趣味性、创造性的讲述活动。

【实训内容与要求】

1.5~6 人为一小组，每个小组通过问卷调查、访谈及与幼儿直接交谈等方式了解不同年龄段的幼儿日常感兴趣的话题。每个小组确定 3 个讲述活动的话题，在全班交流，不得重复。

2.根据小组确定的谈话话题，每 3 人任选一个主题，设计一篇幼儿园讲述活动教案。教案应包括选择话题的理由、活动目标、活动准备、活动过程等。

3.根据小组完成的讲述活动设计方案，做好课前准备，如课件、图片、实物、视频等相关教具，模拟组织活动，并完成说课。

4.集体交流，进行模拟课堂的组织与实施。

【拓展阅读】

讲述活动中幼儿倾听能力的培养策略研究

讲述活动对于幼儿的成长而言是一种有计划的教育活动，能够提升幼儿对事物的认知，并且能够利用语言进行表达，或是对语言产生一定的认识，可以锻炼幼儿的思维能力与想象能力。所以想要培养幼儿的倾听能力，讲述活动是再好不过的教育形式了。下文将以在讲述活动中培养幼儿倾听能力的基本内涵为着手点，针对目前所存在的问题进行分析，从而提出在讲述活动中加强对幼儿倾听能力培养的具体策略。

一、在讲述活动中对幼儿倾听能力进行培养的基本内涵

讲述活动的基本概念就是利用实物等进行讲述或是创造性讲述的教育行为，但是往往在讲述活动中，会更注重孩子们的表达能力与独立进行思维构思的能力，本文将重点阐述另

一方面能力的培养,即倾听能力。倾听较之表达更为重要,这是语言学习并且进行理解的基础,所以在对幼儿进行倾听能力培养的同时,不仅是对其基本语言能力进行提升,而且幼儿倾听习惯的养成也是讲述活动中的重要教育部分。

幼儿倾听能力能够加强幼儿自身对事物的理解,提升幼儿语言学习能力,为语言的表达奠定基础。从社交的角度上来看,具有倾听能力的幼儿在未来的成长过程之中往往性格和人格会更加健全,耐性和容忍度会更高,具有同理心和包容性。所以在讲述活动中注重对幼儿倾听能力的培养是注重孩子未来发展的重要表现,也是提升幼儿教育质量与教育水平的良好途径。倾听能力的培养也为接下来的教学任务与教学内容的进行奠定了基础,促进幼儿学习积极性的提升,从而实现幼儿语言理解能力的提升。

二、在讲述活动中加强幼儿倾听能力培养的具体措施

1.注重倾听内容的选择

想要在讲述活动中最大限度地培养幼儿的倾听能力,首先就需要注重倾听内容的选择。这个选择不是站在教育工作者的角度,而是出于对幼儿个体差异性的尊重,出于对幼儿喜好的掌握而进行的语言活动内容的选择。所以幼儿教师需要在日常的教育过程中注重对孩子的观察。因为幼儿是具有个体差异性的,孩子的喜好可能会有共通性,但也具有差异性,针对这些相同或者不同的个性,教师应给予相应的理解。在刚开始进行的讲述活动之中,可以选择幼儿共同喜爱的话题进行讲述。比如说少儿频道经常播放的动画片等,只有幼儿感兴趣的话题,幼儿才能够更加集中精力,投入讲述活动之中,每一个人都参与进来,实现对倾听能力的培养。另外,教师除了选择共性的内容之外,也要适当选择对于幼儿来说较难的内容,以此实现对幼儿倾听能力的锻炼与提升。在倾听内容的选择上要具有层次性与过渡性。

2.突出幼儿的主体地位

即使是倾听,但是对于幼儿所进行的要求不能够仅仅局限于形式上的规范与要求,比如说坐得端正,眼睛目视前方就证明倾听状态良好了,这只是将倾听能力的培养流于形式与表面。而且这样也会给幼儿造成一定的束缚与压力,不利于倾听习惯的养成。倾听应该是在较为自由、舒适的环境下,幼儿自发的一种行为。所以最为重要的还是教师需要注重幼儿的思想情感,突出幼儿的主体地位,为幼儿塑造一个良好的倾听氛围。比如说优化小组间的活动,提升幼儿们的积极性,考虑到每一名孩子,让每一名幼儿都既能成为表达自我想法的人,也能够成为倾听者。然而倾听氛围不仅要在幼儿园中进行氛围创设,同时教师也要与家长进行沟通,形成幼儿园与家庭之间的联动机制,共同注重对幼儿倾听能力的培养。教师也可以适当地引导幼儿进行倾听,将一些倾听技巧教给幼儿。这都能够促进讲述活动的进行,实现对幼儿倾听能力的培养。

3.丰富讲述活动形式

讲述活动并不仅仅是一种单一的讲述故事的形式,同时还穿插在各种各样的班级活动以及集体游戏中间,比如说语言表达传递游戏、故事大赛、猜谜游戏。也可以是温馨故事分享活动,在课间分享生活中发生的一些事情,或是和爸爸妈妈之间的故事,或是和小朋友之间发生的故事,其他幼儿在倾听的过程中,因为是与自己的生活相关的故事,也会产生理解

与同理心,同时产生相应的思考。因为幼儿倾听能力的培养不是一朝一夕能够实现的,而是一个连续的过程,所以丰富讲述活动的基本形式也是为了延长培养过程而奠定基础,促进幼儿的持续学习与持续发展。

4.完善评价与反馈环节

在幼儿倾听能力的培养过程之中,仅仅是对幼儿作出倾听要求,但是不给予幼儿正确的倾听行为的评价,也不能够实现其倾听能力的培养。所以需要完善评价与反馈环节,给予幼儿正确的认识与行为方向,多鼓励、多表扬,以此激励幼儿提升倾听兴趣,实现幼儿倾听能力的持续性提升。同时根据幼儿的反馈,教师也能够及时进行活动内容以及活动形式的调整,从而适应幼儿的发展节奏与成长需求。

5.结语

在讲述活动中,我们要注重幼儿倾听能力的养成,在目前的倾听能力培养过程之中仍然存在不足。所以我们要在认识其问题的基础之上,通过丰富讲述活动的基本形式,创设一个相对良好的倾听氛围、完善评价与反馈环节,对倾听内容进行选择的基础之上,进一步实现幼儿主体地位的突出。这样才能够实现对幼儿倾听能力的培养与促进,引导幼儿提升语言表达能力与理解能力,为幼儿未来的发展奠定相应的基础。

(资料来源:优加国际教育集团幼教中心微信公众号)

学习项目四

学前儿童早期阅读活动的设计与指导

●案例描述

阳阳几个月大的时候,动不动就会抓着一本书撕咬。有时候父母抱着他,一手指着书,对阳阳说,“这是一只小鸡在吃米”,而阳阳却自己在咬着手指头玩;有时候倒拿着一本书,念念有词。年龄渐长后,阳阳和妈妈一起上街,看到认识的字会说,“妈妈,这是一,这是我的名字,我都认识”。

后来阳阳上了幼儿园,老师经常组织幼儿开展早期阅读。例如,在让学前儿童阅读《水果屋里的毛毛虫》这个故事前,老师先引导孩子观察蝴蝶的生长过程:毛毛虫—蛹—蝴蝶。教师不仅要让学前儿童去捕捉蝴蝶,还要让他们观察蝴蝶的幼虫。通过多方面的亲身体验,孩子们真实地认识到毛毛虫就是蝴蝶的幼虫,甚至在阅读时被要求绘声绘色地朗读讲述。

你觉得阳阳的一系列举动是阅读行为吗?幼儿园开展学前儿童早期阅读活动时有哪些注意事项?

●学习目标

1.了解学前儿童早期阅读的含义、作用、形式及文本的选择。

2.掌握学前儿童早期阅读活动的内容及教育目标。

3.掌握学前儿童早期阅读活动的设计与组织实施的基本方法。

●职业技能

1.能够独立设计学前儿童早期阅读活动：根据主题素材与年龄段，设计学前儿童早期阅读活动集体教学活动的教案。教案格式完整规范，语言清晰、简洁、明了，目标设计、内容选择、方法运用等符合幼儿年龄特征和领域特点。

2.学会撰写学前儿童早期阅读活动说课稿：根据已设计的教案，就内容、目标、方法、过程设计等进行说课，说清楚“学什么、教什么”“怎么学、怎么教”，以及“为什么”等问题，语言规范，条理清楚，逻辑性强，表达流畅。

3.组织与实施学前儿童早期阅读活动的能力：根据已设计的教案，能够组织实施学前儿童早期阅读活动。

任务一　学前儿童早期阅读活动概述

近年来，世界各国的幼教专家们都十分关注早期阅读，认为早期阅读对幼儿的口语表达能力和思维的发展等起着非常重要的作用，幼儿早期阅读能力的培养程度，将会影响其终身学习的学习能力和水平。我国在《纲要》的内容中，也第一次明确地把幼儿早期阅读方面的要求纳入语言教育的目标体系，提出要“培养幼儿对生活中常见的简单标记和文字符号的兴趣；利用图书、绘画和其他多种方式，引发幼儿对书籍、阅读和书写的兴趣，培养前阅读和书写技能”。由此可见，对幼儿进行早期阅读培养是很有必要，也是非常有意义的。

一、早期阅读的含义

什么是阅读？美国国家研究院早期阅读委员会认为：“阅读可以定义为以理解为目的，运用书面拼音知识和口语语音知识，从印刷文字中获取意义的过程。”而早期阅读的关键在于“早”字，它是指学前儿童在尚未具备独立阅读能力时所进行的与阅读有关的准备活动，与成人和中小学生以文字为基础的阅读有着本质的区别。一说起“早期阅读”，人们往往自然而然地把它与识字联系在一起，把早期阅读等同于早期识字，无论在理论上还是实践中都出现了把两者混同的现象。关于“早期阅读”的争论持续了相当一段时间，正确认识“早期阅读”需要回答这样几个问题：“早期阅读”等同于“早期识字”吗？两者的关系如何？在学前教育阶段是否需要进行“早期阅读”或“早期识字”？

对此，华东师范大学张明红副教授指出，“早期阅读”绝不等同于“早期识字”。早期阅读应当包括一切与书面语言学习有关的内容。早期识字是学习书面语言的一种内容和方式,但不是唯一的内容与方式,一些幼儿园和幼儿园大批地、正规地组织学前儿童识字是不可取的,大量地、系统地识字不是学前儿童早期阅读的内容。但有些教师在组织学前儿童早期阅读活动中故意回避文字的接触则是愚蠢的做法。华东师范大学周兢教授指出,在中国的文化教育历史中,“早期识字”作为中国儿童早期教育的代名词早于“早期阅读”的概念存在,而识字和阅读是完全不同的两个概念。一个人如果是好的阅读者,那么他一定是识字的;但能够识字的人,却并不一定是个好的阅读者。学前儿童的早期阅读是为塑造未来的成功阅读者做准备,学前儿童首先通过早期阅读活动学习掌握阅读的技巧,然后学会通过阅读去学习各科知识。对 3~6 岁的学前儿童来说,重要的是通过早期阅读培养自主阅读的意识与技能。

在以上认识的基础上,两位学者提出了以下具有代表性的早期阅读的概念。

张明红指出:早期阅读是指 0~6 岁学前儿童凭借变化着的色彩、图像、文字和成人形象的读讲,来理解以图为主的学前儿童读物内容的活动过程,它是一个融观察、记忆、思维、表达等多种认知于一体的综合过程。

周兢强调:早期阅读是幼儿接触书面语言形式的机会,是学前儿童发展语言和无语言能力的机会,是学前儿童掌握词汇构成和文字表征的机会。

心理学家研究发现,两个月大的婴儿即能分辨不同形状的物体与图案,因此两个月左右的婴儿即可开始进行适宜的阅读教育。早期阅读中读的不是完全意义上的“书”,而是学前儿童凭借色彩、图像和成人的语言以及文字来理解的以图为主的学前儿童读物内容的过程。早期阅读的意义不在于“书”,而在于阅读的过程。早期阅读是成人借助于图书和学前儿童交往与交流的过程。在这个过程中,学前儿童不仅可以丰富和扩展对外部世界的认识,而且可以丰富词汇,提高语言理解能力,促进其思维、情绪和社会性的发展。

因此,教师和家长必须明确认识到,早期阅读的目的不是让学前儿童大量识字,也不在于让他们在阅读中学习到多少知识,而是通过一些与阅读有关的活动让他们掌握一些与阅读活动有关的准备技能,培养阅读的兴趣,养成阅读的良好习惯,从而促进其今后的正式阅读。有关研究表明,缺乏良好早期阅读经验的学前儿童,常常把阅读看成是一件自己能力所不及或者没有意思的事,缺乏阅读兴趣;他们即使认识了一句话中的每一个字,却不能把所有字的意义连贯起来完成对整个句子意义的理解。所以,早期阅读的最终目的是让学前儿童爱上阅读,成为书本的主人,成为主动思考的阅读者。

二、早期阅读的意义和作用

在社会和经济迅速发展的今天,人的阅读能力被视为具有很高价值的能力。人们认为阅读能力既是学业成就的主要表现,也是一个人未来从事各项工作的基本条件。因此,越来越多的人认识到:阅读是学习的基础。

研究者们发现,3~8 岁是人阅读能力发展的关键期。在这个阶段,学前儿童需要养成阅读的习惯,形成自主阅读的能力。这个自主阅读的能力是指学前儿童在阅读学习过程中能够自己阅读各种图文并茂的书。尽管他们还不完全识字,但自己已能够与书对话,并逐渐做到能够独立思考,进行自主阅读。唯有成为自主阅读者才算真正具备了基本的阅读能力。而学前儿童与书对话的能力、在阅读中延伸思维的能力,都是需要学习的。幼儿处在3~8岁这一阶段时,不但口头语言发展速度惊人,同时他们开始认识符号、声音与意义的关联性,尝试用自己所学的语言解释生活中的所见所闻。这些基础能力的养成将帮助孩子适应以后的学校生活,并成为个人终身学习的必要条件。这一能力的进展既需要正确的引导,也需要成人的温暖陪伴。由此可见,学前儿童阅读能力的培养是从出生开始的,这不仅是家长和教师的工作,也是整个社会的责任。

心理学家和教育学家对早期阅读进行了大量的研究,认为学前儿童进行早期阅读至少具有以下五个方面的积极作用。

(一)早期阅读能够激发学前儿童的学习动机

学前儿童对周围的世界充满好奇和探究欲望,当他们发现很多他们感兴趣的问题都能在书本中找到答案时,阅读活动便和良好的情绪体验联系在一起,这种体验使阅读逐渐成为学前儿童在成长中的一种需要和习惯,并使其终身受益。

(二)早期阅读是提高学前儿童语言能力的重要途径

由对语音的感觉到咿呀学语,进而跟随成人一起吟唱儿歌;从听懂语义、理解内容,到能够独自将图画的内容与实物形象联系起来,边看边说;从听故事到自编故事和讲故事,在这些因阅读而产生的一系列语言活动中,孩子可以获得敏锐的听力,把握正确的发音,掌握常用的词汇,逐渐领会基本的语法规则和表达技巧。此外,学前儿童在与成人共同阅读的过程中可以随着口语表达能力的提高而增强与他人交往的能力。

(三)早期阅读是学前儿童智力发展的钥匙

学前儿童智力的发展需要恰当的刺激,早期阅读提供了一种积极的外部刺激。学前儿童可以通过各种内容的阅读活动进入丰富多彩的图书世界,增添生活的感受,学到丰富的知识,形成良好的行为习惯。学前儿童在阅读的过程中,通过丰富的想象使人物和情节变得更加具体、生动。学前儿童必须开动脑筋、积极思考,才能把书读懂。因此,早期阅读的过程也是一个主动创造的过程,早期阅读好比是一种智力体操。

(四)早期阅读可以发展今后学习所需要的阅读预备技能

早期阅读使学前儿童能够在较小的年龄更多地接触图书和其他书面材料,从而学会并掌握图书阅读的行为经验,如正确地取拿图书,准确地逐页翻书的经验;观察画面,分辨图画中各种事物之间关系的经验;熟悉从上到下、从左到右以及画面排列顺序规律的阅读规则和经验;在连环的图画之间运用反思、预期、质疑、假设等技能提高阅读理解能力的经验等。这些阅读的预备技能对学前儿童今后的学习及自主阅读能力的发展具有不容忽视的作用。

（五）早期阅读有利于学前儿童人格的健康发展

读书塑造人格。内容健康、积极向上、知识丰富的学前儿童读物，会对学前儿童的兴趣、性格、理想世界观的发展及形成产生积极影响，促进其身心的健康发展。研究表明，较早开始阅读的幼儿，对阅读活动具有更强的胜任感，他们不畏惧学习，把书本当作自己的朋友，往往爱读书也会读书，对学校中的学习活动有较大兴趣并能取得较好的成绩，这无疑会进一步增强他们对学习的信心。

三、早期阅读的形式

随着早期阅读观念的逐步深入，早期阅读已成为学前儿童生活不可分割的重要组成部分。学前儿童可以通过图书学习阅读，可以在游戏活动中学习阅读，也可以在日常生活中学习阅读。早期阅读渗透于学前儿童学习与生活的各个环节。家庭在学前儿童的早期阅读教育中扮演着重要角色，而幼儿园则是开展早期阅读教育的主阵地。

（一）家庭中的早期阅读

0~3 岁学前儿童的阅读活动主要在家庭中进行。3~6 岁以后，虽然幼儿园开展了早期阅读活动，但阅读技能和习惯的养成仍然离不开家庭的支持。学前儿童阅读不仅需要指导，更需要成人尤其是父母的温暖陪伴。因此，亲子阅读是帮助学前儿童成为自主阅读者的重要途径。

在现实生活中，一些家长虽然并不懂得早期阅读教育的理论，但他们从朴素的育儿经验出发，喜欢给孩子购买各种婴儿画报、学前儿童读物，喜欢给孩子朗读故事、儿歌、唐诗等，许多年轻的家长还喜欢把书作为礼物送给自己的孩子，这为年幼的学前儿童创造了良好的早期阅读机会。但也有些家长对早期阅读的重要性认识不够，认为阅读是上学以后的事情，在学前阶段开始阅读对于学前儿童来说还太早；也有的家长简单地认为，早期阅读首先要教会学前儿童识字，把孩子识字量的多少作为孩子是否聪明的评价指标之一，集中性、任务性地教孩子识字，而忽略对孩子阅读兴趣和阅读能力的培养；有些家长强调让孩子进行阅读，却不愿意或没时间陪孩子阅读，更谈不上对孩子进行阅读的指导；有些家长在购买学前儿童阅读材料时跟着市场宣传走，缺乏辨别和选择能力。由于不同的家庭对早期阅读活动的认识存在较大差异，家庭中的早期阅读活动需要得到幼儿教师的指导。

（二）幼儿园中的集体阅读活动

幼儿园中的集体阅读活动是指学前儿童在幼儿教师的指导下开展的有计划、有目的地培养学前儿童学习书面语言的教育活动。基于早期阅读教育对学前儿童语言发展的重要性,越来越多的幼儿园开展了对集体早期阅读活动的实践和研究,越来越多的一线幼儿教师开始关注如何创建多元的阅读环境,如何使阅读材料多元化,如何建立有针对性的阅读评价指标,如何拓展阅读指导策略,如何建立阅读教学模式等实践问题。

(三)幼儿园中的区角阅读活动

与集体阅读活动相比,区角阅读活动更强调学前儿童在幼儿园日常活动中的自主个体阅读。学前儿童在阅读区角可以自由选择阅读自己喜爱的图书,也可以自主从事与图书阅读有关的活动,如自制(画)图书、与同伴交谈图书内容等。阅读区一般设在活动室中光线充足的地方,图书内容根据学前儿童年龄特点和需要定时更换。近年来,随着幼儿园硬件设施的不断改善,越来越多的幼儿园建立了专门的阅读区,这些阅读区往往布置得温馨、舒适,很受学前儿童欢迎。幼儿园中的区角阅读活动为学前儿童获取图书、阅读图书搭建了平台,有助于培养学前儿童对图书的兴趣。

四、早期阅读文本的选择

早期阅读依赖于阅读媒介,最适合学前儿童阅读的媒介就是图画书。以图为主或图文并茂的图画书是学前儿童阅读的首选读物。

(一)什么是图画书

图画书在日本和我国台湾地区被称为绘本。关于图画书的定义一直没有准确公认的说法,日本著名儿童文学学者松居直曾将其定义为一种特定的少儿读物形式。在这种读物中,文和图之间有着独特的关系,它以飞跃性、丰富的表现方法,表现仅通过文字或仅通过图画难以表达的内容,即文字和图画用不同的方法表现同一个主题。国内图画书研究者彭懿认为图画书是用图画与文字共同叙述一个完整的故事。说得抽象一点,它是通过图画与文字这两种媒介在两个不同的层面上交织、互动来讲述故事的一门艺术。

在图画书里,图画不是文字的附庸,而是图书的生命,甚至可以见到一个字也没有的无字书。由此可见,图画书的构成要素至少包括以下两方面:①图画是图画书叙述的主要媒介,这些由线条、形状、颜色、画技风格等特性汇合成的一幅幅图画作品,在激发人们的阅读兴趣、艺术欣赏能力的同时,更重要的是完成了叙述的功能。也就是说,在图画书中,图画并不只是字的补充或点缀,而是表情达意的主要媒介。②图画书中的图画必须具有连贯性。无论何种方式构图,书中的图画必须根据叙述的需要来安排,表现出序列性、连贯性与逻辑性,使得不认字的学前儿童通过看图画也能读懂书的大意。英国儿童文学研究者利利安·H. 史密斯在《儿童文学论》中用一个例子来形象地解释什么是图画书:一个男孩和弟弟坐在一起看维廉·尼克尔松的《聪明的彼尔》。哥哥对弟弟说:“托米,你不认识字也没有关系,只要挨页儿翻,看画就能明白故事。”

在国外，图画书的发展已有上百年的历史，各种各样的图画书影响了一代又一代的儿童读者，直到今天，一些经典图画书，如《逃家小兔》《母鸡萝丝去散步》《爱心树》《小蓝和小黄》《好饿的毛毛虫》《猜猜我有多爱你》等仍在散发着独特的魅力，深受家长、幼儿教师尤其是学前儿童的喜爱。我国的图画书出版自 20 世纪 90 年代中后期以来迅速崛起，可供学前儿童选择的图画书种类越来越丰富。

（二）什么是适合学前儿童阅读的图画书

由于市场的趋利性质，当前低幼读物市场中的图书品种繁多、良莠不齐。选择适合幼儿阅读的图书是早期阅读活动质量的保证。优秀的图画书，既是幼儿爱上阅读的保证，也是开展早期阅读教学的理想途径。适合学前儿童阅读的优秀图画书应该具有以下特点。

1.图画色彩鲜艳、信息丰富

研究表明，学前儿童对颜色的敏感度是最早发育的后天能力之一。图画的颜色缤纷多彩，主人公形象生动可爱，背景细节丰富，夸张变形有趣而适当，能引起学前儿童极大的兴趣。同时，图画当中丰富的细节，也为培养学前儿童的阅读兴趣、观察能力、预测能力等提供了很好的机会。

2.图画与文字要高度对应

尽管很多学前儿童读物中都有图画，但由于画面的内容和文字关系不大甚至相互矛盾，两者位置不恰当或图画数量太少，很多读物的图画并不能承载、传达故事的主要内容。优秀的图画书应做到每一段文字都有与之相对应的图画，并能充分体现该段文字的内容，两者紧密呼应，充分帮助学前儿童在理解图画的基础上学习文字。

3.字体大小、文本长度适宜

字体过小容易导致阅读时眼睛疲劳，而且满篇密密麻麻的字也会让学前儿童产生畏难的情绪。因此，文字的大小以及文本的篇幅是必须考虑的因素。而且学前儿童注意力维持的时间是有限的，所以篇幅太长的文本不适合用于幼儿园中的集体阅读活动。

4.图画书的内容要有一定的启发性

图画书要宣扬真、善、美，鞭挞假、恶、丑，情节生动有趣，高潮迭起，符合不同年龄阶段学前儿童的认知特点。

例如，托班和小班应选择故事情节简单、配有短句或词汇的单页单幅图书，以内容生动有趣的动物故事、家庭生活以及各种与学前儿童生活经验相符合的图书为主，如《拔萝卜》《小铃铛》等。中班学前儿童的想象力有了进一步的发展，他们一般对新奇的事物比较感兴趣，可以为他们选择情节较为复杂、画面之间关联较明显的单页多幅图书，内容可以是情节紧张、具有较丰富动作性的动物故事，也可以是有鲜明的善、恶报应结局的内容，如《小猴出海》《小猫上公园》等。大班可以选择那些常用字、多独体字较多的单页单幅图书，可适当培养学前儿童的识字兴趣，如《小蝌蚪找妈妈》《小马过河》等。

五、早期阅读活动的内容及教育目标

早期阅读是一个多元、复杂的过程，学前儿童需要在阅读过程中寻找合适的途径，积累阅读经验，从而建立起掌握的意识与技能。早期阅读活动的意义在于帮助学前儿童萌发对书面语言的兴趣和敏感性，获得观察、体验有关书面语言的读写经验，从而逐步尝试探索周围环境中的书面语言，形成有益于终身学习、终身发展的自主阅读能力，为成长为一名爱读书的自主阅读者奠定基础。

（一）早期阅读活动的内容

学前儿童的早期阅读内容包括三个方面：前图书阅读经验、前识字经验、前书写经验。之所以都加上“前”字，是为了与学前儿童进入小学学习阶段后正式的、大量的、系统的书面语言学习相区别。

1.前图书阅读经验

学前儿童要学会阅读图书，需要具备一定的阅读经验，从而培养学前儿童对书本和阅读的兴趣，了解图书的一般知识，掌握翻阅图书的经验，知道图书画面、文字与口语具有对应关系，理解图书中蕴涵的简单逻辑关系，掌握最基本的图书制作经验，为正式阅读做好准备。

2.前识字经验

通过引导学前儿童有意识地关注在日常生活不同场景中接触的各种文字、标志等符号，培养学前儿童对汉字特征及汉字构成规律的敏感性，了解文字是一种有意义的符号，能轻松地辨识和掌握特定环境中的印刷文字，喜欢辨认各种有一定意义的标志，乐于探索不同文字和标志所代表的不同含义，为正式识字做好准备。

3.前书写经验

前书写经验是指学前儿童用笔或者其他书写替代物，通过感知、涂画、涂写、模拟运用文字或符号等形式，用图形和文字向周围的人传递信息、表达感情及构建前书写经验的游戏和学习活动。它可以是学前儿童自发产生、自主进行的游戏活动，也可以是在成人引导下进行的以游戏为主的学习活动。可以通过引导学前儿童涂涂画画、书写类似汉字的笔画或部件等活动培养学前儿童从喜欢用笔在纸上涂画到认识汉字字形特征，逐步尝试书写简单的数字、字母或汉字，为正式书写做准备。

需要注意的是，以上三种活动主要提供了自由自在、无拘无束、充满乐趣的活动情境，让学前儿童在一种积极投入、满怀兴趣的条件下进行自然而然的探索学习。这些活动不以学前儿童究竟学会了多少知识、掌握了多少技能为衡量活动成效的标准，只要学前儿童乐于参与这样的活动并从中有所受益，如爱上了阅读、喜欢指读认识的汉字、指着一个什么都不像的符号说“这就是我的名字”等，我们就可以认为早期阅读活动促进了学前儿童的发展，而这些活动必定会对他们今后正式的书面语言学习产生积极的影响。

（二）学前儿童早期阅读活动的目标

由于早期阅读活动具有整合性特点，在早期阅读活动中，教师既要培养幼儿良好的阅读态度和习惯，又要让幼儿掌握正确的阅读方法和阅读技能，还要帮助幼儿从阅读文本中学习到语言知识和理解阅读文本所蕴含的内容。因此，围绕早期阅读三个方面内容，早期阅读活动的目标要考虑多个因素，才能为幼儿进入小学正式学习书面语言奠定良好的基础。

1.养成良好的阅读态度和习惯

激发幼儿浓厚的阅读兴趣，帮助幼儿形成积极主动的阅读态度和良好的阅读习惯是早期阅读活动的重要目标。阅读的兴趣、态度、习惯虽然都属于非智力因素，但却是影响早期阅读活动成效的重要因素。广泛持久的阅读兴趣是幼儿求知的开端，积极主动的阅读态度是幼儿主体意识发展的表现，良好的阅读习惯可以为幼儿的终身学习奠定扎实的基础。阅读情感态度方面的要求主要包括两个方面：

①热爱书籍，养成自觉阅读图书的好习惯。

②乐意观察各种符号，对文字有好奇心和探索意愿。

2.掌握正确的阅读方法和技能

早期阅读活动的基本目标就是帮助幼儿掌握阅读的方法和技能，具备基本的阅读能力，为进入小学后的学习打下坚实的基础。阅读能力的培养主要包括两个方面的要求：

①掌握正确的阅读方法。正确的阅读方法包括拿书、翻书的方法，指读、浏览的方法，按页码阅读的方法等。

②学会观察、理解、预测和概括阅读内容。

3.掌握口头语言和书面语言，理解口头语言和书面语言的对应关系

早期阅读活动是一种语言教育活动，在早期阅读活动中，既要发展幼儿的口头语言，也要发展幼儿的书面语言，还要让幼儿理解口头语言和书面语言的对应关系。在早期阅读活动中，要让幼儿获得三方面的认识：第一，懂得书面语言和口头语言一样，都可以储存信息，但书面语言用文字的方式记录储存，具有可视的特点。第二，知道书面语言和口头语言都可以用来表达人们的思想，但口头语言是直接说出来，书面语言是用文字写出来的。第三，知道书面语言和口头语言一样，都是人们交际的工具，但二者的交际方式不同。如果没有书面语言，在空间和时间条件的限制下，人们的交际就会出现问题。

因此,学习语言的要求应主要包括三个方面:

①能在理解的基础上把图书内容表达出来。

②学会认读个别汉字。

③理解口头语言和书面语言的对应关系。

4.渗透其他领域的教育

早期阅读活动还要根据阅读文本的内容渗透其他领域的教育,可以是认知等方面的教育。

任务二　学前儿童早期阅读活动的设计与实施

学前儿童早期阅读活动对幼儿的终身学习有着不可估量的作用,因此对早期阅读活动的组织和指导,要明确早期阅读不同类型的特点,针对多种多样的阅读活动,制订组织策略,才能有效地指导早期阅读活动的开展。

一、阅读区活动及其组织指导

学前儿童早期阅读应延伸到日常活动中去,其中最主要的活动是阅读区活动。阅读区应设在光线充足的地方,并设有便于学前儿童取放书籍的书框或书架。

(一)有效开展阅读区活动的意义

有效开展阅读区活动,可以提高学前儿童的阅读水平。教师根据年龄班的差异在阅读区投放不同种类型、不同难度的图书,便于学前儿童根据自己的兴趣爱好来选择图书。并鼓励学前儿童积极参加阅读区活动,从而有效地促进他们阅读水平的提高。有效开展阅读区活动,还可为有计划阅读活动作准备。在阅读区,除了放置学前儿童喜闻乐见的或学前儿童从家中自带的图书外,还应该在有计划阅读活动进行的前一周放置本次活动的图书。这样可以增强学前儿童对图书的理解能力,提高有计划阅读教学活动的质量。学前儿童在阅读区中不仅可以阅读图书,还可以从事一些与图书有关的活动,如图书制作。当学前儿童手捧着他们亲手制作的图书时,心中不仅充满了自豪感,也由此对图书产生了更浓厚的兴趣。

（二）教师在指导阅读区活动时的注意事项

1.阅读区活动应建立必要规则

必要规则的建立，有助于阅读区活动的顺利开展，教师不仅要建立规则，还要教给学前儿童如何遵守这些规则。规则包括如下内容。

①阅读区人数的规定。一般在阅读区中使用“阅读卡”，当阅读卡全部被学前儿童使用时，后面的学前儿童就要自动到其他区活动。

②在阅读区中要保持安静，不能大声喧哗。

③当两人共同阅读一本书时，由谁翻书、由谁先讲述，均由两人协商，不能因此发生争吵。

2.要引导学前儿童积极主动地利用图书

阅读区活动开展的好坏，决定于图书的利用率，因此教师要尽量让学前儿童主动选取架子上的图书阅读。教师要定期更换图书，还可以采用以下一些方法，激发学前儿童阅读的积极主动性。

1）**悬念法**

教师可以为学前儿童讲述一个非常精彩有趣的故事，当故事情节发展到高潮时停止，然后告诉他们阅读区有这本图书，并告知他们书的位置，想知道结果的学前儿童，可以自己去翻书寻找。这种悬念法不仅可以调动学前儿童阅读图书的积极性，而且也在间接地向学前儿童传递这样一种信息：许多有用的知识可以从图书中获得。而这样一种意识的建立，将有助于学前儿童今后的学习。

2）**新书提示法**

教师应将新投放的书摆放在书架的显著位置，或进行简单的介绍，鼓励学前儿童积极主动地翻看新书。

3.注意学前儿童良好阅读习惯的培养

在阅读区活动时，教师仍要注意观察学前儿童的阅读习惯，并时时提醒他们看书时注意坐姿和距离，从前往后一页页翻看图书。还可带领中大班学前儿童修补旧书，使他们树立起爱护图书的美好情感。

二、有计划的早期阅读活动及其组织指导

有计划的早期阅读活动是学前儿童早期阅读活动的重要类型。有计划的阅读活动可以

使学前儿童养成良好的阅读习惯和阅读态度,从而提高其阅读基本技能。这种阅读活动一般以分组形式开展,一组学前儿童与教师一起参加本次活动,另一组学前儿童则进行与本次阅读内容相关的活动,如图书中的人物涂色或画像等。分组可以保证每个学前儿童都参与到活动中来,且有表现的机会,也有利于教师的有效观察和指导。

明确有计划的早期阅读过程步骤或基本结构,有利于教师组织指导阅读活动的开展。

(一)阅读前准备性活动

正如我们所知,学前儿童当然不能仅靠一次阅读活动就理解一本书。因此在正式阅读活动开展的两周之前,就应该让学前儿童先阅读一下图书,以便为正式阅读活动的开展打下基础。

事实上,当学前儿童对所阅读的图书情节不够了解时,他们便无法很好地回答教师提出的问题,这样就难免导致教师指导重点的转移,阅读活动很可能变成一节提问课或讲解课,那么阅读活动也就失去了应有的意义。

在这个阶段,教师指导时应注意:①阅读前准备性活动并不能代替正式阅读活动,它只是为正式阅读所作的铺垫。因此,学前儿童只需对阅读内容有一个大概的了解就可以,而不必过于熟悉,以防学前儿童在正式阅读时失去兴趣,影响正式阅读活动的开展。②准备活动中,可以让学前儿童从头到尾翻看图书一到两遍,教师重在发现学前儿童的阅读方法是否正确,阅读习惯是否良好等,而对学前儿童阅读是否准确不宜过多干涉。③对学前儿童理解不正确的地方,教师可以给予提示并启发学前儿童思考。

(二)学前儿童自由阅读

学前儿童自由阅读是正式阅读活动的第一个阶段。教师将阅读活动所需图书展示给学前儿童后,要提供机会让学前儿童自由阅读。在阅读前准备性活动的基础上,学前儿童对所阅读的书面语言应有一定的印象,给学前儿童创设自由阅读的机会,让学前儿童通过观察再次认识阅读对象,获得有关知识。正因为这是学前儿童正式阅读的第一个阶段,教师在指导时也更应注意技巧。①教师要多采用提问的方式,多提有启发性的问题来引导学前儿童思路。提问的方式可以引导他们边思考边阅读,启发性的问题有助于学前儿童把握阅读的重难点。②教师既要对学前儿童提出观察时要进行操作,还要注意观察学前儿童在阅读中的表现,如阅读速度、阅读方法和阅读态度等。学前儿童的自由阅读,并不意味着教师可以不闻不问,而要更巧妙地引导学前儿童完整、安静地阅读。

(三)师生共同阅读

师生共同阅读是阅读活动的一个重要过程。这个过程又可分为以下几个阶段。

1.师生共同阅读,理解图书基本意图

鉴于学前儿童对图书的主要情节和内容已经比较熟悉,教师可以多用提问的方法,与其

一起阅读、理解图书。问题不要太多,三四个即可,注意一个问题要涉及多个画面,即学前儿童必须在理解一两个画面的基础上才能回答出这个问题,以保证学前儿童在生动活泼的形式中进行阅读。

2.围绕重点开展活动

每次阅读活动都有其自身的重点、难点问题,对这些问题教师要做到心中有数。图书的前后连续性较强,如果一个重点或难点画面没有被学前儿童正确理解,往往会影响其之后的阅读,甚至影响其对整本图书主要内容的把握。此类问题,在小班和中班前期的学前儿童中最为常见。所以教师一定要认真观察了解前面几个阶段学前儿童的阅读困难,并结合图书的主要难点进行必要的指导,使学前儿童能将图书的细节与内容相结合,从而深入理解图书的主要内容,并能体验图书中人物的内心感受。

3.归纳图书内容

在学前儿童对图书的主要内容有深入理解的基础上,教师要鼓励他们将主要内容用语言总结归纳出来,从而巩固、消化所学的东西。归纳图书内容有以下三种形式:

1)**题目归纳法**

题目归纳法要求学前儿童用简练的词或短句给图书起个名字。例如,在给图书《小鸡和小鸭》起名字时,有的学前儿童想出了“好朋友”的名称,有的学前儿童想出的名称是“帮忙”等。

2)**一句话归纳法**

一句话归纳法要求学前儿童用一句话将图书的主要内容归纳出来。例如,大班阅读活动“小白兔上公园”中,有的学前儿童这样归纳:“这本图书讲的是一只小白兔和它的朋友们上公园时爱护环境、不乱扔东西的故事。”

3)**一段话归纳法**

一段话归纳法要求学前儿童用一段话将故事的主要内容归纳出来。例如,中班阅读活动“小鸡和小鸭”中,学前儿童这样归纳:“有一天,小鸡和小鸭去河边玩。小鸡一不小心掉到河里,小鸭将小鸡救了上来。中午时它们的肚子饿了,小鸡说:‘小鸭,我来帮你找食物吧。’小鸡用自己尖尖的嘴叼起一条小虫喂给小鸭吃。小鸡和小鸭真是一对好朋友。”

上述三种归纳方法难度不同,适合于不同年龄段的学前儿童使用。题目归纳法和一句话归纳法要求学前儿童在理解图书的基础上,用简短的语句准确地对图书的主要内容加以概括。而且归纳图书题目还要求学前儿童具有丰富的想象力和一定的思维创造能力,对学前儿童要求较高,一般适合于中班后期及以后的学前儿童使用。而一段话归纳法仅要求幼儿将图书的主要内容讲述出来,相对而言,难度不高,适合于小班后期和中班前期的学前儿童使用。

师生共同阅读是阅读活动中的重点,教师在指导时要把握好以下两个方面的问题:

①师生共同阅读需要教师多提问，但是一定要谨慎对待提问法的使用，避免陷入问答的误区中。教师一定要明确的是，让学前儿童深入地理解图书的主要内容，才是师生共同阅读阶段的主要目标，因此教师必须要充分调动学前儿童的多种感官，使其积极主动地参与阅读活动。学前儿童通过多听、多看、多表演、多表达与讨论等多种多样的形式，从多种渠道感受信息，以达到理解图书的目的。

②在这个阶段，教师指导各年龄班的重点应有所不同。

• 小班：指导学前儿童从前往后一页一页地理解单页单幅画面的意思，并能用一段话归纳图书的主要内容。

• 中班：懂得图书下方页码的作用，能在一个问题的引导下理解两三个单页单幅画面或一个单页多幅画面的主要意思，能为图书起名字。

• 大班：能在教师的帮助下，将一本情节复杂、内容丰富的图书，按情节的发展分成几个部分，用一句话归纳图书内容，并预期图书情节的发展。

当然，归纳图书阅读活动的方式远不止这几种，还可以采用竞赛的活动方式，帮助学前儿童巩固所学内容，用表演或者游戏的方式来组织归纳所读内容等。教师可以创造性地组织和指导该环节的活动，只要有利于学前儿童巩固所阅读内容，有利于他们阅读能力的提高，各种生动活泼的形式都可以尝试。

三、指导学前儿童早期阅读活动应注意的问题

（一）明确早期阅读活动的价值取向

早期阅读活动对学前儿童而言，首先是获得爱与快乐的途径，其次才是汲取知识的手段。学前儿童的早期阅读，不仅仅是一个获得知识的过程，更是一个师生、生生、亲子之间共同游戏的活动。学前儿童从被动地听故事，到逐步参与阅读活动，并逐步过渡到自己主动讲故事，获得了很大的成就感和自信心。

虽然早期阅读活动不以识字为目的，但在早期阅读中，学前儿童却在不知不觉中习得了识字的信息。可以说早期阅读中的识字活动，是早期阅读的一种副产品，因为学前儿童是在潜移默化中学习的，因此完全没有枯燥与乏味感。总的来说，早期阅读活动是一种游戏活动，重要的不是让学前儿童在阅读中学习，而是让其在阅读中学会阅读，获得阅读的快乐。

（二）创设良好的阅读环境

良好阅读环境的创设，直接影响到学前儿童阅读兴趣的提高、阅读习惯的形成和阅读能力的培养。阅读环境的创设，一般包括阅读氛围的营造、图书的选择与投放等。

1.阅读氛围的营造

学前儿童的阅读需要有一定的阅读氛围，松软舒适的小沙发、小坐垫，便于学前儿童自

主取放的小书柜、图书插袋，利于学前儿童记录、创编各种图书的剪刀、纸笔等辅助阅读材料，都能给学前儿童的阅读带来方便，直接提高其阅读活动的质量。

2.图书的选择与投放

在图书的选择上，应该更多地贴近学前儿童的生活经验，以图为主或者图文并茂。情节简单、文字较少、主题突出、色彩明快的图书，较适合学前儿童自主阅读。同时，教师还要考虑不同年龄班幼儿的阅读水平，从单幅单页图书的阅读逐步过渡为单幅多页图书的阅读。图书的选择与投放，除了要考虑幼儿的兴趣，还要注意符合幼儿的阅读水平和生活经验。

（三）开展多种类型阅读活动

多种类型阅读活动的开展对学前儿童阅读能力的提高具有重要的作用。目前在幼儿园内开展的阅读活动形式主要有：阅读区阅读活动、阅读室阅读活动、亲子阅读活动、集体读活动，结合阅读的小表演、创编图书、阅读小游戏等。它们在学前儿童早期阅读能力的发展过程中，都有着不可替代的作用。因此教师在学前儿童阅读活动中，要善于将多种阅读活动形式有机结合，充分发挥它们在孩子阅读能力培养中的不同作用，以提高学前儿童阅读的质量，促进学前儿童阅读水平的不断提高。近年来，学界也对学前儿童早期阅读教学进行了多角度的探讨，如多元阅读教育，提倡在学前儿童阅读能力发展的关键阶段，为他们提供一个多元阅读的环境。再如，游戏阅读教育，一方面把阅读当作游戏，通过学前儿童对游戏的热爱来激发学前儿童对阅读的兴趣，让学前儿童在游戏中自发地产生阅读的动机和愿望，自发地阅读并获得阅读的快乐；另一方面，游戏阅读教育是引导学前儿童在游戏中阅读。这些探讨都有利于丰富阅读活动的形式，可在阅读教学中尝试和完善。

（四）注重学前儿童阅读活动过程中教师的观察与指导

阅读过程中，教师要根据学前儿童阅读的内容，为学前儿童提供有帮助的情境、对话、问题、练习材料、表演道具等，并在学前儿童阅读过程中，指导他们相互交流阅读经验、学会表达自己的阅读感受、合作表演阅读内容及尝试创编阅读图书等。例如，在以“我自己”为主题的阅读活动中，教师在引导学前儿童讲述自己的主要特点，阅读儿歌《我的小手》、故事《长大了》的基础上，可以请学前儿童们搜集自己成长的照片和信息，创编《我的成长》小书。

有老师在组织看图文故事《谁来帮助他》时，让孩子们认识了故事名字的汉字后，让幼儿翻开第一页，先观察图画中的主人公小狐狸的表情、动作，再观察小狐狸背后的背景，然后进行思考：小狐狸处在什么样的环境中，它的心情怎么样？你有过这样的经历吗？在教师的启发下孩子们纷纷举起小手。李丽说：“小狐狸在头痛。”王宁马上反对：“它不是头痛，它在抱着头想办法呢。”陆途的想法比较符合图意：“小狐狸是害怕了。它可能找不到朋友一起玩，或者找不到妈妈了，所以很害怕。”他的答案得到了大家的认同。小朋友纷纷顺着他的答案思考，最后有了最贴切的答案：小狐狸迷路了，所以很害怕。有了这个答案后，教师又继续引导：“那谁会来帮助它呢？为什么你会这样想？”孩子们都争着表述自己的想法，这个说请小猴子帮忙,因为小猴子是最聪明的;那个说请大老虎帮忙,因为大老虎是森林之王,它肯定知道小狐狸的家在哪里。可又有孩子反对:大老虎不能帮助小狐狸,它会把小狐狸吃了的。教师看孩子们讨论得差不多了,又接着引导:“想想看,森林里密密麻麻的都是树,阳光照不进树林,那森林里会是什么样子的?这个时候小狐狸最需要什么?”“光!”孩子们都想到了。教师说:“对呀,森林里是很黑的,所以小狐狸会更加害怕。这时候如果有光,就可以帮助小狐狸。可是森林里怎么会有光呢?什么东西会发光?”孩子们又想到了所熟悉的东西:手电筒、荧光棒、蜡烛……最后又想到了最现实的“火”。活动在教师的引导下一步步地继续,这个活动既有趣又能激发孩子的思考。

(五)体现早期阅读活动的整合性

语言的学习在于运用,作为获取信息和进行交流的工具,不论是口语还是书面语,在学前儿童的日常生活中都是无处不在的。教师应善于把握阅读时机,在日常生活和其他领域的教育活动中,注重培养孩子的读图、表述及文字阅读的能力。早期的阅读活动离不开家长的帮助与支持,家长可在家庭中为孩子创设一个良好的阅读环境,为孩子选择适宜的图书,培养孩子良好的阅读习惯。父母为孩子进行阅读指导或亲子阅读,对于增进家庭情感、开拓学前儿童视野、培养学前儿童良好的学习习惯等具有重要意义。

任务三　学前儿童早期阅读活动案例评析

案例 1　小班早期阅读活动:大卫不可以(活动设计)

【设计意图】

《指南》语言领域的“阅读与书写准备”目标中指出:3~4 岁幼儿会看画面,能根据画面说出图中有什么,发生了什么事等,能理解图书上的文字是和画面对应的,是用来表达画面意义的。

绘本《大卫,不可以》以一个小男孩为主人公,他做了很多男孩都会做的事,画面穿插着妈妈对他说的话“大卫,不可以”,最终以大卫打碎花瓶在小屋里哭泣,妈妈走过来拥抱他说“我爱你”结束,让我们感受到现实生活中规则与爱其实并存。

【活动目标】

1.能根据画面人物和情节大胆讲述自己看到或者猜测到的内容。

2.发散思维,尝试运用已有的生活经验,大胆想象、表达绘本故事。

3.在感受绘本故事幽默诙谐的同时体验妈妈爱的温暖,培养幼儿对学习文学作品的兴趣。

【活动准备】

《大卫，不可以》PPT。

【活动过程】

1.出示绘本《大卫，不可以》封面导入，引导幼儿自由表达自己所看到的内容。

教师：今天我带来了绘本《大卫，不可以》，请你们说说封面上都看到了什么？

（此环节是学前儿童阅读活动的导入环节，由观察封面入手，教师引导幼儿自由发表自己所看到的内容，给予学前儿童充分的语言表达自由，激发学前儿童强烈的表达愿望。）

2.出示图书《大卫，不可以》。

大卫长得什么样子呀？（椭圆形的小脑袋，细小的身体，大大的嘴巴，六颗稀稀落落的、尖尖的牙齿，三角形的、小小的鼻子，一高一低的两条短眉毛，好像在向世人宣告：我什么都不怕。）

3.幼儿自主阅读绘本，引导幼儿观察画面中的男孩所做的事情。

（1）教师：大卫到底做了哪些不可以做的事情呢？请小朋友按顺序用大拇指和食指捏住书页的右下角，认真地一页一页地看，一会儿我会请小朋友分享你所看到的内容。

（2）幼儿自主阅读后分享在绘本中所看到的内容。

教师：谁来说说你看到大卫做什么了，是谁在跟他说不可以呢？我们一起来读读故事，看看大卫到底都做了些什么让妈妈生气的事情！

（此环节中，在教师的引导下，幼儿自由地“接近”本次活动的学习内容，带着问题有目的地进行阅读，在理解故事内容的前提下进一步深化有关的信息。3~4岁学前儿童正处于阅读初期，学习有序地阅读图画书，学会一页一页翻页阅读至关重要。所以，在这个环节中，教师创设了良好的阅读氛围，强调了阅读技能，使学前儿童积累了阅读经验。同时教师巧妙而实际地起到引导作用，采用提问的方式，用问题引导学前儿童的阅读思路。）

4.幼儿与教师集体阅读绘本《大卫，不可以》，以提问方式引导幼儿理解绘本内容。

（1）教师：我们一起再来看一遍《大卫，不可以》吧。

（教师按封面、正文、封底的顺序带领幼儿再次精读绘本。）

教师：大卫先做了什么事情？（PPT第1页）为什么妈妈说“大卫，可以”？

（2）教师：大卫又做了什么事情？（PPT第2页到第12页）妈妈说了什么？为什么妈妈要这样说？

（3）教师：大卫打碎花瓶后，妈妈做了什么？说了什么？

（此环节教师按封面、正文、封底的顺序带领幼儿再次精读绘本，教师的引导性提问层层加深了学前儿童的阅读情绪。教师按照自己的理解和设想，将要求学前儿童掌握的书面语言信息贯穿到阅读的过程中。教师的作用在于帮助学前儿童明确此次早期阅读的内容，并正确地掌握书面语言信息。在这一环节中，教师没有着重“告诉”幼儿什么，而是采用提问的方式与幼儿平起平坐地共同阅读。教师把自己的指导作用放在“一起阅读”中，而不是告诉幼儿应该学习什么。这种方式有助于幼儿从自由地“接近”阅读信息，过渡到按照教师的指导接受阅读信息。）

5.引导幼儿联系自己的实际生活,感受妈妈对我们的爱。

教师:小朋友在家有没有遇到过这样的事情呢?妈妈是怎样做的?如果你是大卫,你应该怎样做?

教师:故事里的大卫是一个怎样的男孩子呢?大卫的妈妈又是一个怎样的妈妈呢?你喜欢这样的妈妈吗?为什么喜欢?为什么不喜欢?

教师:(小结)大卫是个非常调皮的孩子,妈妈总是很严厉地对大卫说不可以,是因为妈妈怕大卫养成坏习惯,怕他受伤,但是,妈妈心里却一直都是爱着他的。

(此环节,教师引导幼儿联系实际,帮助学前儿童掌握阅读的重点内容,加深对故事的理解。)

【活动延伸】

在生活中,你的妈妈什么时候会对你说"不可以"?为什么不可以?妈妈在说不可以的时候她的心里又是怎样想的?

教师:(小结)在生活中,我们也会做错很多的事情,在妈妈对我们说不可以的时候,其实也是在爱我们。

【案例评析】

本次活动以封面直接导入的方式引导幼儿,在与学前儿童一起阅读的过程中,以问题引导的方式鼓励学前儿童观察故事图片,借助色彩鲜明、形象生动的图片不断扩展积极的想象,获得新的信息。在师幼互动中,丰富学前儿童的语言内容,学习阅读经验和方法,从而共同分享阅读的快乐,大大提高了学前儿童的阅读兴趣和积极性。

早期阅读活动不同于一般的语言教学,所以应更注重活动中学前儿童阅读方法、阅读能力及阅读习惯的培养。在阅读每一页时,教师都让学前儿童自己学会阅读"大卫又做了什么事情?",引导学前儿童关注图片的细节,潜移默化地暗示阅读是一件很有意思的事情。同时,抓住重点页面进行有目的的精读,既体现了教师的引导作用,又能培养学前儿童的读图理解能力。在学前儿童自由阅读环节,教师注重阅读氛围的营造,并有机渗透阅读习惯与方法:从封面开始手指图片,按顺序用大拇指和食指捏住书页的右下角,一页一页地从前往后按顺序翻阅。让小班的学前儿童能正确地掌握翻阅图书的方法,养成良好的阅读习惯。努力追求进行有效的幼儿园集体阅读活动,以期达到让学前儿童学会阅读,享受阅读,在阅读活动中快乐成长!

案例2　中班绘本阅读:我爸爸(活动设计)

【活动目标】

1.借助绘本作品,加强对爸爸这一形象特点的了解,挖掘爸爸在各方面的突出表现。

2.在理解故事的基础上,迁移情感体验,尝试运用比喻、绘画等不同的形式表达对爸爸的爱。

3.增进父子之间的情感交流。

【活动准备】

1.课件:《我爸爸》。

2.彩色爱心卡片,黑色记号笔。

3.和爸爸妈妈谈话沟通,了解在日常生活中的相关故事、奖状等。

【活动过程】

1.谈话,激发幼儿爱爸爸的情感。并引入课题。

(1)师:我们都爱妈妈,我们还会给妈妈唱一首歌《世上只有妈妈好》,我们还会念赞美妈妈的诗歌《游子吟》。那么今天我们就来聊聊爸爸吧!

(2)师:说说你眼中的爸爸是什么样子的?

2.欣赏故事,通过提问帮助幼儿感知故事内容,体验父子之间相互关爱的情感。

(1)师:有个叫安东尼·布朗的小朋友很爱他的爸爸,很想向大家介绍一下,画了一本书,名字叫《我爸爸》,让我们跟着他去瞧瞧吧。

(2)阅读第一页

师:在这儿呢!这就是我爸爸,你觉得他怎么样?爸爸长得不算很帅,却那么自然、随意、舒服,向我们微笑呢。"这就是我爸爸,在我眼里,他真的很棒!"

(3)阅读五组画面

画面一:"我爸爸什么都不怕,连坏蛋大野狼都不怕。""他敢跟大力士摔跤。"

请幼儿说说爸爸勇敢的小故事。

小结:勇敢的爸爸。

画面二:"在运动会的比赛中,他轻轻松松就跑了第一名。"

师:能在比赛中得奖是一件了不起的事情,而第一名就是最厉害、本领最大的,你爸爸在比赛中得过奖吗?

出示幼儿收集的奖状,并请幼儿介绍。(拍拍手表扬,竖起大拇指:真了不起。)

小结:能干的爸爸。

画面三:"爸爸吃得像马一样多,游得像鱼一样快。他像房子一样高大,也像泰迪熊一样柔软。"

师:安东尼·布朗会打比方夸爸爸啊,把爸爸比作马和鱼,说明他平时观察得非常仔细,才会用这么生动有趣的词语来形容爸爸。你平时有没有仔细观察过爸爸,如果让你也用这么生动有趣的词语来说说自己的爸爸,你会怎么说呢?(幼儿讨论并讲述)

小结:健康、善良的爸爸。

画面四:"他像猫头鹰一样聪明,有时候也会做一些傻事。"

请幼儿仔细观察画面:他做了一件什么样的傻事呀?

师:你爸爸有没有做过傻事呀?能说给大家听听吗?

小结:可爱的爸爸。

画面五:"我爸爸是位伟大的舞蹈家,也是位了不起的歌唱家。他还会逗我笑。"

小结:快乐的爸爸。

(4)小结

师:看了这本书,你觉得安东尼的爸爸有哪些特别的表现?我们刚才也介绍了自己的爸爸,和安东尼的爸爸一样,是什么样的爸爸呀?

(出示海报纸:_____ _____ _____ _____ _____ 爸爸,并随幼儿讲述贴上字卡)有这样的爸爸你会觉得怎样?

3.用绘画的方式来表达自己对爸爸的爱。

画面六:你从画面上发现了什么呢?(幼儿自由讲述)

(1)师:安东尼的爸爸很爱他,他也很爱爸爸,浓浓的爱意包围着他们,画面非常温馨。那么,你爱自己的爸爸吗?你会用什么样的方式来表达自己的爱呢?(幼儿讲述)

(2)出示爱心卡

请幼儿用绘画的方式将自己想为爸爸做的事情画下来。鼓励幼儿大胆表现。

4.将自己制作的爱心卡带回家,让爸爸在爱心卡的另一面画出自己对孩子的爱。

《我爸爸》课后反思:

本月的主题是《你的家,我的家》,引导幼儿关注家人,体会家人间的关爱。适时地开展绘本阅读《我爸爸》,有效地分解主题目标,将绘本教学融入了主题教学,二者互为辅助,将爱的教育渗入孩子的心中。

【案例评析】

在理念上,本活动力求从幼儿的兴趣和发展需要出发,结合幼儿的身心特点与知识经验,设计了相应的教学环节。活动目标的设计明确、具体、全面、恰当,符合《纲要》和《指南》要求。在活动过程中能结合幼儿的实际生活培养幼儿的动手能力和创新能力。

安东尼·布朗的图画书里有许多不称职的父亲,《动物园》《大猩猩》《朱家故事》皆然。不过《我爸爸》却打破了过去安东尼图画书中的父亲形象,用孩子的口吻、眼光,描述了既强壮又温柔、给孩子百分百安全感的好爸爸。

这部作品的文图紧密合作,用简单的叙述语言、各种生动的形象呈现父亲鲜明的特质,因此我们能看到爸爸时而变成马(食量很大),时而变成鱼(游得很快),忽而变成大猩猩(力气超大),一下又化身河马(快乐无比)。作者还用许多图案来酝酿呼应爸爸阳光的特质。最有趣的是:书中的爸爸不论化身成什么模样,不变的是始终穿着格子睡袍、条纹睡衣和家居拖鞋。这样温馨亲切的居家形象显示父亲随时陪伴在孩子身边、丝毫不会给孩子压力,是孩子心中永远的依靠。

在阅读过程中,首先,抓住一条情感线,把阅读能力和情感目标加以整合,并以欣赏画面的形式贯穿整个活动,以对妈妈特有的母爱延伸至爸爸那种宽大阳刚的情感导入,让幼儿体会父爱,感受父爱,并萌发自己对爸爸的爱,满足幼儿的情感需求。其次,改变一贯逐页呈现的阅读模式,将几个画面同时出现在画面上,引导幼儿进行归类和比较观察,在原有基础上进一步提高观察能力。最后,让幼儿迁移自身的情感,绘制爱心卡,并说说自己的爸爸有什么本领,对爸爸的印象是什么,让幼儿感受父爱,激发幼儿的内在情感。

当家长收到孩子们的爱心卡,读懂里面所包含的深深爱意,他们也赞叹绘本的力量真是强大，平时在家像小霸王一样，对家人视若无睹的小家伙现在也学会了自己的事情自己做，还会对爸爸妈妈表示自己的感谢，变化很大呢！

案例 3　大班语言活动：小鳄鱼的钱包（活动设计）

【设计思路】

《纲要》指出：幼儿教育活动要满足其身心发展的需求，对幼儿进行一定的理财教育是符合对幼儿进行早期教育的规定和要求的。目前独生子女多，家庭条件优越，加之父母疏于指导，幼儿很容易养成乱花钱的习惯。对幼儿实施科学的理财教育，培养幼儿具有经济的头脑，这不仅仅是一种生存教育，而且是一种素质教育。因此笔者借助《小鳄鱼的钱包》这个绘本故事，旨在帮助幼儿掌握一些最基本的理财知识，如消费、储蓄、投资等，从而培养幼儿对理财的兴趣和能力。

《小鳄鱼的钱包》是一本极富趣味性的绘本故事。故事情节一波三折，极易吸引幼儿的兴趣。本次活动以"幼儿理财"为切入口，通过使用多媒体课件、幼儿自主阅读的形式帮助幼儿理解故事情节。最后在讨论、帮助小鳄鱼分配钱币的过程中，形成初步的理财意识。

【活动目标】

1.幼儿能理解故事、能根据故事情节展开想象，完整清楚地表达自己的想法。

2.幼儿具有初步的理财意识。

【教学重点】

通过对故事的理解和表达，有初步的理财意识。

【教学难点】

掌握一些基本的理财知识，如消费、储蓄、投资等，培养幼儿理财的兴趣和能力。

【活动准备】

1.幼儿前期经验准备。幼儿认识人民币、会 20 以内加减运算的经验。

2.物质准备。准备绘本故事 PPT、统计表、信封，10 元、5 元纸币，1 元硬币，笔。

【活动过程】

1.看 PPT 绘本故事，了解故事情节

（1）播放 PPT 1、PPT 2

师：这样的想法对吗？说说你的理由？

（2）播放 PPT 3、PPT 4

可是小鳄鱼决定要去找钱包的主人。

小结：不是自己的东西，应该物归原主，你们和小鳄鱼一样，都是诚实的好孩子。

设计意图：阅读绘本故事，激发幼儿兴趣，懂得诚实是好品质。

2.理解故事、大胆发表自己的观点

（1）自主阅读，猜测故事情节

师：小鳄鱼在寻找钱包主人的路上会遇到了什么事情呢？请你们仔细阅读故事。

①师：小鳄鱼一路上遇到了哪些事情？（提醒幼儿仔细观察图片，猜测故事的情节）

师:(过渡语)到底发生了什么事情呢? 我们接着往下听。

②师:现在了解事情的真相了,小鳄鱼的做法对吗? 为什么?

拥有东西时也要控制住自己。

小结:哦! 原来小鳄鱼觉得不是自己的钱坚决不能用,哪怕是遇到自己最喜欢、最渴望的东西。

③师:你们在生活中遇到过哪些事情,也需要控制住自己的呢?

小结:是呀,在我们生活中,有些事情我们必须学会控制,看来呀,你们真的长大了。

师:(过渡语)接下去又发生了什么事情呢? 我们继续往下听。

(2)播放 PPT 5、PPT 6、PPT 7

①如果你是小鳄鱼,你准备怎么用这些钱呢? (幼儿自由回答)

②小鳄鱼准备把钱分成 3 份,理解这 3 个词语吗? 什么是分享、消费、投资?

(教师适时追问,帮助幼儿理解这 3 个词语)

师:(过渡语)小鳄鱼还没想好怎么分? 你们来帮助它吧?

设计意图:理解故事,根据故事情节展开想象,自由大胆地发表自己的想法,了解"分享、消费、投资"的意思。

3.分组操作、分配钱币

(1)播放 PPT 8:介绍人民币

师:认识这些钱吗? (经验再现)

小结:人民币有硬币和纸币,不同面额的纸币颜色、大小、图案都是不一样的。

(2)分组操作,分配钱币,并记录

师:一共 20 元,你们打算怎么分? (幼儿说出自己的想法)

交代要求:现在我们 3 人一组,先商量、再分配,并在信封上做好记录。

教师巡视指导。

统计每个小组的分配情况。

师:现在我们来交流一下你们的分配情况吧。每个小组选一名代表说说你们小组是怎么分的。教师在统计表上做好相应记录。

小结:每组都分配了 3 只信封,只是多少不同而已,第一组分享最多,第二组消费最多,第三组投资最多。看来,最有爱心的是第一组,最懂得生活的是第二组,最财迷的是第三组。

(为每组分得最多的部分标上标记)

4.结束部分

师:(过渡语)小鳄鱼拿这些钱又会去做什么呢?

播放 PPT 9。

小结:小鳄鱼在给自己买东西时还不忘与别人分享。不过并不是每个人做了好事都会有回报的,但是我们每个人都应该有一颗公益的心。

设计意图:操作体验,培养幼儿初步的理财意识。

【案例评析】

改革理念下的集体教学活动,特别注重对幼儿发展有意义、对成长有价值的内容。强调在背景下、在关系中学习,引导幼儿交流分享、表达表现、讨论碰撞、梳理提升,挑战经验、挑战思维、挑战能力。

本次活动从选材、设计到组织,较好地体现了教师良好的教育机制,注重幼儿的兴趣、需要和能力,拓展和深化了绘本教学的内涵。教学目标明确,活动过程构思巧妙,教学现场准确回应,良好互动。总之,这是一个较为成功的教学活动。

1.选材视角独特,使绘本更显价值

"小鳄鱼的钱包"是一节以绘本为载体的大班语言教学活动,教师认真钻研教材,以独特的视角,分析并选取了适合大班幼儿的核心经验加以演绎,如诚实教育、理财教育等。幼儿在学习语言的同时获得了情感的熏陶,又萌发了初步的理财意识。让幼儿学习观察、想象、推理,更引发了幼儿情感的共鸣、呼应,激发了内心真实的体验。教学内容选在幼儿已知与未知之间,符合幼儿经验水平和最近发展区,容量合理,深广适度,进而促进了幼儿多种能力的发展。

2.创设问题情境,使教学更具挑战

围绕目标,条理清晰,意图明确,环节递进,以大班幼儿的学习方式突破重难点。活动以"幼儿理财"为切入口,通过多媒体课件、幼儿自主阅读、共同讨论、质疑互动等形式帮助幼儿理解故事情节。在帮助小鳄鱼分配钱币的过程中,形成初步的理财意识,如消费、储蓄、投资等,从而培养幼儿理财的兴趣和能力。教师匠心独运,用心地创设了多个问题情境,引导幼儿积极主动活动,在发现问题、面对问题、解决问题的思维碰撞中不断获得语言、认知、情感的提升。活动中教师能关注兴趣、关注体验、关注发现、关注引导、关注回应,层层推进,使活动具有一定的自主性和挑战性。

(活动设计:徐汇区田林第六幼儿园陈慧;活动点评:徐汇区田林第六幼儿园郭夏芳)

附:

小鳄鱼的钱包

一个炎热的早上,小鳄鱼在玩捉迷藏时发现别人遗失的一个钱包,"谁找到的就是谁的。"他的朋友们都开心地想着可以用这笔钱买杯柠檬汁或去游泳。可是小鳄鱼却决定去找钱包的主人。小鳄鱼在街角遇到募款的人,募款人说:"捐点零钱做善事吧。""抱歉,"小鳄鱼说,"这不是我的钱,我正在寻找遗失这个钱包的人。"小鳄鱼路过嘟嘟鞋店,渴望地看着橱窗里的红靴子,他想:"我从钱包里拿走一些钱,主人会发现吗?""会的,而且那样就是偷钱。"他说道。钱包很重。小鳄鱼非常渴,"钱包的主人一定不会介意我去买一杯冰凉的柠檬汁吧?"他叹了一口气。小鳄鱼有了一个很不好的想法,"如果我把钱包留下来呢?""不行!"他一边骂自己一边向警察局走去。小鳄鱼把钱包送到警察局,警察帮助小鳄鱼找到了钱包的主人。主人一边着急地翻着钱包一边说:"现在很少有拾金不昧的鳄鱼了。噢!谢天谢地!"主人叫了出来,她从钱包里一个秘密的地方拿出来一条美丽的小锁金项链,把它打开,"这是已经离我远去的丈夫的照片,这是我唯一能够纪念他的东西了,为了感谢你的诚实,那个钱包你就留着吧。”小鳄鱼打开钱包，里面有这么多钱呀，这下可以正式用这些钱了，他把钱装进“分享”“消费”“投资”3个信封。他从“消费”的信封里拿出了一点钱买了自己最喜欢的红靴子，又从“分享”的信封里拿出了一点钱给募款的人，还买了许多的礼物送给他的朋友们。

案例4 大班早期阅读活动：逃家小兔（说课稿）

各位领导、老师们：

你们好！今天我说课的内容是大班语言教育活动《逃家小兔》，首先我对该内容进行分析！

【教材分析】

《纲要》指出“善于发现幼儿感兴趣的事物、游戏和偶发事件中所隐含的教育价值，把握时机积极引导”。复合句对幼儿来说较为抽象，难于理解。当我看到故事《逃家小兔》时，特别兴奋，故事中的小鱼—渔夫，小鸟—大树，帆船—风都是幼儿熟悉并喜爱的东西，我因时因地灵活地运用了这天然的教育素材，更好地帮助幼儿理解复合句式。

内容的教育价值：《逃家小兔》讲述了一个关于母爱的故事。一幕幕对话和画面，尽现孩子的顽皮和妈妈的宽厚温柔。书中把一个妈妈对孩子的爱在有趣的问答接龙中表现得淋漓尽致，对话简单而又富于韵味、诗意盎然，每次读到时，无论是话语还是图画都给人以无尽的温暖感。

【幼儿分析】

大班幼儿的表达能力有了较大的提高，同时，同伴间交流的兴趣增强。但词汇量的缺乏限制了幼儿表达的完整性、丰富性和准确性。教师要引导幼儿学习多种词汇，帮助幼儿清楚地分辨词义，并能使用一些复合句来表达意思。

【教学目标】

1.借助绘本，欣赏理解故事内容。初步感知“如果”“就”这一复合句式。

2.学习故事中兔妈妈和小兔子有趣的对话，体会母子间的亲情。

3.活动的重点：引导幼儿在仔细观察画面、猜测角色对话、自主阅读故事的过程中理解绘本内容，感受绘本优美的意境和伟大的母爱。虽然大班幼儿的语言能力已有一定的发展，但他们对复合句式的掌握还需要一定的引导，所以我把学习“如果……就……”句型作为活动的难点。

【教学准备】

1.物质准备

(1)欢快的乐曲：《兔子舞》曲。

(2)兔子头饰若干。

(3)鲤鱼、捕鱼人、大石头、爬山的人、小花、园丁、小鸟、大树、小帆船、风、小男孩图片组成的图谱。

(4)句式卡片。

板书设计：

逃家小兔

“如果你（　　），”小兔说，“我就要变成（　　）。”

“如果你变成（　　），”妈妈说，“我就要变成（　　）。”

（5）《逃家小兔》绘本课件。

2.经验准备

了解词语：小鱼—渔夫，小鸟—大树之间的关系。

【教学过程】

教学过程是一种艺术，并没有特定的模式。我遵循《纲要》指出的：幼儿园的教育是教师以多种形式引导幼儿生动、活泼、主动活动的教育过程，强调尊重幼儿在语言学习的主体地位，注重为幼儿提供良好的语言信息和阅读氛围，引导幼儿积极主动地去观察感知理解、思考迁移，从而真正地提高幼儿的阅读理解能力。我为本次语言教学活动设计了8个环节：

下面，我来详细地介绍一下我的教学过程：

1.情境导入

师：小朋友们，有没有发现老师今天与平时有什么不一样啊？（小朋友答多了兔子头饰等）对，因为今天老师想给大家介绍两个朋友——兔妈妈和兔宝宝，现在老师请它们进来。

兔妈妈和兔宝宝跳兔子舞入场。兔妈妈和兔宝宝住在胡萝卜地旁的一个树洞里，过着幸福的生活。兔妈妈可爱自己的孩子了，就像小朋友的爸爸妈妈那样全身心地爱着自己的宝宝，可是这只兔宝宝有点调皮。

2.教师利用课件讲述故事

师：小兔子想离开家，他对妈妈说：“妈妈。我要逃跑啦。”逃跑是什么意思啊？

幼：跑掉啦。离开妈妈。跑到很远的地方去。

幼：跑走了，让妈妈找不到它。

师：那兔妈妈听到小兔子说的话，兔妈妈会怎么说呢？

幼：孩子，不要逃跑，妈妈是会伤心的啦。不要逃跑。

幼：我会想你的。

（1）教师讲述第一次的变化（详）

师：我们听听兔妈妈是怎么说的啊，兔妈妈听到了小兔子说的话就说：“你要是逃跑，妈妈就追你，因为你是妈妈的小宝贝呀。”小兔子看看妈妈说：“如果你来追我，我就变成溪里的小鲤鱼，游得远远的。”妈妈说：“如果你变成溪里的小鲤鱼，我就变成捕鱼的人去抓你。”

提问：小兔变成了什么？（小兔变成了小鲤鱼）妈妈变成了什么？（妈妈变成了捕鱼的人）妈妈是怎么说的？（“如果你变成溪里的小鲤鱼，我就变成捕鱼的人去抓你。”）

层层递进地提问有利于引导幼儿理解词语间的关系，并尝试用“如果……就……”的句式回答。

教师将对应图片贴到图谱上（小鱼、渔夫），下同。

师：瞧，妈妈它是用什么方法捕小兔这条小鲤鱼的？（妈妈是用胡萝卜钓小兔的）兔妈妈

为什么用胡萝卜钓小兔呢？（因为妈妈知道小兔喜欢吃胡萝卜）妈妈爱小兔吗？（爱）

（2）教师讲述第二次变化（详）

师：小兔说："如果你变成捕鱼的人，我就变成高山上的大石头，让你抓不到我。"妈妈说："如果你变成高山上的大石头，我就变成爬山的人，爬到高山上去找你。"

提问：小兔子变成了什么？（小兔子变成了大石头）妈妈变成了什么？（妈妈变成了爬山的人）看一看妈妈身上都有什么？（行李、绳子、拐杖）为什么要拿这么多东西？（因为妈妈要走很长时间才能找到小兔）不论多么苦多么累妈妈也要追到小兔，把它找回家，妈妈爱小兔吗？（爱）

《逃家小兔》整个故事主要是由几个平行的画面组成。如果逐幅观察、讨论，幼儿可能会产生厌倦。因此，我在教学时，重点讨论了前两幅图，让幼儿对故事的情节发展、情感基调、对话句型有了初步了解。后面四幅图则引导幼儿进行简单观察，初步了解小兔和兔妈妈的变化，然后引导幼儿用前面已掌握的句型来说一说，达到进一步巩固句型，提高幼儿语言表达能力的目的。

（3）教师讲述第三次变化（略）

师：小兔说："如果你变成爬山的人，我就变成小花，躲在花园里。"妈妈说："如果你变成小花，我就变成园丁，我还是会找到你。"

提问：小兔子变成了什么？（小兔变成了小花）妈妈变成了什么？（妈妈变成园丁）谁知道"园丁"是干什么的？（"园丁"是照顾花草的人）因为每个孩子都是在妈妈的精心照料下才能长大的。

（4）教师讲述第四次变化（略）

师：小兔说："如果你变成园丁，找到我了，我就变成小鸟，飞得远远的。"妈妈说："如果你变成小鸟，飞得远远的，我就变成大树，好让你飞回家。"

提问：小兔子变成了什么？（小兔变成了小鸟）妈妈变成了什么？（妈妈变成了大树）为什么？（因为大树是小鸟的家，妈妈想让孩子有一个温暖的家）

3.幼儿看图尝试进行讲述故事

（1）教师讲述第五次变化，出示彩图提问

师：小朋友看小兔在这里又变成了什么？（小兔变成了小帆船）妈妈变成了什么？（妈妈变成了风）谁能按照前面的句式说一说。（小兔说："如果你变成大树，找到我了，我就变成小帆船，飘得远远的。"妈妈说："如果你变成小帆船，我就要变成风，把你吹到我要你去的地方。"）

（2）教师讲述第六次变化，出示彩图提问

师：小朋友看这幅画小兔子变成了什么？（小兔变成了小男孩）妈妈呢？（妈妈就做了小男孩的妈妈，会张开手臂好好地抱住小兔子）

在小兔逃跑的过程中，引导幼儿重点猜想兔妈妈变成了什么？重点观察兔妈妈鱼竿上的胡萝卜、爬山时所带的东西等细节，通过讨论分析，让幼儿体会兔妈妈能够不顾一切困难，也要把自己的宝宝追回来的情感。

4.复述、创编

(1)角色表演

师:你们都来当小兔,我来当兔妈妈吧!

师幼看图谱,用"如果……就……"的句式复述故事。

(2)启发幼儿想象

师:孩子们,你们还能编出和故事中不一样的吗?也能用好听的话来说。(以同样形式,讲出生活中的配对物)

师:孩子们,妈妈可要追你们了,你们快商量商量,用好听的话说说你们变什么,赶快开动脑筋哦!(如小兔说:如果你来追我,我就变成大老虎。可请个别说)

师:小兔变成了大老虎,兔妈妈该变什么呢?

启发幼儿想象与大老虎相关的事物。如果你变成一只大老虎,我就变成动物园里的饲养员,天天看着你。

教师将幼儿创编出的内容以简笔画的形式记录下来,方便幼儿练习句式。情境对话的教学方法不仅可以使幼儿学得主动,而且可以使幼儿"温故而知新",有助于幼儿真正掌握句式。

2.创编诗歌并配乐朗诵

永远的妈妈

如果我是一条鱼,跳进清凉的小溪,
妈妈就是一个渔夫,抛下美味的鱼饵等着我。
如果我是一块石头,在高高的山崖上,
妈妈就是一个登山人,爬上山顶找到我。
如果我是一朵小花,藏在一个花园里,
妈妈就是辛勤的园丁,会在花园里发现我。
如果我是一只鸟儿,从她身边飞过,
妈妈就是一棵大树,等着我到枝头做窝。
如果我是一艘小船,扬着帆,离开家,
妈妈就是风,吹着我,把我吹向回家的方向。
如果我是马戏团的空中飞人,在高空荡秋千,
妈妈就是走钢丝的人,冒着生命危险,走到我身边。
不管我走到哪里,妈妈的爱一路相随。
妈妈,我爱您!

在朗读和创编中,厘清故事情节,展开丰富的想象,让母爱在幼儿心中得到进一步升华。

6.接龙式语言游戏

音乐开始,小朋友们讨论,音乐停,游戏开始。由第一竖排第一个小朋友开始进行语言接龙,然后传给下一个小朋友,可创编。如第一个小朋友说"如果你来追我,我就变成小溪里的一条小鳟鱼游得远远的",第二个小朋友接着说"如果你变成溪里的一条小鳟鱼,我就变成

一个捕鱼的人去抓你”……

游戏化教学使活动更具趣味性，既可以让小朋友更好地理解事物间的对应关系以及兔妈妈对宝宝的爱，也可以让小朋友们学得开心。

7.情感体验

(1)师：我们的故事听完了，你喜欢这个故事吗？最喜欢里面的谁？结合图画说说。

幼：喜欢妈妈，小兔子是坏孩子，不乖的，不听话的。

(2)师：小兔变来变去，妈妈为什么也跟着变来变去？每次都能抓住小兔？

幼：因为他永远是妈妈的小兔子。

幼：因为妈妈爱他。

(3)故事中的小兔和妈妈都在变，那有没有不变的东西啊？妈妈的爱。

(4)师：最后小兔发现，无论走到哪里妈妈总是能找到他的。小兔还发现，还是妈妈的怀抱最温暖，小朋友们，你们认为你们自己妈妈的怀抱温暖吗？

幼：温暖。

师：你们也有这种感觉啊，那你认为你妈妈做的哪些事情是很爱你的？

幼：妈妈给我买好吃的，买玩具。

幼儿说出的多为物质方面的内容，教师应引导幼儿说出精神方面的感受。

师：妈妈那么爱你们，那你们想怎样去表达对妈妈的爱。

幼：给妈妈做家务，给妈妈洗脚。

小结：孩子们，你们都是妈妈的心肝宝贝，妈妈非常爱你们、关心你们。希望你们也能听妈妈的话，做一个乖孩子。

（这个环节是感恩教育的重要体现，也是本次活动的精华。教师引导幼儿的讨论，把故事情节带入生活，体验情感。让幼儿在思考的过程中，“母爱”的情感进一步得以提升。）

8.跳《兔子舞》结束活动

师：我相信你们都会成为妈妈的好孩子，为妈妈带来欢乐。小兔们，来和妈妈一起跳个兔子舞吧！

各位领导、老师们，以上教学设计均是我个人的教学预设，在实际的教学过程中，我会根据学生的具体反馈做出相应的调整，做到因材施教，真正地实现以学生为中心的教学，为学生的长远发展负责。

我的说课完毕，如有不当敬请批评指正，谢谢大家！

【案例评析】

幼儿园说课应遵循几项原则：科学性原则是说课活动的前提，是组织活动应遵循的基本原则，也是说课应遵循的基本原则，它是保证说课质量的前提和基础。理论联系实际原则是说课活动的灵魂。说课是说课者向听者表达其对某次活动设想的一种方式，是教学与研究相结合的一种活动，因此在说课活动中不仅要说清其活动构想，还要说清其构想的理论与实践两个方面的依据。将学前教育理论与活动实际有机地结合起来，做到理论与实践的高度统一。实效性原则是说课活动的核心。说课的目的就是要通过“说课”这一简易、速成的形式或手段在短时间内集思广益，检验和提高教师的教学和教研能力，从而优化活动过程，提高活动效率。创新性原则是说课活动的生命线。说课是深层次的教研活动，是教师将活动构想转化为具体活动之前的一种预演。教师在本次说课活动中应从预设和生成两方面进行进一步完善。

说课没有固定的程序，可长可短，可因时因地因材等而异。说课也不等于念教案，应进行提炼概括。本说课稿，教师不仅将书面的教学方案说了出来，还将隐含于教学方案中的设计思想、教育理念、具体依据说了出来，说清楚了教师“教什么”“为什么要这么教”“怎样教”的问题。不足之处在于说课条理不够清晰，在说活动过程这一环节不够精练。

【理论自测】

一、单项选择题

1.研究显示人的主要阅读能力是在(　　)岁形成的。

A.3~5　　B.3~8　　C.2~5　　D.2~8

2.幼儿园早期阅读活动可以帮助幼儿获得(　　)、前识字经验和前书写经验。

A.前图书制作经验　　B.前绘画经验

C.前文字辨认经验　　D.前图书阅读经验

3.儿童在学前时期应获得的基本阅读技能包括观察摹拟书面语言的能力、(　　)以及自我调适的技能。

A.预期的技能　　B.书写的技能　　C.纠错能力　　D.辨字能力

4.幼儿园早期阅读活动向幼儿提供的前识字经验的具体内容包括(　　)。

A.图书制作的经验　　B.理解文字功能、作用的经验

C.知道书写汉字的工具　　D.了解书写的最初步规则

5.幼儿园早期阅读活动可以帮助幼儿获得(　　)、前识字经验和前书写经验。

A.前图书制作经验　　B.前绘画经验

C.前文字辨认经验　　D.前图书阅读经验

6.幼儿园的早期阅读活动应当(　　)。

A.提供具有表意性质的材料帮助幼儿获得读写能力

B.有目的、有计划地培养幼儿对书面语言的兴趣和敏感性

C.创设丰富的阅读环境帮助幼儿识字和书写

D.有目的、有计划地教幼儿认读一定数量的字

7.幼儿园早期阅读的主要作用是(　　)。

A.掌握书写的技法　　B.增加识字的数量

C.学会文字记录　　D.“接近”书面语言的意义

8.在幼儿园早期阅读活动中,向幼儿提供的前识字经验中不包括(　　)。

A.理解文字功能、作用的经验　　B.粗晓文字来源的经验

C.了解识字规律的经验　　D.辨别不同字义的经验

9.幼儿早期读写能力逐渐发展的现象被研究者称为(　　)。

A.读写萌发　　B.早期阅读　　C.正式阅读　　D.书面学习

二、多项选择题

1.幼儿在学前时期需要获得的基本阅读技能有(　　　　)。

A.观察摹拟书面语言的能力　　B.预期的技能

C.翻书技能　　D.自我调适的技能

2.开展幼儿园早期阅读活动应注意(　　　　)。

A.创设丰富的阅读环境　　B.提供具有表意性质的阅读材料

C.提倡整合的阅读活动　　D.具有鲜明的文化和语言背景

3.幼儿早期阅读行为指从口头语言向书面语言过渡的前期阅读准备和前期书写准备表现,包括(　　　　)。

A.幼儿阶段知道图书和文字的重要　　B.掌握一定的阅读技能

C.掌握一定的书写技能　　D.愿意阅读图书和辨认汉字

4.早期阅读对幼儿发展的作用有(　　　　)。

A.阅读能刺激大脑,是发展大脑神经组织的最好方式

B.阅读是儿童心理健康的重要条件

C.阅读增加了幼儿的经历与交往

D.阅读是幼儿个性发展的条件

5.恰当的3~4岁幼儿早期阅读理解能力目标是(　　　　)。

A.能听懂短小的儿歌或故事

B.能根据连续画面提供的信息,大致说出故事的情节

C.能大体讲出所听故事的主要内容

D.能理解图书上的文字是和画面对应的,是用来表达画面意义的

6.早期阅读与幼儿全面发展之间的关系是(　　　　)。

A.有效的早期阅读有益于促进幼儿的心理健康

B.早期阅读能力的发展与幼儿语言的发展呈反比

C.早期阅读教育有利于促进幼儿社会性的发展

D.早期阅读是开启幼儿认识世界的另一扇窗户

E.早期阅读教育有助于幼儿在艺术领域的发展

7.师幼共同阅读是早期阅读活动中的环节,主要活动步骤为(　　　　)。

A.老师一问一答的提问　　B.引导儿童理解图书的大致内容

C.围绕重点、难点开展阅读环境　　D.引导儿童归纳图书的主要内容

8.可以开展的早期阅读中的亲子共读活动有(　　　　)。

A.选择适龄的读物　　B.以身作则培养家庭的阅读氛围

C.读书给儿童听,唤起儿童的情感共鸣　　D.利用生活中的素材共读

9.早期阅读活动向幼儿提供的前识字经验主要有(　　　　)。

A.知道文字有具体的意义,可以喊出声来,可以把文字、口语与概念对应起来

B.理解文字功能作用的经验,了解识字规律的经验

C.粗晓文字来源的经验

D.知道文字是一种符号,并有与其他符号系统可以转化的经验

10.早期阅读环境包括(　　　　)。

A.精神环境　　B.物质环境　　C.心理环境　　D.生理环境

三、判断题

1.识字也是幼儿的学习任务,幼儿园组织开展的早期阅读活动就是帮助幼儿获得识字经验,提高幼儿对文字的敏感程度的一种活动。(　　)

2.通过“大班幼儿阅读能力的调查”,发现并分析了幼儿园大班儿童早期阅读中所存在的问题,它属于原因调查。(　　)

3.婴儿在出生后 1 个月,就显露出早期阅读的兴趣和行为。(　　)

4.符号、标记、图片、景象等材料的认读、理解和运用,是对幼儿身心所施加的一种有目的、有组织、有计划的影响活动。(　　)

5.培养幼儿乐意观察各种符号、对文字产生探索愿望,是早期阅读活动的目标。(　　)

6.自主阅读能力的培养是早期阅读教育的关键。(　　)

7.最初的阅读准备是看书。(　　)

8.婴幼儿早期阅读对孩子的健康发展是有百利而无一害的。(　　)

9.早期阅读行为是指学前儿童从口头语言向书面语言过渡的前期阅读准备和前期书写准备的表现。(　　)

10.早期阅读活动的重点目标在于培养幼儿运用口头语言与他人交际的意识、情感和能力。(　　)

【思考与练习】

1.什么是学前儿童早期阅读活动？它有哪些形式？

2.简要陈述学前儿童早期阅读活动的内容和教育目标。

3.指导学前儿童早期阅读活动应注意的问题有哪些？

【项目实训】

子任务一　早期阅读活动——绘本的选择

【实训目标】

1.能够从图书主题、画面内容、语言文字、版面设计等方面对绘本的特点进行分析与说明。

2.能够根据不同年龄班儿童的特点,选择合适的绘本。

【实训内容与要求】

1.根据不同年龄班儿童的特点和绘本的特点,选择合适的绘本,并说明理由。

2.自选内容,绘制适合幼儿园小、中、大班幼儿的图书各一本。

子任务二　观摩、评析学前儿童早期阅读活动

【实训目标】

1.加强对学前儿童早期阅读活动具体组织、指导环节的了解。

2.学习、观察并记录幼儿教师是如何逐步组织实施活动的,了解幼儿园早期阅读活动实施的基本步骤。

3.学会评析学前儿童早期阅读教育活动,提高对所学理论知识的综合运用能力。

【实训内容与要求】

以小组为单位去实训基地幼儿园观摩或观看各年龄班早期阅读活动教学活动视频,观察并详细记录活动的全过程,重点观摩活动的组织形式和环节的过渡,学习教师的导入方式、提问语和教学方法的运用。各小组在讨论的基础上整理修改意见,并形成完整的活动设计方案。

分组讨论问题如下:

1.活动目标的设计是否符合幼儿园教育活动目标制订的基本要求?是否符合不同年龄段幼儿谈话活动的要求?如果不适合该怎样修改?

2.活动内容的选择是否符合小班幼儿的年龄特点和能力水平?

3.活动准备是否充分?是否能够满足教学的需要?

4.活动过程的设计是否体现环环相扣、循序渐进等原则?

5.活动过程中运用了哪些教学方法?分别体现在哪些环节?

6.师幼互动是否融洽?幼儿学习的主体性和创造性发挥得如何?

7.教师的教学基本功怎样?教学效果如何?

子任务三　幼儿园早期阅读活动的设计与组织实施

【实训目标】

1.培养运用理论知识指导实践的能力。

2.掌握学前儿童早期阅读活动的组织形式和基本方法。

3.能够设计并组织具有科学性、趣味性、创造性的早期阅读活动。

【实训内容与要求】

1.自选绘本内容，分别为小、中、大班学前儿童设计一篇早期阅读活动方案。活动设计应包括选择话题的理由、活动目标、活动准备、活动过程等。要求：活动目标具体、操作性强，活动重点明确、难点清晰，活动过程完整、设计合理，各活动环节过渡自然、流畅。

2.根据设计的早期阅读活动设计方案，做好课前准备，如课件、图片、实物、视频等相关的教具，小组模拟组织实施活动，并完成说课。

3.课堂中随机抽取，进行模拟课堂的组织与实施。

【拓展阅读】

以早期阅读"关键经验"为引领，建构绘本阅读"指导模型"

——关于幼儿园绘本阅读集体活动指导策略的思考

什么是早期阅读？其定义很广泛，引用北京师范大学刘炎教授的话来说：婴幼儿凭色彩、图像和成人的语言以及文字来理解以图为主的低幼儿童读物的所有活动都是早期阅读。如：用手指一页一页地翻书；会看画面，能从中发现事物的变化，将之串联起来了解故事情节，了解故事中的各种关系；会用口语讲述画面内容，或听成人读书中的故事，等等。绘本区别于传统的故事书，用图画与文字共同叙述一个故事，表达特定情感，通过绘画和文字两种媒介互动来说故事，其特殊性和幼儿早期阅读的特点不谋而合。在幼儿园早期阅读活动中，绘本有着不可替代的作用。绘本阅读活动应该包含在早期阅读中，而早期阅读是包含在语言教育中的。绘本阅读活动的关键经验定位在"倾听、表达、阅读、理解"等方面，但绘本又有其特殊性。因此，从集体活动指导层面上来说，它和常规的看图讲述故事又是有区别的。绘本阅读活动常常被分为几个教时，每个教时又被分成几个阶段层次。浙江省特级教师朱静怡老师在《幼儿园发展能力课程》一书中提到"绘本阅读活动，可以分为进入、理解、分析、提升和应用五个阶段。这五个阶段可以在不同的教时中进行搭配，可以前后搭配，也可以混搭，具体根据绘本内容和幼儿的兴趣及水平作为标准来衡量"。在实践中，每个阶段都以早期阅读的"关键经验"为引领，抓住"自主、读图、表达、赏文、表现"为各阶段的重点，推进阅读步骤，提升阅读价值，建构出绘本阅读的"指导模型"。

一、"自主"是进入阅读的关键

当幼儿拿到绘本时，第一件要做的事情必然是打开它，看它。此时，我们成人就要给予幼儿充分的自主，给幼儿营造一个安静的阅读空间，保证幼儿真正"自主"阅读。这里的安静不仅是幼儿之间互不干扰，更重要的是教师不干扰幼儿，和幼儿平等地共同进行自主阅读。

1.激发阅读的兴趣

自主阅读之前兴趣的激发直接影响着自主阅读的效果。只有当幼儿充满着好奇和想象，才能如饥似渴地徜徉在书的海洋中。(1)看封面引入。以封面作为开场是比较常规的手段，让幼儿对于故事的主人公、背景产生好奇，进而带着疑问进行阅读，有一定的针对性。(2)主人公引入。对于幼儿，用故事主人公的手偶引出绘本也是一个很有趣的方式。(3)看内页引入。对于有悬念的故事，选取最有趣、最能引发思考的内页，能起到激发兴趣的作用。(4)谈主题引入。这里指有特殊意义的绘本，如结合主题开展内容丰富的、贴合季节的、蕴含科学的小知识等，都可以根据重点目标谈话来进行引入，使幼儿萌发新的思考。

2.保证充分的时间

当幼儿安静专注地阅读时，他们会感觉时间过得很快。此时，我们细致观察幼儿阅读的过程，会发现他们阅读的特点，如连续翻页，前面看看后面看看，对某一页特别感兴趣，对某个画面有疑问，胡乱翻翻，几秒钟就翻完了，等等。基于幼儿阅读的经验，他们会出现各种各样的阅读状态。只有在宽裕的时间里，教师才有可能关注到不同幼儿的状态，在给予幼儿充分自主的前提下，我们仍然要关注个别阅读习惯欠缺的幼儿，指导他们耐心地阅读，细致地观察，边看边思考。另外，教师通过观察，发现幼儿比较关注的内容，便于在集体讨论中进行分析和深入阅读。

3.关注阅读的姿势

在幼儿专注阅读时，除了关注幼儿的阅读方法和状态外，还需要关注他们的阅读姿势。良好的阅读姿势是保证幼儿阅读质量的前提。舒服的姿势和适当的距离，能让他们身心愉悦，全神贯注。

二、“读图”是理解阅读的关键

《指南》中也提出：引导幼儿仔细观察画面，结合画面讨论故事内容，学习建立画面与故事内容的联系。因此，幼儿园绘本阅读的重点在于通过观察画面来猜测、理解绘本想要表达的意思。在自主阅读过程中，孩子们进行了自主“读图”，自主理解。但此时他们获得的关于绘本的理解相对来说是零散的、片面的。集体“读图”理解和讨论，不仅仅让孩子们有了表达的机会，更能够通过同伴间的互相倾听和交流，加深对绘本的认识和理解，产生进一步阅读的愿望。教师在指导幼儿“读图”的过程中，应抛弃固定的思维，不追求固定答案，不追求情节完整，把重心转移到指导幼儿如何“读图”上来，帮助他们学习多种“读图”的方法。

1.简读封面

任何一本绘本的封面都不是随便设计的，它是绘本给人的第一印象。不同的绘本封面给人不同的印象，大多数儿童绘本会把人物主角画在封面上，配以故事中的某个场景，也有的是以故事的重点页作为封面。结合这些特点，在指导幼儿“读图”时，封面的解读可以作为引入，以此激发幼儿开启绘本的兴趣。封面的画意没有固定答案，幼儿可以根据自己的理解展开想象的翅膀。一般来说，封面只需要简读，作为绘本阅读的引子就可以了，或者到最后完整阅读之后再返回来看封面，读一读故事的名字，理解故事之后反观封面，又会有不一样的感受。

2.前后连读

自主阅读之后，幼儿根据自己的兴趣讲述感兴趣的画面，不同的幼儿会有不同的理解和感受。他们的思维会碰撞在一起，擦出火花。教师要适时把这些“思维的火花”提取出来，激发幼儿继续阅读，在书中找寻合理的解释。在指导过程中，我们需要引导幼儿采用前后连读的方法，即在看后面某个页面时，为了理解其意义可以回头翻阅前面的页面，反之亦可。用前后页连起来阅读的方法读懂图意，加深理解。如在《皮皮在哪里》中，孩子们在前后读的过程中就发现，原来皮皮是为了捉一只昆虫才从家里出来的，每一跨页的右边页都会有后续情节发展的线索提示。孩子们通过细致地阅读，发现了隐藏的秘密。这样的绘画手法也是绘本常用的一种表现手法。在潜移默化中，孩子们对绘本的结构特点也会有更深的了解。

3.精读线索

所谓“线索”就是串联整个绘本的主线。有的线索很明确，而有的线索隐藏在图画里。当幼儿关注到有“线索”的页面时，教师可以加以引导和助推，和幼儿一起追随“线索”的发展，找寻主人公的变化、行动、转换。“线索页”的特点在于画面丰富，内容丰满。如在《上床去睡觉》中，动物们往梯子上爬的那几页就是线索页。教师引导幼儿重点观察床上的动物的表情和准备上床的动物的表情，进行对比，发现他们心情的不同，进而猜测他们的对话，加深对情节的理解。在《谁咬了我的大饼》中，展现大饼形状的那几页是线索页。教师引导幼儿关注牙齿的形状和动物的牙齿产生联想、猜测，引发观察和思考。除了这些，线索页还可能和时间的前后有关，和人物的出场顺序有关，和情节的推进有关。我们只要抓住这些线索，和孩子们展开进一步的阅读，理解的目标就已经达成了。

4.巧读细节

在每本绘本中都隐藏着许多细节，这些细节能够帮助幼儿理解人物的心理变化、事件发展的动机等。但在阅读过程中幼儿往往会忽视这些细节。我们需要引导幼儿巧读这些细节，通过自上而下或者自左而右的观察顺序来看画面，发现一些细微但又重要的线索。如在《我爸爸》中，爸爸的化身都有着和他睡衣一样的格子花纹。一开始，有些孩子不理解为什么那条鱼就是爸爸，觉得有些滑稽。待发现在这个秘密时，他们明白了原来这代表的是想象中的爸爸，是爸爸的大本领。在《爷爷一定有办法》中，绘本每一页的下方是小老鼠一家发生的事，整个情节和小主人公家发生的事情一模一样，通过这个细节，幼儿明白了原来我有爱我的爷爷，小老鼠也有爱它的爷爷和幸福的一家，进而产生了对小动物的关注和关爱。这是这本绘本带给幼儿的感受，也是细节的美妙之处。

三、“表达”是分析阅读的关键

分析阅读的过程类似于故事教学，即和幼儿一起讨论或回忆故事的情节，引导幼儿有条理、有思想地表达自己对故事的理解。如何引导幼儿进行思考和大胆表达是达成目标的关键。围绕问题、围绕兴趣、围绕倾听的结果都是幼儿表达的载体。他们在理解阅读的基础上、在倾听的过程中、在深入思考中加深对故事的理解，将绘本的精华提取出来，结合自身生活和理解，表达自己的想法。

1.结合问题重点说

重点问题是在幼儿阅读理解的基础上提出来的有争议的问题或者超越绘本本身精神层面的问题。这些问题可以是自然知识、人文知识，也可以是情绪情感。教师需要提出这些问题，和幼儿展开讨论。如《彩虹的尽头》中，理解“宝贝”究竟是什么，还会有什么。《小老鼠和小老鼠》中，理解“朋友”应该如何相处。《咕咚》中理解为什么大家都害怕，到底怕的是什么。结合这些重点问题，对绘本的内涵进行剖析和理解，提升阅读价值的层次。

2.听同伴回答补充说

《指南》语言领域中提出“引导孩子在群体中能有意识地听与自己有关的信息，在集体中能注意听老师或其他人的讲话”。在阅读理解的过程中，倾听同样非常重要。幼儿在阅读中关注的对象都是同一本绘本，问题的指向也比较接近，在倾听同伴的回答之后，针对同一问题进行补充非常关键，这考验的是孩子对同伴回答的理解以及自己对绘本的深度理解，这是语言素养的综合表现。在《谁吃了你的粥》中，有孩子说“粥是魔鬼熊吃的”。但有孩子在表述中提出了不同的意见：“没有魔鬼熊，是小动物吃的。”有分歧才有继续研究的价值。在《齐柏林飞艇》中有孩子提出，其实所有的事情都是齐柏林的想象。有孩子就补充说“因为图片上有的都是用想象符号来表示的”。这一解释得到了大家的肯定和认同。孩子们在边说边听边讨论的过程中，语言的运用能力大大提升，对故事的理解也更加深入。

3.据自己想法完整说

在分析阅读的整个过程中，都是幼儿想象、表达，教师帮助幼儿提升语言表述。整个过程中没有出现绘本的原始文本。此刻，阅读已经非常深入，理解也达到了一定的水平。教师需要引导幼儿按照书本的页面顺序和幼儿一起来回顾绘本内容，让幼儿讲一讲自己对绘本的完整理解，体验自主讲述的轻松和快乐。幼儿完全可以根据自己的理解和感受进行讲述，甚至可以带入角色的情感来进行对话式的表达。表达的内容来源于绘本的图片，来源于幼儿的感知，来源于前阶段的理解。

四、“赏文”是提升阅读的关键

“自主在前，经典在后”是绘本阅读指导过程中非常重要的手段。“赏文”必定是在幼儿充分感受、认识、讨论、理解之后。“赏文”是对文字、符号、段落等的感受性学习。利用幼儿对文字的敏感和需要，在教师的引领下指认文字和幼儿感兴趣的符号，寻找相应的形容词、对话、叠词、排比句、比喻句等文学表现手段。指导幼儿“赏文”不能仅仅局限在听教师读的传统模式，应该听、看、读结合，让幼儿感受文字、欣赏文字、体验文字，提升幼儿对文学元素的感受能力。

1.听文本，感受文字

绘本的文字简短，却不失语言的美。或幽默、或温馨、或童趣的写作手法带给幼儿不一样的美的感受。在听文本讲述的过程中，幼儿结合画面，边听边看，对故事的理解也就提升了。如《十四只老鼠》系列故事，作者用童趣的语言描绘了老鼠一家生活的日常趣事，特别加入了许多象声词和动词，帮助幼儿丰富了语言表达的方式。幼儿在倾听中体会作者的表达方式，以语言带动想象，感受作者用文字营造的一个美丽世界，感受书面语言的美。

2.看文本，欣赏文字

绘本的文字排版各有不同，各有特点，有的是一句话一页图，有的则文字多一些；有的文字排列整齐，有的看似凌乱，实则很有逻辑。因此，我们不能忽视文字的视觉美感，我们引导幼儿采用边看文字边听的方式，幼儿随着教师的讲读逐一指点文字，这样做的目的并不是要让幼儿识字，而是让幼儿欣赏文字的排列，体验文字、符号的组合，了解其表达的不同意思，进而对图书和生活情境中的文字和符号产生兴趣，培养前书写习惯。

3.读文本，体验文字

语言的运用能力是在不断讲述的过程中发展起来的。同样，体验文学作品的美也需要结合讲述，听、看、说结合才是完整的语言发展目标。有意识地引导幼儿模仿文学作品的语言节奏和韵律，通过表情和抑扬顿挫的声音传达书中的情绪情感，让幼儿体会文字的感染力和表现力。如在《鳄鱼怕怕牙医怕怕》中，虽然是重复的、类似的对话，但是每一次对话朗读时的表情、语气、语音、语调都是不同的，表现出了鳄鱼和牙医互相害怕的复杂心情。读文本还可以增加幼儿的词汇量，增强口语表达能力，同时让幼儿感悟到画面与口语的关系、口语与文字的关系。

五、“表现”是应用阅读的关键

所谓“应用阅读”就是将对绘本的感受和理解通过多种形式，整合多个学科领域进行个性化表现。结合不同题材的绘本，可以分别与语言、科学、体育、音乐等活动相结合，给予幼儿多方位表达的机会。带有明显故事情节的绘本：《逃家小兔》《小老鼠和大老虎》《蛤蟆爷爷的秘诀》等，可以用故事表演、绘本剧的方式进行表演，但表演一定要建立在理解的基础上，做到有声有色。如果完整地表演有难度，也可以挑重点段落进行表演，甚至只选取一个场景，实现幼儿表现角色的愿望。带有明显艺术元素的绘本：《小蓝和小黄》《我的颜色旅行》《黑象和白象》等，可以引发专项美术活动，进行美术欣赏、临摹、创意画等，甚至可以在绘画的基础上进行自制图书，实现美术再创造的愿望。带有明显科普风格的绘本：《谁的蛋宝宝》《是谁嗯嗯在我的头上》《好饿好饿的毛毛虫》《天气》等，可以引发科学类的研究活动，进行观察记录、户外实践、小实验操作等，实现幼儿通过操作验证科学知识的愿望。所有的绘本都可以拓展设计成好玩的游戏活动，但这些个性表达一定是来源于生活，来源于幼儿，来源于对绘本的理解，把绘本作为起点，进而发散和创造。

在实践指导过程中，五步走的“指导模型”提供了集体绘本阅读活动的范本和框架，教师能够更好地利用绘本开展早期阅读活动，指导幼儿看绘本、读绘本、体验绘本，加深对绘本的理解深度和利用广度。当然，绘本阅读活动不仅仅存在于集体活动中，我们的关注点首先放在集体活动，帮助幼儿提升阅读能力，学习阅读方法，以此指导幼儿在自主阅读情况下（家庭、区角）更好地进行阅读活动，使早期儿童绘本阅读成为幼儿终身学习的起点。

（资料来源：《幼儿100》教师版2019年3月刊，邹叶丹）

学习项目五

学前儿童文学教育活动的设计与指导

●案例描述

刘老师在开展《大乌龟送回家》的故事活动时，当小朋友还沉浸在小动物团结起来、齐心协力地将"大乌龟送回家"的喜悦中时，佳佳突然说："老师，你讲错了！"教室里顿时安静了下来，大家向他投去了诧异的目光。"哪里讲错了？"刘老师心中纳闷，本能地问道。"乌龟四脚朝天会自己翻身的，用不着别人推！"佳佳自信地说着。刘老师显然对乌龟"自己翻身"的本领比较了解，就说："老师把故事再讲一遍，小朋友们认真听，看看乌龟是怎么翻身的？"故事讲完了，大多数小朋友自然认可老师的讲法，可是佳佳却一脸不高兴……假如你是老师，在开展文学作品活动时，你觉得应该做哪些准备？学前儿童文学活动是单纯的语言教育活动吗？

●学习目标

1.了解学前儿童文学作品的类别、文学活动的基本特征及语言教育目标。
2.掌握学前儿童文学教育活动的基本结构。
3.掌握学前儿童散文、诗歌活动的设计与实施。
4.掌握学前儿童故事活动的设计与实施。
5.掌握学前儿童绕口令、猜谜语活动的设计与实施。

●职业技能

1.能够独立设计学前儿童文学教育活动:根据主题素材与年龄段,能够设计不同类型的幼儿文学作品教育活动的教案。教案格式完整规范,语言清晰、简洁、明了,目标设计、内容选择、方法运用等符合幼儿年龄特征和领域特点。

2.学会撰写学前儿童文学教育活动说课稿:根据已设计的教案,就内容、目标、方法、过程设计等进行说课,说清楚“学什么、教什么”“怎么学、怎么教”以及“为什么”等问题,语言规范,条理清楚,逻辑性强,表达流畅。

3.能够组织与实施学前儿童文学教育活动:根据已设计的教案,能够独立组织实施学前儿童文学教育活动。

任务一　学前儿童文学教育活动概述

学前儿童文学教育活动是以学前儿童作品为基本教育内容设计组织的一系列相关的语言教育活动类型,是学前教育阶段语言教育活动中重要的组成部分。这类活动通常借助幼儿文学作品所展示的丰富而有趣的生活,为学前儿童提供全面的语言学习机会。

一、学前儿童文学作品的类别

学前儿童文学作品是指适应于0~6岁儿童的心理发展水平和知识经验、阅读能力的各类文学作品的总称。学前儿童文学作品体裁多样,包括儿童、童话、幼儿诗、幼儿故事、幼儿散文、谜语和绕口令等。这些作品既具有文学性,又具有教育性。儿歌朗朗上口,故事生动有趣,谜语充满智慧,绕口令富于挑战,对孩子有很大的吸引力。一般而言,学前儿童语言教育活动中常见的文学作品包括以下几类:

(一)儿歌

儿歌也称歌谣,是指适合幼儿吟唱欣赏的幼儿诗歌。它是幼儿文学中最古老、最基本,同时也是最成熟和最重要的一种文体,还是婴幼儿最早接触、最易接受的一种文学体裁。

(二)童话

童话是幼儿文学独有的一种文学体裁,它是植根于现实生活的,具有浓厚幻想色彩、洋溢着浓郁的游戏精神的非写实性的。童话中比较浅显、简短、适合幼儿欣赏的作品,就是幼儿童话。

（三）幼儿诗

幼儿诗是指以幼儿为对象，使用富于感情、有韵律、分行的语言来表情达意，符合幼儿心理和审美特点的一种艺术形式。

（四）幼儿故事

幼儿故事是指适合幼儿聆听和欣赏的，主题单纯、情节生动、篇幅短小的各类故事。幼儿故事是幼儿最早接触的文学样式之一，是一种具有强烈的现实感、富于浓烈的幼儿生活情趣的题材样式。

（五）幼儿散文

幼儿散文主要是指以幼儿为阅读对象，适应幼儿的审美趣味，以传达幼儿生活情趣和心灵感受为主，篇幅短小，题材广泛，写法自由且灵活，具有高度的艺术性和审美价值，是对幼儿进行语言和审美熏陶的重要文学体裁之一。

（六）谜语和绕口令

谜语和绕口令是幼儿诗歌的一种特殊形式。

上述各类常见的学前儿童文学作品各具特色。因此，围绕学前儿童文学作品开展教学活动，就应该注重每一类作品的特点，从具体的文学作品出发，引导学前儿童学习、理解它。

二、学前儿童文学活动的基本特征

学前儿童文学活动是以文学作品为基本教育内容而设计组织的语言教育活动类型。这类活动以优秀文学作品作为语言教育的内容。教师通过形式多样的语言教育活动，帮助学前儿童感受和理解文学作品所展示的丰富而有趣的生活，体会语言艺术的美，使学前儿童受到教育和感染，为学前儿童提供全面的语言学习机会。

（一）围绕文学作品教学开展系列活动

学前儿童文学活动突出的特征之一是从文学作品教学入手，围绕作品开展教学活动。文学作品是语言艺术的结晶体，每一篇具体的儿歌或故事，都包含着丰富的语言信息。从具体的文学作品展开活动，是一个包含理解美、欣赏美、表现美以及表达自己对文学作品的理解和想象的多层次活动。例如，在大班散文教学《七月的云》中，可以设计系列活动。诸如欣赏诵读散文，感悟散文中纯洁美好的情感；通过折纸、绘画、粘贴等形式，表现《七月的云》的变化多端；改编或仿编散文《七月的云》，加深学前儿童对作品的理解和感受。围绕一篇作品展开系列活动，培养学前儿童对文学的兴趣，感受作品的意境，理解语言的特色，这样层层深入的活动设计，真正体现了文学作品的教育功能，从而达到文学教育的目的。

从文学作品教学入手，围绕作品教学开展活动，这一基本特征由两个方面的因素所决定。

①活动对象的特点决定了文学作品活动的特征。在学前儿童文学作品学习活动中，学前儿童学习内容是具体的文学作品。例如，《三只蝴蝶》《三只羊》《三只小猪》向学前儿童展示了一个个丰富有趣的情境事件。与其他类型的语言教育活动相比，在文学作品活动中，学前儿童感受的活动对象具有形象生动、丰富多彩的特点，在与活动对象的交流中学习理解文学作品。

②活动主体的特点也影响了文学活动的这一特征。文学作品以书面语言的形式结构储存语言信息。学前儿童需要通过聆听、朗读、阅读图画、观看表演或观看动画等形式，理解接受文学作品，开展一系列活动，从而完全理解和掌握文学作品所蕴含的主题思想。

儿童文学作品是一个综合的概念，它包含诸多不同种类、不同特征的文学体裁，因此，在设计组织学前儿童文学作品活动时，需要充分考虑每一类、每一个具体的文学作品对学前儿童学习的不同要求。

（二）整合相关领域的学习内容

学前儿童文学活动从文学作品教学出发，常常整合其相关领域的内容，开展多种形式的系列活动，使得学前儿童在各方面有更多的机会认识文学作品中表现出来的社会生活内容，促进他们对作品的感知理解，这是学前儿童文学活动的另一基本特征。

文学作品本身的特点决定了它包含丰富的语言信息，因而一部文学作品，对于学前儿童而言，往往意味着不同层次的学习。首先，聆听或阅读作品，主动感知各种语言符号连接的作品，即学习和欣赏作品；其次，透过语言和概念去认识作品所表现的一定社会生活内容，实际上是借助作品使学前儿童认识周围的世界；再次，通过开展与作品主题相关的学前儿童动手动脑的活动，将作品经验迁移到学前儿童的实际生活中，以检验和加深学前儿童对作品的理解；最后，文学作品本身是艺术的结晶体，文学活动不仅要让学前儿童感受语言美，更要让学前儿童学会创造性的想象和表达，学以致用，实现对作品深层次的掌握。要真正帮助学前儿童顺利通过上述各个层次的学习，把握文学作品的深厚内涵，仅仅向学前儿童讲述文学作品的内容是远远不够的，还有必要在学前儿童接受了具体作品后进一步开展与这一作品内容相关的活动。例如，小班故事《小兔子找太阳》，在学前儿童熟悉了故事内容之后，开展表演游戏、师生户外散步观察太阳活动，让学前儿童体验、理解作品人物心理；接着让学前儿童画一画“我眼中的太阳”，说一说“我心中的太阳”“太阳的朋友——圆形物体”等。通过以上相关的四层次活动，不仅有利于学前儿童感知理解、学习掌握文学作品，也有利于学前儿童的科学知识、绘画等其他各方面能力的提高。

（三）提供多种与文学作品相互作用的途径

有关理论揭示学前儿童语言的发展，是通过个体与外界环境、各种语言和非语言信息交互作用获得的。因而学前儿童的文学活动应当着重于引导学前儿童积极地与文学作品相互作用,在这一过程中,通过多种操作途径,让学前儿童得到更好的发展。

用活动的形式来组织学前儿童的文学活动,使学前儿童可以在动手、动口、动眼、动耳、动脑等各种途径的学习中获得亲身经验。仍以《小兔找太阳》为例,学前儿童不仅听了故事,看了图画,而且还表演了人物角色,体验理解了作品中人物的心理;再通过户外散步观察,想一想、画一画"我眼中的太阳",说一说"我心中的太阳"等活动,获得多种与文学作品相关的交互作用的活动机会,也获得了多种操作语言及非语言信息的经验。这样可以促使学前儿童更有兴趣、更积极主动地投入学习过程中,以便更好地掌握学习内容,同时也给学前儿童发展提供了更多的机会。

(四)扩大了学前儿童自主活动的范围

在文学活动中,学前儿童在教师的引导下,能够比较自由地进行倾听欣赏、展开讨论、操作表演等。在亲自操作实践、探索和想象的创造中,达到对文学作品和文学语言准确、深刻的理解和感知,同时也扩大了学前儿童自主活动的范围。

三、学前儿童文学活动的语言教育目标

在学前儿童文学活动中,要求学前儿童积极参与文学活动,了解文学作品的体裁,感受文学作品的语言艺术,培养他们对文学语言的敏感性;引导学前儿童通过各种方式理解文学作品的内容,掌握相关的社会知识;结合文学作品提供的语言信息,进行创造性想象,并运用自己的语言表达出来,尝试艺术性地组织语言。文学活动在学前儿童活动中的运用,与学前儿童语言教育的基本目标紧密相连,学前儿童文学活动的目标主要包括以下几方面:

(一)认知目标

①知道文学作品有诗歌、故事、散文、谜语、绕口令等体裁,懂得文学作品是规范而成熟的语言,了解语言的多样性和丰富性。

②学会正确发音,扩大词汇量,了解各种句式的表达,提高学前儿童对语言多样性的认识。

③理解作品内容,丰富作品中相关的社会知识。

(二)技能目标

①学会倾听,提高语言的理解能力。在学前儿童语言的发展过程中,做一个乐于听并善于听的人,是学前儿童运用语言进行交流的重要方面。语言文学作品活动是与学前儿童的"听"紧密联系在一起的,它给学前儿童提供了有意识的、评析性的、欣赏性的倾听机会,并能在实践中培养倾听技能。

②提高学前儿童灵活而富有创造性地运用语言的能力。

③会说并说好普通话。

(三)情感目标

①对文学作品有浓厚的兴趣,喜欢并乐意欣赏文学作品,积极参加文学活动。

②感受文学作品中的情感脉络,体验文学作品中的人物情感,发展学前儿童的艺术想象力和审美能力。

四、学前儿童文学活动的选材要求

根据学前儿童的年龄特点、兴趣、审美特点、认知方式、思维方式等,可以看出对幼儿文学作品的选择和有效利用是一项重要的工作。教师要善于“去粗取精”,淘汰平庸和拙劣的作品,推荐优秀的作品,真正发挥文学作品学习活动的整体教育功能。具体来说,学前儿童文学活动的选材要求有以下几种:

(一)主题健康、明朗,能激励幼儿健康向上

主题健康就是摒弃一些“灰色童谣”“暴力动漫”等有违传统教育的内容,选择那些能陶冶幼儿性情、主题健康向上的优秀幼儿文学作品。明朗是针对隐晦、模糊、费解而言的。如《萝卜回来了》《三只蝴蝶》能直接使幼儿获得心中有他人、互相有关爱的体验,让幼儿在模仿小兔子与同伴分享食物以及三只蝴蝶共患难的过程中,充分感受动物间的友爱之情。《拔萝卜》《狼和小羊》则形象化地启迪幼儿人多力量大、齐心协力干好事的道理。而《小熊米奇过生日》《金色的房子》则从浅近的教训中使幼儿明白,只有与人分享才会有更多的朋友和快乐的道理。

(二)内容活泼、幽默,富于童趣

根据幼儿的年龄特点选择作品时,应重点选择一些生动、形象、幽默、有吸引力的文学作品,内容上“寓教于乐”,让幼儿喜欢听、喜欢看、喜欢演,从而受到感染并激发起快乐的情绪。如《淘气的小猴》,通过表现小猴在晚会上一系列的顽皮和淘气的举动(如左顾右盼、跳上跳下、抓耳挠腮、吃桃子、剥糖果的有趣动作和违反规则的行为,尤其是小猴自食其果把自己的屁股粘在椅子上起不来等),使幼儿在轻松、开心的氛围中阅读,从而明白简单的规则(道理),获得身心愉悦。

(三)语言规范、优美、简洁,能给幼儿美的熏陶

在选择幼儿文学作品时,应尽量选择那些语言规范、准确、鲜明、生动且容易听懂、看懂的内容,激发幼儿学习文学语言的兴趣。如《小鱼的幼儿园》以拟人的手法展现了鱼儿在水

中自由欢快的游戏画面，可以激起幼儿对美好生活的向往，诗歌中优美的语言、明快的节奏、流畅的音韵抒发出爱心和童趣，能给幼儿以美的熏陶。

（四）结构完整、脉络清楚，能满足幼儿的认知水平

选择幼儿文学作品也要考虑幼儿的理解能力和接受水平。在选择故事情节时除了生动有趣，还要注意故事的严谨完整、脉络清楚、层次分明，故事情节要圆满，避免插叙、倒叙、冗长松散的叙述等。如《白雪公主》就比较适合幼儿的理解力和接受水平。故事中各种各样的人物形象，曲折的故事情节，语言规范、优美的角色对话等，都吸引了幼儿模仿、表演、合作、交流，同时故事结尾圆满，满足了他们的意愿，使幼儿在情感上获得满足。

（五）题材广阔

题材广阔是指应为幼儿选择多种题材的作品，让沉淀在幼儿文学作品中的大量间接经验与幼儿发生相互作用。同时，对于幼儿来说，文学作品的主题和主要情节应取材于他们熟悉的事物，如小朋友（小动物）之间的交往和游戏、发生在日常生活中的逸闻趣事、四季景色的变化、周围环境的特点等，如《小马过河》《四季的手》《马路上的故事》等。当然，随着幼儿年龄的增长，为了更好地让幼儿在文学教育活动中得到一定的语言发展、智力启蒙和正确的思维方式以及良好的品德行为习惯的培养，也可以选择一些经典或传统的文学作品，有的表现那种固化了的错误的思维方式，如《刻舟求剑》《守株待兔》；有的代表人类的智慧、勇气和诚信，如《手捧空花盆的孩子》《曹冲称象》；还有的反映了自然规律和幻想，如《葫芦娃》《七色花》等，都有利于启迪幼儿的智慧发展和人格养成。

同时，选择的题材范围还应注意要以学前儿童熟悉的生活或有一定经验的生活为主。

目前，各类幼儿教材中的幼儿文学作品总体要求相对稳定、相对经典，但同时也会因此而相对滞后。如果幼儿文学作品过多地受教材的局限，那就势必使教学内容缺乏新鲜感，对幼儿缺乏诱惑力和吸引力。所以教师在按照上述要求为幼儿选择优秀的文学作品之外，还要学会有效地利用这些幼儿文学作品，进一步优化幼儿文学作品学习活动。

任务二　学前儿童文学教育活动的设计与实施

学前儿童文学作品学习活动的基本观念是以学前儿童为主体，将学前儿童置身于教学活动中，引导学前儿童积极主动地学习语言文学作品，感知体验语言文学作品，并能创造性地运用所学与文学艺术思维相关联的观点、技术和理解力。教师应遵循纲要的理念，结合文学作品本身的丰富性，贯彻文学活动的基本观念，组织好教育过程。

一、学前儿童文学活动的基本结构

学前儿童文学作品活动是系列的、网络状的活动，是从某作品入手，开展一组与作品相关的活动，包括学前儿童初步欣赏接受文学作品、理解体验作品、迁移作品的相关经验、进行扩展想象。文学活动具体结构可分为以下四个层次：

（一）初步学习作品

文学作品的学习首先创设情景，引出文学作品。教师可采取不同的方式组织教学，根据作品内容的难易程度，采用比较直观形象的动画视频、幻灯片、挂图、木偶、头饰等辅助教具，采取多种形式展开教学。一些浅显易懂的作品，如儿歌，可直接让学前儿童反复诵读。

在作品教学时，应注意将重点放在学前儿童的理解方面。由于第一层次活动是文学作品学习的第一步，学前儿童能否很好地感受理解作品，决定了他们是否能排除学习上的认知、语言和社会知识障碍，以及能否更好地进入后面的学习活动。在这一层次的活动中，有三个值得教师注意的问题。

①不要在第一次教学时重复讲述作品，以免学前儿童失去对文学作品的兴趣。故事类作品以讲两遍为宜。

②不要让学前儿童机械记忆、背诵文学作品内容，避免消耗精力，以便他们将注意力更多地投向学习过程的理解与思考。

③用提问的方式组织学前儿童讨论。教师应通过三个层次提问，通过描述性提问帮助学前儿童理解作品和思考，帮助学前儿童掌握作品的情节、人物、对话、主题等，使学前儿童对作品内容有大致的了解；通过用联系学前儿童个人经验的思考性提问和假设性提问，引导学前儿童进行深入的思考和想象。如在活动“小兔子找太阳”中，教师不仅让学前儿童讨论“小兔子先后把哪些东西当作了太阳”，还可以引导学前儿童思考“这是一只什么样的小兔子，你喜欢它吗”“你知道生活中有哪些东西像太阳吗”“如果你是故事中的小兔子，你会把哪些东西当作太阳”，这些问题都有助于加深学前儿童对文学作品的理解和掌握。

（二）理解体验作品

在初步学习文学作品的基础上，教师有必要进一步组织与作品内容认识有关的活动，帮助学前儿童深入理解和体验作品的人物特色、主要情节，进而体验作品中人物形象的心理特点以及作品的情感基调和作品的语言与意境美。这是文学作品学习的第二大环节。

为了帮助学前儿童理解与体验作品，教师可以根据每一具体的作品内容来设计相关活动。例如，学习诗歌《春风》后，教师重点让学前儿童体会诗歌的关键词“吹”的主要含义。可以通过让学前儿童制作春天的景物，如各种花、草、植物和动物，以感受“吹绿了柳树，吹红了桃花，吹来了燕子，吹醒了青蛙”等词句的含义；还可以让学前儿童动手模仿一下“吹”的动作，模仿得越夸张越好，让学前儿童从中体会"吹"字会给人带来什么联想，进而帮助学前儿童认识"吹"字中所包含的欣喜情感，使学前儿童对诗歌"春风"的理解上升到一个新层次，同时加深对作品的理解。

在理解和体验作品这一层次上，教师可以设计和组织一或两个活动。注意应从文学作品内容出发组织相关活动。可以适当采用观察走访的活动方式，让学前儿童接近与作品内容相关的自然或生活情景；也可以选取绘画、表演的方式，引导学前儿童反映表现文学作品的内容；还可以组织一次有关的专门讨论，有助于学前儿童对文学作品的理解和体验。但必须注意的是，所有这一切活动方式，都应从理解体验文学作品出发，要让学前儿童带着一部具体作品的"眼睛"去看，"耳朵"去听，让学前儿童围绕已学的文学作品去思考。唯有这样做，这一层次的活动才是不偏题的，也才是必要的。

（三）迁移作品

引导学前儿童迁移作品的经验，是在以上两个层次的基础上进行的。因为文学作品向学前儿童展示的是建立在学前儿童生活经验基础上的间接经验，这种经验常使学前儿童感到既熟悉又新奇有趣，迫切地想体验。要使学前儿童真正理解作品，就需要进一步组织与作品重点内容有关的活动，让学前儿童在活动中将作品各方面内容整合到自己的经验范畴中，使他们的直接经验与文学作品的间接经验实现双向迁移。

迁移作品经验的活动，往往是围绕作品重点内容开展的可操作的或具有游戏性质的活动。例如，在诗歌《春风妈妈》的教育活动中，学前儿童学习了作品内容："春风妈妈亲亲树，树儿换上绿衣服；春风妈妈亲亲花，花儿开出一朵朵；春风妈妈亲亲小河，小河笑开小酒窝；春风妈妈亲亲我，我天天长大真快乐。"教师引导学前儿童用诗歌中"春风妈妈"的眼睛去观察周围环境在春风的吹拂下，自然界和社会生活中的各种变化，用口头描述或绘画的方式，来迁移作品的经验。学前儿童会说出或画出花草树木以及动物、人们在春天里的许多活动内容。学前儿童在类似这样的活动中，不仅进一步加深了对作品的理解，而且为下一步扩展想象和语言表述打下了基础。

（四）创造性想象和语言表述

在学前儿童对文学作品本身的学习、理解和体验的基础上，教师还可以进一步创设机会，让学前儿童扩展想象，并创造性地运用语言，去表达自己的认识与想象。创造性想象和语言表述活动仍立足于已学的文学作品内容来进行。在这一层次活动中，教师可以让学前儿童续编童话故事，仿编诗歌、散文，进行故事表演，或围绕所学文学作品内容想象讲述。如《快乐的小屋》，教师设计的这一层次活动可以让学前儿童进行诗歌仿编，创作自己的小诗；也可以让学前儿童谈谈自己搭建的快乐的小屋是什么样的；还可以创造性地想象讲述"我未来的快乐小屋"等。在这一层次的活动中，学前儿童通过热烈的讨论和交流，大胆想象和表达，充分开动脑筋，锻炼了口语交际能力，增长了艺术思维能力和创造潜能。在实际活动中，主要利用以下几种方式进行培养。

1.指导学前儿童艺术地再现文学作品

可以采取复述、朗诵、表演、绘画及音乐手段，再现文学作品的思想内涵和情感氛围。其中复述、朗诵和表演三种再现方式与语言运用的关系较大，需要学前儿童借助于作品中的原词原句添加自己的理解及表情、动作、声调变化等；需要进行一番加工，把作品中的语汇和句子转化为己有，从而提高运用词语进行口语表达的能力。

2.指导学前儿童学习仿编文学作品

仿编文学作品在诗歌和散文学习中尤为常见。学前儿童先感知和理解作品中一句话或一段话的结构特点，然后结合已有经验，凭借想象构思出新的内容，再借用原来作品的结构，通过换一个词或换几个词，甚至换一个或几个句子的方式，完成仿编活动。教师要能够在众多的幼儿文学作品中选取精当的例子，并善于根据幼儿的年龄特点改编一些作品。例如，有一首儿歌《秋天到》，原文："秋天到，树叶飘，鸟妈妈追着跑，她把树叶当宝宝。"这首儿歌既有有趣的情节，又简短上口，适合主题活动的开展。但如果能够在结尾处稍做改变，增加一个疑问句："咦，怎么错了？"以表现鸟妈妈找错宝宝后惊奇的样子，就可以加深幼儿对儿歌的理解，达到更好的教学效果。

学前儿童在仿编活动中，既理解了语言结构形式和语言内容之间的关系，又锻炼了学前儿童的想象能力，还可以使学前儿童体验到学习成功带来的欢乐，提高了自信心，增加了语言学习的兴趣。

3.指导学前儿童创编文学作品

文学作品创编活动是一种在学习文学作品的基础上，结合个人经验，运用联想和想象，创编出诗歌、散文或故事的活动。在创编活动中，要求学前儿童把诸多要素按一定联系组合成一个新的整体，把事物的某个元素加以更换，从而产生一种崭新的认识和新颖的创造。因此，教师必须精心设计和组织创编活动，在开始创编阶段，利用图片及语言，开阔学前儿童的思路，帮助他们冲破习惯性的思维方式，产生灵活变通的思维活动，并获得新的成果，使创编活动成为培育学前儿童创新能力的沃土。

综上所述，文学作品的学习，是一个系统的、呈网络状的活动群。这是一个从理解到表达、从模仿到创新、从接受到运用的整合过程。在这样的活动过程中，可以循序渐进地培养学前儿童对语言艺术的敏感性，发展他们的完整语言，锻炼他们的想象力，增长他们的艺术思维能力，同时也能促进他们其他方面能力的发展。

二、学前儿童文学活动设计与实施中应注意的问题

(一)充分发掘文学作品的整体功能

文学作品对学前儿童发展的整体功能可以概括为知识启蒙、智力启蒙、人生启蒙。知识启蒙是文学作品的表层功能,通常表现为让学前儿童通过文学教育获得某些信息,学习某些知识经验,掌握某些词句,懂得某些道理,因而学前儿童文学作品首先成为学前儿童知识启蒙的重要工具。教师要在文学活动中,利用儿童文学作品寓教于乐的特点,充分发掘文学作品知识启蒙的功能,让学前儿童获得丰富的自然知识和社会知识。

智力启蒙和人生启蒙则为文学作品的深层功能,是学前儿童文学活动的重点功能。实际上,学前儿童在接受儿歌、故事等知识启蒙的同时,也在或多或少地接受着智力启蒙和人生启蒙。如谜语歌《月亮》:“有时像香蕉,有时像圆盘,白天看不到,晚上才出现。”不仅在传授知识的同时满足了学前儿童的好奇心和求知欲,而且对学前儿童的推理判断和联想能力发展也是极为重要的。在文学活动中让学前儿童学习语言,增强文学理解和文学艺术的想象力,激发其创造性思维,也就是发掘文学作品的深层功能。如《白雪公主和七个小矮人》《拇指姑娘》等,在丰富学前儿童知识的同时,又发挥了巨大的智力启蒙作用。

另外,文学作品中那些栩栩如生的形象、生动有趣的情节、展现出来的社会生活,为学前儿童展示了一个他们未曾经历的世界,使他们能够深入细致地了解主人公的情感、态度、行为和心理世界等,从而形成一定的认识和生活经验,这对加速学前儿童的社会化进程有很大帮助。因此,在文学活动中,既要注意发掘文学作品的表层功能,又要注意发掘文学作品的深层功能,使其功能整体发挥,从而促进学前儿童语言水平的提高。

(二)在日常生活中渗透文学教育

学前儿童文学作品教育除了正式组织的教育活动外,在日常生活中,教师可以利用各种条件进行文学作品的渗透。例如,在墙饰布置中安排故事和诗歌的内容,在听觉背景中出现故事和诗歌,使之在不经意中渗入学前儿童的大脑,从而产生一定的记忆。一些在背景中出现过的作品,当迁移到正式的学习活动中时,学前儿童往往会产生“似曾相识”之感,增加进一步学习和探究的兴趣。教师也可以培养学前儿童主动学习的习惯。如让学前儿童独立自主地选择图书、光盘等,操作音响设备和电脑,收听或收看文学作品。当然,也可以在其他领域的教育活动中渗透文学教育。如学前儿童穿衣时,教师念儿歌:“抓领子,盖房子,小老鼠,出洞子,吱溜吱溜上房子。”学前儿童一边听,一边学穿衣,增加生活的情趣,像游戏似的就把衣服穿好了。在刷牙前后也可以加入儿歌,如《刷牙歌》:“小小牙齿用处大,吃饭说话都用它。吃过食物漱漱口,早晚记住把牙刷,天天用它要爱护,少生病来健康佳。”达到生活与文学活动的有机结合。年龄越小的学前儿童,越要让作品融入日常生活,使之在学前儿童的操

作中内化形成文学表象。

（三）不断增强时代意识、符合学前儿童欣赏情趣的文学作品

要使选择的文学作品能够真正体现语言教育的目标，能够促进学前儿童语言的发展，教师必须增强时代意识，不断充实有时代气息的学前儿童文学作品，以提高学前儿童学习文学作品的兴趣。例如，2020 年新冠肺炎席卷全球，教师就可以选择和新冠肺炎疫情相关的儿童剧和儿歌作为教学活动内容。

从学前儿童的情趣出发，选择学前儿童感兴趣的作品。例如，文学作品中的人物形象及其动态与日常生活中的形象既有联系又有较大的反差，学前儿童往往特别感兴趣。如《会动的房子》中，小松鼠错把乌龟背当作大石头，把房子造到乌龟背上，当出现险情时，才发现自己犯了粗心大意的毛病。学前儿童见过许多造房子的情景，但却从未看到过会动的房子，更没有看过乌龟背上造房子，他们就会感到滑稽可笑。

还有想象奇特的作品，动作性强、情节和语言循环往复、结局完满的作品，都符合学前儿童的情感和期望。教师可以选择这一类作品，增加并补充到语言学习的内容中，使学前儿童已有的经验在想象中得到整合与创新。如《邋遢大王奇遇记》《萝卜回来了》等作品都深受学前儿童喜欢。在学前儿童的经验范围内，教师还要注意充实一些人物、情节、情感变化比较复杂的文学作品。这对于学前儿童更富有挑战性，有助于学前儿童全面调动自身的文学心理功能，使学习文学的潜能得到开发。

（四）教师应尽可能地让学前儿童在自由、宽松、舒服的环境中欣赏文学作品

学前儿童欣赏文学作品的效果受环境的影响很大，应注重自由的、宽松的、舒服的环境在活动中的重要价值。在文学活动过程中，应从阅读的物理环境和精神环境两方面提供给学前儿童适宜的环境，还要注意阅读活动中的操作性问题，具体方式主要有重视学前儿童的语言表达、运用动作展示对作品的理解、运用音乐绘画等方式、加深对文学作品的体验等。

三、不同类型的文学作品活动设计与实施

（一）学前儿童散文、诗歌活动的设计与实施

儿童散文、诗歌是学前儿童文学作品的重要组成部分，其中也包括儿歌、散文诗等。它们的共同特点是意境优美，语言精练，想象丰富，有节奏，有韵律，极富童真、童趣，故而深受学前儿童喜爱，给学前儿童带来美的熏陶和感染，丰富学前儿童的想象力，发展学前儿童的思维和语言表达能力，因此，散文和诗歌一直成为学前儿童文学教育的重要内容。

1.学前儿童散文、诗歌作品的选择要点

1)题材广泛,充满童趣

教师选择作品时应注意题材的多样化,既可以选择风格幽默的讽喻诗,如鲁兵的《下巴上的洞洞》、柯岩的《小弟和小猫》等,主要表现为善意的批评和劝告,幽默中传达出一种温馨、纯洁、爱意融融;也可以选择描绘美丽的大自然现象或人们美好心灵和情感世界的抒情诗,如诗歌《雪花》《春雨》《等客人》,散文《彩色的雨》《花的学校》《冬爷爷的胡子》等;还可以选择浅显易懂的古诗,让学前儿童感受中国传统文化的美,如古诗《悯农》《咏鹅》《静夜思》等;还可以选择幼儿童话诗,童话诗也称诗体童话,是童话故事与诗歌形式的结合,属于叙事诗的一种。它有完整的幻想性故事情节,其中人物多是拟人形象。用诗来讲述童话,对幼儿有双重魅力。童话诗既让幼儿感悟到童话虚幻、空灵、无奇不有的美妙,又能体会到语言的精练、节奏的铿锵、韵味的悠长。如俄国普希金的《渔夫和金鱼的故事》,郭风的《油菜花的童话》,鲁兵的《小猪奴尼》《雪狮子》,马尔夏克的《笨耗子的故事》等。

2)纯净清新的意境,浅显明快的语言

与其他文学样式相比,诗的语言更凝练、更生动、更富有表现力。幼儿诗和散文,不仅具有与简洁、形象、凝练的特点,更多了一份浅显、质朴、亲切、自然、明快,还具有优美的意境、浓郁的情感。来看刘饶民的《春雨》:

滴答,滴答,下小雨啦。
种子说:"下吧,下吧,我要发芽。"
梨树说:"下吧,下吧,我要开花。"
麦苗说:"下吧,下吧,我要长大。"
小朋友说:"下吧,下吧,我要种瓜。"
滴答,滴答,下小雨啦。

这首诗用亲切、自然的孩子般的语言,述说着春雨带来的欢欣和希望。语言简洁明快,朗朗上口,有着儿歌般整齐的韵脚、鲜明的节奏、流畅的音韵。"滴答,滴答,下小雨啦"的首尾呼应,"下吧,下吧,我要……"的四次反复,不仅让孩子们感受到春天的生机和活力,也感受到了诗歌的音乐美和优美意境。

3)符合各年龄阶段学前儿童已有的经验水平

教师在选择诗歌或散文时,语言要浅显,易于学前儿童理解,便于记忆;诗歌、散文所反映的主题、情节、内容等方面,应符合学前儿童的认知水平,如《小刺猬理发》:"小刺猬,去理发,嚓嚓嚓,嚓嚓嚓,理完头发瞧瞧他,不是小刺猬,是个小娃娃。"又如《排排坐》《分苹果》《小雨点》等浅显易懂的诗歌。具体到各年龄班,学前儿童选择诗歌散文的要点,应注意以下几点。

①小班选材应以儿歌为主;篇幅短小,主题集中,画面单一;语言形象要生动活泼,构思巧妙。例如,陈家华的《大皮鞋》:

小弟弟，真好笑，
爸爸的皮鞋脚上套。
皮鞋大，脚板小，
走起路来像姥姥。

又如《红绿灯》：

哥哥走我也走，
我和哥哥手拉手。
手拉手，慢慢走，
一起走到马路口。
看到红灯停一停，
看见绿灯开步走。

②中班选材应以儿歌、儿童诗为主；篇幅稍长，画面一个以上；语言要丰富多彩，多采用重复结构。例如，诗歌《吹泡泡》：

星星是月亮吹出的泡泡，
露珠是小草吹出的泡泡，
葡萄是藤儿吹出的泡泡，
我吹出的泡泡是一首首歌谣，
是一串串欢笑。

③大班选材可以更加广泛，篇幅较长，画面丰富，表现形式多样。例如，台湾诗人林武宪的《小树》：

院子里，新种的小树，
叶子一片片地掉落。
也许他是想家吧，
才忍不住地哭啦。

我天天请小树喝水，
蝴蝶为他飞舞，
麻雀为他歌唱，
微风也轻轻地安抚他。

有这么多朋友关心他，
小树渐渐喜欢这新家。
悄悄地伸出嫩绿的小芽，
笑了，在暖暖的阳光下。

2.儿童散文、幼儿诗歌活动的基本组织模式

儿童散文、幼儿诗歌活动的基本组织模式大致如下：

1）创设情境

如大班语言活动“一望二三里”，教师在活动一开始，播放古筝音乐创设情境，同时提问：“这段音乐好听吗？你感觉是在什么地方？你看到了什么呢？”激发幼儿学习古诗的愿望，紧接着教师说：“今天老师带来了一首古诗，让我们听着音乐一起欣赏吧！”自然地引入活动的主题。

2）幼儿初步欣赏作品

仍以大班语言活动“一望二三里”为例，教师通过示范朗诵、运用手势、速度缓慢地引导幼儿欣赏作品。当说到数字时，手指指相应的字，并引导幼儿初步分析诗中的内容。

3）引导幼儿深入理解体验作品

仍以大班语言活动“一望二三里”为例，教师可以鼓励幼儿发现问题并提出问题：“你们观察到了什么？说给大家听听。”接着引导幼儿共同寻找答案，并帮助幼儿逐句理解古诗，重点让幼儿理解“望”“烟村”等词义。还可以用多种朗诵形式帮助幼儿反复朗诵诗歌，体会古诗的韵律之美。

4）不同层次的仿编

文学作品的仿编要结合幼儿的年龄特点和语言实际发展能力进行仿编。如大班散文活动《落叶》，在幼儿理解散文的基础上教师提问：“除了散文中说的，你觉得树叶还会落到哪？谁会看见？把它当作什么？”接着让幼儿自由讨论，最后请个别幼儿进行自己的仿编。

5）活动结束

当然，在具体开展时，以上模式也会有适当的变化：在创设情境的基础上，在游戏中让幼儿感受和寻找诗歌中事物的关系，将感受的事物编成诗歌，然后理解体验作品，最后进行朗诵、仿编。

3.幼儿散文、诗歌活动的基本步骤

1）创设情境，引出作品

在散文和儿歌教学活动中，教师在活动开始，创设恰当的情境，可发挥幼儿文学想象的语境和空间，为幼儿准确地理解作品作好铺垫。而教师如何引导幼儿理解诗文的意境、情感和主题，是诗歌的关键。

一般而言，教师可以用以下三种方式进行情境创设：

①教师利用恰当的提问，让幼儿在已有经验的基础上接受作品。例如，大班散文诗《落叶》教学中，教师可以这样提问：“秋天到了，一片片树叶飘落到了地上。小朋友们，如果你是小动物，你会拿树叶做什么呢？”教师鼓励幼儿大胆想象。在幼儿回答之后，教师说：“秋天天气冷了，聪明的小动物们到底拿树叶做什么呢？我们一起来看看。”这样在不知不觉中就带领幼儿进入到文学作品的优美意境中。

②借助美术、音乐等艺术手段，教师布置一个安静、和谐、优美的环境。例如，在儿童诗

《我愿……》中，教师这样渲染气氛："现在老师要请小朋友跟着音乐，把自己想象成一种动物或一件物品，然后还要想想，如果你是那种动物或物品，你会做什么？例如，听着清脆的音乐，把自己想象成一只快乐的小鸟，愿把自己所有快乐分享给大家。"当教师播放音乐时，所有的幼儿都会静静地倾听、想象并思考。这就为下一步的理解文学作品打下了坚实的基础。

③借助多媒体课件，结合教师生动的语言描述，将幼儿带入文学作品的意境之中。

2）教师示范朗诵诗文或播放名家朗诵作品

在创设好的情境中引出作品，然后教师示范朗读或者播放名家声情并茂地示范朗诵录音等形式，让幼儿欣赏作品。教师的示范要咬字清晰准确，停顿处理恰当，要有情感、有节奏、有起伏地朗诵，要有音韵美，能深深地打动学前儿童、吸引学前儿童。

3）帮助学前儿童理解诗文

在诗歌教学中，引导学前儿童理解诗歌是重点环节，教师可以通过观察教具或现实场景或多层次的提问，或讲解难懂的字、词、句，或把诗歌改编成小故事等多种方式帮助学前儿童理解诗歌的内容。

4）幼儿学习朗诵诗文

朗诵是把文字作品转化为有声语言的创作活动。朗，即声音清晰、响亮；诵，即背诵。朗诵，就是用清晰、响亮的声音，结合各种语言手段，来完善地表达作品思想感情的一种语言艺术。教师应展开形式多样的朗诵，通过反复诵读使幼儿不断地品味、领悟作品，使作品内容在幼儿脑海中越来越清晰、详细地浮现出来。教师应不断变化形式进行诵读，避免机械记忆、枯燥乏味。朗诵时可以采取师大声、幼小声诵读，或集体、个人、小组诵读，也可分角色诵读或对答式朗读，如《逗蚂蚁》《伞》等。从幼儿朗读诗文的内容方面，还可分为分句朗诵、分段朗诵和整首朗诵三类。

5）围绕诗文主题开展相关的活动

在学前儿童初步理解诗歌和散文的内容后，教师应围绕诗文主题开展相关的活动，引导学前儿童通过自己生动有趣的操作活动，更好地理解和体验作品。常开展的活动如下：

（1）配乐朗诵

对于一些意境优美、音韵和谐的幼儿诗歌或散文，教师可以配上合适的音乐，反复诵读，如幼儿诗《春天跟我捉迷藏》，诗歌内在的感情起伏和外在的音乐节奏声情相应，把学前儿童带进语言的音乐中。或让学前儿童在配乐诗朗诵中，用心去感悟诗歌中的意境，在诵读中掌握诗歌。例如，幼儿散文诗《春雨沙沙》，让学前儿童在舒缓的轻音乐中朗诵：

春雨沙沙，春雨沙沙
沙沙的春雨，像千万条丝线飘下
穿梭的燕子衔着雨丝，织出一幅美丽的春天图画：
绿的，是柳叶；红的，是桃花。
还织出一条清亮的小河，河里的鱼儿欢快地摇动着尾巴。
河的对岸，一座小山。

山坡下，有播种的农民；
山坡上，有植树的娃娃。
啊，多美的图画！

(2)绘画

教师可以鼓励学前儿童用画笔画出想象中的作品，如儿歌《云》，当教师念到“摘”时，学前儿童伸手上举做摘云状。“云”摘下后，就蹲在地上用粉笔画云，每个学前儿童都可以画出不同的形象，为儿歌续编不同的句子，如“我把云儿变小山”“我把云儿变飞机”等。再如儿歌《伞》：

公路边的大杨树是小喜鹊的伞，
水塘里的大荷叶是小青蛙的伞，
山坡上的大蘑菇是小蚂蚁的伞，
下雨了，大家都有一把伞。

学前儿童可以根据自己的理解将儿歌的内容绘成一幅画。绘画时既可以忠实于原作品，又可以加入自己的想象。

(3)诗歌表演游戏

对于一些内容很有趣、有情节的叙事诗，可以让学前儿童通过表演诗歌来体验作品角色的心理及情感，以《小熊过桥》为例：

小竹桥，摇摇摇，
有只小熊来过桥。
走不稳，站不牢，
走到桥上心乱跳。
头上乌鸦哇哇叫，
桥下流水哗哗笑。
“妈妈，妈妈，你来呀！
快把小熊抱过桥！”
河里鲤鱼跳出水，
对着小熊大声叫：
“小熊小熊不要怕。
眼睛向着前边瞧！
一二一，向前跑！”
小熊过桥回头笑，
鲤鱼乐得尾巴摇。

作者生动夸张地写出了小熊过桥时的胆怯情态，还以环境描绘渲染气氛。这一切都围绕着小熊如何战胜胆怯心理这一情节主线来进行。作品既像传统儿歌那样，直接描写外在动作特征，又运用间接描写，注意刻画内在心理活动，从而使小熊的形象更加典型。儿童不喜欢单调静止的描写，动态的描写才能容下他们跃动的心，动的世界才能使他们产生共鸣。

通过表演,儿童将小熊过桥时的胆怯情态表现出来,促进了对作品的理解。

(4)学前儿童诗歌和散文仿编活动

诗歌和散文的仿编活动,即学前儿童在欣赏诗歌与散文、理解其内容及结构的基础上所进行的一种创造性学习活动。要求学前儿童仿照某一首诗歌或某一篇散文的框架,调动个人经验扩展想象编出自己的诗歌或散文段落。这种活动往往是在围绕诗歌或散文的教学活动基础上进行的,并且在整个网络活动中处于最后一个层次。这种活动形式对启发学前儿童的想象力及创造性地学习诗歌散文很有益处。学前儿童诗歌和散文的仿编活动要点如下:

①仿编准备。仿编诗歌和散文对学前儿童来讲是一种挑战,因而要求学前儿童在活动前具有良好的准备状态。学前儿童参加该项活动的准备,包括以下几个方面:对所仿照的诗歌或散文要熟悉理解,对要仿编作品的内容、形式都有所认识;要有这方面的知识经验,在仿编过程中调动已有的知识经验;要具有一定的想象力和语言表达能力。教师必须注意学前儿童在这方面的发展水平,并在仿编前给予一定的练习机会,这将有利于教师在活动过程中进行指导。

②讨论与示范。在仿编活动开始时,教师可组织学前儿童对将要仿编的作品做简单的讨论,引导学前儿童注意仿编的关键问题。例如,教师组织学前儿童仿编诗歌《绿色的世界》,就可让学前儿童谈一下"为什么在这个孩子的眼里世界是绿色的""假如戴上其他颜色的眼镜,世界会变成什么颜色"。接着教师进行示范,教师的示范在启发学前儿童想象的同时,又能帮助学前儿童将自己的想象纳入一定的语言框架结构中。

③学前儿童想象与仿编。教师示范后,开始让学前儿童进行想象与仿编。为了帮助学前儿童熟练掌握思路,教师可采用直观形象的教具,让学前儿童借助于某一图片或实物来进行仿编。如果是仿编《绿色的世界》,就要向学前儿童提供其他各种颜色的眼镜(学前儿童在操作活动中自制的玩具眼镜),让学前儿童戴上这些眼镜来看周围世界,然后仿编诗歌。等学前儿童通过想象熟练地仿编出诗歌后,教师可取消直观教具的使用,再要求学前儿童脱离实物或图片去想象与仿编,引导学前儿童一步步地掌握仿编诗歌与散文的方法。

④串连与总结。在学前儿童分别编出自己的诗歌或散文段落后,教师可引导学前儿童将原来的诗歌散文(如果散文较短,容易记的话)复述下来,然后将仿编的段落加上去。如果有的诗歌和散文原文有总结句,那么就仍以总结句来结束全文。这样的串连和总结,要求教师在学前儿童仿编时,随时注意记下学前儿童仿编的内容。教师可以采用在黑板上或纸上随手画记的方法,比如仿编《红色的世界》,就画"房子""小朋友""红面孔";当学前儿童仿编《黄色的世界》时,也要记下有关的形象。这样总结时便可指导学前儿童将仿编段落一段一段地加到原来的诗歌后面。

不同年龄班幼儿诗歌与散文仿编有不同的要求。学前儿童仿编诗歌和散文的能力,与他们认识想象及语言运用能力关系密切,不同年龄的学前儿童仿编能力有差异,仿编的形式也有所不同。在组织仿编活动时,教师必须充分注意不同年龄学前儿童的发展水平,对他们提出不同的重点要求。

①小班学前儿童诗歌和散文欣赏的重点，是理解作品的语言和画面，仿编活动的重点。只要求学前儿童在原有画面的基础上换词，通过改换某个词来体现诗歌或散文的画面变化。改换新词后往往不是整个画面的大变动，而只是局部的迁移转换。例如，引导小班幼儿仿编《水果歌》儿歌原文："什么水果圆圆的？苹果苹果圆圆的。什么水果弯弯的？香蕉香蕉弯弯的。"可允许幼儿只变动"圆圆、弯弯"等字，换上不同的颜色词而形成画面的变化。

②中班幼儿诗歌和散文仿编，可要求幼儿通过变换词句使诗歌或散文整个画面出现新的变化，如诗歌《我是三军总司令》中："鸟妈妈问我：'小鸟哪儿去了？'我说：'小鸟做了我的飞机。'龟妈妈问我：'小龟哪儿去了？'我说：'小龟做了我的坦克。'鱼妈妈问我：'小鱼哪儿去了？'我说：'小鱼做了我的军舰。'三位妈妈一齐问我：'你是谁？'我说：'我是陆海空三军总司令。'"教师在进行活动时，引导幼儿进行大胆的仿编。蜻蜓妈妈问我："小蜻蜓哪儿去了？"我说："小蜻蜓做了我的飞机。"仿编后的作品因某些词句的变动，换上了新的形象，于是构成了新的画面。中班幼儿诗歌和散文的仿编重点，应放在画面变化的想象和表现上。

③在大班进行的诗歌和散文仿编活动中，可考虑对原有诗歌散文的结构进行部分变动，也可以根据学前儿童的知识经验，仅向学前儿童提供一个开头作为想象线索，引导学前儿童自己完成诗歌和散文的创编。例如，幼儿在学习诗歌《我是三军总司令》之后，教师鼓励幼儿在原诗歌主题的基础上大胆想象创编。因为创编对学前儿童各方面的要求很高，因此完整诗句的创编一般在大班下学期进行。

（二）学前儿童童话、故事活动的设计与实施

学前儿童童话、故事是学前儿童文学的重要组成部分，具有主题明确、内容浅显、情节曲折、语言优美、人物形象鲜明生动、富有儿童情趣等特点，融教育于娱乐之中，使学前儿童在理解欣赏后能受到感染和教育。学前儿童童话、故事教学一直是学前儿童语言活动中的重要内容。

1.内容选择要点

什么样的童话、故事适合于学前儿童阶段的教学？教师需要认真地加以思考。所选的童话、故事，除了要遵循文学作品的文学性、教育性等一般特点外，还要考虑其本身的一些条件。学前儿童可以理解和欣赏的童话、故事应具有以下特点：

1）题材广阔、主题明确而有意义

题材广阔是指童话、故事中除了反映幼儿所熟悉的生活题材外，还应该反映学前儿童生活之外他们能理解的社会生活方面的内容。当然，不同年龄班所选择的童话、故事题材，可以有所区别。小班一般选择反映学前儿童生活中发生的事情，内容与他们的生活经历、生活体验息息相关，这样很容易引起共鸣，激发兴趣。例如，故事《下雨的时候》《美丽的气球》等。而中大班，可以选择那些反映一定社会生活题材的童话、故事，如故事《狼来了》、童话《三只羊》，这些作品内容健康明朗，可使学前儿童从中受到教育。

此外，童话、故事还应明确有意义，使学前儿童在娱乐中能获得一定的教育和启迪。要

选择具有品德教育意义的内容，如《小马过河》《谁的本领大》等。

2）结构完整，情节具体、清晰，按一般顺序记叙、故事的选择要符合学前儿童的年龄特点

一般来说，作品不能过长，语言要生动、活泼、形象，而且作品要有完整的结构，情节具体有趣，脉络清晰，人物对话不可以过多、过长，并尽量避免倒叙、插叙等手法的出现。例如，《小羊和狼》一开头就写双方的冲突："一只小羊在河边喝水，一只狼走过来说：'这河里的水是我的，你为什么喝我的水？'"这样一下子就把学前儿童吸引到故事的情节中去了。另外，如童话《小红帽》《三只小猪》等也是这样。

3）人物形象鲜明突出、易于理解

童话、故事中所塑造的形象要活灵活现，不论主人公是小朋友还是小动物，都要抓住其部分特征写出其神态和动作。例如，《小兔乖乖》中慈爱的妈妈，狡猾的大灰狼，三只长耳朵、尾巴、红眼睛的可爱小兔们等。

4）时代气息和传统内容相结合

在选择童话、故事时，我们要关注那些具有时代气息的内容。教师平时多阅读有关的幼儿文学，从中发现并挖掘出能反映时代特点、幼儿日常生活以及为他们所喜闻乐见的内容，如童话《电脑城奇遇记》等。还有一些反映自然规律和科学幻想的作品，如《葫芦娃》《七色花》等。

此外，教师还要选择一些传统的著名作品，如《西游记》《小红帽》《白雪公主》等。这些神话、童话作品，人物形象生动、逼真，情节极富想象力，深受幼儿喜爱。

5）要有针对性，富有想象力

在选择童话、故事时，要针对学前儿童的实际情况，关注学前儿童的思想状况，及时选择相关主题童话、故事进行教育，如发现学前儿童不会分享玩具，可选择童话《小铃铛》《金色的房子》等；发现学前儿童做事不专一，可选择童话《小猫钓鱼》；发现学前儿童吃饭需要家长喂，可选择故事《小河马吃饭》等。配合时令选择学前儿童熟悉或能在生活中体验感知的，故选材要考虑季节、地区等因素，如春天，南方可选择童话《小蝌蚪找妈妈》，北方可选择童话《春天的电话》等。

有些童话、故事虽然自身没有明确的教育意义，但所反映的是纯洁童趣，加上合理的想象，给人一种非常清新、可爱、活泼的感觉，有助于学前儿童展开想象，以一种积极、健康的心态看待周围的一切。因此，它们也应成为教师选择的对象，如《会动的房子》《会爆炸的苹果》等。

2.学前儿童童话、故事活动的基本步骤

1）创设情境，引出童话、故事

教师在进行故事教学时，要先创设一个童话或故事的氛围，引起学前儿童急于了解故事的浓厚兴趣，从而引出童话、故事。教师常见的导入手段有提问引入、猜谜引入、表演引入、

直观教具引入等。例如,教师在教大班故事《美丽的流星花》时,就要先用语言或图片、幻灯勾勒出一幅幅美丽的流星图,让学前儿童对流星产生遐想,引起兴趣;再如,童话《会动的房子》,教师首先可提问:“房子会动吗?”引起学前儿童兴趣,导入故事。

2)生动有感情地讲述童话、故事

教师要表现出对故事极大的兴趣,辅以适当的直观教具,如幻灯片、木偶表演等方式,用生动有感情的语言完整讲述,口语亲切,声情并茂,态势得体。语言熟悉而准确。教师生动有感情地讲述故事,一方面可以吸引学前儿童的注意力,另一方面有助于学前儿童理解故事内容,便于记忆。教师在讲述时可采取不同的方式,如把故事分段落讲述后再整体讲述,或整体讲述两三遍等。可以在情节发展的高潮处,适当运用“关键中断法”。在能激发学前儿童想象的地方,可以通过提问或讨论的方式,激发学前儿童的想象和表达。几遍讲述的语言要一致,便于学前儿童完整记忆,讲述的方式不应雷同,以免让学前儿童觉得枯燥而不感兴趣。

3)理解作品的主要内容和主要特色

(1)理解作品的主要情节和内容

通过提问、讲解、挂图、故事表演等方式,帮助学前儿童理解故事的主题、主要情节。对情节较复杂的故事,教师可以讲述两遍,讲述前、后要向学前儿童提一些问题,以便于学前儿童有目的地带着问题听故事。

第一遍讲完后,教师可进行描述性提问,人物(故事里有哪些人物?)、情节(故事的主人公做了什么事情?这件事是怎么发生的?演变成什么情况?最后怎么样了?)、重要对话(主人公说了什么话?),通过这类具体明确的问题,帮助学前儿童首先了解故事的内容大意。

第二遍讲述后,教师可进行思考性提问,如学前儿童对主人公及行为的态度和评价(喜欢谁?为什么?主人公最后干什么了?),这类问题需要学前儿童思考后再回答,从而帮助学前儿童理解故事主题、人物性格和心理特征。

接着提出假设性问题,如学前儿童对故事主题的把握。(你从故事中学到了什么?如果是你,你会怎么做?)回答这类问题时,可以鼓励学前儿童大胆想象,扩展其思路,使故事与现实生活结合起来,充分满足学前儿童语言表达的需要。通过以上这些形式,学前儿童既理解了故事的主要内容和主题,又学会了欣赏、理解故事的基本方法和技能:故事的发生—故事的高潮—故事的结束。这种技能的习得,对学前儿童独自阅读图书、欣赏文学作品将起到非常重要的作用。

在故事教学中,经常使用的教具形式主要有以下几种:

①故事围裙。教师可采用平常下厨用的素色围裙,在上面缝一些便于粘贴的子母扣。将故事人物角色与场景用布或纸制成卡片,并按轮廓线剪出,在人物或场景背后粘上或缝上子母扣即可。教师或学前儿童讲述故事时,可身穿故事围裙,随着情节的发展,通过粘贴不同的角色和场景,使学前儿童或同伴有身临其境的感觉。这种材料重复使用率高,操作简便,直观形象,既可以作为教师的教具,又可以作为学前儿童自主操作的学具。

②翻页教具。教师在故事背景图上,将故事中的景色或人物随故事情节的发展逐一备好,随着故事情节的展开翻动教具,景物或角色可以迅速转换,以很好地配合故事内容,其制作便捷,可重复使用。

③插入式教具。教师可利用废弃的透明可乐瓶制作故事教具,如在制作插入式教具时先将可乐瓶剪成细长条,两端剪圆备用,再把画有小动物的卡片按轮廓剪下后,用白乳胶或双面胶将可乐瓶条粘在其背面作插条。这样就做成了插入式教具插件,可以根据故事内容,插在切了或做了插口的背景图的相应位置。这种教具制作简单,人物或景物的移动自然真实,使用方便,便于收藏,透明的插条不妨碍学前儿童的视线,还便于学前儿童操作。

④纸轴教具。纸轴是人们日常生活中的废旧材料,易于收集。教师将做好的人物或景物的双面卡片上端粘牢,下端粘在立起的纸轴上,这样就可制成故事纸轴教具。此类教具有立体效果,教师和学前儿童在操作时可随故事内容移动教具,不仅可上下移动,还可前后移动,甚至表现跳跃等内容均可,此类教具实用性强,表现的故事内容逼真、生动。

(2)体验作品所特有的艺术感染力

所谓让学前儿童体验作品所特有的艺术魅力和情感特征,是指让学前儿童理解并抓住作品中所表达出来的情绪情感。例如,作品表达的是悲伤的还是喜悦的情感。此外,还要让学前儿童产生与故事主人公相一致的情感,即随主人公的高兴而高兴,随主人公的难过而难过。只有做到这样,学前儿童才会真正理解作品的主题和深层次的艺术魅力。要做到这一点,教师在教学过程中就要注意以下两点:

①用极具感染力的语言来讲述故事,为学前儿童描述出一幅美好的画面。教师在讲述时要投入一定的感情,语言抑扬顿挫,以不同的表达方式表现作品中不同人物的年龄和性格特点,并伴随丰富的表情和动作。要做到这些有一个必要的前提,即教师自己已被童话、故事的优美意境所感染,并融入作品中去。一些有经验的教师在讲到故事高潮时,往往会引起学前儿童的情绪情感共鸣,或鼓掌或高兴地大笑,或伤心地流泪,完全被故事所吸引。学前儿童的这种表现,表明教师已经成功地带领学前儿童领略了作品的深层含义。例如,在小班童话《美丽的小船》中,教师可以这样描述:“在一片大森林里,一群小动物们比赛看谁的小船最漂亮。看,有的小船是香蕉做的,弯弯的香蕉船又黄又香;有的小船是大鞋子做的,坐在里面又稳又舒服;还有的小船谁也猜不出它是用什么做的,小朋友们,你们想知道吗?让我们一起到比赛现场看看精彩的小船大赛。”这段短短的话语充分调动了学前儿童的想象力和积极性,学前儿童仿佛已置身于充满梦幻和多彩想象的童话世界中。这样做后,让学前儿童身临其境地理解文学作品,相信不会是一件很难的事。

②教师要充分利用表演、绘画、动手操作、复述故事等多种形式,让学前儿童通过动手、动口、动脑的方式去表现童话故事中的人物、动作和情节,加深学前儿童对人物性格特征、故事情节以及故事所蕴含情感特征的理解。例如,中班故事《三只蝴蝶》,在学前儿童理解了故事的基本内容后,让学前儿童分组制作蝴蝶和花朵的头饰,可以边制作边模仿蝴蝶们的对话,并尽可能地想象蝴蝶们的动作表现。之后,戴上亲手制作的头饰,跟随录音,将故事的主要情节用动作表演出来,并学说其中的一些对话。表演两三遍后,学前儿童在每次讲到关键

词句“我们三个好朋友，相亲相爱不分离”时，都会相互牵着手大声地朗读，脸上充满笑容，说明学前儿童已经开始体验和理解故事所蕴含的情感特征。

4）围绕童话、故事开展系列创造性的语言活动

为帮助学前儿童理解掌握童话、故事，教师可以在理解或延伸环节安排活动，如复述、表演游戏、编构故事、画故事等各种围绕故事相关主题开展的活动。这些都是对学前儿童具有积极意义的创造性活动。

（1）复述故事

复述故事可以采取对话复述、分段复述、分角色复述和全文复述几种形式。前两种形式难度较小，适合于小中班的学前儿童；后两种难度较大，适合于中班后期和大班学前儿童。复述故事应注意发挥学前儿童的积极性和创造性，采用循序渐进的方法，保护学前儿童复述的愿望和自信心，并利用正式活动、日常生活和区角活动等多种形式，充分发挥故事复述的积极意义。

（2）故事表演游戏

故事表演游戏即学前儿童扮演儿童文学作品中的角色，用对话、动作、表情等富有创造性的表演再现文学作品。故事表演游戏允许学前儿童根据作品提供的想象线索，通过角色扮演开展游戏活动。因此，故事表演游戏突出了游戏和活动的特点，在语言教育的同时，尊重学前儿童大胆的想象和创新，尊重学前儿童喜爱娱乐和活动的特点。由于是通过表演来创造性地再现文学作品，所以表演游戏也是一种创造性游戏。在表演过程中，教师可用旁白或串联情节的方式，来帮助学前儿童推动游戏进程，不再要求学前儿童记忆复述故事。其重点集中在理解作品内容，体验角色心理，并用适当的语言、动作、表情再现人物形象及情节发展。

故事表演游戏可分为三种类型，分别采用不同的组织方式。

①整体表演型，即要求学前儿童在理解文学作品的基础上，按照故事的情节发展，连贯完整地表演故事。在表演时，学前儿童一对一地扮演角色，故事中的个体角色分别由一名学前儿童表演，群体角色则不作严格限制，可由若干学前儿童同时担任。如《拔萝卜》《小兔乖乖》，在表演过程中，教师在旁领诵故事，串联情节，扮演角色的学前儿童，则在角色台词需要时参与对话或对白，其余学前儿童可随教师朗诵故事。

教师组织指导学前儿童表演游戏时应注意：教师讲一两遍故事后，要帮助学前儿童分析作品中人物形象的特征。让学前儿童自己讨论如何用动作、语言表现角色的特征，讨论需要什么道具，用什么东西来代替（充分发挥讨论在表演游戏中的作用）。在表演过程中，不严格要求学前儿童复述故事，而是由教师串联情节，引导故事。提供的道具要简单，且易于操作，可以虚代实，不要装饰性过强或过实的道具，以免学前儿童注意力集中在道具上，忽略了角色动作和情感体验。

②分段表演型，即将整个故事切割成若干段落，讲一段故事，进行一段表演。这种类型的表演游戏可以由多人扮演同一角色，如中班《三只蝴蝶》中的红蝴蝶、白蝴蝶、黄蝴蝶、红花、白花、黄花、太阳公公、雨，都可以根据需要让若干学前儿童扮演。这样一来解决了角色少、观众多的矛盾，每个学前儿童都扮演一定的角色，没有台上台下的感觉，学前儿童能够比

较轻松地进入角色。

教师组织指导应注意:a.故事虽然被分割成几个段落进行,教师仍要注意引导学前儿童讨论,体验角色的心理发展变化。b.如果若干学前儿童表演同一角色,可提示学前儿童一起商量角色的动作,同时鼓励学前儿童做出与同伴不一样的动作,尤其是每一段结尾的造型动作。c.参加表演的人较多,教师的指导有难度,教师一方面不要干预太多,另一方面又要防止乱糟糟的失控局面。d.道具同样要求简单、方便,能帮助学前儿童进入角色。

③区域(表演区)活动型,即在活动区(或者表演区,或者语言区,或者角色表演区)开展的故事表演游戏。特点是自主性强,游戏成分多。这类游戏兼有表演游戏和角色游戏的双重特点。

在组织指导时,应注意以下几点:a.根据文学作品中的主要活动来设置场景,布置游戏角落;b.在每个游戏角落投放一定数量的玩具和材料,让扮演角色的学前儿童选择和使用;c.角色的扮演以学前儿童自己选择为主。

(3)编构故事

学前儿童编构故事是尝试运用语言来编出符合结构规则的故事。编构故事分为扩编和续编等形式。学前儿童编构故事既需要一定的生活知识经验作基础,又依赖于自身的语言表达能力、充分的想象力和思维能力以及学前儿童对故事结构的理解。由于编构故事能力的差异,对不同年龄的学前儿童的故事编构提出了不同的要求。

在幼儿感受理解故事类文学作品的前提下,不断提高幼儿故事类文学作品内容与形式构成的敏感性,使幼儿逐步学会编构出完整的故事。编构故事活动的组织一般遵循以下两个顺序:

①从理解到表达的顺序。要在理解故事的基础上编构故事,组织编构活动应从理解故事、提高对故事类文学作品构成的敏感性入手,帮助学前儿童逐渐把握编构故事的要求。随着学前儿童年龄的增长及编构故事经验的增加,逐渐提高编构难度。

②按照故事类文学作品构成因素,开发学前儿童编构故事能力的顺序。故事类文学总是包含语言、情节、人物、主题四个基本组成部分。在这些构成因素中,各个因素从理解到掌握,运用的过程是不一样的,难度也不同。因此,在组织学前儿童编构故事时,需要根据故事类文学作品构成因素的难度顺序,制订学前儿童编构故事活动的目标要求。

不同年龄的学前儿童编构故事活动的组织要点不同,教师组织实施时应区别对待。小班编构故事的重点是编构故事结局,即学前儿童根据个人对故事语言、情节、人物、主题的理解,在故事即将结束时为故事编构一个结局。例如,故事《三只小白兔的故事》,只需要学前儿童根据故事情节发展,结合个人经验编出“三只小白兔赶快回家”即可。中班编构故事的重点是编构故事“有趣情节”。这里所说的“有趣情节”,是指故事情节的高潮部分。教师在讲述故事时到高潮部分突然停止,让学前儿童积极想象,编构出可能出现的发展进程。例如,故事《老虎来了》,要求学前儿童认真倾听故事,根据故事提供的线索,创造性地、合理地续编故事情节。教师讲述故事前半部分,要求学前儿童认真倾听,加深对故事所提供线索的理解。“老虎来了,接下来会发生什么事呢?小动物们会怎么样呢?故事又会有怎样的结局呢?”学前儿童自主合作创编故事结尾,要求能大胆地说出自己的观点,积极参与创编故事,并能较自信地将故事讲述出来。大班编构故事的重点是编完整故事。由于大班已经普遍掌握了故事编构的情节开展方式,所以大班的重点应放在编构完整的故事上,要求学前儿童编出的故事具有语言、情节、人物、主题等构成要素。教师应为学前儿童提供一些背景材料,帮助编构故事。教师应逐步提高对故事结构的要求,如人物、主题等。大班学前儿童能够较顺利地完成编构完整故事的任务。

3.学前儿童童话、故事教学活动的其他组织策略

不同的故事具有不同的内容、情节和结构,因而在故事教学中,教师应根据不同的故事采取不同的组织策略,以帮助学前儿童理解故事的内容、情节以及结构等,使学前儿童与故事在情感上产生共鸣。前面已经介绍了幼儿园故事教学最常规的组织策略,即初步欣赏接受文学作品理解体验作品——创造性活动。除此之外,还有一些策略也可以做有效的尝试。

1)活动归纳法

有些故事连贯性强,往往能通过游戏的方式来呈现。对这类故事进行教学时,教师可依据故事内容布置环境,准备活动材料,把学前儿童引入故事情境之中,并以游戏的方式,一步一步地展开故事情节,让学前儿童在亲身体验中理解故事。在此基础上,师幼共同归纳故事内容。

例如,在故事《小猴摘桃子》的教学活动中,教师事先创设了“山洞”“独木桥”“花果山”等活动环境,准备了头饰、桃子等活动材料。活动开始后,教师先让幼儿戴上猴子头饰,并运用游戏化的语言,激起幼儿上花果山摘桃子的愿望。在欢快音乐的伴奏下,幼儿先“钻山洞”后“过小桥”,而教师则适时引导幼儿学说句子“你不推,我不挤,一个挨着一个过”。到达花果山之后,幼儿一个挨着一个摘桃子,并回到原位吃桃子。最后教师和幼儿一起把猴妈妈带领小猴上花果山摘桃子的活动编成故事,从而自然地再现了“小猴摘桃子”的故事。

2)启发猜想法

有些故事上下句或上下段之间有某种程度的逻辑推理关系,或者是段落内容及结构较为类似。在对这类故事进行教学时,教师可只提供给幼儿故事的部分情节,启发、鼓励幼儿积极猜想故事接下来的情节,这通常能收到事半功倍的效果。

例如,故事《小鸭找朋友》的段落内容及结构就较为类似。教师先重点讲述故事的第一段,并结合图片帮助幼儿理解故事内容,让幼儿学说故事中的重点句子和礼貌用语。接着教师用拖动图片的方式出示小白兔和小乌龟。然后,教师引导幼儿根据上面的故事情节,猜想小白兔、小乌龟有关的故事情节和语言。这为幼儿提供了较大的猜想空间,既调动了幼儿学习故事的积极性,又发挥了幼儿的想象力。

3)难点前置法

有些需要经过多层次分析推理的故事,幼儿一时半会儿难以理解。因此,在故事教学开展之前,教师可将难点提炼出来,通过实验或其他辅助手段,引导幼儿主动去探索和交流。例如,在进行故事《包公审石头》教学之前,教师考虑幼儿难以理解包公通过铜钱入水来判断

小偷的方法，便准备了一些沾油及没沾油的硬币，让幼儿分组将两种硬币分批投入清水。通过观察实验现象，幼儿很快就明白了故事中的道理，然后教师再进行故事教学，由于难点已被事先解决，因而教学进展相当顺利。

4）**暂停质疑法**

有些故事悬念迭出，可质疑的地方多。在对这类故事进行教学时，教师可在故事讲述中，作有意义的暂时停顿、中断，提出疑问引导幼儿进行分析讨论和探究。例如，在故事《司马光砸缸》的教学中，当讲到一幼童跌入水缸时，教师暂停提问"司马光会怎样救同伴呢"，进而引导幼儿思考对策。又如，在故事《小猪和靴子》的教学中，当讲到小猪发现树边有一样红红的东西，口小底大，摸上去很光滑时，教师暂停提问："小朋友们，请猜猜这会是什么？"引导幼儿根据已有生活经验和知识，进行各种可能的猜测。

（三）学前儿童绕口令、谜语活动的设计与实施

绕口令节奏明快，内容有趣，把声、韵、调等容易混同的字，组成反复、重叠、绕口的句子，形成一种读起来很绕口但又妙趣横生的语言形式。它不但内容丰富，数量众多，而且十分精巧，有的本身就是一首优美的诗歌，使人乐于诵读。绕口令也称急口令、拗口令。绕口令作为一种独特的语言艺术，对学前儿童的语言及思维发展具有极大的促进作用。可以帮助学前儿童练习正确发音，训练学前儿童辨别汉字读音、区别近似音和吐字清晰的技能和技巧。练习绕口令最好从学前儿童时期开始，尤其是方言地区。练习绕口令可以帮助学前儿童矫正唇、齿、喉等发音部位和口型，锻炼儿童"舌""唇""齿"相互配合的技巧，这被形象地称为"口腔体操"，可矫正学前儿童口吃等语言障碍。绕口令训练能够培养学前儿童思维的敏捷性和语言表达能力。经常教学前儿童学说绕口令，无疑会大大提高他们的语言表达能力，同时使他们的思维更具有敏捷性、灵活性和准确性；口齿更加伶俐、反应更加敏捷。结合绕口令进行语言基本功的训练，不失为一种有趣、奏效的途径。

1.学前儿童绕口令活动设计和组织要点

①根据当地的方言特点，有针对性地选取相应的绕口令，以纠正学前儿童的方言发音。

例如，有的方言区平翘舌音不分，容易混淆，可多选择练习这方面发音的绕口令。如绕口令"四十四"：

山里有个寺，山外有个市，
弟子三十三，师父四十四。
三十三的弟子在寺里练写字，
四十四的师父到市里去办事。
三十三的弟子用了四十四小时，
四十四的师父走了三十三里地。
走了三十三里地就办了四十四件事，
用了四十四小时才写了三十三个字。

又如,绕口令和“银丝虱子皮”:

字纸里裹着细银丝,细银丝上趴着四千四百四十四个似死似不死的小死虱子皮。

针对语音中前后鼻音不易分清 an 和 ang 的发音,可以有目的的选择带有前后鼻音的绕口令训练。例如:

扁担长,板凳宽,
扁担没有板凳宽,
板凳没有扁担长;
扁担绑在板凳上,
板凳不让扁担绑在板凳上。

还有的地方 n 和 l 不分,下面两首绕口令就很适合做这方面的练习。

南南家种兰花,兰兰家种南瓜。
南南要用兰花换兰兰家的南瓜,
兰兰不愿用南瓜换南南家的兰花。
六六妞妞去放牛,
大牛小牛有六头。
六六拉着大牛走,
妞妞牵着小牛遛。
六头牛,牛六头,
六六妞妞,妞妞六六都爱牛。

②根据学前儿童的年龄段特色和本班学前儿童的实际情况选材。

绕口令朗读要求快速、准确、流畅,因此适合在中大班开展绕口令的教学活动。教师应根据幼儿语言发展特点和实际情况选择合适的绕口令让学前儿童练习。

例如,《小猪扛锄头》的绕口令,由语音相近或容易混淆的字构成,且句式工整,符合儿歌特点,其内容和形式都比较生动活泼,诙谐幽默,形象有趣,深受孩子的喜欢。

小猪扛锄头,吭哧吭哧走。
小鸟唱枝头,小猪扭头瞅,
锄头撞石头,石头砸猪头。
小猪怨锄头,锄头怨石头。

2.组织绕口令教育活动的基本步骤

①做好相应的准备工作。教师应将自己所选的绕口令事先背熟,并录好快速念的音,以备教学时给幼儿欣赏。同时准备好相应的教学玩具。

②导入部分,教师可以通过创设情景、故事讲述等方式。如绕口令《打醋买布》内容如下:

有位爷爷他姓顾,
上街买布又买醋。

买了布，打了醋，
回头看见鹰抓兔。
放下布，搁下醋，
转身去追鹰和兔。
飞了鹰，跑了兔，
洒了醋，湿了布。

教师可以将绕口令改编成故事的形式，生动形象地展示给学前儿童，从而导入绕口令活动。

③教师先用正常语速示范朗诵，读准相似音，吐字清楚，富有情感。

④帮助学前儿童理解绕口令。方法基本同诗歌教学的理解方法。

⑤教师再次示范朗诵，引导学前儿童朗诵绕口令。可以通过实物或图片，引导学前儿童练习发准相似音，可采取多种形式的练习，如跟读、集体、个人、小组、性别、接龙等形式，由慢到快，逐步提高要求，逐渐加快速度，达到又快又准的效果。

⑥围绕绕口令开展相应的游戏活动，如边朗诵边表演、朗诵比赛、接龙游戏、进行朗读练习、看“节奏图”快速练习等。

绕口令属于学前儿童诗歌的独特形式，不仅具有诗歌句式对仗工整、音韵和谐等特点，同时又具有自身的特色，因而教学中既应体现诗歌教学的特点，又要顾及其特殊性。

（四）学前儿童谜语活动的设计与组织

谜语既是一种特殊的诗歌，又是有趣的智力游戏。它通常采用比拟的手法，描绘某种事物、现象的各方面特征，而不说出事物或现象的名称，让猜谜者根据描述的材料猜是什么事物或现象。谜语构成有四大要素：谜面——给猜谜者了解意图的谜题；谜格——猜谜时的一种要求与规则（如卷帘格、秋千格等）；谜目——让猜谜者猜设的范围（如打一字、打一城市名等）；谜底——谜语的答案。现代的谜语构成，通常有谜面、谜目、谜底三要素。谜面通常是五字句或七字句构成的四句儿歌，语言通俗简练、韵律自然和谐，具有开启学前儿童心智、锻炼思维的作用。

学前儿童谜语活动分为猜谜和编谜两种活动形式。学前儿童必须具有一定的生活经验，对事物或现象的特征有一定的认知，具备一定的理解能力、表达能力、概括能力等，才能较好地开展谜语活动，所以谜语活动主要在中大班开展。

1.学前儿童猜谜活动的设计和组织要点

①创设情境导入，方法与诗歌类似，以便引起学前儿童猜谜的好奇心和浓厚兴趣。

②教学前儿童掌握猜谜的具体方法。如果是学前儿童初次接触猜谜语，教师要先介绍谜语的组成：由谜面、谜目和谜底构成。猜谜的方法要求学前儿童仔细听清楚每个字、每句话，并把几句话连起来想，注意谜面的每句话都要与谜目、谜底吻合，再把每句话的特征综合起来判断，以猜出谜底。

③教师示范猜谜。教师出示谜语后，示范猜谜，引导学前儿童将谜面逐句与谜目、谜底对应。例如，谜语《雪》：

说是白糖它不甜，
说是棉花它不暖，
夏天从来看不见，
非到冬天才露面。

（打一自然现象）（谜底：雪）

教师提问题：白糖有什么？棉花有什么特点？白糖和棉花有什么共同特点？夏天为什么从来看不见，只有到冬天才露面是什么东西呢？要把谜面的每一句都与猜的东西句句核对，而且是自然现象，综合起来，猜出的谜底就是“雪”。

④教师引导学前儿童猜谜。教师启发学前儿童猜谜时，要引导幼儿仔细分析，全面思考，每一句谜面都想周全。教师也可以通过适当讲解，以启发性的提问引导学前儿童思考。念谜面时，要求发音准确，吐字清楚，速度适中，关键词重读。如以下谜语：

耳朵大，脚丫小，
不讲卫生爱睡觉，
浑身上下都有用，
人们称它“农家宝”。

（打一动物）（谜底：猪）

教师出示谜语时，学前儿童可能很难猜出是猪，要是教师抓住“耳朵大”“脚丫小”“不讲卫生”“爱睡觉”“农家宝”等关键词启发学前儿童思考，提出关键性的启发性问题：“在我们知道的动物中，什么动物耳朵大，脚丫小？并且被称为农家宝？”学前儿童综合以上特征进行思考，就很容易猜出是“猪”。教师可拿出作为谜底的实物或图片，引导学前儿童将谜面的每一句与谜底核对，共同印证谜语。

⑤教幼儿朗诵并记忆谜语谜面儿歌。

⑥拓展深入。再次出示谜语，引导学前儿童猜谜记忆谜语儿歌。猜谜活动结束时，鼓励幼儿将学会的谜语带回家去让其他人猜，并引导幼儿在日常生活和娱乐活动中进行猜谜活动。

2.学前儿童编谜活动的设计和组织要点

编谜对学前儿童的知识面、智力和语言能力、概括能力都有较高的要求，需要学前儿童具有一定的生活经验，并且对生活中常见事物或现象的特征或习性要有一定的认识。因此主要在大班开展。

1）教师引导幼儿分析谜语特点

教师要逐步引导幼儿掌握猜谜的诀窍，让幼儿在猜谜语时要仔细分析、全面思考，每一句谜面都要想周全。例如《星星》这个谜语中：“许多小银灯，挂在天空中，白天看不见，晚上才出现。”有的孩子听了谜面以后猜是月亮，有的说是路灯。这是由于孩子求胜心切，没有把谜面中的四句话听完整,没有经过仔细分析,从而不能排除与谜面不相吻合之物体。所以在猜谜语时要帮助幼儿把几句儿歌连在一起来思考。像《星星》这个谜语,首先引导幼儿想出哪些东西是挂在天空中的,要让幼儿注意的是"挂"而不是在天上飞的。随后在挂在天空中的物体中找出哪些是晚上才出现,而白天看不见的,这样就缩小了猜的范围。最后再引导幼儿想晚上挂在天空中的什么物体是"许多小银灯"而不是一个,这样谜底"星星"就逐步被猜出来了。编谜时,编出的句子要简短精练,音韵和谐,读起来朗朗上口。

2)教师示范编谜

教师首先出示谜底的实物或图片,让幼儿观察熟悉的特征,然后边看实物或图片边逐句编谜,编好后引导幼儿将编出的谜语与实物或图片加以对照,使幼儿进一步掌握编谜的方法。

3)教师出示谜底,引导幼儿编谜

编谜一般可以采取以下两种方法:

①教师启发幼儿逐句编谜,如以"花生"为谜底,教师出示花生卡片,引导幼儿:这是什么?花生米住在哪里?花生壳是什么样子的?(花生壳非常粗糙,像麻袋一样,花生像住在麻房子里一样)花生的颜色又是怎样的?(花生长得白白胖胖的)幼儿七嘴八舌地说出不同的句子,确定谜面"麻房子,红被子,里面住着白胖子",再提问:"麻房子""红被子""白胖子"代表什么?(花生形状、颜色特征等)每句结束都有一个什么子?有什么作用呢?

②教师提出一系列启发性问题,引导幼儿完整编谜。最后教师对幼儿编出的句子进行修改集体编成一首谜语的谜面。例如,以"大象"为谜底,让幼儿观察大象图片后,教师提问:大象的鼻子像什么?(钩子)大象的耳朵像什么?(扇子)高大的身体像什么?(房子)四条粗腿像什么?(柱子)根据问题,幼儿先三三两两地试编,再请他们发言。教师进行指导,最后根据大象的特征编出谜语:"鼻子长长像钩子,耳朵大大像扇子,身体高大像房子,四条粗腿像柱子。"

③教师引导幼儿背诵自编谜语。把编好的谜语引导幼儿背熟,同时鼓励幼儿编谜后互相猜或给家长猜,以提高编谜的兴趣。编谜也可以在日常生活和游戏中进行。

任务三　学前儿童文学教育活动案例评析

案例1　小班儿歌活动:懒惰虫和勤快人(活动设计)

【活动目标】

1.感受儿歌中幽默、诙谐的语句,能积极、愉快地参与活动。

2.能大胆地表达自己的想法,形象地进行表演。

3.在游戏与讨论中了解要做个勤快人的道理。

【活动准备】

1.小鸡、小鸭的布偶各一个。

2.幼儿扮演懒惰虫。

【活动过程】

1.引出懒惰虫的形象。

出示小鸡、小鸭的布偶。

师:你是小小鸡,你是小小鸡,你唱歌叽叽叽。你是小小鸭,你是小小鸭,你唱歌嘎嘎嘎。还有一只小动物在睡懒觉,你们猜猜是谁呀?(幼儿讨论,自由发言)

教师引出懒惰虫的形象。

2.引出儿歌的前半部,熟悉了解。

(1)一名幼儿表演懒惰虫,教师与幼儿一起叫懒惰虫起床。

表演:

师:懒惰虫,懒惰虫,起床了!

懒惰虫:不行,不行,我的手在痛。

师、幼儿:懒惰虫,懒惰虫,起床了!

懒惰虫:不行,不行,我的脚在痛。

师、幼儿:懒惰虫,懒惰虫,起床了!

懒惰虫:不行,不行,我的全身都在痛。

(2)教师有节奏地朗读儿歌的前半部。讨论:为什么懒惰虫的全身都在痛?

(3)教师与幼儿一起有节奏地朗读儿歌的前半部。

(4)教师与幼儿一起玩"你是懒惰虫"的游戏。

教师随意地指着某一个幼儿,念儿歌"你是懒惰虫,你是懒惰虫",孩子要迅速地反应,站起来大声说"我不是懒惰虫"。

3.引出儿歌的后半部,熟悉了解。

(1)引导幼儿讨论:我们都不是懒惰虫,平时我们都会做一些什么事?

(2)教师有节奏地朗读儿歌的后半部。

(3)教师与幼儿一起有节奏地朗读儿歌的后半部。

4.教师与幼儿共同表演儿歌"懒惰虫与勤快人"。

5.游戏:寻找懒惰虫和勤快人。

在教室里挂几幅图片,有懒惰虫和勤快人,当你看到懒惰虫就用儿歌批评它,当你看到勤快人就用儿歌表扬它。

附儿歌:

懒惰虫和勤快人

你是懒惰虫,你是懒惰虫,你待着不想动。

你的手也痛,你的脚也痛,你的全身都在痛。

我是勤快人，我是勤快人，我全身都不痛。

我的手不痛，我的脚不痛，我天天在劳动。

【案例评析】

《懒惰虫和勤快人》这首儿歌结构简单，语句简短、诙谐幽默，读起来朗朗上口，适合小班幼儿学习。在活动设计中，教师打破了传统儿歌活动中“教师朗诵，幼儿欣赏和学习”的模式，力求在自然的、有趣的情境中，通过与幼儿共同感受和体验，逐步引出和丰富儿歌。导入的时候引入小鸡、小鸭玩偶是为了让幼儿感受儿歌的节奏，教师和孩子一起叫懒惰虫起床使幼儿积极主动。分段欣赏和朗诵符合该儿歌的结构，幼儿很容易接受。在活动中，教师采取各种形式，创造一个宽松、自由的语言环境，支持、吸引幼儿愉快地投入活动，让幼儿充分感受儿歌的韵律和趣味，并鼓励每个幼儿在活动中大胆地表达自己的看法，激发幼儿的表达欲望。同时，通过活动让幼儿明白要做一个勤快人的道理。

案例 2　中班散文诗活动：捉迷藏（活动设计）

【活动背景】

每当孩子们玩“捉迷藏”游戏时，孩子们总是那么高兴。在《捉迷藏》这首儿童诗里，作者用拟人、夸张的手法，将黑夜、太阳和各种颜色都赋予了生命，以轻松、明快的笔调描述了太阳被黑夜蒙住眼睛来找，各种颜色来躲的捉迷藏游戏的全过程。散文诗短小精练，结构简单，意境优美，内容贴近幼儿生活又不乏大胆、奇特的想象，能将幼儿带进一个无限遐想的世界，又能激发幼儿欣赏和学习的热情，很适合幼儿欣赏、学习。《纲要》中指出，引导幼儿接触优秀的文学作品，使之感受语言的丰富和优美。幼儿开始留心周围美的事物，对自然界的变化充满了好奇和幻想，但往往无法用好的词句进行表达，因此便设计了这节欣赏活动。

【活动目标】

1.在欣赏散文诗的基础上，理解诗歌的内容和拟人的表现方法，感受散文诗优美的意境。学习词：静悄悄。

2.理解散文诗的内容，学习用“××躲在××里”的句式进行仿编，感受仿编诗歌的乐趣，体验成功的快乐。

3.根据幼儿的生活经验，大胆想象，拓展幼儿的发散性思维。

【活动准备】

1.背景图、神秘的海底世界。

2.红色、绿色标记。

3.多媒体课件。

【活动过程】

一、谈话导入

师：小朋友，你们玩过捉迷藏的游戏吗？是怎么玩的？

师：游戏真好玩！太阳公公和几个颜色宝宝也爱玩游戏，他们会玩什么呢？它们呀，要玩捉迷藏的游戏，可是颜色宝宝们不知道应该躲在哪里？请大家帮他们想想办法吧。

二、理解相似的颜色相互隐藏的自然现象。

教师出示红色、绿色颜色标记，先请幼儿认识、复习颜色：红色（绿色），然后红色标记在红色、黄色两种颜色中选择，请幼儿猜猜红颜色宝宝应该躲在哪里。

师：哦，原来，颜色宝宝要找和自己一样的颜色躲起来才能不容易被找到。

教师再次出示绿色，以同样的方法让幼儿判断绿色在黄色和绿色中应该选择哪种颜色躲藏。

三、结合多媒体课件，欣赏、学习散文诗

（一）欣赏第一遍

师：刚才小朋友帮颜色宝宝想了很多躲藏的办法，现在我们一起来听听他们到底是怎样捉迷藏的？

1.教师结合多媒体课件，有感情地朗诵散文诗。

提问：

(1)他们是怎样玩捉迷藏的呀？谁把太阳的眼睛蒙起来了？

(2)太阳数数时，颜色宝宝们在做什么？

颜色宝宝是怎么躲起来的？（学习词：静悄悄）

静悄悄是什么意思？（请小朋友表演静悄悄的动作）

(3)颜色宝宝都躲到哪里去了？为什么要躲到那里去？

2.欣赏第二遍，教师结合背景图，再次有感情地朗诵散文诗。

师：这首散文诗可真好听，我们再来仔细听一听。

提问：

(1)黑夜用长长的手帕把太阳的眼睛蒙起来，应该是什么时候？（晚上）

(2)散文诗里为什么说绿色躲在树叶里，黄色躲在菊花里。

(3)黑夜解开手帕，太阳睁开眼睛又是什么时候呢？

(4)太阳为什么一下子就把他们找来了呢？

(5)集体朗诵散文诗。

教师：（小结）这首散文诗真好听，把太阳和黑夜说成是在和颜色宝宝玩捉迷藏的两个可爱的小朋友，还告诉了我们白天和黑夜的区别，真有趣。

四、迁移运用、指导幼儿仿编散文诗

(1)游戏：幼儿扮太阳，教师扮黑夜。用黑纱巾将幼儿的眼睛蒙上，并把他们带到布置好的场景中去：神秘的海底世界。

(2)“颜色还会躲到哪里？”第一次邀请部分幼儿参与，找自己喜欢的地方，将躲在里面的漂亮颜色都找出来，引导幼儿用“××躲在××里”说出自己躲的地方。第二次全体幼儿进行游戏，要求幼儿边找边与同伴交流，并把自己躲藏的地方运用句式“××躲在××里”说给周围的老师和同伴听。

【活动延伸】

请幼儿到园外或郊外寻找各种各样的颜色进行仿编。

【案例评析】

在整个活动中,教师充分尊重幼儿,灵活地引导幼儿,帮助幼儿提升语言,在与幼儿一起学习的过程中,教师以朋友等身份走近幼儿,以亲切交流,启发式的提问,引导幼儿积极思维,大胆想象,踊跃发言。

活动开始,组织幼儿回忆自己曾经玩过的游戏,谈到此,幼儿便会津津乐道自己爱玩的游戏。通过这一提问,直接地唤醒幼儿的游戏经验,为理解散文诗的游戏情节奠定基础。再由“游戏真好玩,太阳公公和颜色宝宝也爱玩游戏,他们会玩什么呢”导入,这时幼儿的回答可能是千奇百怪的,教师给予幼儿充分思考、大胆想象的空间,鼓励幼儿发散性思维,最后教师告知幼儿“今天,他们一起来玩捉迷藏的游戏”,直接过渡到下一环节。

(二)欣赏散文诗,理解散文诗的内容

这是本活动的重点部分,分四步进行。

第一步,欣赏理解第一段内容。教师结合图片,直观鲜明的画面直接吸引了幼儿的注意力,通过教师有感情的散文诗朗诵,勾起幼儿想要进一步知道情节的好奇心。在这里,教师以释然的神情、好奇的口吻提问:他们是怎样玩捉迷藏的呀?这个问题比较的宽泛,估计幼儿能结合听到的、看到的,用自己的语言来说出一些零碎的片段,这时教师是一个微笑的倾听者,支持、鼓励、吸引幼儿大胆交流自己听到的内容,让幼儿体验语言交流的乐趣,教师机智地抓住幼儿的回答,帮助幼儿厘清“太阳来找,颜色来躲”的游戏关系。同时在这一段里,提问:“黑夜用长长手帕把太阳的眼睛蒙起来是什么时候?”不但帮助幼儿理解了太阳蒙上眼睛是夜晚,夜晚什么都看不见,同时也通过语言的讨论和动作的模仿,理解本次活动的一个重点词语:静悄悄。

第二步,理解散文诗的第二段内容,这也是整个活动的主要部分,需要掌握“××躲在××里”这一句式,为下面的仿编打好基础。提问:“颜色宝宝们已经静悄悄地躲好了,你们知道他们躲在哪里吗?”在这里,通过对颜色躲的地方的猜想,再次调动幼儿的发散性思维,任由幼儿“胡思乱想”。通过第二张图片的出示又将幼儿的注意力引入正题,教师可以根据幼儿的回答,出示相应的画面,可归纳幼儿的回答,逐步让幼儿掌握“××躲在××里”这一句式。第二次师幼共同朗诵,使幼儿巩固获得的经验,把单个的句式串连成完整的句子,有了这一基础,在最后完整朗诵时,幼儿便大胆地把自己获得的知识反馈出来。在这一节里,我们还需要解决的问题便是为什么“××颜色就一定要躲在××里”,有了前面的学习,大部分幼儿可以总结出其中的道理,在后面的游戏中,幼儿也会根据这个内在的规则,自觉遵守。

第三步,完整欣赏诗歌,加深理解,感受散文诗的意境。这一过程的设置有两个用意:一是对散文诗有一个全面的欣赏;二是教师浅显、精练的总结、提升,帮助幼儿感知拟人的文学手法。通过幼儿模仿蒙眼和睁眼,再一次亲身感知黑夜和白天的奇妙变化,同样也是游戏中必不可少的环节。

第四步,游戏情境,尝试仿编。喜欢游戏是幼儿的天性,这一环节教师就创设游戏的情境,让每位幼儿根据自己的颜色标记,想好自己是什么颜色宝宝,躲在哪里才不会被发现,把幼儿在第二个环节中自己总结出来的结果运用到游戏中。提问:“颜色还会躲到哪里?”幼儿间的自由讨论，不但是对前面获得的知识的复习巩固，也为顺利创编做好知识准备。幼儿的第一次游戏只邀请部分幼儿参与，引导幼儿用"××躲在××里"说出自己躲的地方，这是本次活动的难点，个别幼儿的游戏是为了照顾能力相对差的幼儿，有了部分幼儿的先游戏、先示范，使得其他幼儿能更好地掌握游戏的要求。第二次全体幼儿进行游戏，并把自己躲藏的地方用要求的句式告诉周围的教师听，请教师检查他们的游戏结果和掌握情况，让每个幼儿都有表述的机会，也能得到教师的正确指导。

案例3　中班语言活动：耳朵上的绿星星（活动设计）

【活动目标】

1.能记住故事的主要情节，初步了解萤火虫会发光的秘密。

2.懂得同伴间应该互相关心、互相帮助，做事要替别人着想。

【活动准备】

故事课件、森林背景图一幅、萤火虫图片粘纸若干。

【活动过程】

（一）设疑激趣，引出故事

师：小朋友好！今天老师给大家请来了一位小客人，猜猜看，它会是谁呢？

身子真灵巧，穿件灰皮袄，
尾巴当棉被，树上睡大觉。

（松鼠）

幼儿猜出后，出示小松鼠画面。

师：嗨！大家好，我是小松鼠，今天晚上，森林里要举行一个音乐会，我要到台上表演唱歌，请小朋友快帮我想想，怎样打扮才最漂亮呢？

引导幼儿自由讨论各种打扮的方法。（引导幼儿从自己的生活经验出发为小松鼠出主意，对积极发言与有创意的孩子进行鼓励与肯定）

小朋友想的办法可真多，我们一起来看看小松鼠是怎么做的？

（二）结合课件，分段讲述故事，边讲边议，初步理解故事内容

1.讲述故事从开始至……小松鼠没有摘小草，走开了后提问：

（1）小松鼠来到花园里想怎样打扮自己？

（2）小松鼠想用小草编一顶帽子，它摘小草了吗？小草是怎么说的？

（3）请幼儿学一学小松鼠美滋滋的样子。

2.帮助幼儿梳理故事内容，接着继续播放故事至……一定也很美。

（1）小松鼠又看到一朵红红的玫瑰花，它想怎么打扮自己？请幼儿一起做一做涂红嘴唇的动作。

（2）红红的玫瑰花真漂亮，你觉得小松鼠会摘吗？为什么？

（3）谁来说说玫瑰花会怎么说？

3.在幼儿猜测的基础上继续播放故事至……又走开了。

(1)小草、玫瑰花是怎样说的?

(2)小松鼠为什么不摘小草和玫瑰花来打扮自己?

(3)小松鼠懂得爱护小草、小花,小朋友喜不喜欢它?

(4)小松鼠爱护花草,值得我们学习,我们一起给它送颗爱心好吗?(教师带领幼儿一边做动作一边利用课件画面展示效果)

小朋友喜欢小松鼠,许多小动物也非常喜欢它,看,谁又来了?

4.继续播放故事至……悄悄地跟着小松鼠。

(1)这件事被谁看到了?谁知道萤火虫有什么本领?

(2)请幼儿站起来边做相应动作边学说故事对话。

(3)引导幼儿思考"萤火虫会帮助小松鼠吗?怎么帮呢?"

鼓励幼儿对故事的结尾进行大胆地猜测。在幼儿自由讲述的基础上,教师带领幼儿一起观察,故事最后究竟发生了什么奇特的事情?

5.继续播放故事至……故事结尾。

(1)小松鼠去参加音乐会了吗?

(2)当小松鼠轻盈地跳上舞台时,为什么所有的观众都惊呆了?

(3)小松鼠耳朵上的绿星星是从哪儿来的呢?

(三)再次观看课件,完整地欣赏故事,进一步理解故事内容

1.小松鼠变漂亮了吗?是谁帮助它的?

2.同伴间互相帮助真开心呀!如果你是萤火虫,你会怎样让小松鼠变得更漂亮?(引导幼儿自由讨论与想象)

(四)经验拓展活动,进一步发展幼儿的语言表达能力

引导幼儿用萤火虫贴纸自由为小松鼠打扮,并说说自己的创意,比如把萤火虫变成了:项链、手表、蝴蝶结等。

最后把所有作品展示在森林背景图上,大家一起分享、交流。"你是怎么打扮小松鼠的?"

【活动延伸】

1.在发现区与同伴一起了解萤火虫发光的秘密。

2.请幼儿挑选自己喜爱的角色进行表演。

【案例评析】

整个活动以幼儿为主体,幼儿表现较积极,思维活跃。《耳朵上的绿星星》这一内容情节有趣,形象鲜明突出,语言诙谐有趣,容易引起幼儿的学习兴趣,又可以拓展幼儿的词汇量。现在的幼儿由于受生活环境限制,缺乏与周围人相处的经验,普遍存在对周围事物缺乏感情的行为,所以这一内容既符合幼儿年龄特点,又符合幼儿的现实需要。活动目标制订恰当,准备充分,活动过程完整。通过问题引起幼儿探究的心理,使幼儿产生悬念,既启发幼儿积极仔细地听清教师的问题,也是让幼儿仔细观察画面,积极思维活动的开始。通过幼儿的仔细观察,引导幼儿完整地说说小松鼠看到的是怎样的小草和一朵怎样的花,从而让小松鼠想

到一个什么办法来打扮自己，重点让幼儿感受小松鼠在听了它们的话的心里是怎样的，到底是摘还是不摘。活动中能逐步引导幼儿融入故事情节中，尽可能地让幼儿把观察到的画面通过自己的语言大胆地表达出来，并通过表演、学说对话来让幼儿感知小松鼠和玫瑰花的性格特点，感知它们的心情。

案例 4　大班语言活动：雪孩子（活动设计）

【活动目标】

1.理解故事内容，知道雪遇热融化成水。

2.仔细观察画面，了解雪孩子舍身救兔宝宝的动人情节。

【活动准备】

大图书、照片、故事视频。

【活动过程】

一、组织谈话，引发倾听故事的兴趣

1.现在是什么季节？（冬天）

2.冬天会下什么？（雪）

3.你会和雪玩什么游戏？

4.小结：小朋友喜欢和雪玩游戏，兔宝宝也喜欢和雪玩游戏，你们想不想听听兔宝宝和雪玩什么游戏？（想）下面老师就给你们讲一个有关兔宝宝和雪的故事，故事的名称叫："雪孩子"。

二、引导幼儿逐幅观察画面，理解故事内容

1.观察画面一、二、三。

（1）天上下了雪，家里没有东西吃了，猜猜兔妈妈会去干什么？兔宝宝会怎样？妈妈有没有答应？为什么？

（2）教师小结：兔妈妈要出去找东西，没有带兔宝宝，为了让兔宝宝乖乖待在家里，兔妈妈会怎样做？

2.观察画面四、五。

（1）兔妈妈想什么办法？雪孩子头上、脖子上有什么？

（2）教师小结：兔宝宝和雪孩子玩了一会儿，天气真冷，兔宝宝会怎样做？

3.观察画面六、七、八。

（1）兔宝宝回到家里干什么？兔宝宝困了以后干什么？

（2）教师小结：兔宝宝睡了，猜猜雪孩子在干什么？

4.观察画面九、十。

雪孩子在干什么？看见了什么？

5.观察画面十一、十二。

（1）雪孩子冲进兔宝宝的家，身上感觉怎样？雪孩子最怕什么？为什么？

（2）雪孩子有没有救出兔宝宝？

6.观察画面十三、十四。

(1)兔妈妈回来发现了什么？它会怎样说？(宝宝，快点醒醒！家里着火了，你怎么躺在这里?)

(2)兔宝宝会怎么说？兔宝宝有没有找到雪孩子？

7.观察画面十五、十六。

(1)雪孩子变成了什么？(水)变成水的雪孩子，后来还会变成什么？

(2)教师小结：雪孩子变成了水汽，轻轻地往上飘呀飘呀，一直飘到蓝蓝的天上，变成一朵白云，它微笑着朝兔妈妈、兔宝宝招招手。

三、观看视频，完整欣赏故事

四、组织讨论，了解雪孩子舍身救兔宝宝的感人事迹

(1)你喜欢这个可爱的雪孩子吗？为什么？

(2)你喜欢故事里哪幅图？为什么？

五、创编故事

幼儿续编故事：雪孩子又回来了。

【活动延伸】

1.在科学区投放多种材料，继续引导幼儿探索水的三态变化的科学实验，进一步理解雪遇热融化，蒸发形成白云的科学原理。

2.课后通过将故事光盘及角色头饰放在表演区，小朋友们可以欣赏和表演故事，进一步感受雪孩子舍己救人的美德。

3.将这个故事讲给家人听。

【教学反思】

《雪孩子》是一个非常感人的故事，大班的孩子是道德观正在形成的过程中，《雪孩子》这个故事从发生、发展到结束，情节线索非常明显，是对孩子进行情感教育的好素材。大班的孩子形象性思维占主要位置，培养孩子的观察能力是阅读教学的主要任务之一，孩子在看懂图意的基础上，理解故事中发生的事情。在看到小兔子睡觉的时候发生的事情，孩子们都争先恐后的发表自己的见解，唯恐把自己的精彩答案给遗漏了，当然也有个别孩子表达不出来，所以在以后的教学中还要更注重培养孩子的语言表达能力，让孩子们都能够运用恰当的语言大胆地表达出自己的见解。

【案例评析】

《雪孩子》是一节语言活动，故事语言浅显、简洁、生动地表现了雪孩子奋不顾身地从火中救出小白兔，自己却融化成水，经过太阳一晒，又变成天上一朵朵美丽的白云的经过。内容选择具有一定的教育意义。

幼儿是活动的主体。只有幼儿愿意学，喜欢学，才能提高语言能力。教师在课堂上通过绘本，加上配乐朗诵，极大地激发了幼儿的学习兴趣。在活动过程中，重视对幼儿的思维训练。大班幼儿虽然抽象逻辑思维开始萌芽，但仍以具体的形象思维为主，因此，教师始终以大图书形式给幼儿一个直观的形象；播放视频，把故事中的文字符号转化成可视的故事情

节，帮助幼儿深层次地理解故事。

在活动中，培养幼儿的想象力。为了给幼儿提供充分的想象空间，课文开始时，让幼儿想象大雪过后的美丽景色；在讲到小白兔和雪孩子玩耍时，让幼儿想象小白兔和雪孩子玩耍的各种情景；在小白兔家着火时，让幼儿想象各种可怕的后果；在故事结尾处，让幼儿续编故事——雪孩子又回来了。让幼儿的思维自由地驰骋，使幼儿的想象力在自由的环境中得以增长。

本活动，教师的成功在于以情激情，注重情感教育，通过故事引导幼儿学习雪孩子助人为乐、舍己救人的高尚品质，使他们从小形成正确的价值观和积极的人生态度。

案例 5　中班语言活动：捉迷藏（活动设计）

【设计思路】

《捉迷藏》这首儿歌很优美，也很有童趣。在生活中，孩子喜欢捉迷藏，有丰富的生活经验。在活动中，教师重点在于让幼儿感受诗歌的优美，通过捉迷藏的游戏体验活动的乐趣和仿编句子引导幼儿积极、主动地表达，培养幼儿创造性的语言表达能力。

【活动目标】

1.能体验诗歌的情趣并在活动中大胆地用语言表达。

2.感受和理解诗歌的内容，能仿编儿歌的句子。

3.使用好听的声音朗诵诗歌，丰富词汇“静悄悄”。

【活动准备】

1.背景图一幅，以及与之相关的可操作性图片。

2.颜色小精灵、太阳卡片，布置颜色小精灵的“家”。

【活动过程】

一、教师和幼儿一起玩“捉迷藏”的游戏，导入活动

二、引导幼儿感受颜色宝宝玩捉迷藏的游戏，欣赏诗歌的中间部分

1.指导语：提问：“今天呀，太阳和颜色宝宝它们也在玩捉迷藏的游戏，你们想请哪些颜色宝宝来玩游戏？现在，请你们闭上眼睛，待会儿我们要看一看他们会躲在哪里？”

2.幼儿寻找教师在背景图上贴的颜色宝宝。

3.教师引导幼儿用诗歌里的语言说出来：绿色躲在大树里，黄色躲在菊花里……

三、幼儿完整欣赏诗歌（鼓励幼儿跟着老师一起说），然后提问

（1）诗歌里谁和谁在玩捉迷藏？

（2）颜色宝宝们是怎么躲起来的（学习词：静悄悄）？幼儿模仿。

（3）颜色宝宝都躲到哪里了？”

四、教师小结并带领幼儿学习朗诵诗歌

指导语：“这首诗歌可真好听，把颜色宝宝和太阳说成是一群可爱的小朋友在玩捉迷藏，我们小朋友也一起用好听的声音朗诵这首诗歌吧。”

五、游戏“颜色宝宝找家”

1.教师以变魔术的形式变出颜色小精灵，请幼儿说说都有哪些颜色宝宝。

2.玩法：幼儿每人一个颜色小精灵，教师当“太阳”，与幼儿一起边朗诵诗歌边玩找“家”的游戏。

*鼓励幼儿边说诗歌边游戏，并能用诗歌中的话来回答问题。

六、幼儿仿编

1.出示变化了的背景图，让幼儿找找颜色宝宝躲在哪里，并用“谁躲在什么地方”说一句话。

2.幼儿拿着颜色小精灵，以游戏的方式轮流仿编句子。

七、延伸活动

1.教师带领幼儿到户外找找其他颜色宝宝。

2.引导幼儿根据生活经验，用“××躲在××里”的句式学习仿编诗歌。

附诗歌：

捉迷藏

云朵用长长的手帕，把太阳的眼睛蒙住，
颜色宝宝们找一个喜欢的地方，
静悄悄地躲了起来，
绿色躲在大树里，
黄色躲在菊花里，
白色躲在棉花里，
蓝色躲在池塘里，
红色躲在蘑菇里，
手帕解开了，太阳睁开眼，
一个一个找出来了……

【案例评价】

在整个活动的设计中，不论是在导入时与幼儿玩的捉迷藏游戏，还是儿歌中间部分颜色宝宝的出现，教师都很好地运用了“捉迷藏”的形式。“捉迷藏”让幼儿觉得好玩有趣。在活动中，教师能充分地把握机会激发幼儿大胆地表达。通过“寻找颜色宝宝”“颜色宝宝找家”“仿编句子”等，幼儿学会用“谁躲在什么里”的句式表达。整个活动设计比较游戏化，幼儿能积极主动地参与。

案例6　中班语言活动：猜谜语（活动设计）

【活动目标】

1.让幼儿初步掌握谜语的特点，引起对猜谜语的兴趣。

2.在教师的启发下，学习按物体的主要特征来猜谜语。

3.发展幼儿的思维能力和想象力以及大胆地在集体面前表达自己想法的能力。

【教学重点、难点】

1.重点:让幼儿懂得谜语的特点,并喜欢猜谜语。

2.难点:让幼儿知道猜谜语要仔细听清楚每个字和每句话,并把几句话连起来想,因为谜面的每句话都是与谜底有关联的。

【活动准备】

两只盒子,里面分别装有小青蛙玩具和肥皂。

【活动过程】

一、集中幼儿注意力,引起对猜谜的兴趣

1.出示两只盒子,提问:每只盒子里都装着一样东西,不能看,怎么猜出里面的东西呢?

2.告诉幼儿,老师要给大家念一首儿歌,这首儿歌是讲一样东西,但儿歌中不讲出这样东西的名称,只讲出它的样子、用处或者它的颜色、声音和其他特点,这样的儿歌叫谜语。

3.提醒幼儿仔细听,听完后把几句话连起来想一想,猜猜是什么东西。

二、幼儿学习猜谜语

1.先猜第一只盒子里的东西。

(1)教师朗读谜语:小小游泳家,说话呱呱呱,常在田里住,捉虫保庄稼。

(2)先请幼儿想一想、猜一猜,猜出的幼儿到老师耳边说出来。

(3)再次朗读谜语,并解释谜语。(帮助能力较差的幼儿理解)

(4)再请幼儿猜。(有意请能力中等及稍差的幼儿)

(5)教师出示小青蛙玩具,分析谜语内容,帮助幼儿掌握猜谜的方法:第一句是讲小青蛙的爱好;第二句是讲小青蛙的叫声;第三句是讲小青蛙的住处;第四句是讲小青蛙的本领。

(6)小结(巩固掌握谜语的特点):儿歌中的四句话都和小青蛙有关,说出了小青蛙的爱好、声音特点和本领。但儿歌中并没有“青蛙”两个字,而是让小朋友猜,这就是谜语。

2.猜猜第二只盒子里的东西。

(1)教师朗读谜语:看看像块糕,不能用嘴咬,沾水搓一搓,都是白泡泡。

(2)教师解释“沾水”的含义。

(3)请幼儿自己猜,猜出后到老师耳边说出来。

(4)教师在桌上准备一盆水,再准备一块肥皂,一块方积木,一只小纸盒,请一名幼儿到前面来取出自己所猜的物品,请大家评评他猜得对不对。

(5)通过操作活动帮助幼儿理解谜语,并请幼儿一起告诉老师谜语讲的是什么东西。

(6)提问:你们怎么会猜出是肥皂?(鼓励幼儿大胆地表达想法)

(7)小结:这四句话中虽然没有肥皂这两个字,但把肥皂的样子和特点讲出来了,所以小朋友一下就能猜出是“肥皂”了。

3.教师再请幼儿猜一则谜语,要求幼儿猜出来后不要用嘴讲出来,而是到教室里去找出来。

(1)教师念谜语:一个宝宝,圆头圆脑;拍一拍,跳一跳;拍得轻,跳得低,拍得重,跳得高。

(2)猜到的幼儿就去找。(教室内放若干只皮球)

(3)找到的幼儿可以拍一拍、讲一讲,这个谜语说出了皮球的什么特点?

(4)提问:你们为什么找皮球?除了皮球还能猜别的吗?

三、分组活动:猜谜语

1.幼儿自由组合,四人一组围坐成一个小圆圈。要求幼儿在教师讲的时候认真听,听完后动脑猜。猜出来后,小组内幼儿相互讲讲为什么这样猜。

2.教师巡回指导,重点帮助理解力差的幼儿理解谜语。

3.教师每次朗读一则谜语,幼儿猜出后,就出示挂图,指导幼儿看看,讲讲。

教师共提供三则谜语:

丁零零,
一头说话一头听,
两人不见面,
说话听得清。

红眼睛,白皮袄,
长耳朵,真灵巧,
爱吃萝卜爱吃草,
走起路来蹦蹦跳。

身上穿着花花衣,
两只翅膀真美丽,
不会唱歌爱跳舞,
花丛里面采花蜜。

【活动延伸】

请幼儿回家和爸爸妈妈一起编一则谜语,并请爸爸妈妈写在纸上交给老师,让大家一起来猜。

【案例评析】

猜谜语是一种有趣的语言交流活动,并能促进幼儿的思维能力及表达能力。这一活动便是根据这一特点设计的。在这次猜谜活动中,能充分调动幼儿猜谜的浓厚兴趣。在幼儿活动过程中,根据谜面的特征,通过联想、推测、判断,找出谜底,使幼儿原有的经验得到提升,幼儿愉快地学,大胆地表达,达到语言交流的最佳效果,达到了预期的教学效果。

案例 7　大班语言活动:绕口令“翻跟斗”(活动设计)

【活动目标】

1.理解内容,能区分绕口令中“六、漏、右”的字音,认真倾听同伴的发音。

2.体验念绕口令“绕口”“快速”的乐趣。

【教学准备】

“翻跟斗”图文结合的文字图片、音乐节奏、肚兜、绕口令。

【活动过程】

（一）讨论“绕口令”

师：你知道什么是“绕口令”吗？你在哪里看过或者听过绕口令？

（鼓励幼儿大胆讲述，或者展示一首绕口令）

（欣赏视频）

师：这就是绕口令，听了之后，你觉得绕口令是怎样的？

师：（小结）听不清楚是因为绕口令把一些发音相近的字编成一个句子，一口气快速念出来。（提取要素说：快、字音相近）

（让幼儿在直观感受中，与自己的已有经验相冲突比较，有助于帮助幼儿感受体验绕口令的特点。当幼儿对绕口令有了初步认识后，会促发后期幼儿练习的主动性。）

（二）玩玩“绕口令”

1.教师展示“翻跟斗”

师：我念得怎样？你听清楚我说的吗？它说了一件什么事情？

（鼓励幼儿在评价教师的过程中，能大概说清翻跟斗的内容）

师：（出示图片，再念一遍）有没有听清楚？（有问题就顺着幼儿，幼儿没问题教师提问题）

（师幼讨论的话题“肚兜和左边右边”）

师：小妞妞围兜兜，兜兜是什么？你围过兜兜吗？

（教师出示肚兜，介绍肚兜是中国特有的）

师：左边翻个六，漏了九颗豆，右边翻个九，漏了六颗豆，是什么意思？（在互动讨论中，帮助幼儿逐步理解绕口令内容）

（在说说玩玩中充分理解绕口令内容，感受翻跟斗这个绕口令的趣味性）

2.幼儿初步尝试念“翻跟斗”——相近字音的练习

师：大家已经弄清楚是怎么一回事，那我们试着念一念？（带领幼儿集体朗诵一遍）

（相近字音反复念）

师：这个绕口令中，哪些字音比较容易说错？［鼓励幼儿找出“妞妞、兜兜和豆豆”（“漏、右、六”的字音），教师反复指点字让幼儿迅速做出反应］

师：我会念得很快，你们行吗？（教师快速念一遍，引发幼儿练习的欲望）

师：小组练习几遍，待会儿我们一起来赛一赛。（幼儿自主练习）

（三）赛赛“绕口令”（小组挑战）

1.教师将幼儿分组朗诵，幼儿互评

师：（请两组幼儿上来）评价一下他们念得怎样？

（教师继续请另外 3 组 9 人试一试）

2.加上节奏，让幼儿集体挑战

师：（教师敲打节奏）我们合上这个音乐节奏，也能说清楚吗？（集体朗诵）

（在比赛环节，教师更多的是给予幼儿信心和乐趣，激发有更多的幼儿参与其中）

师:(过渡语言)请问翻了几个大跟斗,漏了几颗小豆豆?你算出来了吗?你是怎么算出来的?

(在教学即将结束时,再回归到作品本身的趣味性,会进一步激发幼儿对绕口令的兴趣)

(四)速度挑战,请幼儿参加个人挑战赛

师:有一个新的挑战,谁能在音乐结束以前,将绕口令念完。

(先感受一下音乐的快速,用音乐暗示幼儿朗诵的速度)

师:教师采访接受掌声的幼儿,听到大家给你的掌声,你感觉怎样?

(教师展示引发幼儿更高的兴趣)

师:我再快一点也能说清楚。(教师展示绕口令)我们约定下个星期再来赛赛,看谁不仅说得清楚而且说得快。

【案例评析】

绕口令最大的特点就是拗口,在活动过程中,教师通过图片引入,激发幼儿学习的兴趣,在这次教学过程中,教师发现要在一个课堂教学的时间内,让大部分幼儿都能口齿清楚地念出这个绕口令很不容易。特别是最后"左边翻个六,漏了九颗豆,右边翻个九,漏了六颗豆"这几句,幼儿特别容易搞混。在教学过程中,教师将绕口令用图片,帮助幼儿分辨绕口令中的内容起到了一定的作用,尤其通过绕口令比赛的形式,既可以巩固已学知识,也可以从他人那儿获得新知,还可以培养良性竞争意识。

案例8　中班语言活动:耳朵上的绿星星(说课稿)

一、说教材

"耳朵上的绿星星"这一活动,内容情节有趣,语言诙谐生动,形象鲜明突出,既可以满足幼儿的学习兴趣,又可以丰富幼儿的词汇。

二、说幼儿

由于受生活环境的限制,大多数幼儿缺乏与周围人相处的经验,普遍存在对周围事物缺乏情感的现象。为了发展幼儿爱的情感,我设计了本次活动。本次活动是"爱"的主题活动的重要组成部分。

三、说活动目标

《纲要》指出,"发展幼儿语言的关键是创设一个能使他们想说、敢说、喜欢说、有机会说,并能得到积极应答的环境"以及要"鼓励幼儿大胆、清楚地表达自己的想法和感受",我制订了本次活动的目标。幼儿语言表达能力和思维能力:根据这一目标和要求,结合中班幼儿年龄特点和语言发展。

目标一:理解故事情节、内容,感受作品中小松鼠善良、美好的角色形象。

目标二:大胆、清楚地表达自己的想法和感受,大胆使用角色语言进行对话。

目标三:体验做事为他人着想、互相关心、互相帮助的情感。

本次活动的教学重点是理解故事情节和内容,使幼儿懂得做事要为他人着想;教学难点是鼓励幼儿大胆、清楚地表达自己的想法和感受,使幼儿乐意参与表演,大胆学说角色对话。

四、说活动准备

为了更好地服务于本次活动的目标,完成活动任务,我做了以下准备:

(1)物质准备:小松鼠等角色教具若干,教学图片一套,故事课件一套,表演头饰若干。

(2)知识经验准备:幼儿具有角色表演的经验。

(3)环境准备:在活动室内创设有利于幼儿进行角色表演的情境。

五、说教法和说学法

1.说教法

研究表明,学习者同时开放多个感知通道,比只开放一个感知通道,能更准确有效地掌握学习对象。根据幼儿的学习情况,在本次活动中运用了直观法、提问法、角色游戏法等教学方法。采用直观法是因为这个年龄段的幼儿思维具有明显的具体、形象的特点。从幼儿认识事物的特点和语言本身的特点来看,在幼儿语言教育中贯穿直观性原则非常重要。以看图片、看课件的形式直接刺激幼儿的视听器官,可以激发幼儿的学习兴趣。采用提问法是因为提问能引导幼儿有目的、仔细地观察,启发幼儿积极思维。用启发性提问的方式让幼儿将看到的具体形象的图片或课件用语言描述出来,有助于解决活动的难点。采用角色游戏法是因为角色游戏是幼儿最喜爱的活动,在幼儿身心略感疲惫时,游戏能增强幼儿参与活动的积极性。幼儿在进行角色表演时能充分表现自我,大胆说话。

2.说学法

遵循幼儿的学习规律和幼儿的年龄特点,在《纲要》的指导下,我始终以幼儿为主体,变过去的“要我学”为现在的“我要学”。遵循由浅入深的教学原则,引导幼儿在看看、听听、想想、说说和玩玩的轻松气氛中掌握活动的重难点。在活动中,幼儿将运用观察法、讨论谈话法等参与活动。观察法是幼儿通过视、听觉感官,积极参与活动。幼儿通过观看情境表演,获得直观印象。讨论谈话法是幼儿在讨论、谈话中无拘无束地说出自己的理解与看法,是幼儿练习说话的好机会。通过这种方法,有助于突破难点。

六、说活动过程

结合幼儿园教育工作原则和本次活动目标,设计了三大部分共四个环节。

1.开始部分:导入活动

出示主要角色,引起幼儿兴趣,引出主题。兴趣是幼儿主动参与活动的关键,在开始部分,以孩子们喜欢的角色吸引了幼儿的注意,并通过提问直接进入课题:“今天晚上,小松鼠要上台表演唱歌,请小朋友帮它出出主意,怎样才能打扮得很美呢?”

2.基本部分:学习故事

(1)结合图片,分段欣赏故事,理解故事内容。此环节我运用了直观法和提问法等方法,把故事进行分段讲述。第一段讲完后提问:“小松鼠为什么要把自己打扮得很美?”“小松鼠到了哪里,看到了什么,它怎么想?”“它为什么不用花草打扮自己?”第二段讲完后提问:“小松鼠怎么会这么漂亮?”“小松鼠耳朵上闪亮的绿星星是什么? 是从哪儿得来的?”第三段讲完后提问:“小松鼠上台表演了,为什么台下的观众都惊呆了?”

(2)看课件,欣赏完整的故事,感受小松鼠的善良和美好,使幼儿懂得做事要为他人着想的道理，分段讲述后，又引导幼儿看课件，欣赏完整的故事。此环节重在揭示思想内涵，进行情感教育，通过观看课件的形式引导幼儿欣赏完整的故事，有利于幼儿更形象地理解故事的内涵。同时运用了提问法，引导幼儿去发现本质：小松鼠耳朵上的绿星星到底是什么？萤火虫为什么要扮成闪亮的绿星星停在小松鼠的耳朵上？揭示了小松鼠因为善良、美好得到了萤火虫回报的道理，随后请小朋友谈谈自己在生活中是如何对待他人的，以培养幼儿的亲社会行为。

3.结束部分：幼儿角色表演

最后，引导幼儿进行角色表演。在活动的结束环节，为幼儿提供头饰并布置简单的场景，请幼儿自己选择扮演的角色进行故事表演，教师可根据具体情况把故事的叙述部分改成简单的旁白，主要让幼儿练习角色的对话、表演相应的动作。这一环节能充分满足幼儿的活动欲望，让幼儿在轻松的氛围中练习对话，表达自己的理解，给幼儿提供表现自己和说话的机会，将整个活动推向高潮，最终达到活动目标的目的。

七、说活动延伸

角色游戏。将本次活动所准备的头饰、故事书等材料投放到活动区，以便幼儿在区域活动中继续角色游戏。

八、说活动反思

俗话说："教无定法，贵在得法。"要组织一次有效的语言活动，教师需要不断地进行尝试和探索。本次活动的选题符合幼儿的年龄特点和兴趣需要，目标定位准确，活动准备充分，活动环节设计合理、环环相扣、深入浅出、符合幼儿的思维特点，根据幼儿的需要设计了多种活动，并保证活动的有效性。但是，由于幼儿的发展水平存在差异，在实际活动时，可能出现个别幼儿不能完成活动任务的现象，根据具体情况，随机调整活动方案，最大限度地满足幼儿的发展需要。

【案例评析】

《耳朵上的绿星星》是一则充满温情的童话故事，在观察、理解画面让幼儿在想说、敢说、有机会说的同时感受小松鼠想去参加音乐会，但不愿伤害小草和花朵的美好心灵，并通过故事对幼儿进行了一次很好的早期教育。教育幼儿爱护花草树木，塑造了小松鼠外表与内心和谐统一的完美形象，有利于培养幼儿正确的道德态度和良好的道德情感。

本次说课，说清楚了"学什么、教什么""怎么学、怎么教"，以及"为什么"等问题，语言规范，条理清楚，逻辑性强，表达流畅。在理念上，力求从幼儿的兴趣和发展需要出发，结合幼儿的身心特点，设计了相应的教学环节，将幼儿的兴趣转化为幼儿学习的动力；力求体现教学与生活的密切联系，利用幼儿熟悉的事物开展活动，利用幼儿已有的生活经验激发他们强烈的探究欲望，使其自觉地参与到活动中去。在实施上，本活动力求将动手操作、合作探索等多种方式相结合，尽量使活动的内容富有趣味性、操作的材料具有直观性、活动的过程具有开放性，使幼儿在轻松、愉快的氛围中主动投入、自主探索，把知识的获取过程、价值观的形成过程、能力的培养过程在教师的引导下都转化为幼儿自主建构的过程，培养了幼儿主动探索的品质。随着课件的展示，引导幼儿仔细倾听故事并能根据故事中的线索，围绕问题积极思维，理解小松鼠耳朵上“绿星星”的秘密。通过一系列问题逐步递进，层层展开，启发幼儿积极思维，帮助幼儿厘清思路，理解主题思想，充分感受故事所描绘的完美形象。

案例9　中班语言活动：晒太阳（说课稿）

【设计意图】

《晒太阳》这首诗歌从多角度引导幼儿感观发现自然界万物和太阳的联系，概括事物依属太阳，告诉了幼儿太阳带给我们的重要性，以及晒过太阳后植物颜色的变化。诗中的描述感知了美丽、丰富的色彩——小草的绿衣裳，稻子的黄衣裳，苹果的红衣裳。而儿童的世界更是五彩斑斓，就像红、黄、绿这些颜色一样。诗歌帮助幼儿从全新的视角想象周围的世界，并以拟人化的形象表达出来，最后一句“娃娃晒太阳，身体才健康”更贴切地结合到了幼儿，给幼儿亲切的感觉。

一、说教材

（一）教材分析

诗歌《晒太阳》语言朴实、短小精悍，是一首优美的儿童诗，以清新的语言，形象生动的比拟描述了大自然与太阳之间和谐美妙的联系，唤起了幼儿对大自然的热爱和喜爱太阳的情感。这朗朗上口的诗歌能很快吸引幼儿的注意力。源于生活的题材能丰富幼儿的生活经验，也符合中班语言教学目标中提出的“让幼儿理解简短的文学作品内容，初步感受其语言美，培养幼儿的想象力，口语表达能力”要求，因此适合中班教学。

诗歌鲜明的结构特点，拟人化富有人情味的语言风格，给幼儿清楚明了的记忆和想象线索，便于幼儿理解和感受，能够充分发挥幼儿的想象力。重复性的结构形式便于幼儿记忆与仿编。通过仿编活动，可以发展幼儿的语言表达能力和思维能力，还能提高幼儿与同伴交流的能力，促进幼儿社会性的发展。而中班幼儿有了一定的生活经验，他们能观察到身边事物的各种变化，同时他们的语言能力也有了很大的发展，能基本讲清楚自己所看到的事物及其变化。

（二）目标定位

《纲要》中指出：“引导幼儿接触优秀的儿童文学作品，使之感受语言的丰富和优美，并通过多种活动帮助幼儿加深对作品的体验和理解。”因此，设计了以下几点目标：

1.理解诗歌的内容，学习大胆朗诵诗歌。

2.引导幼儿观察周围事物，想象事物之间的关系。

3.运用添画，学习仿编诗歌。

（三）活动重难点

中班幼儿的理解能力和模仿能力较强，语言发展比较好，但让他们将自己的生活经验用散文的形式表现出来还是有一定的难度。培养幼儿的口语表达能力和创造性思维的能力，确定教材的重点为理解、掌握诗歌内容；难点为学习仿编诗歌，发展创造性思维，培养口语表达能力。因此，学习按诗歌的内容仿编句子既是本次活动的重点也是难点。

(四)活动准备

为了使活动的趣味性、综合性、活动性协调统一,寓教育于生活情境、游戏之中,特做以下活动准备:

1.知识经验准备:教师在活动前利用散步、谈话引导幼儿观察太阳和我们的关系。

2.物质准备:与诗歌内容有关的课件;各种各样简笔画每人一张、蜡笔若干;《种太阳》的歌曲视频、背景音乐。

二、说教法

遵循“幼儿是通过自由观察,积极探索进行学习的”这一认知发展规律,为给幼儿今后独立学习、独立思考奠定基础,本次活动运用的方法有:倾听表述法、趣味游戏法、视听讲结合法、探索仿编法,运用这些教学方法交替使用,互相补充,配合使用意境优美的背景音乐、教师亲切自然的激励性语言、自由宽松的学习氛围等,初步培养幼儿对文学作品的感受力、欣赏力和理解力。

三、说过程

本次活动,以《纲要》为指导,从“理解—感受—体验”三大块,由浅入深,从理解到感受,使幼儿的已有经验与新经验之间建立有机联系,让幼儿在互动式、开放式、直观式的教育活动中,自主地、能动地、创造性地学习。为了让孩子真正理解、并学会仿编,现将活动设计成了两大部分:

第一部分:幼儿通过直观的看、听、想,教师启发式地运用课件,理解散文诗的内容。

第二部分:提供幼儿一定的参考,让幼儿在添画的基础上,学习仿编句子。

具体安排如下:

第一环节:提问导入,出示课件灰暗色的背景和不健康的小草、稻子、苹果和娃娃的图片。

设计提问:这里怎么是灰灰的?小草、稻子、苹果和娃娃他们怎么啦?让幼儿进行讨论,目的是让幼儿说出没有太阳的关系,知道太阳对人类和自然界的作用。

第二环节:欣赏诗歌,目的是让幼儿对诗歌内容有所了解。

第三环节:教师一边朗读诗歌,一边演示课件,让幼儿从视觉上直观地接触到诗歌的内容,以及小草、稻子、苹果和娃娃的形象变化。

设计提问:有了太阳的照射它们发生了怎样的变化?

第四环节:幼儿跟教师有感情地朗诵诗歌,目的是让幼儿感受理解诗歌。

设计提问:小草、稻子、苹果各自穿了什么样的衣裳?为什么这么说?

目的是让幼儿知道有了太阳的照射,小草变绿了,稻子变黄了,苹果变红了。用拟人化的手法,如“像是穿了不同颜色的衣服一样”,这样的描述更符合中班幼儿的年龄特点。

讨论:为什么说娃娃晒了太阳才健康?以小组形式讨论,最后选出代表说自己的看法,教师再小结,目的是让幼儿知道我们也是要晒太阳的。

第五环节:进行添画,仿编诗歌。目的是让幼儿发挥想象,联系实际运用已有的生活经验,去大胆地发现身边其他东西和太阳的关系。在引导幼儿进行仿编诗歌的同时,提供了各种与太阳有密切关系的图片，让幼儿进行大胆的添画，引起幼儿的思考，让幼儿在探索中自主地学习，突破活动的难点。

设计提问：你们知道还有什么东西是离不开太阳的照射的，它们得到照射后有什么变化？

教师提供给幼儿已勾线好的画，让幼儿根据实际去给它们进行添画，主要是添不同的颜色，如葡萄（紫色）、天空（蓝色）、桃花（粉红色）等。待幼儿完成作品时，教师与幼儿进行趣味性互动游戏：幼儿在游戏中发展、在游戏中学习。趣味游戏法恰恰是实现《纲要》要求，激发幼儿想说、敢说愿望的最好途径。活动中，我请幼儿根据自己添画的作品去扮演各种形象，教师扮演太阳，手拿一根魔术棒，当这根魔术棒点到谁的时候，这位幼儿就说：我是××，穿上了×衣裳，并做出生动形象的动作造型，通过扮演角色游戏帮助幼儿理解诗歌内容的同时，激发幼儿的想象。

《纲要》中提出："为幼儿创设展现自己作品的条件，引导幼儿相互交流、相互欣赏，共同提高，以及满足他们交流成果的愿望。"因此，请幼儿把自己添画的作品在墙面上展示出来，课后可以让他们相互欣赏、相互仿编，获得成功的满足感，并从与他人的交流中获得有益的经验，让每一位幼儿得到提高。

【案例评析】

本案例说课思路比较清晰，能够围绕内容、目标、方法、过程设计等进行说课，说清楚了"学什么、教什么""怎么学、怎么教"，以及"为什么"等问题，语言规范，条理清楚，逻辑性强，表达流畅。正确地分析教材内容与幼儿的年龄特点的适应性，力求体现教学与生活的密切联系，利用幼儿熟悉的事物开展活动，利用幼儿已有的生活经验激发他们强烈的探究欲望，使其自觉地参与到活动中去。如教师运用课件让幼儿了解在有太阳和没太阳的不同情况下自然界的变化，帮助幼儿理解诗歌，知道太阳对人类和自然界的作用。根据中班幼儿创编实际能力的有限，让幼儿通过添画来完成仿编，使每个幼儿都参与进来，降低幼儿的难度，使幼儿有满足感和自豪感。师幼一起进行趣味互动游戏，增进了师生的情感，也营造了轻松地学习氛围。不足之处在于说活动目标时"三维目标"把握得不够准确。

附儿歌：

晒太阳

小草晒太阳，穿上绿衣裳。
稻子晒太阳，穿上黄衣裳。
苹果晒太阳，穿上红衣裳。
娃娃晒太阳，身体才健康。

【理论自测】

一、单项选择题

1.文学作品的学习对学前儿童来说意味着不同层次的学习，其中最高层次的学习是(　　)。

A.理解具体的语言符号的意义　　B.认识一定的社会生活

C.懂得一定的道理　　D.感受艺术结构语言符号的不同方式

2.中班幼儿编构故事活动的重点是(　　)。

A.编构故事中人物的对话　　B.编构故事情节的高潮

C.编构故事的结局　　D.编构完整的故事

3.(　　)是幼儿园文学活动的首要环节。

A.学习文学作品　　B.体验作品

C.理解作品　　D.迁移作品经验

4.诗歌和故事的仿编重点只要求在画面的基础上换词的年龄班是(　　)。

A.托班　　B.小班　　C.中班　　D.大班

5.中班语言活动散文诗《落叶》的其中一个目标被定为“有感情地背诵散文诗《落叶》”，请问它犯了以下(　　)错误？

A.定位不准确　　B.描述不具体　　C.表述不规范　　D.年龄不适宜

6.文学作品本身意味着不同层次的学习，第一层次的学习是(　　)。

A.理解语言符号　　B.认识社会生活

C.认识周围世界　　D.感受艺术语言

7.你认为散文诗《春雨的色彩》中最明显的核心经验是什么？(　　)

A.节奏与韵律　　B.词汇　　C.意境与想象　　D.人物形象

8.下列哪一个属于对《问雪人》想象这一核心经验的分析？(　　)

A.阅读散文时读到问句时，语气表现出惊奇，语调上扬。

B.对“雪人，雪人你吃什么？我啊，我吃雪花米。”这一句式进行仿编。

C.将雪人当成朋友让幼儿亲切地问候充满了童趣。

D.雪人吃着白白的雪米花，喝着西北吹来的风，头上戴着玉盔，身上穿着银甲。雪人睡觉的时候把雪当被子，也当枕头。

9.你认为故事最凸显的特征是什么？(　　)

A.意境与想象　　B.节奏与韵律　　C.人物形象与情节　　D.词汇

10.幼儿园的文学活动的组织包括学习作品、理解体验作品、迁移作品经验和(　　)四个层次。

A.用自己的语言概括作品的内容　　B.学习作品中的优美词句

C.创造性想象和语言表述　　D.分析作品内涵

二、多项选择题

1.编构故事活动的方法可以有(　　　　)。

A.完整故事　　B.有趣情节　　C.故事结局　　D.故事开端

2.一般而言,适合学前儿童的文学作品的体裁包括(　　　　)。

A.儿童诗歌　　B.小说　　C.幼儿散文　　D 生活故事

3.故事表演游戏是文学活动中的一种特殊活动形式,目的在于帮助幼儿通过(　　　　)再现文学作品,理解体验作品的内容。

A.对话　　B.动作　　C. 表情　　D. 布景

4.文学作品作为艺术品,其功能有(　　　　)。

A.审美价值　　B.认识价值　　C.娱乐价值　　D.阅读功能

5.学前儿童文学作品活动离不开(　　　　)。

A.讲述活动　　B.早期阅读活动　　C.游戏活动　　D.提问活动

三、判断正误

1.文学欣赏是通过儿童想象将作品的语言材料转换成他们头脑中的视觉、听觉的表象(画面)的过程直觉敏感性。　(　　)

2.幼儿编构故事是指幼儿在欣赏诗歌与散文、理解其内容及构成的基础上,仿照某一首诗歌或某一篇散文的框架,调动个人经验进行扩展想象,编出自己的诗歌或散文段落。　(　　)

3.一般而言,幼儿园常用的文学作品包括儿童诗歌、童话、生活故事、幼儿散文等。　(　　)

4.迁移作品经验的活动是文学作品学习的第二大环节。　(　　)

5.表演法是指教师扮演文学作品中的人物。根据作品情节的发展,通过对话、动作表情等再现文学作品,以提高口语表现力的一种方法。　(　　)

6.扩编要求幼儿仿照某一篇作品的框架或某一个段落,编出自己的文学作品或段落。　(　　)

7.文学作品作为艺术品,首要的是审美价值,其次才是其他的认识价值、娱乐价值等。　(　　)

8.文字突破了语言交际中的时空限制,是最重要的交际工具。　(　　)

9.“能说出所阅读的幼儿文学作品的主要内容”是中班年龄阶段目标。　(　　)

10.故事表演游戏是文学活动中的一种特殊活动形式,目的在于帮助幼儿通过对话、动作、表情再现文学作品,理解体验作品的内容。　(　　)

【思考与练习】

1.如何实施学前儿童文学活动?在设计组织中应注意哪些问题?

2.简述学前儿童故事、诗歌、散文活动的基本组织模式。

【项目实训】

子任务一　观摩、讨论

【实训目标】

1.加深对学前儿童文学作品活动具体组织、指导环节的理解。

2.学习和吸取幼儿教师的教学经验和教学技巧。观察并记录幼儿教师是如何逐步完成活动的目标、组织及要求的，了解语言教育活动计划的格式。

3.学会记录活动笔记并评析活动，提高对理论知识的综合运用能力。

【实训内容与要求】

以小组为单位去实训基地幼儿园观摩或观看各年龄班早期阅读活动、教学活动视频，观察并详细记录活动的全过程，重点观摩活动的组织形式和环节的过渡，学习教师的导入方式、提问语和教学方法的运用。各小组在讨论的基础上整理修改意见，并形成完整的活动设计方案。

分组讨论问题如下：

1.活动目标的设计是否符合幼儿园教育活动目标制订的基本要求？是否符合不同年龄段幼儿谈话活动的要求？如果不适合该怎样修改？

2.活动内容的选择是否符合小班幼儿的年龄特点和能力水平？

3.活动准备是否充分？是否能够满足教学的需要？

4.活动过程的设计是否体现环环相扣、循序渐进等原则？

5.活动过程中运用了哪些教学方法？分别体现在哪些环节？

6.师幼互动是否融洽？幼儿学习的主体性和创造性发挥得如何？

7.教师的教学基本功怎样？教学效果如何？

子任务二　分析学前儿童文学作品活动

【实训目标】

1.分析学前儿童文学作品的主题、情节和角色。

2.掌握文学作品活动设计中的提问技巧。

【实训内容与要求】

1.阅读日本童话作家新美南吉的作品《去年的树》和《乡下老鼠和城里老鼠》，分析两篇作品的主题、情节和角色，确定这个故事适合哪个年龄班的文学作品活动。

2.依据学前儿童的认知特点，设计出引导学前儿童理解故事的不同层次、不同类型的提问。

去年的树

在一个绿色的树林里，一只小鸟和一棵大树交上了朋友。小鸟每天唱好听的歌曲给大树听，大树呢，随风摇摆着枝叶，用好听的沙沙声给小鸟伴奏。他们每天这样生活在一起，感到既幸福又快乐。

日子一天天过去，天气越来越冷，冬天就要来了，小鸟要飞到温暖的南方去了。大树说："再见了！亲爱的小鸟，等到明年，你一定要回来，再来唱歌给我听！"小鸟对大树说："再见了！亲爱的大树！等到明年，我一定会回来，再来唱好听的歌给你！"说完，小鸟就飞走了。大树看着小鸟飞走了，树枝随风摇摆着，沙沙响，沙沙响……

日子一天天过去了，天气一天天暖和起来了，春天又来了。小鸟从南方飞回来，飞到树林里，来找自己的好朋友。咦？大树怎么不见了呢？只剩下一个树桩留在那，树桩旁的小草，随风摇摆着，沙沙响，沙沙响……

小鸟问树桩："去年立在这里的那棵大树呢？"树桩说："大树嘛！被伐木工人砍倒，送到山谷里去了。"

小鸟飞到山谷里，去找它的好朋友。咦？大树怎么不见了呢？只有切木头的机器在那工作，沙沙响，沙沙响……

小鸟问工厂的大门："大门大门，从树林里运来的大树呢？"大门回答说："大树嘛，被切成细条做成火柴，送到村子里卖掉了。"

小鸟飞向村子，去找它的好朋友。咦？大树怎么不见了呢？只有一个小女孩坐在那，小女孩的头发随风摇摆着，沙沙响，沙沙响……

小鸟问小女孩："从山谷里运来的火柴呢？"小女孩回答说："火柴已经用完了，但是火柴点亮的灯火，还在这盏灯里亮着呢！"

小鸟看了看灯火，清了清嗓子，唱起了它去年给大树唱过的歌。歌声是那么清脆，那么动人。那歌声，飞过村子，飘过山谷，传到了树林里，沙沙响，沙沙响……

（资料来源：高格禔.幼儿文学实用教程[M].北京：高等教育出版社，2006.）

城市老鼠和乡村老鼠

有只乡村老鼠住在靠近谷仓的地方，日子过得十分安逸。

这天，乡村老鼠忽然想起了自己的老朋友——城市老鼠，就写信请他来乡下玩。城市老鼠接到信后，高兴得不得了，立刻动身前往乡村。

城市老鼠受到了乡村老鼠的热情接待。乡村老鼠领着城市老鼠来到野外，得意地说："老兄，你看这儿的风景多好，空气也很新鲜，多住几日吧！"回到家，乡村老鼠又拿出很多大麦和小麦请城市老鼠吃。城市老鼠坐在坚硬的板凳上，很不当回事地说："老兄，这儿尽管吃东西不愁，可也太乏味了！"城市老鼠说："你还是到我家去玩吧！我请你吃从没吃过的好东西！让你看看我过的是怎样的生活！"听了这番话，乡村老鼠突然非常向往都市生活了，他欣然接受了城市老鼠的邀请。于是，他们立刻上路了。

来到城市，看见城市繁华的景色，看到来来往往的车辆，乡村老鼠吓得全身颤抖，过马路时紧紧拽着城市老鼠的手臂吓得哇哇乱叫，他们来到城市老鼠的家，看到整洁的房间、漂亮的家具和各种好吃的东西，不由惊呆了，“你天天都这样过吗?”乡村老鼠问。“是啊！来客人时吃得更好呢!”城市老鼠神气活现地回答。乳酪、蜂蜜、苹果、无花果、奶油蛋糕、面包……乡村老鼠以前连见也没见过。“你真幸福啊！吃得好，过得好。而我一年四季只在农田里干活!”乡村老鼠感到很悲哀。

他们聊了一会，就爬上餐桌吃起来。乡村老鼠正要把苹果放进嘴里，“砰”的一声，一位仆人走了进来。城市老鼠见了，飞快地躲进墙角的洞里，乡村老鼠吓了一大跳，也躲了进去。仆人把一些食品放在餐桌上，又出去了。“好了，这下安全了。”城市老鼠得意地坐在餐桌上，继续吃东西。乡村老鼠四下张望了一下，才跟着吃那可口的肉。它们才咬了一口，“砰”的一声，门又打开了。一个女佣走了进来。两只老鼠吓了一大跳，又急急忙忙躲进墙角的洞里。

“老兄，你觉得那肉的味道怎么样?”城市老鼠得意地问。可乡村老鼠却吓得什么都忘了。乡村老鼠静静地想了一会儿后，把帽子戴起来，说：“老兄，我要回家了。”城市老鼠不知道是怎么回事：“哎，这儿不是很好吗?”乡村老鼠说：“乡村平静的生活很适合我。这儿虽好，但随时都得担心被人伤害。我还不如回去。”说完，乡村老鼠头也不回地走了。

子任务三　学前儿童文学作品活动设计与组织

【实训目标】

1.培养运用理论知识指导实践的能力。

2.掌握学前儿童文学作品活动的组织形式和基本方法。

3.能够设计并组织具有科学性、趣味性、创造性的学前儿童文学作品活动。

【实训内容与要求】

1.以小组为单位，分别设计一项学前儿童故事、诗歌、谜语、散文及绕口令的集体教育活动。活动设计应包括：选择话题的理由、活动目标、活动准备、活动过程等。要求：活动目标具体、操作性强，活动重点明确、难点清晰，活动过程完整、设计合理，各活动环节过渡自然、流畅。

2.根据设计的文学作品活动设计方案，做好课前准备，如课件、图片、实物、视频等相关的教具，小组模拟组织实施活动，并完成说课。

3.课堂中随机抽取，进行模拟课堂的组织与实施，集体进行评析。

【拓展阅读】

幼儿文学作品对话教学活动的展开脉络

当前幼儿园的文学作品教学大多已摒弃了说教与记忆的模式，不少探索也已尝试对话式教学。但在实际运用对话式教学时仍然存在偏重语言交流形式的问题，很多教师将对话仅仅理解为一种认知活动，将其功能仅仅限定于通过师幼围绕文学作品的平等交流使幼儿的语言能力获得较好发展。这是对对话教学的狭隘理解，是低层次的对话教学观。幼儿文学作品是符合幼儿身心发展特点的最为精当的幼儿课程，它们符合幼儿的诗性智慧和诗性逻辑。本文针对幼儿文学作品教学的具体实践，探求在对话教学中实现师幼视域融合及幼儿个体精神的提升，既关注个体的差异性生成，也关注共同成长教学的展开过程。

一、意义生成是对话的根本前提

作为一种事实，最典型的对话教学出现在古希腊时代的"苏格拉底对话"和《论语》所呈现的教学对话中。作为一个概念，对话则由苏联思想家、文艺理论家巴赫金最早提出。巴赫金认为，对话是人的存在方式。他说："存在就意味着进行对话的交往。对话结束之时也就是一切终结之日。因此，实际上对话不能、也不应该结束。"对话是生命交往的本能，是人类生命发展的必然要求。正是在对话中，对话双方实现了生命的彼此敞开，搭建了对话双方共同交流和提高的平台。

教学就是一场对话。巴西教育家保罗·弗莱雷在《被压迫者的教育学》中指出："教育具有对话性，教学即对话，对话是一种创造活动。"华东师范大学的钟启泉教授认为："教学过程的逻辑就在于它以独特的现实情境（主要是以对话的方式）增进教师与学生的沟通……师生借助直接性的对话，取得心灵的沟通，达到互识共识，将显得更加重要。"

可见，对话不仅是教学信息的双向交流，也是一个意义生成的过程，对话本身的发展就应带动师生双方精神的发展。对话的过程是思想、真理、意义、情感潜移默化的过程，是人的精神发展变革的过程。

二、把握师幼理解文学作品的差异是开展对话教学的前提

幼儿文学作品教学是通过师幼共同欣赏文学作品，开展"师—幼""幼—幼""幼—幼儿自我"等之间的互动，展开认知、情感等领域的交流，最终促使幼儿产生个性化的感悟，积淀语感，促进语言和精神的同构共生，进而实现幼儿身心发展和生命成长的教学活动。作为中介和对话教学的发生基础，作为对话及意义生成的内容，文学作品在教学中起着范畴的作用，它支持着对话的线索和方向。因此，开展幼儿文学作品对话式教学的基本前提就是对文学作品的理解。这种理解是开展幼儿文学作品对话式教学的逻辑起点。进一步说，教学的逻辑起点并不是教学内容本身，而是师生双方对教学内容的理解及其相近与差异的程度，依据对这种程度的把握，教学对话才能有效展开。所以，在开展教学对话之前，教师要深入理解作品并对幼儿理解作品的可能情况进行预设。

首先，教师必须对幼儿文学作品有到位的理解。毫无疑问，幼儿文学作品的教学活动不是无序的，而是在教师的精心组织之下开展的，这包括材料的选择、内容的设计、形式的安排、节奏的把握等。这一切的决定因素之一就是教师对幼儿文学作品的理解。可以说，在教学中，教师是幼儿文学作品的"先导者"，教师对幼儿文学作品的理解是幼儿文学作品对话教学的首要前提，幼儿教师正是根据自己对幼儿文学作品的形式、内容、蕴含的价值等方面的理解才形成了教学中的"案例"或教学过程的。教师要结合自己的生活体悟和生命感受，在大量阅读、理解幼儿文学作品的基础上，与当前作品乃至当前作品的作者进行深入的"沟通交流"，尽可能到位地理解作品的背景及作品所表达的场域、事件、知识、情感、价值等。

其次,教师必须对幼儿理解文学作品的可能情况进行到位的预设,并对幼儿与自己理解文学作品的差异进行精准的把握。单是教师对幼儿文学作品的理解并不能构成对话教学的起点。以往的幼儿文学作品教学奉行的是文本中心论的观念,由教师掌握着输出文本意义的权力,将幼儿的阅读等过程理解为意义的输出过程,幼儿只是意义和信息的接收者。在这种教学观念的指导下,幼儿在文学作品教学中常常处于从属的、被支配的地位而无法实现自己理解与意义的提升。其实,交流与对话的发起,必须依赖于发起者对应答者可能反应的预期,这是沟通与交流意义上对话的根本特征。所以,师幼之间关于幼儿文学作品的对话必须依赖于一个差异化的结构,即教师对文学作品的理解与幼儿对文学作品的理解之间的差异。在对话开展之前,教师要对这种差异进行预设——要结合幼儿的生活经验和作品对幼儿的价值等,对幼儿理解作品与自己理解作品的差异进行较为精准的把握。成人以其理性在整体上对教学活动及其相关因素予以协调,进而促使教学活动走向科学化和合理化,在教学中教师的这种主导作用是非常明显的。对教师主导作用的强调并不是对幼儿在教学活动中的主体地位的否定,反而是一种更高层次的成全,是外在因素对幼儿自我实现的支撑。或者说,教师将"幼—文"这一关系性结构作为在文学作品教学中展开对话的逻辑起点的重要构成,是对幼儿主体地位的高度肯定。

三、螺旋式上升是幼儿文学作品对话教学的过程特征

幼儿文学作品对话式教学是一个螺旋式上升的教学过程,这一过程起始于幼儿与文学作品的对话,经由幼儿与教师的对话和幼儿的自我对话实现幼儿的自我发展。

(一)从"幼—文"到"幼—师":从封闭到开放的对话转向

幼儿与文学作品之间的对话是一种幼儿与物的对话,这在一定程度上是一种单向的生成过程,而不是双向互动的。或者说,在"幼—文"对话中,是幼儿的主动理解与文学作品的被理解在某种程度上构成了一种封闭的对话过程。莫费特说:"一般来说,成人的思维已经分化为故事、概括化、理论思维这些种类,但是,孩子们在长时期里,其全部思考都是通过故事来进行的。不管那些故事是事实上存在过的,还是虚构出来的,他们几乎都是通过故事来表现自己,并通过故事理解他人的话语。年幼的孩子既不是将经验普遍化,也不是将经验理论化,他们只是以'登场的人物'和'作为背景的场所'(故事的形式)来诉说。"正是幼儿文学作品的故事性呈现和幼儿对事物故事性理解的高度契合,使得幼儿与文学作品之间的对话得以可能,在这一过程中,幼儿主动参与文学作品意义的构造,对文学作品做出自主性的诠释。也就是说,主动诠释使幼儿敏锐地把握了文学作品的一些叙事特征和内在的关联性,进而构造了文学作品的意义。作为整个对话开展的基础,"幼—文"对话作为前提性条件具有重要的价值。然而,它还只是对话教学的一个必要但不充分条件,单纯依靠这一对话还难以实现幼儿生命发展的成全。在这种对话中,幼儿只是通过对文学作品的解读实现了封闭结构中的自我生成,还只是为对话教学的进行提供了基础。

在对话教学中,教师要通过对"幼—文"对话的预设及事实上的把握来设计、组织和开展教学活动,但这只是一个潜在的师幼对话过程。随着教学的展开,这个潜在的师幼对话将转变为"幼—师"之间的显在的对话行为。这种对话不再是教师或者幼儿对文学作品单向的理

解过程,而是建立在幼儿理解文学作品、教师理解文学作品、教师预设幼儿对文学作品理解之上的开放式对话活动。幼儿和教师在这一双向互动的对话过程中实现观念上的彼此激荡、启发,加深或者修正对文学作品的理解。这种互动,在浅层次上有助于幼儿解决一些棘手的、个人单独无法解决的复杂问题,探究出文学作品多元化的意义;而在更深层次上,则可以帮助幼儿通过对文学作品不断递进地理解和教师的回馈反应逐步构建自己的精神世界。

(二)从"幼—师"到"幼—幼儿自我":幼儿在对话教学中的进一步自我生成

就幼儿文学作品的对话教学而言,幼儿的认知和生命成长始终是最根本的教学目的。通过文学作品的对话教学所要实现的,并不在于教师向幼儿展示自己的意义世界,而是要实现幼儿个体认知、审美、价值的充分表达与进一步提升。"幼—师"的互动式对话使教师和幼儿都在自我对文学作品的理解上更接近真实,在这一过程中,幼儿也在自己对文学作品理解的基础上,通过与教师就认知、情感等方面的多回合交流,不断地就作品内容、情节及价值进行反思和体验,进而在螺旋式递进的理解过程中不断加深认识,通过对话的过程和对话所获得的结果不断丰盈着自己的生命内涵。所以,幼儿和教师的对话是过程和目的共存的阶段,其最终目的是通过就文学作品的对话实现幼儿的自我对话,即"幼—幼儿自我"对话,进而实现幼儿在对话教学中身心的发展、生命的成长和自我的实现。

首先,教师要营造轻松愉快的对话氛围,培养师幼之间的亲熟感。在更深层的意义上,对话的意义绝不只是狭隘的语言交流,而是师生双方各自向对方敞开心灵和彼此接纳。创设自由、安全的心理氛围,是对幼儿主体地位的保护。教师与幼儿的态度都必须是真诚的,教师要注意和幼儿保持一种亲切、自然、平等的关系,突出聊天的轻松气氛。宽松和谐的语言环境是幼儿学习与发展的基本前提。教师要放下高高在上的架子,与幼儿平等对话,尊重每一个幼儿的独特个性和具体情况,尊重幼儿的独特感受和体验,为每一个幼儿富有个性的发展创造空间。

其次,教师要充分认识到对话的开放性,并对幼儿在对话中的自我生成保持敏感。对话教学是一个开放的、生成的过程,而不是完全通过预设可以把控的封闭环节。从以下这一教学片段可以很容易地看到这一点:

讲述完故事《小羊和狼》后,老师没有像往常一样抛出很多问题让幼儿回答,而是对他们说:"听了这个故事,你们有什么不明白的地方吗?你们有什么问题想问老师吗?"两分钟过后,大家开始举手了。一个幼儿提问:"老师,为什么狼不当时就吃掉小羊,而要晚上来吃它呢?"另一个幼儿提问:"老师,狼要晚上来吃小羊,为什么不偷偷地来,却要告诉它呢?"

这一教学片段真实地反映了对话教学从"幼—师"对话到"幼—幼儿自我"对话的转变和幼儿在对话中的自我生成。从对话中,可以了解到老师之前可能并没有留给幼儿充裕的时间,而是不断用自己的预设问题来完成整个教学流程。在这次教学中,老师改变了这一点,他为幼儿留出了足够的时间,在这一条件下幼儿才从自己的生命体悟出发提出了切合自身的问题。从幼儿的问题中我们不难发现,幼儿对对话的深入参与真正激发了他们对作品的理解,也在和教师的交流中,通过认知、情感的体验不断实现的生命成长和自我的实现。正如马丁·布伯认为的那样,人在面对外物时持有两重态度,"我—它"和"我—你"。在

“我—它”的关系中,人总是出于自我的种种需要将周围的一切当作“它”,当作与“我”对立的客体。“它”是“我”利用的对象,是满足“我”之利益、需要、欲求的工具。“我”与“它”之间是一种有限的利用关系。而在“我—你”关系中,人不再以“利用”的态度对待外物,不再将外物视作“它”,而是将其看作“你”。“我”和“你”是两个平等的世界,“我”以“我”的整个存在接近“你”,发现“你”,在“你”中照出“我”自己,发现“我”自己。

这样的对话过程表明,幼儿并不是不成熟的,幼儿对于作品是很敏感的、是有自己独特理解的,他们往往将欣赏文学作品当作一次愉快的旅行、探险,去体验角色、体验经历、体验情感,关心作品中的角色和情节。教师要充分关注幼儿对文学作品中的哪些内容感兴趣,对文学作品中的哪些内容不理解或有不同的看法,文学作品中的哪些内容是需要幼儿理解的,文学作品中的哪些内容是幼儿特别感兴趣的,哪些内容能引发幼儿的交流和讨论等,以这些问题为切入点,引发幼儿的对话行为,为他们提供畅所欲言的机会,支持和鼓励幼儿表达的需求,让他们的每一次表达都能体验到语言交流的意义、成功和快乐。

需要特别指出的是,幼儿文学作品的对话教学并不是一个封闭的单回合能够完成的过程,而是一个开放的意义生成过程,正是在教师和幼儿围绕幼儿文学作品的多回合的对话过程中,幼儿才能实现认知、情感和价值的螺旋式生成。

四、将作品意义融入幼儿生活是幼儿文学作品对话教学的必然延展

文学的意义并不只是在于阅读,更在于引导生活。对话教学的意义也不只是在于课堂,而应该潜入孩子的心灵,融入孩子的生活。所以,对话教学必须开展于教学的情境中,同时又要走出教学的情境,通过提升幼儿的认知、情感和价值,进而突破教学的对话,走向生活的对话。幼儿文学作品对话教学在生活中的延展必须促进幼儿在个体的审美生活中实现自我并在公共的日常生活中学会包容。

(一)让幼儿在个体的审美生活中实现自我

幼儿文学教育的目的是引导幼儿过上审美的生活,除了语言的认知和知识的把握外,更多的是要其在生活中按照自己所取向的场域、事件、价值等来构筑自己的意义世界;而且,从对话教学上来讲,对话所意味的也是双方彼此对对方的敞开,是一种感召,是双方在交流和交往中开启生命、成全对方、实现自己,它不是说教,它的目标也是指向于生命的成长的。所以,幼儿文学作品的对话教学不是封闭的,也不是一时的,而是隐性的、长期的,必须在教学情境之后通过进一步关注幼儿的审美生活,来促进幼儿在生活中实现自我。

从文学的特性来讲,文学教育是诗性的教育,遵循的是诗性的逻辑。尽管幼儿文学教育不能回避认知的内容,但其根本的特性是个体的、生命性的,也是审美的、体验的。这也是符合幼儿的发展特点的。幼儿文学作品对话式教学就是要让幼儿在文学作品的熏陶下,获得精神的成长和对周遭事物的敏感,进而突破单纯的教学,实现幼儿对周围事物的开放态度,通过与其生活中的其他人物、事件的对话和交往,不断获得内在心灵自我的丰盈和充实,进而实现精神的成长。

所以,幼儿文学作品对话式教学只是幼儿文学教育的开始,其重要意义在于开启幼儿对文学的敏感性,并基于此,对生活充满想象和热情。但这些都需要幼儿在生活世界中延展。

教师要通过对话式教学唤醒幼儿对审美生活的意向和向往,并进而在生活中通过和家庭、社区的合作引导幼儿过上审美的生活,进而在这种生活中促进幼儿的自我实现。

(二)让幼儿在公共的日常生活中学会包容

个体的审美生活只是生活的一个面,幼儿文学作品对话式教学在生活中的延展,还必须促进幼儿的公共生活,让幼儿在公共的日常生活中学会包容周围世界。其实,接纳和包容周围世界是创新个体审美生活的前提。

首先,要通过基于幼儿文学作品的对话唤醒幼儿对公共生活的热情,增进幼儿对公共生活的理解、对公共规则的认知。优秀的幼儿文学作品都是人类永恒价值的承载者,这些价值多是人类社会发展以来凝聚而成的共识。幼儿在文学教育中能够潜在地感受并接纳这些公共价值,进而为以后的公共生活奠定基础。同时,幼儿文学作品的欣赏、阅读、表演、体验等内容,也是一种幼儿公共生活的展现,在这样的活动中,幼儿能够不断地调适自己的角色,接纳公共的价值,实现对周围人、事、物的包容,从而形成公共生活的基础。

其次,要通过生活中的进一步对话,在更高层次上实现共识意义的生成。幼儿文学作品的对话教学,就是通过师幼交往,在文学作品、幼儿、教师之间谋求意义理解的共鸣。随着对话的展开,围绕着作品的形式、内容等因素,教师和幼儿共同构成了一个公共生活场域,在这个场域中,幼儿和教师通过自身感受的表达,在一次次的沟通和交流中逐渐建立起一种意义共识,这种意义共识或许是微小的,但必然是社会的。这样的一些初步的共识和基于文学作品与对话交往形成的基本概念就构成了幼儿公共生活世界的基础,也为幼儿在公共生活中接纳异己提供了条件;继而,幼儿将基于文学作品的对话进一步延展到日常生活中,就能够更好地实现对世界的包容。

实际上,无论是在开展文学作品对话教学的过程中,还是在生活的延展对话中,教师既要着眼于幼儿公共意识的建立,关注在社区、家庭等公共生活空间中幼儿积极性的调动,同时也要关注幼儿的个性和自我实现,促进幼儿将自我生命的成长和公共生活相联系。

(资料来源:郭咏梅.幼儿文学作品对话教学活动的展开脉络[J].教育观察:下旬,2015,4(9):73-76.)

学习项目六

学前儿童语言游戏活动的设计与指导

●案例描述

在角色游戏《小熊醒来吧》中，“小熊”站在舞台中间东张西望，面对陌生的“舞台”，“小熊”不由得紧张起来，他东张西望，并没有很好地投入自己扮演的角色中，于是，老师走过去抚摸“小熊”，并说：“宝宝，睡觉时间到了，让妈妈拍拍你，哄你睡觉吧！”很快“小熊”投入了表演中。当“小鸟”去叫“小熊”起床时，“小鸟”的扮演者对于对话不是很熟练，后面的小动物扮演者叽叽喳喳的开始提醒“小鸟”：“熙熙，你要对小熊说：‘小熊，起床吧！要一边飞一边说。’”“小鸟”的扮演者接受了小朋友的建议，结合了肢体语言和面部表情将故事情节更加生动、形象地呈现出来。可是，当“小鸟”下场时，发现一边的小动物都在排队等待上场，于是，“小鸟”很灵活地从另一边下场，这时我对她竖起了大拇指。当小朋友表演结束时，我突发奇想，自己扮演“长颈鹿”，对着动物们说：“今天是我的生日，我想邀请朋友们去参加我的生日 Part，谁愿意参加啊？”“我来，我来……”动物们争先恐后的回答，最后在生日歌中结束了表演。你能分析本角色游戏案例中的成功之处吗？如果是你，该如何设计与组织实施学前儿童语言游戏？

●学习目标

1.理解学前儿童语言游戏活动的含义和基本特征。

2.了解学前儿童语言游戏活动的主要类型及其教育目标。

3.了解学前儿童语言游戏活动与其他活动的区别。

4.掌握学前儿童语言游戏活动的设计与实施的要点与方法。

●职业技能

1.能够独立设计学前儿童语言游戏活动：根据主题素材与年龄段，学会设计学前儿童语言游戏活动集体教学活动的教案。教案格式完整规范，语言清晰、简洁、明了，目标设计、内容选择、方法运用等符合幼儿年龄特征和领域特点。

2.学会撰写学前儿童语言游戏活动说课稿：根据已设计的教案，就内容、目标、方法、过程设计等进行说课，说清楚“学什么、教什么”“怎么学、怎么教”，以及“为什么”等问题，语言规范，条理清楚，逻辑性强，表达流畅。

3.独立完成学前儿童语言游戏活动的组织与实施：根据已设计的教案，能够组织实施各种类型的学前儿童语言游戏活动。

任务一　学前儿童语言游戏活动概述

一、学前儿童语言游戏活动的概念

学前儿童语言游戏是由教师为培养幼儿倾听和表述能力而专门设计的一种教育活动。有明确的语言学习指向目标，有明确的语义内容。语言游戏也称听说游戏，是一种半活动半游戏的教育活动形式。

二、学前儿童语言游戏活动的基本特征

(一)目的性

语言游戏作为游戏活动的一种，具有明确的教育目的。语言游戏的主要目的之一是让学前儿童进行听说练习。“听”就是在游戏过程中培养学前儿童的几种倾听能力：第一，有意识的倾听，集中注意力的倾听；第二，辨析性的倾听，分辨不同内容的倾听；第三，理解性的倾听，掌握倾听的主要内容，联系上下文意思的倾听。“说”主要是指在游戏中让学前儿童积极主动地学习正确恰当的口语表达，从语音、语法、语义及语用四个方面掌握语言的表达功能，由简到繁、由短到长地提高学前儿童语言表达水平，并用独白、讲述、交谈等方式表现出来。同时，通过语言游戏，还能培养学前儿童对前图书阅读、前识字及前书写活动的学习兴趣，掌

握看图画书的基本技能，初步辨认（如自己的姓名等）常见字，学习基本的书写姿势、书写技能等，为小学阶段的学习打好基础。

（二）趣味性

寓教于乐是学前儿童语言游戏的重要特征之一。在语言游戏中，有趣味的游戏名称，生动形象的游戏材料，有趣的角色、情节，都会激发幼儿参与活动的积极性，并使儿童体验到精神上的愉悦。这充分体现了现代教育观，也体现了语言游戏在培养学前儿童健康乐观、积极向上的人格方面的独特价值。

（三）丰富性

语言游戏在内容、形式、情节、场景等方面都体现出丰富性的特点。语言游戏的内容涉及语音、语汇、语句表达以及阅读、识字、书写等多个方面。语言游戏的组织形式可以是集体进行，也可以是小组进行，还可以是个别进行。可以在室内进行，也可以在室外进行。语言游戏设置的情节可以学前儿童熟悉的生活为题材，如"找朋友""逛公园"等；也可以各种动物的活动为题材，如"小鲤鱼跃龙门""小鸟找食"等；还可以各种角色活动为素材，如"过家家""警察与小偷"等。游戏材料可以是实物，也可以是图片；可以是购买的，也可以是自制的；还可以使用现代化的多媒体设备等。

三、学前儿童语言游戏活动的教育目标

（一）帮助幼儿按一定规则进行口语表达练习

由于语言游戏的特殊性质，这类活动可以帮助幼儿按一定的语言游戏规则进行口语表达练习。在幼儿参与听说游戏的过程中，他们需要自觉地参与规范语言的学习，在执行游戏规则的活动中掌握规范的口语表达能力。听说游戏按照一定规则进行口语练习，主要包括三个方面的子目标。

1.复习巩固发音

在听说游戏中实现幼儿语音学习的目标，着重为幼儿提供练习发音的机会，以利于幼儿复习巩固他们近期的发音学习。教师可以根据幼儿语音学习的四种特别需要来组织活动。

1）难发音的练习

对于某些近期所学的语音难点，采用听说游戏的方式去运载这些语音要素，可能产生较好的学习效果。幼儿阶段普通话发音的难点主要有 zh、ch、sh 和 r 等辅音。教师可以根据幼儿的实际情况，选取这些声母与一定韵母相结合的音节来帮助幼儿学习。

2）**方言干扰音的练习**

一定区域方言都有可能对幼儿的普通话学习产生干扰，影响他们正常的发音。例如：北方区域方言中 l 和 n 不分，an 和 ang 不分；说普通话时往往有可能将“南”（nán）说成 lán。在听说游戏中，幼儿可以有集中和比较学习的机会，练习发准这些受到方言干扰的语音，产生对这些语音准确发音的敏感性。

3）**声调的练习**

普通话声调对幼儿发音有很重要的意义，因而念准普通话声调也是幼儿语音学习的一个部分。用听说游戏运载各种相似音和声调要素，让幼儿在辨别中学说，在学说中提高分辨能力，从而掌握准确的声调。

4）**发声用气的练习**

3 岁幼儿进入幼儿园时，还有相当一部分人不能很好地掌握说话用气的方法，因此，说话时有气喘吁吁的感觉。尤其在表述长句子时，还有上气不接下气的情况。听说游戏的发音练习可把练习用气作为活动的目标内容，培养幼儿正确的用气方法，以便讲话的发声更加自然，更趋向于正常。

2.扩展练习词汇

大量积累词汇、增加口语表达的内容，是学前阶段幼儿语言学习的一一个重要方面。应该说，幼儿的词汇是在日常生活经验的积累过程中迅速地增长起来的，几乎没有一个研究能确切地证明究竟一个孩子每天能习得多少词汇。用听说游戏的活动方式帮助幼儿学习词汇，是专门地提供幼儿对词汇学习敏感程度的机会，这类集中学习词汇的听说游戏，着重引导幼儿积累以下两方面的词汇学习经验。

1）**同类词组词的经验**

听说游戏往往让幼儿做同一类词汇，如何扩词练习，实际上也是向幼儿提供某一类词的使用范例，鼓励幼儿在听说游戏的过程中按照一定的规则去组织扩展。例如，“怎样走”的听说游戏要求幼儿用一定的副词描述走的动作，幼儿可以说“快快地走”“慢慢地走”“大步地走”“小跑步地走”“一蹦一跳地走”。在学习过程中，幼儿可依据规则创造性地运用词汇进行描述练习。

2）**不同类词搭配的经验**

词汇的搭配通常与语言习惯和经验有关，是一种社会约定俗成的表现，但也有一定的规则。例如，量词有明显的搭配规则，到大班阶段，幼儿对量词开始产生一定的敏感性，在这个时期给他们提供听说游戏的机会，可以很好地帮助他们掌握一般量词的使用方法。此外，还有介词（方位词）的学习等，都可以通过听说游戏的活动产生良好的教育效果。

3.尝试运用句型

学前阶段幼儿在语言学习过程中大量地积累句型，这是他们句法习得和发展的重要阶段。一般而言,幼儿阶段将从简单句过渡到合成句水平,幼儿阶段后期开始进入理解嵌入句的水平。无论是简单句还是合成句等,均有多种类型的句式,要理解掌握并且熟悉运用都需要经过一定场合的练习。幼儿在日常生活中可能获得运用句法的机会,而听说游戏有意识地帮助幼儿练习,让他们通过专门的集中学习迅速地把握某一种句法的特定规律,并在尝试运用过程中提高熟练使用的水平。例如,在大班听说游戏“盖楼房”中,幼儿通过用“××越来越××”和“……越……越……”的句式学习句型。在游戏中学习句型,有一定的激励机制的存在,幼儿可能产生很高的积极性。

(二)在听说游戏中提高幼儿积极倾听的水平

听说游戏为幼儿提供的是一种不同于其他语言学习的场合,幼儿在参与学习时具有更多的主动性和自主性,因而有利于他们积极倾听水平的提高。

需要提出的一点是,在幼儿语言学习的活动中,听和说是永远相伴而存在的。以游戏的方式组织的听说游戏活动,对幼儿积极倾听能力的提高具有特殊的作用。教师在实现听说游戏的目标时,应对幼儿提出以下几点要求。

1.听懂教师的讲解,理解游戏的规则

教师在听说游戏开始时,总是要向幼儿提出一定的要求。接下来“布置”活动的任务,并对任务作出解释,讲解示范游戏的规则。这一过程对幼儿的倾听提出了具体要求。能否听懂教师布置的任务、理解游戏的规则,直接影响幼儿参与游戏的状态。因此,这对幼儿的倾听能力具有一定的挑战性。可以说,这方面能力的培养,将有利于提高幼儿在所有的交往场合的倾听水平,甚至对幼儿进入小学阶段之后的学习都十分有益。

2.听懂游戏的指令,把握游戏进程

在游戏过程中,幼儿随时需要把握游戏中传出的指令信息,作出相应的反应。例如,在“金锁银锁”中,念完儿歌,即是一个指令,要求问“这是什么锁”,开锁人听后立刻予以回答“这是××锁”。所有的指令信息一环套一环,幼儿在游戏中必须敏锐地感知,否则将无法进行游戏。恰恰是这样一些要求,可促使幼儿自觉地、主动地去倾听捕捉指令信息。

3.准确把握和传递有细微区别的信息,提高倾听的精确程度

有的听说游戏专门设置倾听的“圈套”,要求幼儿辨别某几个相似音的差异,作出相应的反应,诸如 z、c、s 和 zh、ch、sh 的辨别活动即属于这一类;有的听说游戏要求幼儿准确传递信息,错了便会闹出笑话,如“我这样对你说”的传话游戏活动。这些活动把倾听要求的重点,放在准确把握和传递信息上,可以较好地提高幼儿倾听的精确程度,最终对他们完整的倾听能力培养发生良好的作用。

(三)培养幼儿在语言交往中的机智性和灵活性,促进智力发展

语言是思维的工具,学前儿童早期的语言能力是他们智力发展的重要标志。语言教学

游戏属于智力游戏的一种，是发展学前儿童智力的重要手段之一。恰当的语言教学游戏，可以使幼儿在愉快的情绪伴随下，锻炼思维的敏捷性和灵活性，养成乐于动脑、动手、动口的学习习惯，促进学前儿童注意力、记忆力、观察力、思维能力、想象力、语言表达能力等智力因素的全面发展。因此，在听说游戏活动中培养幼儿语言的机智性和灵活性，是教师在设计组织这类活动时应考虑的一项目标。

对幼儿在听说游戏中提高语言交往的机智灵活性的培养，从根本上说，是提高幼儿在语言交往过程中反应敏捷的能力，可着重从以下几点考虑。

1.迅速领悟游戏语言规则的能力

由于听说游戏将幼儿语言学习的重点内容转换为游戏规则贯穿活动始终，那么幼儿掌握游戏规则的过程，在某种意义上便意味着掌握语言规则的过程。在听说游戏中，幼儿需要迅速领悟游戏规则，否则便会落伍，就无法实现参与游戏的愿望。这种激励的结果，使幼儿逐步适应迅速领悟交往要求的场合。

2.迅速调动个人已有语言经验编码的能力

听说游戏是一种活动的进程，幼儿在参与时需要根据一定的规则迅速调动个人已有语言经验进行编码。这种场合不允许幼儿慢慢想，细细思考，如果速度太慢，游戏便要受影响，因此，幼儿在活动中得到迅速调动个人已有语言经验编码的训练。

3.迅速以符合规则要求方式的表达能力

在领悟编码的同时，幼儿也获得快速反馈信息的机会。听说游戏的规则要求幼儿按照一定的规范方式说话，并且没有太多的时间让幼儿仔细斟酌讲话，所以，一切都是在短暂的直感的状态下说出来的，这里便有一个语言快速应答能力的培养。

总之，听说游戏作为一种特殊形式的语言教育活动，为幼儿的语言发展提供了某些特别的机会。教师应抓住这种机会去促进幼儿的语言学习，为他们语言能力的整体提高创造良好的教育环境。

按照学前儿童的年龄特点，可以将语言游戏活动分为表中三个阶段性目标：

年龄段	3~4 岁	4~5 岁	5~6 岁
阶段性目标	1.发准某些难发的音，初步掌握方位名词及人称代词，学习正确运用名词和动词 2.养成在集体活动中倾听别人讲话的习惯 3.能听懂并理解较简单的语言游戏规则，在游戏中尝试按照规则使用简单句说话 4.乐于参加游戏活动，在游戏中大胆地说话	1.在游戏中学习巩固练习发音，正确运用代词、动词、方位词、连词、介词和副词等 2.能说简单而完整的合成句 3.能听懂并理解多重游戏规则 4.学习较为迅速地领悟语言游戏中的规则，并作出相应的反应	1.在游戏中学习正确运用反义词、连词、量词等 2.养成积极倾听的习惯，精确掌握和传递有细微差别的信息 3.迅速把握游戏中较为复杂的多重指令 4.在游戏中按照规则调动个人已有的语言经验，迅速进行语言表达

四、学前儿童语言游戏活动的类型

(一)语音练习的游戏

语音练习的游戏是以练习学前儿童正确发音、提高学前儿童辨音能力为目的的一种活动,其形式和结构都较简单。在语言游戏中,着重为学前儿童提供练习发音的机会,以利于学前儿童学习或复习巩固发音。可以让学前儿童着重练习他们感到困难的或容易发错的语音,也可以组织学前儿童进行方言干扰音的练习、普通话声调的练习、发声用气的练习等。但每次练习的语音不要过多,以免难点过于集中,影响学前儿童的学习效果。例如,小班学前儿童普通话发音的难点主要有 zh、h、sh、r 四个辅音,教师可以根据学前儿童的实际情况,选取这些声母与一定的韵母结合的音节,设计一些游戏活动。例如,小班听说游戏活动“卖柿子”,就较好地利用游戏的形式帮助学前儿童掌握这些难发的语音。

1.听音游戏

要使学前儿童发音正确,必须注意发展学前儿童的听觉。在语言发展早期,学前儿童常常模仿别人说话时的语调,所以“听得准”是让学前儿童听得准,能分辨语音的基础。

例如,小班语言游戏活动“猜猜我是谁”中,全体幼儿坐成半圆形,教师面对幼儿。教师面前放一把小椅子,请一个幼儿扮演听声音的角色,让他(她)坐在椅子上,背对全体幼儿,闭上眼睛。教师任意指一幼儿说:“小狗小狗请过来!”被点到的幼儿走出来,在听声音幼儿的背后说:“你好,我是小狗!”说完立即回到自己的座位上。教师问猜声音的幼儿:“请你猜一猜,小狗在哪里?”幼儿猜出后,换成刚才扮演小狗的幼儿来猜。为了增加难度,扮小动物的幼儿还可以变换说话的语气、语调来进行游戏。连续三次猜不出来者,则罚其表演一个节目,然后游戏继续进行。

整个游戏简单,目的却很明确:锻炼幼儿分辨声音的能力。

2.发音游戏

练习发音游戏的内容、玩法和规则应根据各年龄段学前儿童发音特点来确定。在游戏中,可以让学前儿童重复练习他们感到困难或容易发错的语音,也可以让学前儿童进行方言干扰音练习、声调练习、发声用气练习等。但每次练习的语音不要过多,难点不要过于集中,以免影响学前儿童的学习效果。

例如,中班语言游戏活动“悄悄话”,全体幼儿围成一圈,老师附在一名幼儿耳边说一句悄悄话,让幼儿专心聆听老师的耳语。同时,用传话的方式悄悄传给旁边的幼儿,看看后面的人跟前面的人说的是否相同。

此语言游戏活动不仅锻炼幼儿的听力,让幼儿养成专心聆听别人说话的习惯,并同时锻炼幼儿准确发音。

(二)词汇练习的游戏

词汇练习的游戏是以丰富学前儿童的词汇和正确运用词汇为目的。学前幼儿语言学习的一个重要方面是大量积累词汇,增加口语表达的内容。应该说,幼儿的词汇是在日常、生活经验的积累过程中逐步增长起来的,几乎没有一个研究能确切地证明究竟一个幼儿每天能习得多少词汇。用语言游戏的活动方式帮助学前儿童学习词汇,是专门考察学前儿童对词汇敏感程度的机会。这类集中学习词汇的游戏,着重引导学前儿童练习词汇运用的经验。

1.同类词组词的经验

听说游戏往往让学前儿童做同一类如何扩大增加词汇的练习,鼓励学前儿童在听说游戏的过程中按照一定的规则去组织扩展。例如,"双音词比赛",教师和幼儿一起进行双音词比赛。教师可先说一个,然后幼儿依次说,看谁说得快,说得准。例如,大大的—小小的,胖胖的—厚厚的,蓝蓝的—黑黑的,短短的—长长的……通过练习,帮助幼儿巩固对词语的认识、记忆和理解。

2.不同类词搭配的经验

词汇的搭配通常与语言习惯经验有关,是一种社会约定俗成的表现,但也有一定的规则。例如,量词有明显的搭配规则。到大班阶段,学前儿童对量词开始产生一定的敏感性,在这个时期,教师可以给他们提供听说量词的游戏机会,可以很好地帮助他们掌握一般量词的使用方法。例如,大班语言游戏"闯关说量词",教师通过儿歌,引导幼儿大胆掌握量词:一头牛,两匹马,三条××,四只×,五本×,六支×,七×树,八×花,九×飞机,十×车。最后出示儿歌内容,为猜对的幼儿奖励小贴画。此外,还有介词(方位词)的学习等,都可以通过听说游戏活动产生良好的教学效果。

(三)句子和语法练习的游戏

学前阶段在语言学习过程中,大量地积累句型,按语法规则组词成句,这是他们语法习得和发展的重要阶段。一般来说,学前儿童将从简单句过渡到复合句难度。学前阶段后期开始进入理解嵌入句的难度。无论是简单句还是复合句,都有多种类型的句式,需要幼儿理解和掌握,并熟悉运用。幼儿在日常生活中可能获得运用句法的机会,而语言游戏是有意识地帮助学前儿童练习,可以让他们通过专门的集中学习迅速地把握某一种句法的规律特点,并在尝试运用过程中提高熟练使用的程度。例如,小班"换词"小游戏,教师说一句简单的话,幼儿接一句,但要把句子中的一个词换成另一个词。例如,教师说:"我有一个苹果。"幼儿说:"我有一个香蕉。"教师说:"我有一件衣服。"幼儿说:"我有一辆汽车。"教师说:"我打开门。"幼儿说:"我关上门。"教师说:"苹果红红的。"幼儿说:"苹果甜甜的。"……

在游戏过程中,幼儿不仅提高对词汇的应用能力、反应能力,还掌握了组词成句的语法规则。这种游戏主要在中大班进行。

（四）描述练习的游戏

描述练习的游戏是以训练学前儿童用比较连贯的语言，具体形象地描述事物，提高口语表达能力为目的。它要求学前儿童语言完整、连贯，具有一定的描述能力，如大班语言游戏“小黄鸡去看戏”，教师提前准备母鸡与小黄鸡头饰，教师扮母鸡，手拿几个小黄鸡头饰走到一位幼儿面前，问：“我的小黄鸡在哪里？”这位幼儿就发出“叽叽叽”的叫声。教师说：“你是我的小黄鸡。”并将头饰给幼儿戴上。以后用同样的方法给每个幼儿戴上小黄鸡头饰。然后教师要带“小黄鸡”去看戏了，要求“小黄鸡”（幼儿）边念儿歌“小黄鸡，叽叽叽，骑着小车去看戏。骑到东，骑到西，猜猜看的什么戏？”边做动作。最后让幼儿根据动作说出看的是什么戏（如孙悟空打妖怪等）。这种游戏主要在大班进行。

任务二　学前儿童语言游戏活动的设计与实施

学前儿童语言游戏活动的设计与实施，有其独特的规律。从语言游戏具有学习和活动的双重性质出发，按照一定的思路去设计和组织活动，会产生较好的教学效果。

一、游戏运用策略

在学前儿童语言教育中使用游戏策略，一般有以下三种。

（一）用游戏方式导入活动，调动学前儿童的兴趣和积极性

小班学前儿童注意力低，自控力较差，应注重引起其参与活动的兴趣，所以很多作品都用游戏的方式导入。例如，小班学习儿歌《藏猫猫》，教师引领幼儿玩游戏“藏猫猫”引出活动，让学前儿童感知什么是“藏猫猫”。中班学习儿童诗《听》，用听声音的游戏导入活动，让学前儿童闭上眼睛听周围的声音，非常吻合作品的内容，有利于学前儿童迅速进入作品意境。大班学习儿童诗《我被亲了好几下》，先让学前儿童玩“亲一亲”的游戏，激发学前儿童兴趣并唤起学前儿童相应的已有经验，有利于学前儿童理解作品的内容及其主要的语言表现手法。

（二）用游戏的方式提高学前儿童的理解水平

例如，小班学习散文《萤火虫和星星》，教师先带领学前儿童玩“萤火虫和星星”的音乐

游戏,体会作品温柔的、如梦如幻的感觉。学习散文《云彩和风》,可引导学前儿童玩体育游戏“云彩和风”,具体玩法是一人扮演风,其余人扮演云彩。学习童话《乡下老鼠与城里老鼠》,整个教学用游戏的方式进行,布置“乡下”和“城市”两种场景。游戏内容是学前儿童选择到“乡下”旅游或者到“城市”旅游,感受二者不同的生活,游戏过程中双方角色可以互换。

(三)用游戏形式巩固学习效果

例如,大班学习儿歌《十二生肖》,采用游戏的方法让学前儿童了解十二生肖的排列顺序。教师先将十二生肖排成一列,幼儿闭上眼睛,教师拿走一个动物,然后请幼儿睁开眼睛,看看第几个动物被藏起来了。学习《皮皮鼠吃跳跳糖》,则玩游戏活动“在哪里”,用“上面”“下面”“左面”“右面”等方位词来表示周围的很多物体,练习使用方位词。学习《七色花》,引导学前儿童用体态表达自己的愿望,发令人说:“飞呀飞呀,小花瓣呀,照我做呀!让我们……(讲出自己的愿望)”其他幼儿立刻用动作来表示,未能及时做出相应动作的幼儿停止游戏。学习儿歌《风来了雨来了》玩识字游戏,幼儿看教师手中出示的汉字卡片并读出汉字,如果出示的是“风”就说“风来了”,出示的是“雨”就说“雨来了”,四个汉字念完后,幼儿继续念儿歌做动作;当念到“屁股”时,大家可以任意做一个动作或摆一个造型,不能说话,也不能动。学习儿童诗《捉迷藏》,教师带领学前儿童玩“找颜色”的游戏,先出示颜色卡片,引导幼儿学说“×颜色躲在×里”,如“红颜色躲在太阳里”“黄颜色躲在衣服里”。还有其他培养幼儿倾听能力的纠错游戏、幼儿和教师轮流接念古诗、分成两队比赛念绕口令等游戏形式。

二、学前儿童语言游戏活动的结构

一个完整的语言游戏活动,通常包括活动名称、活动目标、活动准备、活动玩法和活动规则等部分。

语言游戏活动作为一个完整的教育活动来组织时,主要程序包括以下几个环节。

(一)创设游戏情境,导入游戏活动

创设游戏情境的主要目的在于,使幼儿在轻松愉快的氛围中受到感染,调动其参与语言教学游戏的积极性,激起幼儿参与游戏的兴趣,以便产生良好的语言教育效果。例如,在组织“金锁银锁”游戏活动一开始,教师采用示范操作玩具娃娃的形式,为幼儿创设一个良好的游戏情境;玩“逛超市”游戏时,教师提问:“小朋友,你们喜欢逛超市吗?咱们开一个超市好不好?”师生共同搭建超市。将游戏的场景充分展现在学前儿童面前,吸引学前儿童的注意力,使他们产生好奇心,自然导入游戏。

创设游戏情境的方法,归纳起来主要有以下三种:

1.用物品创设情境

教师运用一些与活动有关的物品、玩具或者日用品等，创设游戏的环境，营造游戏的气氛，为学前儿童进入语言游戏活动打好基础，如“过家家”游戏开始前，师生共同布置家的场景，为游戏的开展做了很好的铺垫。

2.用语言创设情境

教师通过自己生动、有趣、直观的语言，直接描述或指出游戏中角色及所处的环境，感染学前儿童，营造游戏气氛，引导幼儿进入角色，同样可以达到创设游戏情境的作用。例如，先出示一把苹果锁和两把钥匙，边操作教具边念儿歌：

金锁锁，银锁锁，
两把钥匙一把锁，
咔嚓咔嚓把它锁，
小朋友们来开锁。

然后出示玩具娃娃，并以娃娃的口吻问：“这是什么锁？”答：“这是苹果锁。”玩具娃娃又说：“苹果，苹果，红彤彤。”咔嚓一声将锁打开。接着再插另一把钥匙说：“苹果，苹果，香又甜。”咔嚓一声又打开了苹果锁。

接着带领幼儿念两三遍儿歌，从而使幼儿对整个游戏活动有一个初步、完整的印象。

3.用动作创设情境

教师可以通过自己形象的动作表演，让幼儿想象出游戏的角色或者游戏的场所，产生游戏的氛围，将幼儿带入游戏情境中。例如，小班《小兔子捡树叶》语言游戏开始时，教师一边念儿歌：“小兔子，蹦蹦跳，跳到树下捡树叶，一只小兔捡一片，许多小兔捡许多。”一边做小兔跳的动作，从而导入游戏，然后再组织幼儿玩这个游戏。

总的来说，教师可以根据不同的游戏，选用相应的情境创设方法，或者综合运用以上几种方法，如果利用形象的实物、逼真的动作，再配以生动的语言，幼儿的游戏积极性才能被充分调动起来，为游戏的顺利进行奠定良好的基础。但无论用哪一种方法创设游戏情境，其目的都是使学前儿童尽快进入游戏情境中。

(二)介绍游戏的玩法和交代游戏的规则

创设游戏情境之后，教师要向幼儿介绍游戏的玩法、交代游戏的规则。这一环节实际上就是教师向幼儿讲解游戏开展的步骤，引导幼儿理解在游戏活动中允许或禁止的某些特定活动。通常情况下，教师可以通过用语言说明和动作示范相结合的方式，向幼儿介绍游戏的玩法和规则。只有掌握了游戏的玩法和规则，游戏才能顺利进行，游戏的教育目的才能实现。例如，教师在组织“你有什么”语言游戏时，教师介绍玩法：游戏开始时，教师把玩具或实物分成两份，教师和幼儿各持一份。教师先拿出一件玩具问幼儿：“我有一个娃娃，你有什么?”幼儿拿出自己的一件玩具说:“我有一辆汽车。”有时教师问幼儿,幼儿也可不拿出玩具,并说:“你有玩具,我没有玩具。”然后交代规则:幼儿答对了,则由幼儿先发问。若没答对,则仍由教师先发问。

教师在介绍游戏的玩法和规则时应注意以下几点:

①讲解语言要简洁明了,语速适中。在交代游戏规则时,要用符合幼儿年龄段的语言、语速,让幼儿听得懂、记得住。切忌啰嗦重复,使幼儿不能及时理解游戏规则,影响游戏的开展。

②要讲清楚游戏的规则要点和开展顺序。游戏的规则要点,一般都是游戏中幼儿要按照规范说出的话,要让幼儿明白说什么和怎么说。同时要帮助幼儿清楚地理解游戏开展顺序,先做什么、后做什么、什么角色做什么。这样才能保证游戏目的的实现。

③对低年龄段的幼儿,为了便于游戏的开展,教师可以一边介绍玩法和规则,一边示范。

(三)示范参与,师幼共同游戏

在交代游戏玩法和规则之后,教师可以一边示范,一边引导幼儿开展游戏。教师在游戏中要充当重要的角色,把握游戏的进程。教师在游戏中的地位由显性指导向平行关系的“伙伴角色式”的隐性指导过渡。这一部分与交代游戏玩法和规则有时是合并进行的。

对小班幼儿,教师担任主要角色,往往边讲解边示范。先请部分能力强的幼儿和教师一起参加游戏,再逐步过渡到全体幼儿参与。

对中大班幼儿,教师讲清玩法和规则后,教师示范或师幼共同示范,也可先请部分能力强的幼儿试做游戏,既可以起示范作用,又可以检查幼儿是否明确游戏玩法和规则。如发现错误,及时纠正。再逐步过渡到全体幼儿参加,教师可以参与其中。如语言游戏“捉蜻蜓”,教师先扮演渔网,将手掌伸平,掌心向下。扮蜻蜓的幼儿必须将食指碰到渔网(即手掌)。游戏时,教师和幼儿要一起念儿歌。儿歌念完后,扮蜻蜓的幼儿要迅速缩回食指,扮网的教师捉蜻蜓。被捉住的幼儿必须说“××,××飞呀飞”的短句,若回答正确,则互换角色。然后让幼儿扮渔网捉蜻蜓,共同玩“捉××”的游戏。若同时抓住几名幼儿,可请一名幼儿作为代表;若有一名幼儿被捉住,游戏继续进行。教师担任角色的同时,实际上也是帮助幼儿领悟游戏的玩法与规则,为幼儿独立开展游戏做好充分准备。

(四)幼儿自主游戏

当幼儿熟悉玩法和规则后,教师就可以不再扮游戏引导者的角色,让幼儿自己开展活动,进入自主游戏阶段。例如,游戏“水可以用来……”中,教师把幼儿分成若干小组,以小组为单位自由活动,教师巡回随时指导。在这个环节中,教师的角色是活动的观察者,以间接控制为主要策略。因此,这个环节的时间一定要充分,教师间接指导的质量一定要有保证。为此教师要做好以下工作。

1.观察游戏进程,提供必要帮助

在自主游戏阶段,教师的角色应是游戏的观察者,观察的目的有两个:①观察幼儿对游

戏规则的掌握情况，督促幼儿遵守游戏的规则；②及时发现问题和纠纷，提供适时帮助和教育。

作为观察者，不要过多地限制和束缚幼儿，要把游戏的主动权交给幼儿，相信幼儿。让幼儿在与同伴的互动中产生成功和失败的体验，从而更加主动地吸收、加工语言信息，更加准确地运用语言。

2.关注个体，及时指导

教师应分析每个幼儿的特点，明确需要加强的方面，提出有针对性的、可行的措施。例如，对某些胆子小的、能力差的幼儿，可提供较多的游戏机会，在游戏中教师要鼓励他们，提高他们的自信心；对交往能力较弱、兴趣单一的幼儿，教师可以通过与他们一起游戏，或引导其他幼儿带着他们玩，激发他们对游戏活动的兴趣。

（五）组织游戏评议

当游戏结束时，幼儿往往还在兴致勃勃地谈论着玩过的游戏。这时教师可组织幼儿评议和总结游戏。这样不仅能满足幼儿说的愿望，还可以使游戏更好地发挥教育作用，提高幼儿的辨别能力，促使幼儿更加主动、积极地活动，提高游戏水平，同时也能促进幼儿语言运用能力的发展。

对游戏的评价要有目的、有重点，时间不宜过长。可以是教师评价，也可以由幼儿自己评价，或师幼共同评价。及时的评价可以强化游戏的正确玩法，进一步明确游戏的规则，纠正游戏中出现的问题，为日后更好地开展自主游戏奠定基础。

三、学前儿童语言教学游戏活动组织与指导时应注意的问题

高质量的语言教育游戏能对学前儿童的语言产生多方面的积极影响，促进学前儿童能力的发展。一个游戏活动效果的好坏，往往取决于教师对活动的关注程度。语言游戏活动的组织与指导，应注意以下几个方面：

（一）把握不同年龄班听说游戏活动的侧重点

由于学前儿童的年龄和知识经验的差异，不同年龄班学前儿童的语言教学游戏，也各有自己的侧重点。小班幼儿的语言教育游戏，以听音和发音游戏、词汇教学游戏为主。教师的参与更加直接，起到的示范和组织作用要多些。中大班学前儿童的语言教育游戏，则应以语汇游戏、识字游戏、学说句子和描述游戏为主，教师要为学前儿童游戏提供更多的主动权，教师一般作为环境材料提供者、学前儿童游戏的观察者与合作者参与，以间接指导的方式为主。

（二）游戏规则可适当且灵活地变换

在游戏过程中，教师要根据学前儿童对游戏的适应程度，灵活地变换规则，以便于游戏顺利且有意义地开展。如果游戏中发现因难度过高无法顺利进行时，也可以降低要求，当幼儿熟悉后，再逐步提高要求。例如，游戏"小鸡吃米"开始时，只要求扮演小鸡的幼儿跟着母鸡寻食，找到食物后发出"吃、吃、吃"的声音，并做啄食状即可。重复几遍后，可以变换规则：小鸡要听清母鸡的话。母鸡说的东西，小鸡能吃的东西就说"吃、吃、吃"；不能吃的，就不能说"吃"字，也不能做吃的动作。谁错了，母鸡就要请它回家。母鸡可以说"小鸡吃米""小鸡吃虫""小鸡吃木头""小鸡吃大石头"等。适当变化游戏规则、增加游戏内容，会增加学前儿童玩的兴趣。

（三）对违规情况要恰当处理

游戏规则是为完成活动目标服务的，因此在游戏过程中，教师要督促学前儿童遵守游戏规则，保证游戏规则的执行。如果发现有不遵守规则的情况，教师应及时分析原因，分别给予适当的处理，以保证游戏的顺利开展。

①如果幼儿对规则不了解，就要补充示范讲解。

②如果幼儿因为玩得兴奋忘了规则，就给予及时提醒。

③如果学前儿童幼儿故意犯规，就用游戏的口吻，按规则处罚。

④另外，要注意对幼儿的处罚一视同仁，规则面前一律平等。

（四）把握"教"与"乐"的结合

语言游戏的最大特点就是让幼儿在玩中乐、乐中学，使幼儿在情趣盎然的游戏中，实现教师预设的教育目标。没有趣味的游戏，幼儿不乐于参加；没有目的的游戏，则失去了教育的意义。因此，在选择和设计游戏时，应注意两者有机结合，充分体现语言教育游戏的特点，真正达到"寓教于乐""教学游戏化"的目的。

任务三　学前儿童语言游戏活动案例评析

案例 1　小班语言游戏活动：可爱的小动物（活动设计）

【活动目标】

1.教会幼儿正确地说出小动物的名称，准确地发出"咕、汪、喵、呷、叽"等音，并能协调地模仿小动物的动作。

2.提高幼儿参与集体游戏的积极性，并要求它们做到在集体面前说话响亮。

3.教幼儿学会倾听教师讲解游戏要求和规则，掌握游戏方法，遵守游戏规则。

【活动准备】

1.背景图（画有草地、蓝天、白天）。

2.教具：小鸡、小鸭、小花猫、小黄狗、小白兔、小鸽子。

3.汽车挂件1个，汽车方向盘1个。

4.小鸡、小鸭、小花猫、小黄狗、小白兔等头饰与幼儿人数相等。

【活动过程】

1.导入活动。

出示背景图。教师："今天，有很多小动物要到我们班做客，看看谁来了？"

2.教师一一出示小动物教具。

①小鸽子：是怎样来到我们班的？（飞来的）怎样飞呢？请个别幼儿表演，小鸽子的本领可大了，能飞到很远很远的地方去送信还能飞回来，不会迷失方向，小鸽子怎样叫？（咕咕咕）

②小鸭：身上的毛是什么颜色？它的嘴巴长什么样子？（扁扁的）它有什么本领？（游泳）它喜欢吃水里的什么？（小鱼和小虾）小鸭怎样叫？（呷呷呷）

③小鸡：小鸡的嘴巴和小鸭的嘴巴长的不一样，小鸭的嘴巴扁扁的，小鸡的嘴巴是什么样子的？（尖尖的）它喜欢吃什么？（虫和米）小鸡怎样叫？（叽叽叽）

④小花猫：它有什么本领？（捉老鼠）小花猫怎样叫？（喵喵喵）

⑤小黄狗：它喜欢吃什么？（肉骨头）小黄狗怎样叫？（汪汪汪）

⑥小白兔：它的耳朵（长长的）；眼睛（红红的）；它是怎样走路的？（蹦蹦跳跳）

那么多的小动物到我们班来做客，我们小朋友非常高兴、特别开心。

3.教幼儿熟悉儿歌《可爱的小动物》，知道小动物的名字、叫声和动作。

可爱的小动物

小鸽子咕咕咕，
小鸭子呷呷呷，
小小鸡叽叽叽，
小花猫喵喵喵，
小黄狗汪汪汪，
小白兔蹦蹦跳跳。

①教师示范儿歌，并配合动作，让幼儿仔细听和看。

②幼儿学习儿歌，并认读"咕、呷、叽、喵、汪"等字。

③幼儿边念儿歌边做动作。

4.游戏：可爱的小动物。

①老师说小动物的名字，小朋友模仿小动物的叫声并做动作。待幼儿熟悉玩法后，适当加速，要求幼儿一定要老师说完后才能说和做。

②引导幼儿游戏，请个别幼儿上台做小老师说小动物的名字，小朋友模仿小动物的叫声

做动作,要求做小老师的小朋友说话声要响亮,吐字要清晰。

③改变游戏玩法,老师模仿小动物的叫声,小朋友说小动物的名字,并做动作。

5.变换游戏规则。

老师放“开汽车”音乐。

①老师做动物汽车司机,脖子上挂动物汽车挂件,手握汽车方向盘。幼儿自己选择小动物头饰扮演小动物。

司机说:“嗨! 嗨! 动物汽车就要开。”

小动物问:“谁来坐?”

司机一人,被选中者必须说,如:“我是小羊咩咩叫,坐上汽车快快跑,嘀嘀……”,小羊还必须做小羊的动作走到司机身后,用双手拉着司机的衣服,在活动室开一圈后,游戏继续进行。

②可请 1~2 名幼儿做动物汽车司机,手握方向盘,带领幼儿开展“动物汽车”的游戏活动,游戏活动中,教师提醒幼儿,汽车的速度不能太快,两辆汽车之间要保持一定的距离,防止发生碰撞。

③教师和全班幼儿开着动物汽车出教室。教师提醒幼儿要一个接着一个不拥挤,有秩序地开动物汽车。

【案例评析】

本语言游戏内容选材适合小班幼儿年龄特点,目标制订合理,整个活动以幼儿为主体。幼儿边念儿歌边进行游戏,充分体现了语言练习的要求。在幼儿学习过程中,变换不同的玩法,既充分调动幼儿参与活动的兴趣,又达到了反复练习的目的,提高了幼儿语言运用能力。

案例 2　中班语言游戏活动:山上有个木头人(活动设计)

【活动目标】

1.要求幼儿正确发出“山”(shān)、“上”(shàng)、“三”(sān)等字音,区别 s 和 sh、an 和 ang 等音。

2.帮助幼儿理解简单的游戏规则,提高幼儿的倾听能力。

3.在游戏活动中,培养幼儿自我控制与灵活的应变能力。

【活动准备】

拉线木偶人玩具一个。

【活动过程】

1.创设游戏情境,引起幼儿的兴趣。

教师出示木偶人,以小木偶的口吻向大家自我介绍:“我是木头人,今天我要和小朋友一起玩一个游戏,名字叫‘山上有个木头人’。”接着教师一边操作木偶拉线,一边念儿歌:

山,山,山,
山上有个木头人。
三,三,三,

三个好玩的木头人。

不许说话不许动。

表演结束后，教师继续以木偶的口吻与幼儿交谈，例如，“谁想和我玩游戏？那你必须先说出老师刚才说的儿歌”。引导幼儿回忆儿歌内容，学会游戏儿歌，正确发出每个字音，特别是“山”和“上”的音。

2.介绍游戏的规则及玩法。

教师边示范边介绍游戏规则：

（1）游戏时必须念儿歌并做动作。待儿歌念完后，就不能动，也不能发出声音。

（2）如果谁动了或发出了声音，就必须停止游戏，待整个游戏结束时，动了的幼儿站一排，坚持不动到最后的幼儿站一排，大家齐声念儿歌：“本来要打三百下，怕你太疼打三下。一、二、三！”不动者轻轻打动者手心三下。游戏结束。

3.师幼共同游戏。

教师以游戏参与者的身份与全体幼儿进行游戏活动，帮助幼儿掌握和理解游戏规则。

（1）教师领着全体幼儿边念儿歌边坐在椅子上自由做动作，鼓励幼儿做出各种动作，不要重复别人的动作，以增加游戏的趣味性。儿歌念完后，教师自己故意先动，然后伸出一只手让全班幼儿边说边轻打三下，为幼儿提供练习语言机会的同时，帮助幼儿建立规则意识。

（2）教师与个别幼儿游戏，对个别幼儿发不准的音及时给予纠正。

4.幼儿自主游戏。

教师让幼儿自由组合，结伴自主开展游戏活动，注意提醒幼儿遵守游戏规则，与同伴友好地合作游戏。

5.创编游戏。

师：“你还看见过用其他材料做成的人吗？”引导幼儿说出“铁皮人”“石头人”“稻草人”等。教师启发引导幼儿想象，进行简单的听指令仿编游戏儿歌的活动。游戏时，幼儿如果说“稻草人”，全体幼儿就念“山上有个稻草人”的游戏儿歌。具体玩法同上。

【案例评析】

本游戏内容选材适合中班幼儿年龄特点和认知特点，目标制订合理，教师通过游戏激发幼儿学习儿歌的兴趣。在游戏过程中，要求幼儿边念儿歌边进行游戏，充分体现了语言练习的要求，并能及时纠正幼儿的不正确发音，幼儿玩得非常开心，很快就学会了儿歌并进行了相应的创编。

案例3　大班语言游戏活动：说相反（活动设计）

【活动目标】

1.知识与技能目标：在生活情境中能正确感知、说出正反义词，并掌握其中含义。

2.过程与方法：在掌握正反游戏规则和玩法中，具有快速语言反应和表达能力。

3.情感态度与价值观目标：体验游戏快乐，发展幼儿语言表达能力。

【活动重难点】

1.活动重点：掌握正反游戏玩法，说出完整的正反义词。

2.活动难点：熟练掌握正反游戏规则，快速反应与表达。

【活动准备】

1.物质准备：

课件；生活中表达正反义词图片卡若干；区角部分：小箱子、盛水的鱼缸（每位小朋友准备一个）、乒乓球、玻璃球；轻重、厚薄、长短玩具若干。

2.知识经验准备：

在语言区角中学习玩与相反词语相关的游戏，已经有初步的操作感知。

【活动过程】

（一）设置游戏情景，教师出示口袋，引起幼儿兴趣。

教师展示乒乓球和玻璃球实物，让孩子感知并说出正反词，教师总结。

师：老师这里有个小箱子，小朋友想不想知道里面是什么？快来摸一摸吧，你们摸到了什么呢？

幼：乒乓球。

师：再来摸一摸，又摸到了什么？

幼：玻璃球。

师：乒乓球大，玻璃球小，所以像大和小这样一组意思相反的词，就叫反义词。

（二）介绍游戏规则和玩法，引导幼儿说出反义词

1.教师将正反义词的概念引入生活，让幼儿继续感知。

师：在生活中还有很多这样的词，现在老师这里有个盛水的鱼缸，老师把乒乓球放进去，快看看会发生什么？

幼：乒乓球浮在水面上。

师：现在老师把玻璃球放进水中，你们猜猜玻璃球会怎样？

幼：玻璃球会沉下去。

师：果然玻璃球沉下去了。（教师将玻璃球放入水中）原来沉和浮也是一对反义词。

小结：原来含义相反、相互对立的词语就叫反义词。

2.教师介绍游戏规则

师：那现在老师给每个小朋友桌子放一个空鱼缸，请小朋友自己去语言区角选择厚薄、轻重、长短不同的两种玩具投放在自己的鱼缸里并告诉老师你选择的玩具。

（三）教师引导游戏，强化学习反义词

教师带领小朋友玩游戏，进一步加深反义词印象。

师：小朋友你们都选择的什么东西啊？

（幼儿在已有经验的基础上说出相反的词语，轻重、长短、厚薄、高矮等）

师：这些词语都是表达相反的意思，小朋友你们要记住啦，那我们再来玩一个游戏好不好？

幼：好。

师：下面老师将出示一些反义词图卡，请你们说出它的反义词，然后用动作来表达。

师：这个图卡上面有什么？（教师出示开门的图片）

（幼儿回答关门，并且将教室的门关上）

师：那这个图卡上面是什么？（教师出示黑板的图片）

（幼儿回答白色，并且手指着墙壁。教师提问完若干个图卡之后进入活动的下一环节）

（四）幼儿自主游戏

1.教师将男生女生分为1和2两个小组，每组派出一位幼儿。

2.请1组的一位幼儿出示图片，2组幼儿集体大声说出反义词，总共1分钟，请1组其他幼儿共同数出2组幼儿回答正确的个数。

3.再请2组的一位幼儿出示图片，1组幼儿集体大声说出反义词。总共1分钟，请2组其他幼儿计算1组小朋友回答正确的个数。

4.两组比一比哪一组更棒，通过游戏竞赛巩固复习反义词。

【活动延伸】

请幼儿回忆一下今天所学的反义词，用画图的方式记录下来，并与同伴分享交流成果。

（资料来源：北京桃李不言教育培训中心）

【案例评析】

大班幼儿有一定的生活经验，对语言的学习已进入词语饱和状态，枯燥的方式并不能够帮助他们更好地获得词语积累。《说相反》游戏，通过说出生活中一些常见反义词的方式培养幼儿逻辑和思维的发展，文本与幼儿语言发展挂钩，注重了材料的多样化，并确保每一个孩子都能在活动中获得满足与成功。

整个活动注重激发幼儿的兴趣，活动环节紧凑，尤其最后的幼儿自主游戏环节，通过游戏竞赛的方式进一步帮助幼儿强化反义词记忆，并能很好地训练幼儿的反应能力。唯一不足之处就是教师在游戏竞赛环节后应该有适当的奖励措施来调动幼儿的积极性，这样活动效果会更理想。

案例4　大班语言活动：盖楼房（说课稿）

【设计意图】

大班的孩子语言发展很快，他们已不满足于会使用简单句来说一段话，而转向为词汇的丰富和会说一定的合成句，要理解掌握并且运用都需要经过一定场合的练习。而听说游戏就是用游戏的方式组织的语言教育活动，教育目标以培养幼儿倾听和表述能力为主，活动内容主要集中在幼儿听和说的理解与表达方面。听说游戏能有意识地帮助幼儿练习，让他们通过专门的集中学习迅速地把握某一种句法的特点规律，并在尝试运用过程中提高熟练使用的水平。我选择的“盖楼房”这一听说游戏正适合大班幼儿学习。

【活动目标】

《纲要》在语言领域中提出：“发展幼儿语言的关键是创设一个能使他们想说、敢说、喜欢说、有机会说并能得到积极应答的环境”以及要“鼓励幼儿大胆、清楚地表达自己的想法和感受,发展幼儿语言表达能力和思维能力”。根据这一目标和要求,结合大班幼儿的年龄特点和语言发展水平,我制订了本次活动的目标:

1.帮助幼儿学习运用“××越××,就越×××”和“××越×越×”的句型。

2.注意引导幼儿仔细倾听同伴的发言,积极参与集体活动,不重复别人的语句。

目标中提到:教师要帮助幼儿学习运用“××越××,就越×××”和“××越×越×”的句型。因此在整个活动中,我始终围绕这一目标进行教学,这既是本次活动的重点也是本次活动的难点。

【活动准备】

为了更好地服务于本次的活动目标和完成活动内容,我做了以下准备工作:

1.课前已学习过用“××越来越×”的句型讲话。

2.鼓一面,音频资料。

3.两栋楼房墙基和可移动的楼层图若干。

【教法学法】

为了在教学中幼儿更好地进行学习,根据幼儿学习的特点主要采用了倾听法、示范讲解法、游戏法。

为什么要采用以上方法?

倾听法:教师敲鼓、放录音是为了培养幼儿良好的倾听习惯和学习兴趣。

示范讲解法:教师范讲能引起幼儿谈话的兴趣,并在谈话内容及语言表达上起到示范作用。

游戏法:在谈话过程中,如何使幼儿都积极发言,是一个比较困难的问题。幼儿对游戏本身有兴趣,用游戏法来刺激幼儿主动发言,克服困难,积极发言能收到较好的效果。

【活动过程】

根据大班幼儿学习语言和年龄的特点,结合幼儿园教学工作原则和本次活动的目标,设计以下几个环节:①设置游戏情境;②交代游戏规则;③教师引导游戏;④幼儿自主游戏。

1.设置游戏情境

活动开始时,教师以神秘的口吻对幼儿说:“闭上你们的眼睛,用你们的小耳朵听听这是什么声音?你们发现了什么?”教师敲鼓,敲鼓的力量由轻到重,速度由快到慢。启发幼儿用“××越来越×”的句型表述。接着播放录音,录音机里传出来的风声由大渐小,猫叫声由响到轻,狗叫声由轻到响。教师根据幼儿对已有的词汇经验,提出问题:“你们可以用一个什么词来表达?”启发幼儿用“××越×越×”的句型来表达事物变化的过程,例如,风越刮越小,猫越走越远,狗越叫越响等。教师可以请一些语言表达能力比较弱的幼儿来回答。在这个环节中,采用了倾听法、提问法,运用启发性提问让幼儿将听到的用语言描述出来。“××越×越×”的句型,反映的是一个事物的变化过程,采用组织幼儿倾听各种声音变化的差异感受事物的变化,创设游戏的情况。这种方式更能使幼儿直观地感受到事物的变化过程,也易吸引幼儿的注意力,为顺利过渡到下一环节作铺垫。

2.交代游戏规则

没有过多的去讲究环节上的花样形式而是直接通过语言向幼儿介绍游戏规则,这对于大班幼儿来说,比较容易,也能理解。教师出示事先准备好的楼房墙基图和可移动的楼层图引起幼儿了解游戏规则的兴趣。教师说:“今天我们来玩盖楼房的游戏,不是用砖、水泥那些建筑材料而是让你们用‘××越×越×’的句型说话,回答正确的小朋友就可以给你所在的这一小组盖上一层楼,看哪一组的小朋友盖的楼房高?”这是游戏规则一。规则二是提醒幼儿注意倾听别人的说话,不能重复同伴讲过的内容。规则三是不用“××越×越×”的句型谈话的幼儿,说得不恰当或重复同伴语句的幼儿,均不能给他盖楼房。

3.教师引导游戏

教师面向全体幼儿,鼓励幼儿运用“××越×越×”的句型编说完整的句子,进行“盖楼房”游戏活动。如幼儿会说“太阳越升越高”“气越打越足”“花越开越美丽”“人越长越高”等,这样不仅能充分调动幼儿学习的积极性,而且也活跃了课堂气氛。这时教师引导幼儿思考比较两种句型,即“××越××,就越×××”及“××越来越×”,让孩子认识区别,鼓励孩子仿照“××越××,就越×××”的句型结构,说出新的句子来。例如,“风刮得越大,树就摇得越厉害”“天越黑,小明就越害怕”。活动中教师设计组织幼儿思考、比较两种句型是一种学习方式,有利于幼儿在原有语言经验的基础上,习得新的语言经验,培养了幼儿的主动性。从而强调了重点,突破了难点。

4.幼儿自主游戏

这一环节,教师采用分组“盖楼房”的竞赛游戏方式,先将幼儿分成两组,然后分别请两组的幼儿用“××越×越×”“××越××,就越×××”的句型创编语句,当某一组的某一幼儿讲得正确又不重复别人语句的情况下,给这一组添上一层楼。最后,比一比看哪一组的楼房盖得最高,给最高的楼房插上一面红旗,表示这组小朋友齐心协力取得了胜利。

在大班开展竞赛性的游戏活动,能提高幼儿的积极性,激发幼儿学习的兴趣、竞争意识,产生集体荣誉感,从而促使幼儿更主动地参与游戏,发展幼儿的听说能力。幼儿在开展竞赛游戏活动中,教师除了鼓励幼儿积极大胆的发言外,还应注意教育孩子发扬竞赛风格,与同伴友好相处。为了让每一位幼儿都有练习参与的机会,多玩几次游戏,使活动生动、有效,孩子们成为真正活动的主人。

【案例评析】

说课不同于一般的发言稿和课堂教学,它要求说课者比较系统地介绍自己的教学设计及其理论依据,而不是宣讲教案,也不是浓缩课堂,其核心在于说理,说明“为什么要这样教”“怎样教”,就是找理论依据。这篇说课稿首先能紧扣《纲要》文件中的指导思想、教学原则、教学要求等,作为确定活动目标、重点、难点、教学结构及教法、学法的理论依据;其次结合《教育学》《心理学》中的许多教学原则、原理、要求和方法等,确定教法的理论依据;再次能够根据所选活动内容和幼儿实际,对活动中的重点进行切合目标的分析,并采取确有成效的措施。尤其是说活动流程,说清楚了整个活动过程“有几大环节”及“各环节的主要达成目标”,分环节说清了“教什么”“怎样教”“为什么这样教”的问题。

【理论自测】

一、单项选择题

1.听说游戏的基本步骤是(　　)。

A.教师引导游戏—交代游戏规则—设置游戏情境—幼儿自主游戏

B.设置游戏情境—交代游戏规则—教师引导游戏—幼儿自主游戏

C.设置游戏情境—教师引导游戏—交代游戏规则—幼儿自主游戏

D.教师引导游戏—设置游戏情境—交代游戏规则—幼儿自主游戏

2.听说游戏的语言教育目标的特殊之处表现在(　　)。

A.具体、练习、直接　　B.抽象、练习、直接

C.具体、含蓄、直接　　D.具体、练习、含蓄

3.(　　)是听说游戏中的培养目标的特点。

A.练习性　　B.含蓄性　　C.广泛性　　D.具体性

4.教师在指导幼儿听说游戏的过程中,可以(　　)。

A.由内部控制向外部控制转换　　B.由内部动机向外部动机转换

C.由外部控制向内部控制转换　　D.不作任何控制转换

5.幼儿园听说游戏的活动具有(　　)。

A.活动的性质　　B.游戏的性质

C.活动与游戏双重的性质　　D.游戏为主,活动为辅的性质

6.在听说游戏的幼儿自主游戏阶段,教师处于(　　)。

A.引导者地位　　B.主宰者地位　　C.参与者地位　　D.旁观者地位

7.幼儿园听说游戏中的“游戏规则”一般是由(　　)转化的。

A.语言学习的类型　　B.语言学习的组织形式

C.语言学习的重点　　D.语言学习中幼儿的学习特点

8.在“复习巩固发音”听说游戏的练习中,教师可以开展方言干扰音的练习、声调的练习、发声用气的练习和(　　)。

A.喉部发音的练习　　B.吸气发音的练习

C.错发音的练习　　D.感到困难或容易发错的语音练习

9.听说游戏中存在以下哪个由活动逐渐向游戏过渡的转换(　　)。

A.由外部控制向内部控制的转换　　B.由内部控制向外部控制的转换

C.由假想情景向真实情景的转换　　D.由内部动机向外部动机的转换

二、多项选择题

1.以下哪些说法属于幼儿园听说游戏活动的语言教育目标(　　　　)。

A.帮助幼儿按一定规则进行口语表达练习

B.提高幼儿积极倾听的水平

C.培养幼儿在语言交往中的机智性和灵活性

D.培养幼儿掌握对语言交流信息清晰度的调节技能

2.幼儿园故事表演游戏的几种形式有(　　　　)。

A.分段表演型　　B.角色活动型　　C.结尾表演型　　D.整体表演型

3.创设听说游戏的情境,一般可以采用的方法有(　　　　)。

A.物品创设　　B.语言创设　　C.情绪创设　　D.动作创设

4.下列关于听说游戏的说法中不正确的是(　　　　)。

A.听说游戏是儿童自发组织的游戏

B.听说游戏是教师设计来组织幼儿学习语言的规则游戏

C.听说游戏是语言游戏

D.听说游戏带有明显的自发语言的特点

5.完整的语言游戏包括(　　　　)。

A.游戏目标　　B.游戏准备　　C.游戏玩法　　D.游戏规则

三、判断正误

1.角色活动型的表演游戏更多地兼有表演游戏与角色游戏的双重特点。(　　)

2.语言游戏是智力游戏的一种,是在教师组织指导下,以发展语言为主要目的的一种有规则的游戏。(　　)

3.听说游戏是由儿童自发组织,教师利用游戏中儿童的兴趣而进行听说教学的游戏。(　　)

4.听说游戏是介于活动与游戏之间的一种教育形式。(　　)

5.为培养幼儿倾听和表述能力而专门设计的用游戏形式组织的语言教育活动是听说游戏。(　　)

6.听说游戏主要为了吸引幼儿愉快地参与活动,一般没有明确的语言教育目标。(　　)

7.听说游戏是在活动过程中逐步扩大游戏的成分。(　　)

8.幼儿园的早期阅读活动,是有计划、有目的地培养幼儿学习书面语言的教育活动。(　　)

9.听说游戏是为培养幼儿倾听和表述能力而专门设计的,用游戏的形式组织的语言教育活动。(　　)

10.听说游戏的教育目标以培养幼儿倾听和表述能力为主,活动内容主要集中在幼儿听和说的理解及表达方面。(　　)

【思考与练习】

1.学前儿童语言游戏活动有哪些特点?

2.简述学前儿童语言游戏活动的分类,并收集相关游戏资料。

【项目实训】

子任务一　分析学前儿童语言游戏活动

【实训目标】

1.准确分析游戏的类型及适合的年龄段。

2.掌握各年龄班语言游戏的要求。

3.培养运用语言游戏活动的理论知识评析案例的能力。

【实训内容与要求】

1.下列语言游戏目标各适用于哪个年龄班？各属于哪种类型的语言游戏？

(1)初步学习人称代词的用法。

(2)能听懂并理解多重游戏规则。

(3)在游戏中用简单句说完整的话。

(4)能准确掌握和传递有细微差别的信息。

(5)能说出完整的合成句。

2.请分析下列语言游戏分别可使用哪些方法创设情境？每个游戏应有哪些基本规则？

(1)小动物过河(小班),目标:正确使用“跳”“飞”“游”等动词。

(2)变魔术(中班),目标:学习正确使用方位词和介词。

(3)找朋友(大班),目标:通过拿汉字卡片和相应的图片找朋友,复习汉字。

3.请结合所学教法理论知识分析下面这个活动计划的目标设计是否准确、全面,活动过程的设计有哪些优点和不足,不足之处应如何修改。

语言游戏:顶锅盖(中班)

【活动目标】

1.能遵守游戏规则,并积极地参与游戏活动。

2.养成注意倾听的习惯,提高语言表达和动作反应的敏捷性。

3.发准:“盖、怪、菜”等容易混淆的字的字音,并能根据自己的生活经验,说出各种菜肴的名称。

【活动准备】

教师或家长于活动前丰富幼儿对有关菜名的认识。

【活动过程】

1.教师示范游戏。

教师用一只手的食指顶着另一只手的手掌心,口念游戏儿歌“顶锅盖,油炒菜,辣椒辣了不要怪。噗！一口风。噗！二口风。噗！三口风。”营造轻松愉快的游戏气氛,引起幼儿对游戏活动的兴趣,然后,带领幼儿一起念游戏儿歌,练习发准“盖、怪、菜”等字音。

2.教师讲解游戏规则。

(1)幼儿两人一组,必须边念儿歌边用食指顶着“手掌锅盖”。

(2)儿歌念完,“手掌锅盖”才能去抓顶着锅盖的食指,同时食指也要赶快缩回,不被“锅盖”抓住。

(3)若被抓住,就要问“烧的什么菜?”被抓住的幼儿必须说出一道菜的名称,方能与“锅盖”交换角色,然后继续游戏。

3.教师引导幼儿游戏。

(1)可采用提问的方式,根据幼儿已有的生活经验,引导幼儿说出各种菜肴的名称。

(2)教师扮“锅盖”,引导幼儿玩“顶锅盖”游戏。

(3)引导幼儿一只手做“锅盖子”,另一只手顶锅盖。自问自答玩游戏。

4.幼儿两两结伴玩游戏,教师注意观察全体幼儿的活动情况,对出现的问题及时予以帮助和指导。

(资料来源:酒泉职业技术学院2018级学前教育4班 赵丽设计)

子任务二 观摩、评析学前儿童语言游戏活动

【实训目标】

1.增进对学前儿童语言游戏活动具体组织、指导环节的了解。

2.学习、观察并记录幼儿教师是如何逐步组织实施活动的,了解学前儿童语言游戏活动实施的基本步骤。

3.学会评析语言教育活动,提高学生对所学理论知识的综合运用能力。

【实训内容与要求】

以小组为单位去实训基地幼儿园观摩或观看各年龄班语言游戏活动教学视频,观察并详细记录活动的全过程,重点观摩活动的组织形式和环节的过渡,学习教师的导入方式、提问语和教学方法的运用。各小组在讨论的基础上整理修改意见,并形成完整的活动设计方案。

分组讨论问题如下:

1.活动目标的设计是否符合幼儿园教育活动目标制订的基本要求?是否符合不同年龄段幼儿谈话活动的要求?如果不适合应怎样修改?

2.活动内容的选择是否符合幼儿的年龄特点和能力水平?

3.活动准备是否充分?是否能够满足教学的需要?

4.活动过程的设计是否体现环环相扣、循序渐进等原则?

5.活动过程中运用了哪些教学方法?分别体现在哪些环节?

6.师幼互动是否融洽?幼儿学习的主体性和创造性发挥得如何?

7.教师的教学基本功怎样?教学效果如何?

子任务三　学前儿童语言游戏活动的设计与组织实施

【实训目标】

1.培养运用理论知识指导实践的能力。

2.掌握学前儿童语言游戏活动的组织形式和基本方法。

3.能够设计并组织具有科学性、趣味性、创造性的语言游戏活动。

【实训内容与要求】

1.请根据下列语言游戏的素材设计一份完整、详细的教育活动方案。活动设计应包括：选择话题的理由、活动目标、活动准备、活动过程等。要求：活动目标具体、操作性强，活动重点明确、难点清晰，活动过程完整、设计合理，各活动环节过渡自然、流畅。

(1)小动物找食物

目标：能注意倾听对方说话，喜欢参加游戏活动。

准备：①小花猫、小鸡、小鸭子、小黄狗头饰若干、筐若干。②小鱼、虫子、小虾、骨头卡片若干放在场地周围。

玩法：①教师与幼儿分别选一种头饰戴上说："我是小花猫、我是小鸭子……"教师带领幼儿跑一跑、跳一跳。②幼儿边说儿歌边找食物，找到后做吃的动作并放入小筐，鼓励幼儿找得越多越棒。游戏反复进行。

附儿歌：

小动物怎么叫

小花猫，喵喵喵，捉到老鼠喵喵喵。

小小鸡，叽叽叽，找到虫子叽叽叽。

小鸭子，呷呷呷，吃到鱼虾呷呷呷。

小黄狗，汪汪汪，啃着骨头汪汪汪。

(2)抱娃娃

目标：学用"娃娃的××……，可以……"的句式，了解五官的功能。

准备：每人一个娃娃。

玩法：每位学前儿童抱一个自己喜欢的娃娃玩一玩，大胆地在集体面前用"娃娃的××……，可以……"句式说说自己娃娃五官的功能。

(3)小黄鸡去看戏

目标：学前儿童能根据动作说出看的什么戏。

准备：母鸡与小黄鸡头饰。

儿歌：小黄鸡，叽叽叽，骑着小车去看戏，骑到东，骑到西，猜猜看的什么戏？

玩法：①教师扮母鸡，手拿几个小黄鸡头饰走到一位学前儿童面前，问："我的小黄鸡在哪里？"这位学前儿童就发出"叽叽叽"的叫声。教师说："你是我的小黄鸡。"并将头饰给学前儿童戴上。随后用同样的方法给每个学前儿童戴上小黄鸡头饰。②小黄鸡要去看戏了，边念儿歌边做动作。③让孩子根据动作说出看的是什么戏(如孙悟空打妖怪等)。

(4)你有什么

目标:①学习“我有……”和“你有……”句式。②能够用完整的句子表达。

准备:玩具若干。

规则:孩子答对了,则由孩子先发问。若没答对,则仍由教师先发问。

玩法:游戏开始时,教师把玩具或实物分成两份,教师和学前儿童各持一份。教师先拿出一件玩具问学前儿童:“我有一个娃娃,你有什么?”孩子拿出自己的一件玩具说:“我有一辆汽车。”有时教师问孩子,孩子也可不拿出玩具,并说:“你有玩具,我没有玩具。”

(5)看动作说词语

目标:学习看动作说动词,培养孩子的发散性思维。

玩法:教师做一个动作,学前儿童说出相应的动词,并做连词应答。例如,教师做“抱”的动作,学前儿童说:“抱——抱娃娃。”教师接着说:“抱——抱西瓜。”学前儿童再接着说:“抱——抱被子。”词组说得越多越好。

2.根据已设计的方案在小组说课,做好课前准备,如课件、图片、实物、视频等相关的教具,并在小组内模拟组织实施语言游戏活动。

3.课堂中随机抽取学生,进行模拟课堂的组织与实施,集体交流评议。

【拓展阅读】

幼儿园各年龄班语言学习游戏的特点

学前儿童期是语言发展的最佳时期,学前儿童教育应重视发展学前儿童的语言表达能力。著名教育家陈鹤琴先生曾说过:“游戏是学前儿童的生命,游戏也是学前儿童获取知识的基本活动。学前儿童的主要生活就是游戏,寓教育于游戏是教育好学前儿童的基本途径。”可见,游戏是学前儿童学习语言的一种有效方法。而语言游戏是以训练学前儿童语言为目的的一种智力游戏,是以生动有趣的游戏形式,让学前儿童在自愿的、愉快的情绪中,学习语言知识,增长语言运用能力的一种形式。通过语言游戏,可以激发学前儿童的表达欲望,丰富学前儿童的词汇量,发展学前儿童的语言表达能力,使学前儿童能有更多的机会运用语言。在游戏中,语言教学的任务与游戏巧妙地结合,从而寓教于乐,极大地调动了学前儿童说话的积极性,不仅促使其语言理解深刻化,而且使其语言的交际功能和调节功能获得顺利发展而成功地完成语言发展目标。学前儿童阶段常见的语言游戏有:练习发声的游戏,如“看图发音”练习易混音;练习听觉的游戏,如“传悄悄话”“猜猜我在学哪种动物叫”;练习正确运用词汇的游戏,如“开商店”,练习使用量词;练习使用同义词、反义词的游戏,如“正话反说”可练习学前儿童的反应能力和词汇理解能力;还有大家熟知的“猜谜”“顺口溜”“绕口令”等游戏。

各年龄班可以根据教学任务和内容的不同,选择不同的语言游戏。可以是单独的某个语言游戏,也可以多个语言游戏穿插进行;对于同一个游戏运用于不同的年龄班,可以根据幼儿语言发展水平的不同,改进游戏的内容和规则,以适应特定年龄班的需要。幼儿语言的发展主要表现在语音、语法结构、语义和表达四个方面。下面结合小、中、大班的年龄特点分别进行阐述。

一、小班语言游戏的特点

小班学前儿童的语言游戏比较简单，游戏的任务比较容易理解，游戏的玩法具体且简单。游戏规则一般很少，而且在开始时对全体学前儿童几乎是同一个规则要求，难度不高。

小班学前儿童正处于积累有意义词的时期，开始不断掌握新的词语。良好的听觉是清晰发音的前提，学习新的词语的基础是能听得清、听得准。因此，教师应重视开展发展听觉能力的语言游戏，训练学前儿童的听觉灵敏性，提高其辨音能力。如“模仿声音”游戏，游戏形式比较简单，适合小班学前儿童，学前儿童可以通过模仿交通工具、自然界各种动物的声音，无拘束地学习各种发音；再如“是什么在响”游戏，教师请一名学前儿童面对大家闭上眼睛，然后敲响各种乐器，请学前儿童仔细分辨是哪个乐器发出的不同声音。还可以运用练习正音的语言游戏，帮助学前儿童分辨易混发音并愉快练习。如简单的绕口令“四跟十”可以在学前儿童游戏中反复穿插，使学前儿童能分清“si”与“shi”的正确发音。

小班学前儿童的词汇量猛增，句子中的修饰语显著增加，并具有一定的语法规则，不过仍以简单句为主，有时结构不太严密，句子意思不明确。在小班阶段，教师应有意识地组织学习句子的游戏，让学前儿童学会正确用词，说完整句子。如“击鼓传卡片”游戏，当教师击鼓停止时，接到布袋的学前儿童要摸出一张卡片，说出卡片上有什么，要求表达完整而清晰；也可玩“传句游戏”，当音乐声停止，拿到水果篮的学前儿童要从篮子里选出自己喜欢吃的水果，再用“我喜欢吃……”造句。

语义的发展与学前儿童认知水平的发展紧密相连，比语音和语法都晚一些。3~4 岁时，过度扩张词义的现象就不太明显了，但对紧密相关的词还容易混淆。随着词语的丰富，学前儿童运用简单的象声词不断减少，运用代词和副词的比例明显增加。教师可以利用语言游戏丰富学前儿童的词汇量。

表达的发展是学前儿童使用语言的实际能力的表现。学前儿童讲述图画中故事内容的量随着年龄的增长而递增，而且有发展规律：表达从外显动作向内隐心理发展，从孤立事件向事物间联系发展，从行为结果向行为过程发展，从画面直观内容向画外想象内容发展。教师应在小班组织较简单的看图说话游戏，如“说话接龙”，在出示图画后请组内的学前儿童各说一句话，要求能说出画面的基本内容。

二、中班语言游戏的特点

中班学前儿童已能掌握本民族的全部基本语音。因此，可以开展发展学前儿童的听力，如“根据声音找东西”游戏，学前儿童在找已藏好的东西时，大家用最熟悉的儿歌提示他，当走近所藏东西时，声音就大而亮；走远时，声音就轻而小。也可采用教师组织学习句子的游戏，让学前儿童学会正确用词，说完整句子。如拿到水果篮的学前儿童要从篮子里选出自己喜欢吃的水果，可加大难度，要求学前儿童说出喜欢吃的原因。

在这一时期，教师应在游戏中加入词语辨析的成分，如在组词造句游戏“拍、打、吹、爬”中，教师可请学前儿童看动作，听词说句子。先让学前儿童联想“拍什么”得到“拍皮球、拍照、拍手……”然后进一步联想“谁在拍”。最后,可以找出相似动作的图片,让学前儿童分辨并看图造句。

中班学前儿童的游戏任务要比小班学前儿童复杂多样,玩法也逐渐多样化。游戏规则具有更多的约束性和控制性。在游戏中不仅要运用具体实物和教具,而且开始加入一些竞赛的元素。

三、大班语言游戏的特点

大班学前儿童能够完善一些较复杂的语音。“根据声音找东西”游戏在各班都适用,但应根据大班学前儿童实际有所改动,如游戏内容应逐步增加。可以是“小小侦察兵”,事前准备“地雷”“电台”“军营”等小卡片分别藏在各个角落,引导学前儿童用不同声音的轻重来表示,如用“轰轰”表示走近地雷,“嘀嘀”表示走近电台。到大班时,学前儿童表述的句子结构日趋复杂和完整,句子长度有很大发展。因此,“击鼓传卡片”游戏中,教师可以让学前儿童自由发挥,不限制内容,以此培养学前儿童语言的流畅性和逻辑性。在大量的语言实践中反复应用词语,能使学前儿童在特定语言环境中了解新词的意思或已学词的新意思。

5~6岁学前儿童在经常使用主动句的过程中,已经形成了把句子中“名词—动词—名词”的词序当作“施动者—动作—受动者”的理解策略,从而造成他们常常错误理解被动句。因此,大班学前儿童需要练习更复杂的句式辨析。可以从简单的句子转换游戏开始,训练学前儿童的逆向语序,使学前儿童逐步理解被动句和主动句的转换规律。大班的“说话接龙”游戏除了要求图片出示的丰富和多样外,对学前儿童的要求也相应提高,如引导学前儿童根据图片内容合理想象,把四幅连环画组成一个完整的故事讲述出来。

大班学前儿童的游戏任务和内容都比较复杂,要求学前儿童进行较多的语言表达,过程要求较复杂且相互联系。游戏规则的要求也相应提高,学前儿童不仅要严格控制自己遵守的游戏规则。而且要迅速、准确地进行语言表达,完成游戏任务。

学前儿童语言发展的连续性、顺序性、阶段性的特点,要求教师在激发学前儿童兴趣的前提下,提供一些适合学前儿童各年龄段的语言游戏。实践经验表明,语言游戏可激发学前儿童学习的兴趣,促进每个学前儿童都能在愉快的环境中得到发展。但在设计游戏时,教师一定要从本班学前儿童的实际水平出发,难度适中,不能太难,如果太难,学前儿童会难以理解,觉得无聊,失去了游戏的作用;也不能太简单,如果太简单,学前儿童兴趣不浓,也丧失了语言练习的目的。一般来说,教师要仔细观察、分析,找到大部分学前儿童语言发展的最近发展区,让游戏略高于学前儿童的现有水平,使学前儿童“跳一跳”就可以完成。

(资料来源:湖口县第一园李珊)

附　录

附录1 《幼儿园教育指导纲要(试行)》

(节选)

二、语言

(一)目标

1.乐意与人交谈,讲话礼貌;

2.注意倾听对方讲话,能理解日常用语;

3.能清楚地说出自己想说的事;

4.喜欢听故事、看图书;

5.能听懂和会说普通话。

(二)内容与要求

1.创造一个自由、宽松的语言交往环境,支持、鼓励、吸引幼儿与教师、同伴或其他人交谈,体验语言交流的乐趣,学习使用适当的、礼貌的语言交往。

2.养成幼儿注意倾听的习惯,发展语言理解能力。

3.鼓励幼儿大胆、清楚地表达自己的想法和感受,尝试说明、描述简单的事物或过程,发展语言表达能力和思维能力。

4.引导幼儿接触优秀的儿童文学作品,使之感受语言的丰富和优美,并通过多种活动帮助幼儿加深对作品的体验和理解。

5.培养幼儿对生活中常见的简单标记和文字符号的兴趣。

6.利用图书、绘画和其他多种方式,引发幼儿对书籍、阅读和书写的兴趣,培养前阅读和前书写技能。

7.提供普通话的语言环境,帮助幼儿熟悉、听懂并学说普通话。少数民族地区还应帮助幼儿学习本民族语言。

(三)指导要点

1.语言能力是在运用的过程中发展起来的,发展幼儿语言的关键是创设一个能使他们想说、敢说、喜欢说、有机会说并能得到积极应答的环境。

2.幼儿语言的发展与其情感、经验、思维、社会交往能力等其他方面的发展密切相关,因此,发展幼儿语言的重要途径是通过互相渗透的各领域的教育,在丰富多彩的活动中去扩展幼儿的经验,提供促进语言发展的条件。

3.幼儿语言的学习具有个别化的特点,教师与幼儿的个别交流、幼儿之间的自由交谈等,对幼儿语言发展具有特殊意义。

4.对有语言障碍的幼儿要给予特别关注,要与家长和有关方面密切配合,积极地帮助他们提高语言能力。

附录2 《3~6岁儿童学习与发展指南》

（节选）

二、语言

语言是交流和思维的工具。幼儿期是语言发展，特别是口语发展的重要时期。幼儿语言的发展贯穿于各个领域，也对其他领域的学习与发展有着重要的影响。幼儿在运用语言进行交流的同时，也在发展着人际交往能力、理解他人和判断交往情境的能力、组织自己思想的能力。通过语言获取信息，幼儿的学习逐步超越个体的直接感知。

幼儿的语言能力是在交流和运用的过程中发展起来的。应为幼儿创设自由、宽松的语言交往环境，鼓励和支持幼儿与成人、同伴交流，让幼儿想说、敢说、喜欢说并能得到积极回应。为幼儿提供丰富、适宜的低幼读物，经常和幼儿一起看图书、讲故事，丰富其语言表达能力，培养阅读兴趣和良好的阅读习惯，进一步拓展学习经验。

幼儿的语言学习需要相应的社会经验支持，应通过多种活动扩展幼儿的生活经验，丰富语言的内容，增强理解和表达能力。应在生活情境和阅读活动中引导幼儿自然而然地产生对文字的兴趣，用机械记忆和强化训练的方式让幼儿过早识字不符合其学习特点和接受能力。

（一）倾听与表达

目标1　认真听并能听懂常用语言

3~4岁	4~5岁	5~6岁
1.别人对自己说话时能注意听并做出回应。 2.能听懂日常会话。	1.在群体中能有意识地听与自己有关的信息。 2.能结合情境感受到不同语气、语调所表达的不同意思。 3.方言地区和少数民族幼儿能基本听懂普通话。	1.在集体中能注意听教师或其他人讲话。 2.听不懂或有疑问时能主动提问。 3.能结合情境理解一些表示因果、假设等相对复杂的句子。

教育建议：

1.多给幼儿提供倾听和交谈的机会。例如，经常和幼儿一起谈论他感兴趣的话题，或一起看图书、讲故事。

2.引导幼儿学会认真倾听。例如：

- 成人要耐心倾听别人（包括幼儿）的讲话，等别人讲完再表达自己的观点。
- 与幼儿交谈时，要用幼儿能听得懂的语言。
- 对幼儿提要求和布置任务时，要求他注意听，鼓励他主动提问。

3.对幼儿讲话时，注意结合情境使用丰富的语言，以便于幼儿理解。例如：

●说话时注意语气、语调，让幼儿感受语气、语调的作用。例如，对幼儿的不合理要求以比较坚定的语气表示不同意；讲故事时，尽量把故事人物高兴、悲伤的心情用不同的语气、语调表现出来。

●根据幼儿的理解水平有意识地使用一些反映因果、假设、条件等关系的句子。

目标 2　愿意讲话并能清楚地表达

3~4 岁	4~5 岁	5~6 岁
1.愿意在熟悉的人面前说话，能大方地与人打招呼。 2.基本会说本民族或本地区的语言。 3.愿意表达自己的需要和想法，必要时能配以手势动作。 4.能口齿清楚地说儿歌、童谣或复述简短的故事。	1.愿意与他人交谈、喜欢谈论自己感兴趣的话题。 2.会说本民族或本地区的语言，基本会说普通话。少数民族聚居地区幼儿会用普通话进行日常会话。 3.能基本完整地讲述自己的所见所闻和经历的事情。 4.讲述比较连贯。	1.愿意与他人讨论问题，敢在众人面前说话。 2.会说本民族或本地区的语言和普通话，发音正确清晰。少数民族聚居地区幼儿基本会说普通话。 3.能有序、连贯、清楚地讲述一件事情。 4.讲述时能使用常见的形容词、同义词等，语言比较生动。

教育建议：

1.为幼儿创造说话的机会并体验语言交流的乐趣。

●每天有足够的时间与幼儿交谈。如谈论他感兴趣的话题，询问和听取他对自己事情的意见等。

●尊重和接纳幼儿的说话方式，无论幼儿的表达水平如何，都应认真地倾听并给予积极的回应。

●鼓励和支持幼儿与同伴一起玩耍、交谈，相互讲述见闻、趣事或看过的图书、动画片等。

●方言和少数民族地区应积极为幼儿创设用普通话交流的语言环境。

2.引导幼儿清楚地表达。例如：

●和幼儿讲话时，成人自身的语言要清楚、简洁。

●当幼儿因为急于表达而说不清楚的时候，提醒他不要着急，慢慢说；同时要耐心倾听，给予必要的补充，帮助他理清思路并清晰地说出来。

目标 3　具有文明的语言习惯

3~4 岁	4~5 岁	5~6 岁
1.与别人讲话时知道眼睛要看着对方。 2.说话自然、声音大小适中。 3.能在成人的提醒下使用恰当的礼貌用语。	1.别人对自己讲话时能回应。 2.能根据场合调节自己说话声音的大小。 3.能主动使用礼貌用语，不说脏话、粗话。	1.别人讲话时能积极主动地回应。 2.能根据谈话对象和需要，调整说话的语气。 3.懂得按次序轮流讲话，不随意打断别人。 4.能依据所处情境使用恰当的语言。如在别人难过时会用恰当的语言表示安慰。

教育建议：

1.成人注意语言文明，为幼儿做出表率。例如：

• 与他人交谈时，认真倾听，使用礼貌用语。

• 在公共场合不大声说话，不说脏话、粗话。

• 幼儿表达意见时，成人可蹲下来，眼睛平视幼儿，耐心听他把话说完。

2.帮助幼儿养成良好的语言行为习惯。例如：

• 结合情境提醒幼儿一些必要的交流礼节，如对长辈说话要有礼貌，客人来访时要打招呼，得到帮助时要说谢谢等。

• 提醒幼儿遵守集体生活的语言规则，如轮流发言，不随意打断别人讲话等。

• 提醒幼儿注意公共场所的语言文明，如不大声喧哗。

（二）阅读与书写准备

目标1 喜欢听故事，看图书

3~4岁	4~5岁	5~6岁
1.主动要求成人讲故事、读图书。 2.喜欢跟读韵律感强的儿歌、童谣。 3.爱护图书，不乱撕、乱扔。	1.反复看自己喜欢的图书。 2.喜欢把听过的故事或看过的图书讲给别人听。 3.对生活中常见的标识、符号感兴趣，知道它们表示一定的意义。	1.专注地阅读图书。 2.喜欢与他人一起谈论图书和故事的有关内容。 3.对图书和生活情境中的文字符号感兴趣，知道文字表示一定的意义。

教育建议：

1.为幼儿提供良好的阅读环境和条件。例如：

• 提供一定数量、符合幼儿年龄特点、富有童趣的图画书。

• 提供相对安静的地方，尽量减少干扰，保证幼儿自主阅读。

2.激发幼儿的阅读兴趣，培养阅读习惯。例如：

• 经常抽时间与幼儿一起看图书、讲故事。

• 提供童谣、故事和诗歌等不同体裁的儿童文学作品，让幼儿自主选择和阅读。

• 当幼儿遇到感兴趣的事物或问题时，和他一起查阅图书资料，让他感受图书的作用，体会通过阅读获取信息的乐趣。

3.引导幼儿体会标识、文字符号的用途。例如：

• 向幼儿介绍医院、公用电话等生活中的常见标识，让他知道标识可以代表的具体事物。

• 结合生活实际，帮助幼儿体会文字的用途。如买来新玩具时，把说明书上的文字念给幼儿听，了解玩具的玩法。

目标 2　具有初步的阅读理解能力

3~4 岁	4~5 岁	5~6 岁
1.能听懂短小的儿歌或故事。 2.会看画面，能根据画面说出图中有什么，发生了什么事等。 3.能理解图书上的文字是和画面对应的，是用来表达画面意义的。	1.能大体讲出听听故事的主要内容。 2.能根据连续画面提供的信息，大致说出故事的情节。 3.能随着作品的展开产生喜悦、担忧等相应的情绪反应，体会作品所表达的情绪情感。	1.能说出所阅读的幼儿文字作品的主要内容。 2.能根据故事的部分情节或图书画面的线索猜想故事情节的发展，或续编、创编故事。 3.对看过的图书、听过的故事能说出自己的看法。 4.能初步感受文学语言的美。

教育建议：

1.经常和幼儿一起阅读，引导他以自己的经验为基础理解图书的内容。例如：

• 引导幼儿仔细观察画面，结合画面讨论故事内容，学习建立画面与故事内容的联系。

• 和幼儿一起讨论或回忆书中的故事情节，引导他有条理地说出故事的大致内容。

• 在给幼儿读书或讲故事时，可先不告诉名字，让幼儿听完后自己命名，并说出这样命名的理由。

• 鼓励幼儿自主阅读，并与他人讨论自己在阅读中的发现、体会和想法。

2.在阅读中发展幼儿的想象和创造力。例如：

• 鼓励幼儿依据画面线索讲述故事，大胆推测、想象故事情节的发展，改编故事部分情节或续编故事结尾。

• 鼓励幼儿用故事表演、绘画等不同的方式表达自己对图书和故事的理解。

• 鼓励和支持幼儿自编故事，并为自编的故事配上图画，制成图画书。

3.引导幼儿感受文学作品的美。例如：

• 有意识地引导幼儿欣赏或模仿文学作品的语言节奏和韵律。

• 给幼儿读书时，通过表情、动作和抑扬顿挫的声音传达书中的情绪情感，让幼儿体会作品的感染力和表现力。

目标 3　具有书面表达的愿望和初步技能

3~4 岁	4~5 岁	5~6 岁
1.喜欢用涂涂画画表达一定的意思。	1.愿意用图画和符号表达自己的愿望和想法。 2.在成人提醒下，写写画画时姿势正确。	1.愿意用图画和符号表现事物或故事。 2.会正确书写自己的名字。 3.写画时姿势正确。

教育建议：

1.让幼儿在写写画画的过程中体验文字符号的功能，培养书写兴趣。例如：

• 准备供幼儿随时取放的纸、笔等材料，也可利用沙地、树枝等自然材料，满足幼儿自由涂画的需要。

• 鼓励幼儿将自己感兴趣的事情或故事画下来并讲给别人听，让幼儿体会写写画画的方式可以表达自己的想法和情感。

●把幼儿讲过的事情用文字记录下来,并念给他听,使幼儿知道说的话可以用文字记录下来,从中体会文字的用途。

2.在绘画和游戏中做必要的书写准备。例如:

●通过把虚线画出的图形轮廓连成实线等游戏,促进手眼协调,同时帮助幼儿学习由上至下、由左至右的运笔技能。

●鼓励幼儿学习书写自己的名字。

●提醒幼儿写画时保持正确姿势。

参考文献

[1] 李季湄,冯晓霞.《3~6岁儿童学习与发展指南》解读[M].北京:人民教育出版社,2013.

[2] 张天军.学前儿童语言教育[M].上海:复旦大学出版社,2012.

[3] 张加蓉,卢伟.学前儿童语言教育活动指导[M].上海:复旦大学出版社,2009.

[4] 姜晓燕,郭咏梅.学前儿童语言教育[M].北京:高等教育出版社,2011.

[5] 陈瑶.学前儿童语言教育[M].北京:北京师范大学出版社,2014.

[6] 张俊燕,杨莹.幼儿语言教育[M].西安:陕西师范大学出版总社有限公司,2014.

[7] 任明,韩燕.学前教育技能实训与考核指导[M].北京:教育科学出版社,2018.

[8] 潘月娟,董莎莎.幼儿园教育评价[M].北京:高等教育出版社,2014.

[9] 吴庆麟.教育心理学:献给教师的书[M].上海:华东师范大学出版社,2003.

[10] 邓大河,瞿亚红.幼儿文学[M].北京:高等教育出版社,2015.

[11] 周兢.早期阅读发展与教育研究[M].北京:教育科学出版社,2007.

[12] 张明红.给幼儿园教师的101条建议:语言教育[M].南京:南京师范大学出版社,2007.

[13] 周京峰,李艳.学前儿童科学教育与活动设计[M].北京:科学出版社,2016.

[14] 周兢,余珍有.幼儿园语言教育[M].北京:人民教育出版社,2004.

[15] 袁爱玲.学前全语言创造教育活动设计:中班[M].北京:教育科学出版社,2001.

[16] 朱海琳.学前儿童语言教育[M].北京:科学出版社,2009.